中国能源革命

内在逻辑、实践进展与未来取向

胡 健 张文彬 焦 兵 等◎著

中国经济出版社
CHINA ECONOMIC PUBLISHING HOUSE
· 北 京 ·

图书在版编目（CIP）数据

中国能源革命：内在逻辑、实践进展与未来取向/胡健，张文彬，焦兵著．--北京：中国经济出版社，2024. 7. --ISBN 978-7-5136-7811-7

Ⅰ. F246. 2

中国国家版本馆 CIP 数据核字第 2024TL8995 号

责任编辑　郭国玺
责任印制　马小宾
封面设计　任燕飞工作室

出版发行　中国经济出版社
印 刷 者　河北宝昌佳彩印刷有限公司
经 销 者　各地新华书店
开　　本　710mm×1000mm　1/16
印　　张　24. 75
字　　数　390 千字
版　　次　2024 年 7 月第 1 版
印　　次　2024 年 7 月第 1 次
定　　价　128. 00 元
广告经营许可证　京西工商广字第 8179 号

中国经济出版社 **网址** http：//epc. sinopec. com/epc/ **社址** 北京市东城区安定门外大街 58 号 **邮编** 100011
本版图书如存在印装质量问题，请与本社销售中心联系调换（联系电话：010-57512564）

引　言

从世界经验来看，世界各国在发展过程中都经历了能源转型和能源利用范式转变，迄今为止，人类已经历了两次能源转型。第一次能源转型发生时间为19世纪初，是由秸秆、木柴等生物质能向煤炭的转型。第二次能源转型可分为两个阶段，前半段发生时间为20世纪60年代，表现为石油对煤炭的替代；后半段发生时间为20世纪70年代，表现为天然气以及核电的应用。能源利用范式经历了柴薪时代、煤炭时代和油气时代三个阶段。历史经验表明，工业革命与能源革命几乎同时发生，能源革命能够推进工业革命以及生产力的极大提高。当前正处于第三次能源转型时期，可再生能源成为重要的目标能源，不仅影响着能源体系的发展，也关系着国家经济的发展。

人类正处于能源大变革和大创新的时代，全球能源供需版图深度调整，进一步呈现消费重心东倾、生产重心西移的态势。近10年来，亚太地区能源消费占全球的比重不断提高，北美地区原油、天然气生产增量分别达到全球增量的80%和30%以上。随着能源低碳转型推动全球能源格局重塑，众多国家积极发展新能源，加快化石能源清洁替代，带来全球能源供需新变化。在全球能源格局发生深刻变化的复杂背景下，中国必须就如何科学研判能源形势、认清和解决我国能源发展战略问题做出回答，以此促进我国能源的高质量发展。能源革命就是中国一个独特的回答。经过长期探索，2014年6月13日，中共中央总书记习近平在中央财经委员会第六次会议上提出推动能源消费革命、能源供给革命、能源技术革命、能源体制革命和全方位加强国际合作的重大战略思想（以下简称“四个革命、一个合作”重大战略思想），为我国能源发展改革进一步指明了方向。随后，学术界的研究不断深入，认识不断加深。

自2014年6月13日习近平总书记在中央财经委员会第六次会议上明确提出“四个革命、一个合作”的重大能源战略思想以来，作为全球最大的能源生产国和消费国，中国能源革命方兴未艾，能源结构持续优化，形成了多轮驱动的能源供应体系。虽然中国的核电和可再生能源发展处于世界前列，具备加快能源转型发展的基础和优势，但我国发展不平衡不充分问题仍然突出，供应链安全和产业链现代化水平有待提升，构建新型能源体系面临新的机遇和挑战。当前，中国已走入能源转型的“十字路口”，未来10年是中国经济发展重要的10年，是实现工业化以及“两个一百年”奋斗目标的关键期，也是能否跨越“中等收入陷阱”的重要阶段。作为能源大国，中国的能源转型备受世界关注，国内外学者以及能源相关研究机构纷纷提出了各自的能源方案，归纳总结起来，主要有两种：一种是高比例的可再生能源方案。该方案的核心思路：从即刻起不断实现高比例的可再生能源发展目标，至2025年，可再生能源占一次能源比重达到20%左右；至2050年，这一比重将达到60%以上，且电力供应的80%也将来自可再生能源。另一种是以煤炭为主的能源发展方案。到2050年，煤炭仍然是中国的主导能源，化石能源比重约占60%，煤基多联产系统技术、CCUS等煤炭清洁高效利用技术成为中国重点关注的技术领域。

从整体来看，现有的可再生能源转型方案大多基于气候变化的视角，忽视了中国的能源禀赋特征。特别是2013年以来，高比例的可再生能源发展对经济产生了负面影响，可再生能源转型方案却做出了过于乐观的估计。与此同时，以煤炭为主的能源转型方案过于保守，忽视了可再生能源发展对未来经济可能产生的“引擎”作用。中国的能源转型面临的问题是哪一种能源转型方案产生的成本在近期能够被经济系统消纳包容，而在长期又能够推动经济的可持续增长。2020年，我国承诺二氧化碳排放量力争于2030年前达到峰值，于2060年前实现碳中和，这一愿景将进一步加速推动我国能源向绿色低碳发展，促进化石能源的清洁高效低碳利用，必将对推进能源革命的路径产生重大影响。本书基于对中国资源禀赋、“双碳”目标、中国能源革命实践、世界能源转型趋势的系统思考，认为中国能源革命的阶段性特征是煤基能源革命与新能源迭代并行；主要任务是2030年碳达峰前实现煤炭科学开采、清洁加工和高效利用；2030—2060 年碳中和期间大力发展新能源，使其占比达到 50%以上。

深化对新时代中国能源革命重大成就的直观认识，总结、阐释、分析新时代中国能源革命实践历程，总结好、阐释好、分析好、展示好新时代中国能源革命的实践历程与重大成就，成为我国科研工作者目前面临的一项重要任务。2024 年恰逢我国能源革命 10 周年，为深入贯彻落实关于能源安全新战略的重要论述和能源安全新战略思想，我国扎实推进“四个革命、一个合作”战略部署，构建新型能源体系，推动中国能源高质量发展。

本书对中国推动能源革命的时代背景、动因、实践进展以及未来取向进行了系统研究，主要包括四部分内容：一是中国能源革命的时代背景，重点研究世界能源格局、三次能源革命的一般性与特殊性；二是中国推动能源革命的动因分析，重点研究现实动因和理论动因；三是中国能源革命的实践进展，对“四个革命、一个合作”五个方面的进展进行梳理；四是中国能源革命的未来取向，同样基于“四个革命、一个合作”五个方面进行展望。

作者期待本书的研究能引发学术界对中国能源革命的广泛关注，并为中国能源革命未来的深度推进提供良好的理论支撑。

目　录

第三篇　中国能源革命的实践进展

第四篇 中国能源革命的未来取向

导 论

一、研究背景

国外对第三次能源革命（也称“能源转型”）的研究设想始于20世纪70年代，其显著特点是可再生能源对传统化石能源的替代。1975年，瑞典基于本国能源资源禀赋和优势，提出了世界上第一个“可再生能源100%替代传统化石能源”的设想；随后，法国（1975年）、美国（1980年）、西欧国家（1983年）、丹麦（1983年）、德国（2002年）等国家和地区也相继提出了可再生能源替代化石能源的设想，不过这些设想和研究并没有获得业界的广泛认可。进入21世纪前10年，鉴于化石能源的有限性和生态环境压力，世界主要国家都从经济、政治和技术等方面提出了一系列加快可再生能源发展的政策措施，极大地提高了可再生能源产业规模和技术水平。以新能源消费替代化石能源消费为核心的能源革命在欧洲国家由设想进入实践阶段。特别是在2008年世界金融危机之后，欧洲国家、美国、日本等多数发达国家和地区更是进一步加大了发展可再生能源，以替代传统的煤炭、石油、天然气等化石能源消费的力度，将能源产业和能源消费升级战略提高到走出经济增长疲软的发展困局这一重大战略层面，纷纷制定了更加符合本国资源禀赋和产业结构、以可再生能源替代化石能源的能源转型路径和具体目标。具体来看，欧洲国家、美国、日本等发达国家和地区以可再生能源消费替代为核心的能源转型路径都提出了100%完全替代的长期目标和20%～30%的近期目标，近期目标的实现时间大多设定在2030年前后，多数国家已基本完成。2019年4月，国际可再生能源机构（IRENA）发布的《全球能源转型：2050路线图》指出，电力已成为主要的能源载体，可再生能源发电装机的占比已经达到一半以上，从可再生能源向电力的大规模转变和利用可以带来60%的二氧化碳减排量。以欧洲国家和美国为代表的发达国家和地区更是将大力发展可再生能源作为改善生态环境状况和经济疲软状况的重要措施，其可再生能源的开发取得了显著成效，欧洲可再生能源产业的年均增长率在20%以上，美国到2025年可再生能源预计将提供超过25%的电力。

2014年6月，习近平总书记在中央财经委员会第六次会议上提出推动能源消费革命、能源供给革命、能源技术革命、能源体制革命和全方位加强国际合作的重大战略思想（以下简称"四个革命、一个合作"重大战略思想），为我国能源发展改革进一步指明了方向。能源革命战略提出之后，国家发展改革委、国家能源局相继出台了一系列持续推进能源革命的顶层设计，如《关于推进"互联网+"智慧能源发展的指导意见》（发改能源〔2016〕392号）、《能源技术革命创新行动计划（2016—2030年）》（发改能源〔2016〕513号）、《能源生产和消费革命战略（2016—2030）》（发改基础〔2016〕2795号）、《能源体制革命行动计划》《能源体制革命重点行动（2019—2020年）》（发改办能源〔2019〕693号）。这一系列行动计划的制订为推进能源革命提供了顶层设计。在国家发展改革委和国家能源局2022年发布的《"十四五"现代能源体系规划》（以下简称《规划》）中，第一项基本原则就是保障安全和绿色低碳。《规划》将统筹发展和安全作为核心，坚持先立后破、全面谋划的原则，以保障安全为前提构建现代能源体系，不断增强风险应对能力，确保国家能源安全。同时，《规划》践行"绿水青山就是金山银山"的理念，坚持走生态优先、绿色低碳的发展道路，加快调整能源结构，协同推进能源供给保障与低碳转型。党的十九届五中全会公报以及《中共中央关于制定国民经济和社会发展第十四个五年规划和二〇三五年远景目标的建议》进一步对推进能源革命进行了战略部署。能源革命战略深刻揭示了新时代能源体系对经济社会的"血脉与动力"作用，阐明了能源作为生态文明建设基础性工程的重要意义，是保障国家能源安全、促进人与自然和谐共生的治本之策。

在我国经济发展进入新时期和"双循环"新发展格局的大背景下，本书以如何推进能源革命走深走实和纵深发展为切入点，从三个层面进行探讨：

一是理论层面，以扩展的经济增长模型为理论分析框架，探讨能源转型和能源消费替代对社会经济可持续发展的影响效应；二是实践层面，对我国推进能源革命战略中取得的成效和面临的挑战进行梳理，厘清我国能源革命战略实践进展；三是政策层面，从战略路径设计上提出深入推进能源革命的路径和对策。

二、文献综述

（一）能源革命研究梳理

1. 能源革命的提出

能源革命是人类文明发展的必然趋势。其中，第一次工业革命的兴起以蒸汽机的发明及有效利用为主要标志；之后百年间又以内燃机和电力的发明为标志发生了第二次工业革命，石油、天然气、电成为主要能源，与之紧密相关的汽车、火车、飞机、轮船等重大技术创新与应用随之产生。但历史的发展会受到各种因素的影响，绝不是简单的周而复始。美国科技预言家杰里米·里夫金（2009）在其代表作《第三次工业革命：新经济模式如何改变世界》的开篇就讲道，工业文明随着化石能源枯竭，化石燃料科技的日益陈旧已经到达了文明转向的岔路口，以化石燃料为基础的旧产业已经缺乏了驱动经济的动力。由此，用以替代具有制约性、污染性的化石能源利用的新型的、可持续利用的新能源革命与低碳技术就成了绿色革命浪潮的主要驱动力量。

能源转型的概念由德国应用生态学研究所于 1982 年出版的《能源转型：没有石油与铀的增长与繁荣》中首次被提出。国外学者主要从消费端的主导能源变迁理解能源转型，即从石油对煤炭的替代、电力对油气的替代、新能源对化石能源的替代等角度探讨能源转型问题。进入 21 世纪以来，国外学者对能源转型的理解进一步加深，不再局限于消费端的能源替代问题，认为能源转型是社会全方位的转型。也有学者基于社会—技术变迁视角讨论了能源转型过程，认为能源转型是整个社会系统的综合转型，其影响因素包括技术、经济、政治、文化、环境多个方面。

进入 21 世纪前 10 年，通向新能源的能源革命已经在很多欧洲国家进入实践阶段。然而，早在20世纪70年代石油危机后，就已经有机构提出了“100%可再生能源目标”的设想。1975年，世界第一个通过可再生能源满足所有能源需求的“100%设想”在瑞典被提出。随后，法国也提出了这一目标。美国在1980年提出2100年实现100%依赖可再生能源的战略构想，一些西欧国家在1983年也提出这一目标，丹麦同年提出2050年实现100%可再生能源目标。2002年，德国议会委托哈里·雷曼起草了一份2050年通过可再生能源满足95%能源需求的设想。不过，这些研究并没有获得公众的认可。

进入2005年以后，这些设想开始受到关注，并且越来越多的国家开始将开发利用可再生能源作为国家战略，制定了相关鼓励政策，确定了更加符合实际的可再生能源发展目标。2011年5月，联合国政府间气候变化专门委员会（IPCC）发布了一份《可再生能源特别报告》，评估了164种开发方案后指出，“若得到政策支持，21世纪中期，可再生能源供应全球能源的比例将从2010年的12.9%上升到80%”。目前，这一比例约为12.9%。一向对发展可再生能源持积极态度的欧盟在其《2050能源路线图》中明确提出，2020年将实现可再生能源占一次能源的20%、减排占20%、节能占20%；到2030年占43%；2050年的目标是100%替代，在零碳电力基础上实现二氧化碳减排80%。2011年，根据绿色和平组织发布的报告，制定了可再生能源发展政策目标的国家从2005年的45个增加到2009年的85个。可再生能源电力供应比例已经成为许多国家的发展目标，通常在5%~30%，有的国家高达90%。其他目标包括可再生能源占一次能源或最终能源供应的比例保持在10%~20%，具体技术的装机容量以及可再生能源供应总量。大多国家最近的可再生能源发展目标都设定在2020年及以后，欧洲“到2020年可再生能源占最终能源的20%”的发展目标是发达国家中的关键一环。巴西以“到2030年可再生能源电力占75%”的目标成为发展中国家的“领头羊”，中国的目标则为“到2020年非化石能源占能源消费的15%”。

2. 能源革命的含义

人们从不同角度理解能源革命的概念。大体来说，其内涵可以从狭义和广义两个角度来理解。从狭义的角度来理解，能源革命是指能源技术的重大突破，即能源开发和利用技术的重大变革。比如，钻燧取火，蒸汽机、电动机的发明都是人类历史上能源利用技术的重大创新，对人类生产、生活和社会发展产生了深远影响。从能源技术创新的角度来看，这些技术创新都可以称为“能源革命”。此外，近年来，频频被提及的页岩油气革命也是基于能源技术重大突破或创新的一种表述，因为这一革命的本质是指美国由于水力压裂技术和水平钻井技术的重大突破，其页岩气和页岩油产量大幅增加，从而导致其油气进口大幅减少。其中，水力压裂技术更是被认为是21世纪最重大的能源技术创新。从广义的角度来理解，能源革命可以定义为“以能源技术重大创新为基础的，社会主流能源开发和利用系统的变革或转型”，在这个意义上，多数欧洲国家也把能源革命叫作能源转型。技术创新意义上的能源革命与能源转型的根本区别在于：能源开发和利用的重大技术创新从发生、推广到推动能源系统的转型需要相当长的时间。甚至可以说，只有在很多项具有革命性意义的能源技术创新的共同推动下，才能实现一次能源转型。因此，人类在学会用火以来的漫长历史中，仅完成了两次能源革命，即植物能源时代和化石能源时代，目前第三次能源革命正在全世界展开，仍属于化石能源阶段。本书所研究的能源革命即广义上的能源革命。

国内有关能源革命的研究集中出现在2014年习近平总书记提出能源革命战略之后，主要是基于党和政府文件对能源革命及其路径进行研究，对能源革命提出了不同的定义，目前主要有系统演替说、效率核心说和途径说等。

（1）系统演替说

系统演替说从能源系统转化的角度界定能源革命。例如，任东明（2013）认为，能源革命是指在人类能源开发和利用过程中所发生的能源系统的演替过程，以及在此过程中出现的一系列重大变革。朱彤（2014）将能源革命的概念分为狭义和广义两个方面，狭义的能源革命是指能源开发和利用技术的重大变革；广义的能源革命是指以能源技术重大创新为基础，社会主流能源开发和利用系统的变革或转型。高世现和任东明（2014）认为，能源革命是在原有能源系统不能适应人类社会发展需求的情况下能源生产和能源消费方式所发生的根本变革，具体表现为资源形态、技术手段、管理体制、思想认识等方面出现的一系列革命性变化；这一定义充分阐述了政府提出的“能源生产和消费革命”的内涵，其提到的能源系统既可以理解为可再生能源系统与化石能源系统，也可以理解为是生产、消费、技术、体制、认知等各自领域的特征系统。李河君（2014）认为，第三次能源革命的重点在于“新能源”概念的引入，更确切地说，第三次能源革命是新能源的革命，化石能源企业与可再生能源企业之间的利益对抗只局限于产业角度，是表面现象，实质上两者是合作关系，新能源要替代的不是传统能源企业，而是化石能源的消费和利用。

（2）效率核心说

效率核心说从能源革命的目的来界定能源革命。例如，周大地（2014）认为，推动能源革命的目的是提供更好、更清洁的能源供应，核心是提高效率及效益，回到环境生态红线之内，实现绿色低碳发展。杜祥琬（2014）认为，能源革命是文明形态演进的重要基础和动力，而这个基础是能源生产革命和能源消费革命。能源生产革命就是由黑色、高碳转向绿色、低碳；能源消费革命意味着由粗放、低效走向节约、高效，通过将能源革命与人类文明相联系，升华了能源革命的本质，并从能源利用的特征、方式、效率上对能源生产和消费领域的改革进行概括。

（3）途径说

途径说从能源革命的路径来界定能源革命。例如，中国国家经济交流中心课题组（2014）认为，能源革命要做好三个运算：一是加法，即增量革命；二是减法，即减量革命；三是乘法，即效率革命。另外，能源革命要以能源生产革命与能源消费革命为主体，对观念转变、能效提高、能源系统转型、新能源发展、国际合作、能源网络构建等进行具体分析。张一清和姜鑫民（2015）认为，应加快推动可再生能源规模化，构建以可再生能源为主的低碳能源系统，加大可再生能源在一次能源消费总量中的比重，转变能源生产和消费模式。吴刚和刘虹（2016）认为，煤炭资源无论过去还是未来一定时期内都具有生命力，协同煤炭能源与其他清洁优质化石能源、可再生能源实现绿色低碳开发利用，是未来中国能源发展的必由之路。中国煤炭必须顺势而为，直面能源革命挑战，寻找发展机遇，实现以煤炭清洁开发利用和近零排放为抓手的创新发展。

其实，不管是系统演替说、效率核心说还是途径说，都没有对能源革命进行全面的概括，更多的是对能源革命的不同侧面进行总结。也有研究认为，从能源技术方面定义，能源革命虽然是一种技术革命，但我们不能以某项关键技术进行命名，因为不管是页岩气、页岩油，还是核能、太阳能、风能，都不能完全代替其他能源的主导地位，至少到现在都没有出现像煤炭取代木柴、石油代替煤炭那样公认的能源替代。

3. 能源革命实现路径

有关能源革命实现路径的研究成果最为丰硕，学者基于不同视角提出了能源革命实现路径。

（1）整体能源革命推进视角的研究

张玉卓等（2015）通过对当前世界能源发展新趋势的梳理，提出了我国能源生产和消费革命的启示，认为我国能源发展应充分把握当前世界能源发展趋势，立足我国能源发展基本情况，围绕绿色低碳方向，着力开展能源科技创新、管理体制创新和国际交流合作，重点推进能源战略安全和新型能源体系建设。周大地（2016）认为，能源革命需要真抓实干，推动转变，解决实际问题，并且从加强供给侧结构性改革、加强规划和监管能力、强调集中规划的科学系统性以及为国企“松绑”等方面提出了政策参考。刘强和王恰（2017）认为，能源革命是经济发展进程的自然结果，中国经济新常态带来的能源需求增长放缓为能源革命提供了重要机遇，因此不仅需要做出政策上的推动，即推进能源体制革命，在能源革命的各个方面尤其是基于全球资源与全球能源市场的供给侧结构性改革，还需要推动能源技术革命与市场制度的建设。李立浧等（2018）系统分析了九大能源领域的能源技术现状，明确提出了构建以可再生能源为主体、终端能源以电能为主、多能多网融合互补的技术体系，制定了前瞻性技术（2020 年）、创新性技术（2030 年）和颠覆性技术（2050 年）三阶段发展的能源技术路线，最后提出推动能源技术革命的战略建议，为我国研究制定能源相关规划和政策提供了科学支撑。马丽梅等（2018）将中国能源转型分为三个阶段：能源转型初期（2015—2025 年）、能源转型方向确定期（2025—2035 年）和能源转型成熟期（2035—2050 年），认为不同阶段应选择不同的转型路径。李繁荣等（2018）基于马克思关于人与自然之间的物质变换关系，分析了绿色发展和人与自然之间物质变换的关系，以及能源生产、消费过程和人与自然之间物质变换的关系，认为能源生产革命必须改变传统的能源格局、推动能源生产循环经济模式不断创新、推进能源生产技术革命、实现能源开采与生态修复同步进行；能源消费革命要加强能源清洁低碳利用技术的研发和推广，形成能源清洁低碳利用的市场倒逼机制，加强绿色制度建设，倡导能源绿色生产和绿色消费文化。池京云（2020）认为，能源革命是指能源体系在社会需求的驱动下发生的根本性转变，当前正处在以可再生能源为主导的能源革命新阶段，通过对世界能源革命发展历程的梳理，提出坚持走中国特色的能源革命道路，关键是要在坚决维护国家能源安全的基础上，对目前仍处于主导地位的煤炭搞好煤炭清洁高效利用的技术创新，以此实现主体能源开发利用方式的根本性转变；重点发展天然气、核电和水电，使之成为通向可再生能源体系的过渡桥梁；积极发展可再生能源，建设清洁、低碳、安全、高效的现代能源体系。

（2）单一能源革命推进视角的研究

在能源生产革命方面，李振宇和黄格省（2015）提出了推动我国能源生产革命的基本思路，认为能源生产革命应立足我国当前能源资源禀赋条件，建立能源多元供应体系；应全方位加强国际合作，实现开放条件下的能源安全；应大力推进煤炭资源的清洁高效利用，实现主体能源利用的最大化；应把握能源消费发展趋势，实现能源生产与消费方式转变。同时，实现能源和环境的协调发展，确保能源高效合理利用、生态环境持续向好，为我国社会经济可持续发展提供有力保障。

在能源消费革命方面，李振宇等（2016）提出，能源消费革命应围绕工业燃料体系、交通燃料体系、生活燃料体系的消费需求及环保要求，实现煤炭在工业燃料体系的清洁高效利用，积极推进交通燃油替代、新能源汽车发展，有序推进生活燃料体系“煤改气”“煤改电”；同时，加快能源市场化改革和新能源发展，严控消费总量增长，实现能源消费的清洁化、高效化和低成本化，确保我国社会经济的可持续发展。史丹和王蕾（2015）从人类文明演进过程的角度，梳理和总结了能源革命的历史轨迹与特征，详细阐述了能源革命对产业发展、经济效率改进、可持续发展等方面的推动作用，认为能源领域的技术创新将成为国家竞争能力的核心问题，构建以清洁能源供应为主、转变能源消费模式的新型能源体系是世界能源转型发展的大趋势，而推动能源消费革命是能源革命的关键。

在能源技术革命方面，景春梅（2016）认为，能源技术革命是助推能源消费、供给、体制革命和加强国际合作的基础，是实现“十三五”时期建设绿色、低碳、安全、高效、可持续的现代能源体系目标的支撑，是建设创新型国家的重要内容。要推动能源技术革命，必须明确总体目标和发展方向，力争在与国家发展紧密联系的重大领域有所突破，同时要加强配套机制，保障能源技术革命高效推进。杨博和赵建军（2017）认为，可以通过基础技术、重大装备、示范工程和创新平台“四位一体”同步推进低碳技术与新能源技术两大新技术的快速发展，“双碳”目标下的新能源革命即将爆发，这也必将是实现中国梦的重要契机。

在能源体制革命方面，王敏等（2014）认为，中国能源体制的核心问题——行政性垄断和价格规制会导致市场竞争缺失和价格扭曲。能源体制改革的方向是全面推进能源领域的市场化改革，破除行政性垄断，取消竞争性领域的价格规制，形成有效的竞争市场，同时更好地发挥政府在应对自然垄断问题和环境外部性问题中的作用。王卓宇（2019）认为，页岩气革命真正值得借鉴之处不是页岩气的开发，而是美国在页岩气开发问题上长时间的规划、准备与付出，包括各种经济手段及政策法律等其他外延手段，尤其是美国政府在页岩气开发利用上服务性政策的落实。谢旭轩等（2014）总结了近年来世界各国能源体制机制的发展趋势和经验，基于对我国能源体制机制存在的主要障碍和制约因素的分析，提出从建设能源科技创新体系、强化法律保障地位、建立管理和监管体制、推动市场化改革和财税体制改革等五大方面推动能源革命。刘刚（2015）认为，中国能源体制存在三个突出问题：一是价格形成机制不合理；二是以行政审批为特征的能源项目管理模式未能根本改变；三是能源行业还存在严重的垄断现象。相应地，中国能源体制改革要着重以下几个方面：一是取消和下放能源项目审批事项；二是推进国有大型能源企业改革，放开竞争性业务；三是放开竞争性环节的价格。景春梅和刘满平（2015）从能源市场主体、能源价格形成机制、能源市场机制、能源法律体系和政府监管五个方面分析了中国能源体制问题，认为应当从能源市场基本制度、能源市场竞争结构、能源市场运行机制、能源市场管理和监管体制四个方面入手，全面推动能源体制革命。林卫斌和方敏（2016）认为，能源体制革命是能源革命的先行条件和制度保障，根据能源行业特殊的经济技术属性，可以将中国能源体制革命的基本框架概括为三点：一是重新界定能源市场主体的功能；二是重塑能源市场结构；三是重建市场运行机制。熊华文和苏铭（2018）认为，我国能源治理体系和方式与现代化目标尚有距离，推动政府能源治理现代化，应当重新审视政府与市场的边界，明确政府在能源领域的管理职责、组织体系、管理方式和手段，通过职能转变解决行政性干预过多、职能交叉、多头管理、重审批轻监管等一系列问题。田其云（2019）基于绿色能源革命的背景分析了可再生能源的体制革命问题，认为可以从引入民间资本、调整固定电价制度、划分强制性配额以及设计可再生能源绿色证书交易机制方面完善可再生能源发展体制。

（3）单一类型能源革命推进视角的研究

在煤炭能源革命方面，王震（2015）认为，能源革命必须推动煤炭革命，煤炭行业要充分认清形势并实现自我革命，大力推动煤矿“互联网+”升级，大力发展煤炭清洁高效利用，全面提升科技创新能力，全面推进体制机制改革，努力构建智慧、安全、清洁、高效的煤炭生产和利用体系。王菊等（2018）在能源革命背景下对吉林省面临的煤炭供需矛盾突出、电热力行业煤炭消费占比过高、外购煤炭渠道单一且质量较低等困境进行分析，并从挖掘现有高耗煤行业企业节煤潜力、调整产业结构、严控高耗煤企业准入、加强散煤管理、大力发展替代能源等措施入手，为“十四五”时期吉林省控制煤炭消费总量工作提供政策参考。王雅秋和李桂平（2020）认为，山西打造全国能源革命排头兵的内在逻辑是“四个革命、一个合作”之间的相互关系。山西打造全国能源革命排头兵的方法包括：科学构建绩效评价指标体系，建立健全激励机制；推进煤炭产业供给侧结构性改革；推进煤炭清洁高效利用，增加非煤能源供给比例；强化科技创新与人才支撑；加快国有企业改革，构建开放的能源市场体系；加快对外合作。

在天然气能源革命方面，姜子昂等（2015）明确了天然气能源革命的内涵并构建了天然气能源革命的基础架构模式，认为要实施非常规资源保供、天然气能源替代、天然气技术突破、天然气市场变革和天然气开放合作五大战略工程，建立现代天然气产业体系。

（二）能源体系研究

1. 能源体系的内涵界定

能源体系是指将自然界的能源资源转变为人类社会生产和生活所需要的特定能量服务形式（有效能）的系统。它是一个为研究能源转换、使用规律而抽象出来的社会经济系统的子系统，由四部分组成：一是化石能源矿藏、太阳光热、风力等能源资源；二是资源开发—加工—转换，将开发能源资源转化为光、热能、动力等有效能源；三是电网、天然气管道、供热管道、交通线等能源储藏运输的载体系统，是运载及储藏能源资源或者有效能的载体；四是家庭、工业、公共和私营的消费部门对热力、电力、动力以及燃料的终端使用。其中，前三部分属于能源供给侧，最后一个部分属于能源消费侧。能源供给侧包括在到达消费者之前将一次能源转化为二次能源的生产、运输、分销等所有环节，供给侧所有环节有机结合形成一个个不断循环运作并与其他系统交互影响的供给子系统。能源的消费侧包括人类在生活及生产过程中用以谋求生存发展的能源。不同属性的有效能被用于不同目的消费行为，热力用于满足室内温度维持、生活炊事等生存性需求，电力除保证照明外，还是知识获取、娱乐活动等发展享受型需求的重要保障，动力用于工业生产、交通运输等生产活动，热力、电力、动力在一定程度上是可以互相转换的。这四个子系统相对独立，但随着技术与理念的发展，四个子系统相互交融的部分越来越多，逐渐形成一个综合的能源系统。

2. 能源体系的历史演变

随着人类利用能源方式以及社会经济的变迁，能源体系经历了木柴、煤炭、石油、新能源四个发展阶段的演变。

（1）木柴阶段

人类社会生产生活对能源需求较低，能源供应主要来源于木材、植物秸秆、动物粪便等动植物衍生品等，全部为可再生能源，利用方式是燃烧。燃烧木柴为陶器制作和原始金属工具冶炼提供了条件，同时为取暖提供了方法，使人类生产活动的空间从热带扩展到温带和寒带。在这一阶段，能源体系促使原始社会的劳动者、劳动工具和原材料迅速发展，引发古代生产力布局的重大转变。

（2）煤炭阶段

在以煤炭能源和蒸汽动力为显著标志的第一次工业革命中，煤炭代替木柴成为世界主导能源。这一过程经历了130年左右。一方面，煤炭的大规模使用推动了纺织、电力、钢铁、冶金等行业的飞速发展，促进社会生产力迅速增长；另一方面，煤炭的大规模使用促使交通运输进入了“汽轮时代”和“铁路时代”，使人类的空间距离大大缩小，将社会文明推上新阶段。蒸汽时代改变了世界经济格局，使全球权力结构重建。

（3）石油阶段

随着第二次工业革命爆发，人类社会由蒸汽时代进入电气时代，石油取代煤炭成为世界主导能源，前后总共用了约70年的时间。电能易于传输、转换和使用的特性，使其在人类社会能源供应环节的比重和被依赖程度不断提高，实现了能源在大范围内的传输互济和高效利用，人类社会生产生活水平和方便程度也因此得到了极大提升。在此期间，一些发达资本主义国家中，农业产出的工业产值实现了突破；产业重点从纺织工业转向重工业、电器、化工、电信等新兴工业部门。在这一阶段，石油被广泛应用，成为一个国家经济的“血液”，国家之间启动了石油资源的竞争。

（4）新能源阶段

随着化石能源的日益枯竭，在国际高油价时代来临的新形势下，新能源成为各国保障能源安全以及保护环境的选择。与前三个阶段不同的是，历史上的能源转型基本上由市场力量自发驱动，主导者与推动者是市场和企业。在这一阶段，以可再生能源为主的新能源对化石能源的替代基本上是依靠国家、政府力量推动的。而信息技术的高速发展将会成为本次能源转型的巨大推动力。能源转型表现为一次能源主导地位的更替，“新”的能源取代“旧”的能源——煤炭取代柴薪、石油代替煤炭以及当前正在进行的新能源和可再生能源对化石能源的取代。从能源形式来看，更替的过程是向着高效率、清洁化、低排放的方向进行的；从利用形式来看，能源更替是从简单到复杂的一个转变甚至改革的过程。纵观人类的能源发展史，每一次能源转型都会涉及技术的更新换代与利益关系的再调整，表现为长期结构性的变化，因此，对能源转型的理解不能仅仅停留在能源层面。朱彤和王蕾（2016）在《国家能源转型：德、美实践与中国选择》一书中提出“能源转型绝非在现有能源体系中单纯提高可再生能源或非化石能源比重，更重要的是要有能源体系的结构性变化。能源体系变革是能源转型的核心要求”。

3. 能源体系研究现状

（1）能源消费体系方面

能源消费的清洁低碳、节能减排问题成为国内外学者的重点关注对象。节能减排作为全球议题，是目前能源体系发展的一个重要目标。由于累积温室气体排放与地表温度变化有近线性的关系，为了使升温幅度在2100年前保持在2摄氏度（“2℃目标”）之内，对温室气体和污染物排放量进行正确估算研究能够为能源系统转型的界定提供更多支撑。Pao等（2012）根据不同的分担原则，对中国碳排放路径满足2100年全球升温不超2摄氏度要求的碳排放路径进行综合评估，以了解这种方案的应用如何改变中国能源转型的长期目标，并通过长期稳态水平的敏感性分析指出，排放量达到的最终水平将对中国的能源系统转型产生重大影响。针对“全球2℃目标”的能源转型路径研究指出，中国的非化石能源在2050年和2100年分别占一次能源消费的50%~70%和85%，化石能源与碳捕获技术结合以及非化石能源将在中国占主导地位。煤炭将在2040年以前被逐步淘汰，电力使用将不断扩大。高密度城市开发应减少城市公共基础设施建设，减少对私人汽车的依赖，降低电能输送中的运输损失，从而降低能源消耗和碳排放。能源需求预测能更好地支撑能源体系的清洁低碳转型，在一定的社会环境约束边界下，还能促进社会经济发展与民众福祉的提高。能源消费是由能源服务的价格、能源服务的需求及变化特别是收入的变化驱动的。这意味着能源消费对能源转型的影响在很大程度上取决于能源服务价格的下降以及能源服务的需求弹性。有证据表明，收入弹性呈倒“U”形曲线趋势，价格弹性呈“U”形曲线趋势，能源消费的增长规模很大程度上取决于经济发展水平。由此可见，能源转型、能源需求与社会经济的发展之间具有复杂的耦合关系，在转型过程以及路径选择中需要进一步加以辨明。

（2）能源生产和供给体系方面

对于能源生产和供给体系，国内外学者关注的主要是能源的储配运问题。能源供给的储配问题的实质是能效的提高，即依靠技术进步对能源体系进行“开源节流”，开发利用新能源，促进能源结构升级，提高能源体系能效。

“开源”是指将更多形式品类的能源纳入能源系统中以保持能源的可持续供应，许多国家将可再生能源的开发和清洁用能技术作为优先领域，加大研发和投资，集中对电力系统进行改造，利用水能、核能、生物质能、地热能、海洋能、风能及太阳能等低碳和无碳排放的发电资源，减少发电产生的碳排放，特别是要逐步扩大用风能和太阳能发电取代传统的火力发电的项目投资，实现清洁、低碳、安全、高效的目标。同时，大力发展煤炭等化石燃料的清洁高效利用，积极推进生物质的气化、液化、热裂解、固体成型等热化学转化技术，以及先进储能、大容量远距离输电等关键技术的攻关。

“节流”是指节能降耗，提高能源利用效率。节能技术在工业、交通和建筑领域得到了积极的推广，中国各省份实施了清洁发展机制下的环保再利用和再循环的项目，对能源密集型产业进行转型以优化其经济结构。在供热方面，冷热电联供、热电联产等技术借助多种能源的转换配合有效提高了一次能源的利用效率。在能源供应运输方面，随着互联网、物联网技术的发展，分布式微电网、特高压输配电等技术取得了明显突破，正在向规模化方向迈进，能源系统各环节的技术装备和管理都在朝着清洁、低碳、绿色、智能化方向发展。进入 21 世纪以来，信息技术，尤其是大数据行业的快速发展为能源系统监管与市场化发展提供了强有力的技术支持。在信息和通信技术（Information and Communication Technology，ICT）的推动下，基于供应、运输、需求信息互馈的智能电网、综合能源系统、智能能源系统和能源互联网等综合系统开始蓬勃发展，保证了能源体系运作在开源的同时实现了节流。

4. 能源体系转型路径研究

能源体系结构优化是目前能源转型路径研究的重点方向，主要表现为以下三个特征：一是从可储存燃料向波动性可再生能源系统转型；二是从一次能源结构较为单一的系统向具有多能互补系统的复杂性转型；三是向综合能源系统迈进。许多新能源产业具有随机性、波动性与间歇性，能源利用率、供能系统整体安全性和自愈能力等亟待提高。通过不同能源供应系统的互相协调，可降低或消除能源供应的不稳定性，促使可再生能源实现安全消纳。能源体系转型路径研究大多利用能源系统模型，基于能源动力学和系统工程结构对能源系统供应、运输、消费过程进行模拟，以此对波动性可再生能源产生的过剩电力进行分析，从而保证电网的稳定性，并基于此对进出口总成本、净现值、燃料成本、运维成本进行评估。Kostevšek 等（2016）通过集成仿生优化算法等工具、模拟生态系统等方式来设计可持续能源系统，用来描述或预测能源系统中的终端用户、技术潜力，评估各种环境影响和品种的资源等复杂现象，使其能根据当地的能源资源开发最合适和最可持续的能源系统。国内学者对中国能源体系转型路径进行了一系列研究。Xiong 等（2010）从供热发展的优化角度对全国能源系统进行了模拟研究。Hong 等（2011）针对"十二五"规划提出的目标，构建了未来电力行业的不同路径选择情景，并对可再生能源发电份额及其碳排放量等指标进行了评价。Liu 等（2013）模拟了 2007 年中国能源系统，并在最小电力过剩、一次能源供给最少、能源系统运行总成本最低的条件下对最大风电渗透率进行优化，针对存在的电量过剩及弃风现象，建立不同的电动车选择情景，以此减少过剩电量，促进风电份额增加。除对能源结构优化的研究外，也有对当前政策目标的有效可行性研究。张春成（2016）基于京津冀电网对现有政策能否满足未来可再生能源发展目标及存在的差距进行了分析与讨论。

（三）研究评述

可以看到，学者基于我国能源革命实践以及有关能源革命的论断，对能源革命的内涵、推进路径等进行了深入研究，取得了丰硕的成果，为我国推进能源革命战略研究奠定了良好的基础，尤其是在能源革命内涵界定、能源革命推进路径研究方面，对本书具有重要的借鉴意义。但是，能源革命战略作为社会经济发展领域特别是能源经济研究领域的新课题，还存在一些不足。能源革命战略作为我国中长期内能源发展战略，其推进路径是一个具有集成性、复杂性和多元化的问题，不仅涉及能源产业本身的问题以及国际合作的推进、相互配合等问题，还涉及我国整体及区域的社会经济发展战略规划、资源环境禀赋和区域产业基础等方面的问题。但现阶段的研究大多集中于能源革命的概念界定、推进路径等方面，研究成果呈分散化、碎片化状态，缺乏系统性和集成性研究。本书认为，造成这一现象的原因有两方面：一方面，已有研究缺乏统一的理论支撑体系，研究内容大多是对实践和政策的解读，理论研究与实践脱节严重。另一方面，在“双循环”新发展格局战略背景下，尚缺乏对能源革命战略深入推进的针对性系统研究，这不利于进一步厘清能源革命战略内涵和推进路径。

如何在逻辑统一的理论支撑体系和分析框架下深入推进能源革命战略，并促进其与我国能源体系建设、产业发展战略及区域发展战略的协同推进和深度融合，这是我国现阶段能源革命研究面临的重要问题。着眼于国家能源革命战略推进路径设计、“十四五”时期及 2035 年乃至 2050 年社会经济领域改革的重点与方向，结合国内外已有研究成果，本书将对中国深入推动能源革命的动因、实践进展以及未来政策取向进行系统研究。

本书具有如下重要意义：第一，本书有助于推动能源变革和转型，为提高能源利用效率、形成多元化供应体系、带动能源产业升级以及构建现代能源治理体系提供经验支撑和政策参考。第二，本书有助于精准推进能源革命向纵深发展和走深走实，从根本上推动我国能源革命的质量变革、动力变革和效率变革，进而为我国实现高质量发展提供有力支撑。第三，通过建立高效节能的能源消费体系和清洁低碳的能源供应体系，有利于积极应对气候变化，提前实现《巴黎协定》的国家自主贡献减排目标，提升国际影响力、话语权和软实力。

三、推进能源革命的机遇与挑战

面对日益严峻复杂的逆全球化经济形势，党和政府审时度势，提出了构建以国内大循环为主体、国内国际“双循环”相互促进的新发展格局，这为我国进一步实施能源革命战略，推进能源革命走深走实和纵深发展提供了新的机遇与挑战。根据习近平总书记对能源革命战略的表述，本书从“四个革命、一个合作”五个方面，对推进能源革命战略的机遇与挑战进行梳理。

（一）推进能源革命战略的机遇

1. 能源消费结构不断优化，能源利用效率明显提升

能源消费总量得到合理控制，能源消费结构逐步优化，2020年，我国煤炭消费量占能源消费总量的56.8%，同比下降0.9个百分点；天然气、水电、核电、风电等清洁能源消费量占能源消费总量的24.3%，上升1.0个百分点。一次能源消费总量同比增长2.2%，其中，煤炭消费量增长0.6%、原油消费量增长3.3%、天然气消费量增长6.9%。随着国家能源消费强度和总量“双控”政策及目标的提出，传统化石能源中最清洁的天然气消费量呈现跨越式增长，国家发展改革委数据显示，2021年，全国天然气消费量为3726亿立方米，比2015年天然气消费量增长约1800亿立方米，增幅接近1倍，“煤改气”“气化中国”等一系列大力促进天然气消费以替代煤炭和石油消费的战略取得显著成效。在非化石能源消费方面，根据2021年《BP世界能源统计年鉴》和《中国统计年鉴2021》数据，2020年，中国可再生能源增幅最大，是美国的2.5倍。具体来说，2020年，中国一次电力及其他能源消费占能源消费总量的比重约为15.9%，而2000年、2010年该比值分别为7.3%和9.4%，近10年来，中国可再生能源发电消费量呈跨越式提高，极大地改善了我国以煤炭为主的能源消费结构，这对完成“十四五”时期能源“双控”目标、推动新能源产业规模化发展和构建现代能源体系具有重要意义。

在能源消费结构不断优化的同时，我国能源利用效率明显提升。根据《中国统计年鉴2021》数据，2020年，中国能源消费强度为0.49，与2011年相比累计能源强度下降接近30%。从重点能耗行业来看，与2015年相比，2020年，规模以上企业吨钢、吨水泥熟料、吨乙烯、吨合成氨、吨纸和纸板综合能耗分别下降3.7%、3.6%、2.0%、5.0%和9.4%。钢铁工业节能减排方面也取得了巨大进步，“十三五”时期，吨钢综合能耗（折标准煤）由572千克下降到546千克，下降率为4.55%，超额完成了既定的节能目标。这对我国节能减排、优化能源终端消费结构及早日实现碳达峰、碳中和具有重要的促进作用。

2. 能源清洁化和低碳化发展下，多元供应体系基本形成

（1）能源供给结构方面

随着能源消费总量和能源消费强度“双控”目标的实施以及节能减排政策的不断趋紧，我国能源供给结构不断优化，非化石能源消费占比不断提高，能源消费结构呈现清洁高效、绿色低碳的现代能源消费体系特征。根据《中国统计年鉴 2021》数据，2020 年，中国能源消费总量为 49.8 亿吨标准煤，其中，煤炭能源消费占比为 56.8%，连续 3 年保持在 60%以内，全国累计退出煤矿 5500 处左右、退出落后煤炭产能 10 亿吨/年以上，极大地提高了煤炭能源的利用效率，能源转型升级取得实质性进展。

（2）非化石能源规模化发展和供给方面

截至 2019 年，中国水电、风电、光伏发电装机规模和核电在建规模均位居世界第一，2019 年，非化石能源在国内能源供给结构中的占比达 18.8%，比 2015 年增加 4.3%。能源基础设施建设取得成效，能源调峰储备体系初步建成。“西气东输、北气南下、海气登陆”互联互通格局初步形成；原油和成品油运输管网已经形成了“西油东送、北油南下、沿海内送”的新格局；高压输电能力持续增强，形成“西电东送”电力输送格局。同时，我国进一步推动人工智能、物联网、数字经济等新兴技术与能源产业生产、加工、运输、消费等各个环节的深度融合，已逐步形成了包括智能能源开采、能源智慧物流以及智慧能源消费等在内的智慧能源供应体系，截至 2019 年底，已建成 44 处千万吨级煤矿、200 多处智能化采煤工作面，全国产油气水井、油气场站数字化覆盖率达 90%以上，有效提升了我国能源储配运系统的技术效率和协同效率。

3. 能源核心技术和关键装备研发取得突破，带动了相关产业的高端化发展

（1）传统化石能源的开采、加工、储运和高效利用

传统化石能源的开采、加工、储运和高效利用技术水平不断取得重大突破，信息化、智能化、数字化水平不断提高并得到大规模应用，科技水平得到显著提高。智慧矿山、复杂断块油藏精细开发，三维地震勘探等技术取得较大进步；已初步建成全球技术领先的清洁煤电体系，有效实现了煤炭资源的清洁化勘探、开发和利用；特高压交流输电和直流特高压输电技术达到国

际领先水平，有效改进了能源无法长距离运输问题。新能源技术不断取得突破，能源清洁利用技术被广泛推广应用。光伏发电单品电池平均转换效率已达22.3%，2010年光伏发电综合成本较2019年下降了82%；陆上风电综合成本下降39%，海上风电综合成本下降29%；三代核电机组综合国产化率达到85%以上，有效提高了能源供给效率。

（2）新一代数字技术和信息技术

新一代数字技术和信息技术在能源技术研发领域的创新应用加快了多能互补智慧能源系统的形成。随着能源产业与信息技术的融合，不同能源业态之间的壁垒出现松动。数字化能源和信息技术、多能协同管理平台技术等实现了较快发展，促使煤炭、油气、电力、通信、汽车等不同领域主体之间的"竖井"逐渐被打破，能源企业推进数字化、智慧化能源的进程加快，不同产业之间、企业之间的信息初步实现了互联互通和合理调配。

（二）推进能源革命战略的挑战

1. 能源消费结构和能源利用效率仍需进一步优化与提高

尽管我国能源消费结构和能源利用效率取得了较大进步，但仍需进一步优化和提高。"多煤、少油、贫气"的能源禀赋结构决定了我国现阶段仍然将煤炭作为主体能源，这也造成了我国现阶段能源生产结构和能源消费结构都处于高煤耗、高污染的能源利用现状。一方面，根据《中国统计年鉴2021》数据，2020年，我国煤炭消费量约为28.3亿吨标准煤，尽管占总能源消费量的比重已从2011年的70.2%下降到56.8%，但与全球煤炭消费在总能源消费中约30%的占比相比，仍处于绝对高位。现阶段，大多数国家的能源革命都表现为以可再生能源消费替代化石能源消费，与之相比，我国的能源革命还处在低成本降煤阶段，至少在当前一段时期内，如何降低煤炭消费占比仍然是我国能源革命特别是优化能源消费结构和促进能源产业升级的重要内容。但同时需要注意的是，我国同样不能完全放弃煤炭能源丰富的禀赋优势，而是要合理利用该资源禀赋优势，实现煤炭清洁高效利用，大力发展煤制油、煤制气和其他煤化工产业，实现能源消费结构和关联产业结构的同步优化。另一方面，我国现阶段以煤炭为主的能源消费结构造成了能源利用效率偏低以及严重的环境污染问题。根据 2021 年《BP 世界能源统计年鉴》数据，2020 年，中国单位国内生产总值（GDP）的能耗为 3.4 吨标准煤/万美元，而单位 GDP 的碳排放量为 6.7 吨二氧化碳/万美元，均高于世界各国的平均水平，更是远高于欧盟、美国、日本等发达国家和地区的单位能耗与单位碳排放水平。这表明我国争取在 2030 年前实现碳达峰、2060 年前实现碳中和的目标还任重道远。

2. 能源产业链供应链现代化水平仍需进一步提高

提升能源产业链供应链现代化水平是实现能源产业发展高级化和能源经济高质量发展的必要前提，但现阶段我国能源产业链供应链现代化方面仍有不少短板。一方面，能源产业储配运的基础设施特别是油气管网互联互通和优化调配能力有待进一步提高。自 2018 年以来，在国家发展改革委和国家能源局的大力督促与协调下，中石油、中石化、中海油三大石油公司和各省市地方政府均加大了能源基础设施建设投入，并取得了显著成效，但能源储配运基础设施水平和能力整体上仍显不足。以天然气管网为例，截至 2020 年底，全国在役的天然气运输管道总里程为 12 万千米，单次天然气管输能力为 3400 亿立方米/年，天然气管输能力与日益增长的天然气消费需求相比仍显不足，且全国天然气管网的互联互通和优化配置能力不够，特别是在“最后一公里”的建设上严重滞后，制约了下游天然气用户的消费需求。另一方面，天然气储气调峰能力同样不足，目前，我国已形成天然气储气能力 250 亿立方米，工作气量 147 亿立方米，这仅占我国天然气总体消费量的 4.5%，远低于国际天然气储消比 12%~15%的平均水平。此外，在进口液化天然气储存能力方面，我国液化天然气接收站总体数量少、单体规模小、储存能力严重不足，同时单个液化天然气接收站平均配套 2~4 个 16 万立方米的储罐，与同是天然气进口大国的韩国、日本相比差距较大，如韩国最大的平泽液化天然气接收站拥有 23 个储罐，日本袖浦液化天然气接收站拥有 35 个储罐。

3. 能源产业基础能力仍较差，核心技术和关键设备尚未实现自主可控

在推进能源革命战略背景下，2016 年 6 月，国家发展改革委、国家能源局共同印发了《能源技术革命创新行动计划（2016—2030 年）》，该文件指出，中国将在 2030 年前力争实现在煤炭清洁高效利用、高效太阳能利用等 15

个方面取得重大技术突破，建立健全完善的能源技术创新平台和技术创新体系，实现能源利用和绿色生产技术整体达到国际先进水平。但是，与世界能源科技强国和引领能源革命的要求相比，现阶段中国能源产业在核心技术、产学研集成创新平台、技术创新体制以及能源产业战略布局等方面都还存在较大差距，部分核心技术和关键装备受制于人，处于技术“卡脖子”状态。具体来说，2018 年，国务院国资委组织中央企业全面梳理关键核心技术受制于人的情况，结果表明，关键设备、关键零部件、关键元器件、基础材料、基础软件、基础工艺（以下简称“三关键、三基础”）等产业基础能力依然受制于国外发达国家和地区，成为制约中国高技术领域发展的薄弱环节。在“三关键、三基础”短板的背景下，我国能源产业的基础材料研究水平滞后，基础软件供给水平不足，基础工艺自给率较低，导致能源领域的发动机、液压件、传动系统等高端装备和精密仪器仪表、高速重载轴承、高温高压密封件等关键元器件在很大程度上仍然依赖进口，部分关键技术因被欧美、日韩等国家和地区垄断而受制于人，一旦这些核心技术和关键装备无法获取，将严重冲击我国能源产业研发和产业链供应链的安全与发展，因此，提高国产装备科技水平和创新能力，突破“卡脖子”关键技术和核心装备的约束，任重道远。此外，能源产业产学研合作创新网络缺乏完善的合作机制，集成性研究平台和创新链存在短板，能源企业所用新技术特别是石油化工和精细能源化工产业技术仍以引进、模仿为主，技术自主研发能力弱，创新成本投入与产出效益比例不高，极大地打击了能源企业自主创新的积极性。

4. 能源体制改革有待进一步深化，能源治理能力和治理体系现代化水平不足

现阶段，能源管理体制改革是我国经济体制改革中最大的短板，能源管理体制也被看作计划经济最后的“堡垒”。“十二五”时期和“十三五”期间，我国政府大力推进煤炭领域的安全监管和石油与天然气领域的体制机制改革进程，并取得了显著成效，但直到现阶段，我国能源全产业链和能源市场的整体改革仍然要远远落后于其他领域的市场化改革，能源勘探、开采、加工、储存、配运和销售等各个环节、各个领域的垄断程度均较高，供需矛盾凸显，这也造成了能源领域的改革步履维艰，政策红利难以全面及时地释放。

具体来说，在能源上游层面，石油、天然气勘探开发的上游市场已实现基本开放，但因缺乏具体可操作的实施细则与完备的矿业权市场准入和退出机制，从事石油天然气勘探开发的大型油气企业仅仅对油气资源丰度高、勘探开发强度低的区域有较强的开发意向；相反，油气企业对油气勘探开发新区、新领域、新层系以及非常规油气资源风险勘探的直接投入积极性不高。这对我国现阶段天然气的增储上产、石油的增储稳产产生了负面影响，低效的管理造成了严重的人财物浪费。在能源中游层面，国家石油天然气管网集团有限公司（以下简称“国家管网公司”）的成立显著提升了我国油气储配运领域的市场化水平，推动了能源中游层面的市场化改革，但公司也经历着内部及其与产业链相关环节的磨合期，油气储配运体制改革与油气体制市场化改革仍需进一步深化落实和向纵深推进。同时，由于种种历史遗留问题，新成立的国家管网公司要实现油气资源高效统筹和配置仍需要一段较长的时间，油气管网的运营调度和管理水平还需要进一步提升。

5. 能源产业对外依赖度逐年上升，全球话语权相对较弱

一方面，原油和天然气的消费量增长加快，远超产量的增长速度，油气资源对外依存度上升，分别超过了70%和40%。逐年上升的油气对外依存度，加之中国在国际能源市场上定价权较弱，使得中国在国际油气能源市场中处于不利地位，大国能源安全和国家安全都受到严峻挑战。另一方面，受能源产业原始创新能力、关键核心技术、品牌、全球营销网络、产业标准制定等因素的影响，我国能源产业中下游产业特别是精细化工产业处在价值链中低端，高端产业低端化现象明显，部分关键核心技术及装备主要依赖进口，导致我国产业发展在全球产业体系中的话语权相对较弱，国际竞争力亟待提升。

四、能源革命推进路径的理论基础与框架

能源革命是一项复杂的系统工程，必须基于系统性、整体性视角对其推进路径进行阐释。一方面，能源革命无法脱离能源产业活动和产品活动而单独存在，能源革命的实现路径必须与能源产业高级化紧密结合；另一方面，在“双循环”新发展格局背景下，能源革命的推进必然要考虑能源国际合作，

因为能源国际合作也是能源革命的重要内容之一。基于此，本书借鉴社会—技术系统可持续转型多层次研究框架，构建了推进能源革命研究的理论体系和研究框架。

（一）经典的社会—技术系统可持续转型框架

社会—技术系统可持续转型研究是20世纪90年代迅速发展起来的新领域，其核心思想是研究如何实现和管理当前非可持续性的社会—技术系统根本性转变，Elzen等认为，在转型过程中，新的产品、服务、商业模式、组织形式、制度体系的出现，部分或者全部取代已有的产品、服务和商业模式等。在多个社会—技术系统转型理论框架中，Geels等基于演化经济学、社会网络理论、制度经济学等提出的社会—技术转型多层视角研究框架影响最大，成为现阶段最为经典和最常用的社会—技术转型多层视角研究框架。该研究认为，转型过程是涉及微观层的技术利基、中观层的社会—技术体制以及宏观层的大景境（Landscape）三个层面可持续转型及三者之间相互作用、彼此互动的过程。该框架被广泛应用于荷兰、美国、德国、英国、波兰、中国等国家的能源体制、环境规制和电力体制的可持续转型中。

这些学者研究了不同领域技术—社会可持续转型的机遇与挑战，并提出了相应的政策参考，为该理论的应用提供了充分的研究范式和扩展空间。近年来，也有学者将该框架引入能源转型领域，但现阶段该系统框架的应用和研究仍存在不足，主要体现在以下三个方面：一是缺乏对能源系统可持续转型机制的深入研究，目前的研究都过于强调单一技术创新的利基保护，将可持续转型简化为新技术的研发、扩散及利基保护政策，缺乏对技术集成、系统性研究及制度创新的关注。二是当前对能源转型的国际因素及地理空间异质性研究不足，更多地集中在某一国家和地区的可持续转型，未考虑转型过程中国际合作和国际贸易的作用。三是国内可持续转型研究对中国化因素考虑不足，多数是直接引用国外范式，在中国“有效市场+有为政府”的宏观调控体系下，技术创新除市场因素外，政府的政策和制度创新因素也是不容忽视的，但对此研究的深度和广度都有所欠缺。

（二）能源革命的多层次可持续转型理论体系

能源革命的目标是实现能源供给结构与需求结构的可持续转型，根据中国能源革命推进战略设计，可以采用社会—技术系统可持续转型多层视角框架形成能源革命的社会—技术系统可持续转型多层视角框架，但后者是在经典的社会—技术系统可持续转型多层视角框架上的中国化。具体来说，就是借鉴社会—技术转型多层视角研究框架三大景境的设定模式，将能源革命的社会—技术系统可持续转型多层视角框架三层次设定为利基创新驱动层面、国内能源革命层面和国际能源合作层面，将三层次协同演化推进，就形成了"中国式"能源革命战略多层次可持续转型理论体系（见图 0-1）。

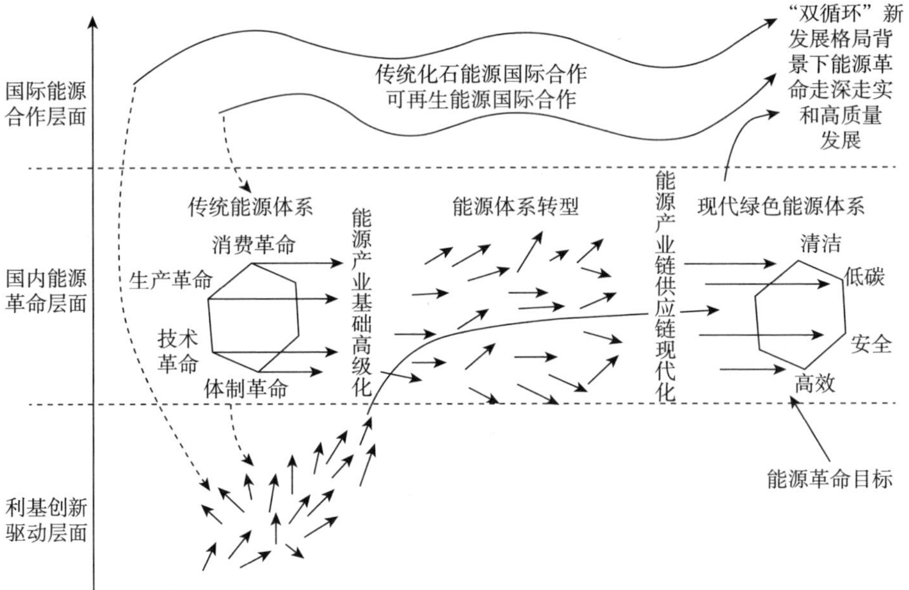

图 0-1　能源革命的社会—技术系统转型多维视角理论体系

1. 第一层次：利基创新驱动层面

利基是指能源革命特别是能源技术革命的受保护空间，能源技术革命的"种子"在此孕育成长。微观层面的先进技术创新与进步是实现经济革命和能源革命的重中之重，如同燃气机的发明和使用实现了第一次能源革命、内燃机与发电机的发明和使用实现了第二次能源革命。因此，推动能源革命战略的利基就是技术创新特别是能源技术的创新和发展，但与发达国家在重点关注单一新技术研发及其利基保护基础上促进新技术应用和扩散的做法不同，中国能源革命战略的利基创新驱动是技术创新与制度创新双轮驱动的创新体系和创新环境。不断通过创新降低能源技术储备、推广新能源技术应用和装备更新，是实现我国能源革命“利基”保护的重要内容，也是推进能源革命战略理论基础和研究框架的基石。

2. 第二层次：国内能源革命层面

国内能源革命主要包括能源消费革命、供给革命、技术革命和体制革命四个方面，基于这四个方面实现能源产业基础高级化和能源产业链供应链现代化，并最终实现绿色能源体系构建的目标。“产业基础高级化”概念最早出现在 2019 年 8 月召开的中央财经委员会第五次会议上，会议提出要“打好产业基础高级化、产业链现代化的攻坚战”，此后，产业基础再造工程作为一项重要工作加快推动，并且在党的十九届五中全会上再次提出了“明显提高”的要求。能源产业基础高级化是指能源产业基础能力持续提升，逐步实现关键核心技术和核心装备的自主可控、安全高效利用，逐步降低对国外能源产业链供给体系的依赖，为产业向中高端迈进提供动态的全方位支撑，以此推动形成稳定畅通、安全可靠、自主可控的产业链供应链。能源产业链供应链现代化是实现能源产业升级的重要途径，而能源产业升级与能源革命目标紧密相关。因此，实现能源革命目标必须依托能源产业链供应链现代化水平的提升，而提升能源产业链供应链现代化水平的路径也需要以能源革命战略目标为导向，二者应高度融合、相辅相成。实现能源产业基础高级化和能源产业链供应链现代化，能够有效实现化石能源的清洁绿色开发、煤炭清洁高效利用、新能源产业规模化发展、能源储配运系统高效协同和提效降碳以及终端用能低碳化与电气化，这一系列转变为实现从“单一化、高碳化、低效率”的传统能源体系向以“清洁低碳、安全高效”为目标的现代绿色能源体系转型提供了路径选择。可以看出，国内层次的能源革命是能源革命多层次可持续转型理论体系的核心和支撑。

3. 第三层次：国际能源合作层面

第一次能源革命与第二次能源革命是在少数国家率先进行和完成的，分别经历了上百年时间的不断发展和深化，主要是解决快速发展所需要的燃料和动力问题，而第三次能源革命重在寻求人与自然、人与社会和谐、永续发展的途径，其意义远超前两次能源革命。此外，第三次能源革命所需要解决的资源问题、气候变化问题和安全问题均是全球性问题，依靠少数国家不能取得显著效果。因此，能源国际合作是第三次能源革命的重要途径和组成部分，中国的能源革命战略需要在全球范围内形成国际合作机制，促进共同行动，形成人类能源命运共同体。国际层面能源合作是能源革命多层次可持续转型理论体系的重要补充。

第一篇

中国能源革命的时代背景

第一章　能源转型下的世界能源格局

第一节　能源转型下的世界能源供需格局

一、化石能源的核心地位依旧稳健，新兴国家能源消费需求旺盛

（一）煤炭

1. 全球煤炭需求增速有所放缓，但仍未快速下降

在能源转型的全球背景下，一方面，煤炭的重要性已经逐步被石油、天然气和清洁能源替代；另一方面，煤炭的兜底保障作用依然是能源安全供给的重要支撑。因此，从2013年以来的能源消费趋势看，尽管煤炭消费增速呈略微放缓的趋势，但降幅有限，且近两年有反弹增长态势。

根据英国能源研究所（Energy Institute，原BP）《BP世界能源统计年鉴》，2022年，煤炭占全球能源消费的比例为26.7%，较1965年以来的最高份额37.3%下降约10.6个百分点，较2011年下降约3.7个百分点。2020年，受新冠疫情影响，煤炭需求量下降，但随着2021年后经济的逐渐复苏，全球煤炭消费大幅反弹，2021年较2020年增长5.5%，达到161.47艾焦[①]。2022年，受极端高温、干旱天气以及核电、新能源产量大幅下降和俄乌冲突的影响，欧洲多国能源消费由天然气转向煤炭，导致全球煤炭需求继续攀升，全球煤炭消费量达到164.47艾焦，较2021年增长1.9%，

① 艾焦即艾焦耳，1艾焦=10万亿焦。

接近2014年煤炭消费量的历史最高纪录（见图1-1）。

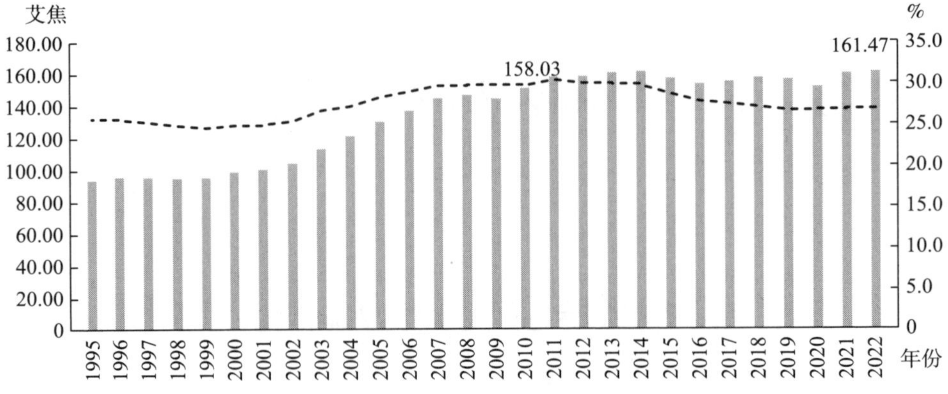

图1-1　1995—2022年全球煤炭消费量

资料来源：*Energy Institute Statistical Review of World Energy*（2023）。

亚太地区和北美洲是全球煤炭的主要供应区，两个地区在全球煤炭产量中的占比分别为77.0%和6.7%，煤炭生产大国主要为中国、印度、印度尼西亚和澳大利亚。在全球经济复苏和极端天气、俄乌冲突等事件的影响下，2022年，全球煤炭生产增速达7.9%，其中，中国增速为10.5%、印度增速为12.1%、印度尼西亚增速为12.0%（见表1-1），3个国家占全球煤炭产量增长达95%以上。煤炭需求的消费增长大国主要为中国和印度，两个国家共1.7艾焦的综合增长值足以抵消其他地区0.6艾焦的减少值。而北美和欧洲的煤炭消费分别减少了6.8%、3.1%。

表1-1　2017—2022年全球煤炭生产与消费主要国家的变化情况

项目	国家	2017年		2018年		2019年		2022年	
		产量/万吨	增速/%	产量/万吨	增速/%	产量/万吨	增速/%	产量/万吨	增速/%
煤炭生产	中国	341060	-9.0	369770	8.4	384630	4.0	456000	10.5
	印度	68980	2.3	76040	10.2	75390	-0.9	91090	12.1
	印度尼西亚	45620	-1.2	55780	22.3	61620	10.5	68740	12.0
	美国	66080	1.9	68600	-3.8	64080	-6.6	53940	3.0
	澳大利亚	50210	-0.3	50220	0	50560	0.7	44340	3.7
	世界	747870	-5.9	806690	7.9	810920	0.5	880340	7.9

续表

项目	国家	2017 年		2018 年		2019 年		2022 年	
		产量/万吨	增速/%	产量/万吨	增速/%	产量/万吨	增速/%	产量/万吨	增速/%
煤炭消费	中国	78.9	1.1	80.5	2.0	82.5	2.5	88.4	1.0
	印度	17.1	3.3	17.9	4.7	18.0	0.6	20.1	4.1
	美国	13.8	-2.7	13.3	-3.6	11.3	-15.0	9.8	6.7
	日本	5.1	1.5	5.0	-2.0	4.9	-1.7	4.9	-0.3
	印度尼西亚	2.0	4.0	2.4	20.0	2.9	20.0	4.4	59.4
	世界	155.3	1.0	157.7	1.5	156.7	-0.6	161.5	0.6

资料来源：*Energy Institute Statistical Review of World Energy*（2023）。

2. 全球煤炭贸易重心不断东移，亚太地区煤炭缺口较大

由于煤炭长距离运输成本相对较高，煤炭消费大国往往拥有较为丰富的煤炭资源，煤炭贸易也主要围绕邻近地区的几个国家展开，煤炭贸易仅占全球煤炭消费量的10%左右。

全球的煤炭贸易重心已经从大西洋市场（德国、美国和英国等国家）转移到了亚太地区市场（中国、日本、韩国和印度等国家），煤炭贸易流向以区域内为主。亚太地区主导着世界煤炭贸易格局，印度尼西亚为世界煤炭第一大出口国，中国为世界煤炭第一大进口国。2022 年，全球煤炭贸易量 32.47 艾焦，较 2021 年下降了 3.5%，为 2017 年以来的最低水平。其中，印度尼西亚、澳大利亚、俄罗斯占世界煤炭出口份额分别为 28.3%、25.8%、16.5%。其中，印度尼西亚作为全球最大的动力煤出口国，煤炭主要出口至中国、印度、日本、韩国等亚洲国家；澳大利亚煤炭主要出口日本、韩国和其他亚太国家，少数供往欧洲国家；俄罗斯的煤炭主要出口至亚洲和欧洲。欧盟对俄罗斯的煤炭禁运，导致俄罗斯的煤炭出口量下降，2022 年比 2021 年下降了 12%；澳大利亚的煤炭供给则主要受极端气候因素影响，煤炭出口总量出现下降。在全球煤价大幅提高的背景下，2022 年，哥伦比亚、南非、加拿大、哈萨克斯坦等中小煤炭出口国的出口额呈 2%~20%不等的增幅。此外，蒙古国、印度尼西亚在高煤价的刺激下，煤炭出口量增长较大。其中，蒙古国 2022 年煤炭出口量同比增幅高达 76.9%；全球第一大煤炭出口国印度尼西亚 2022 年初还因保障国内供给问题禁止煤炭出口，但全年煤炭出口增幅依然高达 9.2%。

煤炭进口地区主要位于亚洲，亚太地区对煤炭的需求缺口较大，煤炭进口量占全球煤炭进口量的74%；欧洲是全球第二大地区，2022年，欧洲煤炭进口量占全球的15%。从贸易流向来看，2021年前，欧洲煤炭进口主要来自俄罗斯、美洲国家；2022年，俄乌冲突爆发后，欧洲不得不向其他地区寻求煤源，南非、哥伦比亚、澳大利亚等国则成为欧洲煤源的重要补充地；中国、印度、日本、韩国等亚太进口国主要从澳大利亚、印度尼西亚进口煤炭。从经济性方面考虑，煤炭贸易格局多以区域内就近流动为主。因此，在亚太地区、欧洲和北美洲三个供需区都使用各自的煤炭价格指数的背景下，煤炭市场整体依旧维持着区域性的特征。

（二）石油

1. 美国和OPEC主导着全球石油供应

实际上，从20世纪初期到20世纪中叶以来，美国一直都是全球石油的生产中心。第二次世界大战以后，随着美国成为石油净进口国，世界石油资源重心逐渐从美国转移到中东地区，石油输出国组织（OPEC）在20世纪90年代对全球石油市场产生了重要的影响。近20年来，随着美国页岩油气技术取得重大突破，以美国为中心的页岩气革命正在影响着全球石油供给格局。同时，包括美国、加拿大、委内瑞拉、巴西等国在内的南北美洲国家又有大量油气资源被发现，世界化石能源生产中心逐渐向北美洲国家转移。

从全球石油供给来看，2022年，美国和OPEC的石油供给量占全球石油产量的50%左右。在“能源独立战略”框架下，美国成为全球最大的石油生产国，重返世界能源中心的地位。2010年，美国先后实现了页岩气、页岩油的大规模量产。此后，美国石油产量不断攀升，从2008年占全球的8%迅速上升到2022年的17%，OPEC则从39%降至33%左右，如图1-2所示。

一方面，随着美国陆上页岩气产量的持续增长，2017年，美国石油产量已经超过沙特阿拉伯，达到5.7亿吨，成为全球石油产量最大的国家；2018年，美国一跃成为石油净出口国；2022年，美国石油产量更是达到7.6亿吨，近20年上升近117%。随着圭亚那和巴西等“OPEC+”以外的产油国石油产量的不断增加，全球石油供应市场的平衡进一步被打破。另一方面，以OPEC为代

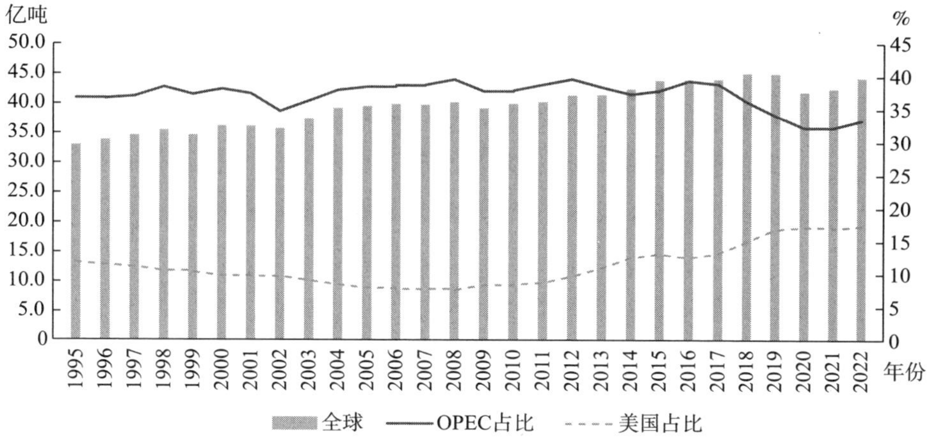

图 1-2 1995—2022 年全球石油产量

资料来源：*Statistical Review of World Energy*（2023）。

表的中东地区产油国核心地位有所削弱，但其重要地位依旧稳健。中东地区的石油产量从 2000 年的 11.3 亿吨上升至 2016 年的 14.9 亿吨，后来受全球新冠疫情和经济低迷行情影响，中东石油产量有所缩减，2022 年恢复至 14.41 亿吨，从 2016 年占全球产量的 31.3%上升至 2022 年的 32.7%。2022 年，全球石油产量约为 44 亿吨，同比增长 4.2%，OPEC 贡献了全球石油增量的 50%以上，其中，沙特阿拉伯、伊拉克、阿拉伯联合酋长国、安哥拉的石油产量增长均超过 5%。

但是，这种供给格局依然可能会随时间而发生此消彼长的变化。根据 2023 年《BP 世界能源展望》的预测，美国致密油——包括天然气凝析液（NGL）在内近 10 年会有所增长，峰值在 1100 万~1600 万桶/日，并将在 21 世纪 30 年代达到峰值。但到 2050 年，美国致密油在“快速转型情景”和“净零情景”下会降至约 200 万桶/日或更少。而随着产量最高地区石油产量的枯竭，OPEC 会更加积极地展开竞争，到 2050 年，OPEC 在全球石油产量中的份额将增加到 45%~65%。

2. 石油需求稳中有升，需求中心向新兴经济体转移

1995—2020 年，全球石油消费量总体依然呈现增长趋势，从 1995 年的 32.9 亿吨上升至 2020 年的 40.4 亿吨；受新冠疫情影响，2020 年，全球石油

需求出现大幅下滑，同比下降 3. 8%；2022 年，全球石油需求量恢复至 43. 9 亿吨，但整体消费量仍比 2019 年低 0. 7%。

由于石油的能量更高，且其液体形态更易于运输，因此相较于煤炭，石油能够在产地和消费地之间形成更大范围的贸易网络。其中，原油在 2022 年全球石油贸易（包括原油与油品）中的占比为63. 1%，高达21 亿吨，比2021 年增长了约 4%。从进口需求来看，亚太地区的石油需求旺盛，其中，原油进口量占全球石油量的 56. 5%，中国、印度、日本分别占全球原油需求量的 23. 9%、10. 9%和 6. 2%。欧洲的原油需求量约为 5 亿吨，约占全球原油出口的 24%。北美地区石油需求较为独立，除部分从中南美洲和中东进口外，超过一半的石油贸易在北美地区内部完成。欧洲则主要从俄罗斯、中东和非洲地区及邻近地区进口大量石油。俄乌冲突爆发后，俄罗斯原油出口受到欧美国家制裁，国际原油贸易流向发生巨大变化：俄罗斯、伊朗原油大幅折价流向亚洲国家，而中东和北美国家增加对欧洲国家的原油出口，国际石油市场的区域分化更加明显。

2022 年全球石油主要出口国家/地区及需求国如表 1-2 所示。

表 1-2　2022 年全球石油主要出口国家/地区及需求国

出口国家/地区	出口量/亿吨	主要需求国
中东地区	9. 1	中国 2. 68 亿吨；印度 1. 34 亿吨；日本 1. 2 亿吨；其他亚太国家共 1. 97 亿吨；欧洲国家 0. 94 亿吨
北美洲	4. 2	美国 2. 2 亿吨；欧洲国家 0. 89 亿吨；加拿大 0. 17 亿吨；中国 0. 13 亿吨；印度 0. 22 亿吨
俄罗斯	2. 6	欧洲国家 1. 2 亿吨；中国 0. 86 亿吨；印度 0. 37 亿吨
西非洲	1. 7	欧洲国家 0. 6 亿吨；中国 0. 5 亿吨；印度 0. 2 亿吨 美国 0. 1 亿吨；其他亚太国家共 0. 1 亿吨
中南美洲	1. 2	中国 0. 37 亿吨；美国 0. 35 亿吨；欧洲国家 0. 22 亿吨

资料来源：笔者根据 *Energy Institute Statistical Review of World Energy*（2023）整理而成。

（三）天然气

1. 天然气供应依旧以美国、俄罗斯为主

近 30 年来，全球天然气供需基本平衡。2022 年，全球天然气供给总量为

4.04 万亿立方米，同比上涨 4.5%，相较于 1995 年的 2.10 万亿立方米增长了 92.4%。但是，由于近年来全球天然气资本开支不足，未来一段时间里天然气产能提升空间相对有限。国际能源署（IEA）数据显示，2020—2022 年，全球天然气平均资本开支为 2490 亿美元，低于 2015—2019 年资本开支水平。虽然 2022 年全球天然气资本开支为 2720 亿美元，同比增长 8.1%，但仍未达到 2019 年全球新冠疫情前的水平，仅为 2015 年水平（3510 亿美元）的 77.5%。

全球天然气主要生产地区产量呈上涨趋势，根据 Energy Institute 数据，全球天然气产量主要集中在北美洲、中亚地区与俄罗斯、中东地区以及亚太地区四大区域，产量分别从 1995 年的 6852 亿立方米、6247 亿立方米、1385 亿立方米和 2083 亿立方米提升至 2022 年的 12039 亿立方米、8059 亿立方米、7213 亿立方米和 6813 亿立方米。分地区来看，北美地区天然气产量主要集中在美国，2022 年，天然气产量为 9785 亿立方米，占比为 81.3%；中亚地区与俄罗斯天然气产量主要集中在俄罗斯，2022 年，天然气产量为 6184 亿立方米，占比为 47.7%；中东地区天然气产量主要集中在伊朗、卡塔尔以及沙特阿拉伯；亚太地区天然气产量主要分布在中国、澳大利亚和马来西亚等国家。

过去的十几年中，作为全球第一大天然气出口国，俄罗斯在全球天然气市场上发挥着举足轻重的作用。但是，随着美国页岩气革命的推进，美国的天然气产量从 2009 年开始全面赶超俄罗斯，成为全球最大的天然气生产国。2017 年，美国结束了 60 多年的天然气进口国身份，成为天然气净出口国。俄乌冲突爆发后，俄罗斯对欧洲国家出口的天然气急剧萎缩，在国际天然气市场的地位正在面临多重挑战。欧洲能源系统为了加速摆脱对俄罗斯化石能源的依赖，将目光转向美国与中非国家；美国则通过加大对欧洲的天然气出口，使其在天然气市场的影响力进一步攀升。

2. 亚洲新兴市场天然气消费活跃

1995—2020 年，全球天然气消费依然呈增长趋势，与天然气生产基本实现供需平衡，从 1995 年的 21104 亿立方米上升至 2022 年的 39413 亿立方米；受经济复苏乏力和俄乌冲突局势影响，2022 年同比下降 3.1%（见图 1-3）。在全球能源转型的背景下，未来的天然气需求还有进一步上涨的空间。根据天然气输出国论坛（Gas Exporting Countries Forum，GECF）发布的《2050 年全球天然气展望》，到 2050 年，全球能源需求预计将增长 22%，而天然气在能源消费中的占比将从目前的 23%增至 26%。

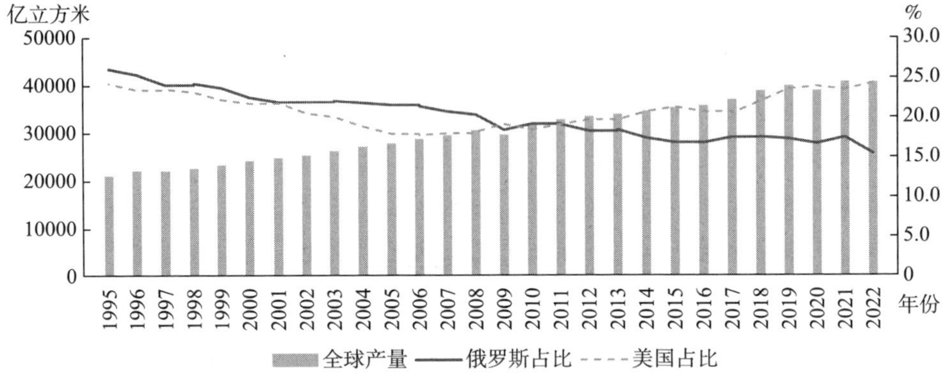

图 1-3　1995—2022 年全球天然气产量

资料来源：*Energy Institute Statistical Review of World Energy*（2023）。

由于天然气具有较好的流动性，相对易于运输，全球天然气贸易量从 2000 年的 5278 亿立方米提升至 2022 年的 9685 亿立方米。全球天然气贸易增量主要来自液化天然气（LNG），2022 年，实现天然气贸易量 5424 亿立方米，同比增长 5.1%；2012—2022 年，年均增长率为 5.3%。从结构上看，LNG 贸易量逐年提升，从 2000 年的占比 26.6%提升至 2022 年的 56.0%；管道气除 2014 年出现小幅下滑外，自 2000 年以来贸易量整体维持平稳，但受全球新冠疫情、经济复苏、俄乌冲突等影响有一定波动。其中，欧洲管道气占全球比例最高。但随着地区需求的上涨，英国和荷兰控制的北海气田枯竭，欧洲天然气供需缺口不断放大。2020 年以前，欧洲主要依赖俄罗斯的管道气，随着俄乌冲突加剧，欧洲依赖俄罗斯管道气数量进一步缩减。2022 年，欧洲管道气进口量占全球的 52.7%，进口 1508 亿立方米，同比下降 34.9%。从俄罗斯管道气进口量为 854 亿立方米，占欧洲国家全部进口气量（3785 亿立方米）的 22.6%，除从原有的北欧、阿塞拜疆、阿尔及利亚和利比亚补充外，其余 LNG 则依靠大量进口。

全球 LNG 的需求量主要来自亚太地区，俄乌冲突背景下短期导致欧洲 LNG

需求猛增。2022 年，亚太地区 LNG 进口量为 3479 亿立方米，占全球 LNG 进口量的 64.1%。其中，中国、日本、韩国和印度 LNG 进口量分别为 932 亿立方米、983 亿立方米、639 亿立方和 284 亿立方米，分别占全球 LNG 进口量的 17.2%、18.1%、11.8%和 5.2%。欧洲国家对天然气的需求也相对较高，LNG 进口量占全球的 31.4%，主要需求来自西班牙、法国、英国等国家。2022 年，欧洲为了弥补俄罗斯管道气进口的减少，开始大幅采购 LNG。2022 年，欧洲地区 LNG 进口量高达 1702 亿立方米，同比增长 58.4%。亚太地区、中东地区以及美洲是 LNG 出口的主要地区，分别占全球总出口量的 34.0%、25.2%以及 22.0%。其中，美洲地区 LNG 出口国主要为美国，中东地区 LNG 出口国集中在卡塔尔，亚太地区 LNG 出口国主要集中在澳大利亚及马来西亚。

二、可再生能源的开发加速了世界能源格局的变化，但应用场景目前相对单一

（一）可再生能源的供给攀升，全球地区差异弱化

可再生能源的发展呈现爆发增长态势。1995 年，全球可再生能源发电量仅 155.5 太瓦·时，2022 年增加到 4204.3 太瓦·时，2013—2023 年间的平均增长率为 14.7%，可再生能源占 2021 年新增发电量的 83%。其中，光伏发电量迅速增长，2010—2021 年，在全球增速保持在 22%～54%。根据 IEA 的预测，未来几年，煤炭、天然气和石油发电量将减少，2023 年可再生能源发电量预计达到 22948.8 亿千瓦·时，其中，水电 5703.8 亿千瓦·时、风电 7932.5 亿千瓦·时、光伏发电 7413.9 亿千瓦·时、生物质能发电 1386.8 亿千瓦·时，其他能源发电达到 511.8 亿千瓦·时。到 2027 年，可再生能源预计将占全球能源市场的 38%（不含核能），并将于 2025 年取代煤炭，成为最大的电能来源。其中，2027 年，光伏累计发电预计超过 2350 吉瓦①，并于 2024 年超过水电、2026 年超过天然气发电、2027 年超过火电，成为全球最大的电力装机容量（见图 1-4）。

① 吉瓦是功率单位，符号为 GW。1 吉瓦 = 10 亿瓦 = 1000 兆瓦 = 100 万千瓦。

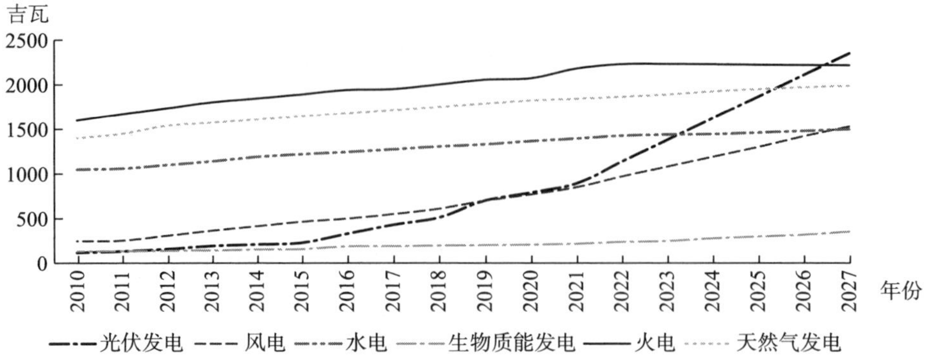

图 1-4　2010—2027 年全球不同类型能源的累计发电量

资料来源：《世界能源展望 2022》。

从可再生能源的生产现实来看，全球可再生能源供给差异相对较小。20 世纪后半叶以来，发展可再生能源成为提升能源供给多样性、保证能源供给安全和缓解资源环境矛盾的有效途径，逐渐受到了各国的关注。其中，水电在全球范围内发展较快，从 1965 年的 983.8 亿千瓦・时增至 2021 年的 4273.8 亿千瓦・时，增速达 334%，成为电力系统的重要组成部分。相比之下，光伏、风电等可再生能源在初期受到生产不稳定、并网困难和经济成本较高等因素的影响，发展相对缓慢，对改善国际能源结构的作用有限。但经过几十年的发展，进入 21 世纪后，全球可再生能源进入高速发展阶段，可再生能源可以部分替代化石燃料，成为现代生活需要的首选能源。全球可再生能源发电量占总发电量的比例从 2000 年的 19.0%上升至 2022 年的 29.9%。其中，亚洲、欧洲、北美和非洲国家的可再生能源发电量占总发电量的比例分别从 2000 年的 13.3%、13.8%、15.5%和 17.7%上升至 2022 年的 25.3%、39.6%、25.7%和 22.5%，全球地区间差异并不大。

（二）新兴国家对可再生能源的投资热情较高，但电力以外场景应用发展缓慢

全球可再生能源投资最高的地区分别为亚太地区和欧洲。其中，亚太地区投资额从 2013 年的 1.06 亿美元上升到 2022 年的 3.4 亿美元，欧洲投资额从 2013 年的 0.51 亿美元上升到 2020 年的 0.855 亿美元，2022 年略有下降，

至 0.55 亿美元。新兴国家可再生能源投资增速较快。其中，中国在全球可再生能源投资中所占份额仍然最大（不包括大于 50 兆瓦的水电），从 2013 年的 0.61 亿美元上升到 2022 年的 2.74 亿美元，占全球可再生能源投资的 55%，增幅近 350%；印度可再生能源投资从 2013 年的 0.047 亿美元上升到 2022 年的 0.115 亿美元，增幅为 145%；巴西可再生能源投资从 2013 年的 0.034 亿美元上升到 2022 年的 0.148 亿美元，增幅为 335%。

虽然新兴国家对可再生能源表现出极大的热情，但是在电力以外的应用发展依然进展较慢，距离应对全球气候变化的目标要求依然较远。可再生能源使用比例最高的部门依然是电力部门，2022 年，可再生能源发电占电力的 30%，但是，在最终能源消费（TFEC）中，电力占比不到 23%，而在电力以外的工业、建筑业、交通等领域中，可再生能源的应用不足 13%。根据 21 世纪可再生能源政策网络（Renewable energy for the 21st Century，REN21）《2023 年全球可再生能源发展报告》数据，建筑用能约为 132 艾焦，约占全球最终能源消耗的 30%，2020 年，可再生能源占世界建筑使用能源总量的 15.5%左右，虽然高于 2010 年的 11.1%，但建筑中可再生能源的比例每年仅增长 0.4%，远低于可再生能源发电的增速，如图 1-5 所示。

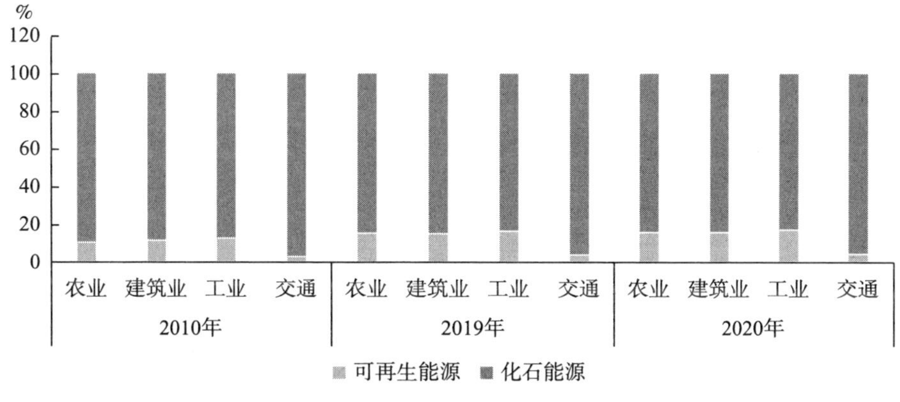

图 1-5　2010 年、2019 年及 2020 年全球可再生能源与化石能源在电力以外的场景应用比例

资料来源：REN21《2023 年全球可再生能源发展报告》。

发达国家的建筑可再生能源用能比例普遍高于新兴国家。其中，欧盟国家、加拿大和美国的可再生能源在建筑最终能源消耗的占比分别为30%、40%和14%。作为能源消费大国，中国建筑业可再生能源的比例为20%，高于印度、俄罗斯、韩国和日本。作为能源消费大国，印度、俄罗斯和韩国的建筑业可再生能源的比例不足5%。2021年，运输部门消耗了113.4艾焦的能源，约占终端用途总能源需求的1/3。

亚太地区和北美地区运输业占全球运输业能源消耗总量的一半以上，因此，亚太地区和美国也是可再生能源交通使用增长最快的地区。2010—2019年，亚太地区运输业可再生能源占比平均增长13.9%，增长最快的国家主要是中国和印度尼西亚。美国、巴西、法国、德国和西班牙可再生能源在交通中的应用也相对发展较快。但是，整体来看，交通运输部门严重依赖化石燃料，尽管对电力、生物燃料的需求有所上升，但2019—2021年，可再生能源仅占该行业总能源消耗的4.0%，其中生物燃料约占3.6%、可再生电力约占0.4%。根据IEA的报告，到2030年可再生能源在全球TFEC中的占比必须达到30%，才能达到2050年的零净排放目标。从目前可再生能源在电力以外的应用来看，这一目标的实现还有一定的难度。

第二节　全球气候治理下的能源转型

一、气候治理与全球“双碳”目标的形成

（一）全球变暖解释模式的理论解释的变化

世界气象组织（WMO）的数据显示，2013—2022年的温度平均值估计比1850—1900年工业化前基线高出1.14摄氏度。罕见的“三峰”拉尼娜现象出现的2022年可能仅是历史上第5个或第6个最暖年份，出现另一个有记录以来最暖年份只是时间早晚问题。在全球变暖的不争事实依据下，科学家们的争议主要在于，人类活动到底在多大程度上影响了全球气候。因此，理论界曾长期存在着两种互相竞争的理论，即自然波动假说和温室效应理论。

尽管Arrhenius早在19世纪就提出了温室效应理论，但主张自然波动的学

者认为，太阳黑子和太阳活动是气候变化的主要原因（Willett，1949；Johnsen，1970）。同时，由于温室效应理论的研究是在理想的实验室条件下得出的结果，并且“大气是一个稳定的、自动调节的系统”，因此可以认为，人类可以改变全球气候的假设是不可信的（Weart，1997）。2007 年以后，对联合国政府间气候变化专门委员会（IPCC）持批评态度的科学家还组织建立了非政府间国际气候变化专门委员会（NIPCC），其多次发布的《气候变化研究报告》认为，是自然因素主导了气候变化，其中，太阳活动的影响不可忽视；相比之下，人类活动产生的温室气体不值一提。此外，由于中等程度的变暖对人类健康及全球经济的影响是正面的，且 IPCC 所用的气候模型不能分析一个随机的、不封闭的气候系统，因此 NIPCC 认为 IPCC 的结论是不可靠的。

但是，由于太阳活动这种自然因素不能解释 20 世纪 80 年代以来太阳活动减少所带来的全球升温的异常现象，在学者们对气候模型的不断修正下，真锅淑郎和 Klaus Hasselmann 建立了较为可靠的地球气候的物理模型，预测了全球气候变暖，明确了“人类活动是导致全球气候变暖的主要因素”，两人于 2021 年被授予诺贝尔物理学奖。在 1990—2021 年的 6 次评估报告中，IPCC 一次比一次更加肯定地将气候变化与人类活动产生的影响联系在一起。在最近的第 6 次评估报告中，IPCC 明确提出，人类活动会导致大气、海洋和陆地变暖是毋庸置疑的事实，如表 1-3 所示。

表 1-3　1990—2021 年 IPCC 评估报告主要观点的变化情况

年份	报告名称	主要观点
1990	IPCC 第一次评估报告（FAR）	人类活动导致的排放确实增加了大气中温室气体的浓度
1996	IPCC 第二次评估报告（SAR）	有证据表明，人类活动对全球气候造成了可辨识的影响
2001	IPCC 第三次评估报告（TAR）	过去 50 年观测到的变暖可能有 66%以上的概率归因于人类活动
2006	IPCC 第四次评估报告（AR4）	过去 50 年的气候变暖有 90%以上的概率是由人类活动造成的
2014	IPCC 第五次评估报告（AR5）	20 世纪 50 年代以来，全球变暖的一半以上是由人类活动造成的（95%以上的概率）
2021	IPCC 第六次评估报告（AR6）	毋庸置疑的是，自工业化以来，人类活动的影响已经使大气、海洋和陆地变暖

资料来源：IPCC。

同时，IPCC 也将自然因素与人为因素对气候的影响进行区分，并得出了“人类活动是导致气候变暖的主要因素”的结论。至此，温室效应造成全球变暖的理论得到了全球主流学者的普遍认可。

（二）全球气候治理到“双碳”目标的形成

气候变化问题从 20 世纪末逐渐受到国际社会的重视，并且逐渐上升为全球经济与环境领域最重要的议题之一。由于单一国家或地区很难通过自身行动改善温室气体排放，在联合国的倡导下，世界各国开始了全球气候治理的应对与多边合作。

从全球气候治理的历程来看，1979 年，在日内瓦召开的首届气候大会上第一次把气候变化作为一个备受国际社会关注的问题提上议事日程。1992 年，联合国环境与发展会议通过了《联合国气候变化框架公约》（以下简称《公约》），区分了工业化国家和发展中国家，强调上述两类国家在应对气候变化问题时应以“共同但有区别的责任”为原则开展温室气体控制，由此拉开了全球气候治理的序幕。自提出以来，《公约》得到了国际社会的广泛响应，从生效之日起至 2022 年底，全球的缔约国家和地区已经有 198 个。在此基础上，1997 年，在 IPCC 的协助下，第三次缔约方大会通过了《京都议定书》，在“共同但有区别的责任”的基础上，制定了“自下而上”（bottom-up）的强制减排安排，即 2008—2012 年全球主要工业化国家工业二氧化碳排放量比 1990 年降低 5.2%，2012 年的多哈会议进一步确定了《京都议定书》的第二承诺期 2013—2020 年的减排目标。但是，受强制性量化减排目标和美国拒绝批准等因素影响，2009 年的《哥本哈根协议》至今尚未生效，2012 年的《多哈修正案》直至 2020 年才生效通过，在一定程度上影响了全球气候变化多边治理的进程。2015 年的《巴黎协定》初步形成了以“国家自主贡献”（Nationally Determined Contributions，NDCs）为核心的治理机制，核心目标是将全球气温上升范围控制在地域工业革命前水平的 2 摄氏度以内，并努力控制在 1.5 摄氏度以内，这就要求全球温室气体排放需要在 2030 年减少到一半左右，在 2050 年达到零净排放，即碳中和。在 2018 年的联合国气候变化卡托维兹大会上，各方通过了相应的细则，为 2021 年实施《巴黎协定》奠定了基础。2021 年举行的联合国气候变化格拉斯哥大会，是《巴黎协定》进入实施阶段后的首次大会，形成了《格拉斯哥气候协议》，并落实了可能加快落实《巴黎协定》进程的三条具体路径。《格拉斯哥气候协议》是首个明确计划减少煤炭用量和化石燃料补贴的气候协定，发出了煤炭时代终结的信号。可见，在《巴黎协定》生效之后，全球谋求“双碳”发展目标的框架已经基本确立。《巴黎协定》明确了首个普遍达成共识的全球气候治理体系，提出的“国家自主贡献”NDCs 和帮助发展中国家缓解与适应气候变化的总体思路为各国推动碳减排和适应气候变化提供了行动路线。随着美国退出又重返《巴黎协定》，说明全球气候治理不会因为个别国家的行动而停止，全球加速迈入“碳中和”的时代趋势势不可当。

1979—2021 年全球应对气候变化多边进程的主要成果如表 1-4 所示。

表 1-4　1979—2021 年全球应对气候变化多边进程的主要成果

年份	形成文件	主要成果内容
1979	《联合国气候变化框架公约》	初步形成应对全球气候的多边治理框架
1997	《京都议定书》	2020 年前的行动框架，“自上而下”的强制性量化减排目标
2006	《巴厘路线图》	明确后续减排、适应和融资谈判目标与模式
2009	《哥本哈根协议》	推动《京都议定书》第一承诺期达成协定
2011	《德班平台》	明确 2015 年达成的应对气候变化新协议的各项要素
2012	《多哈修正案》	推动《京都议定书》第二承诺期相关事项
2015	《巴黎协定》	明确 2020 年后的全球气候变化行动框架，“自下而上”的治理机制安排
2018	《巴黎协定》细则	明确《巴黎协定》实施细则
2021	《格拉斯哥气候协议》	明确承诺目标时间表、减少煤炭和化石燃料补贴并达成全球碳市场框架

资料来源：http：//unfccc. int。

二、全球气候变化下的碳减排应对

（一）全球碳减排脱钩状态的演变特征

全球应对气候变化的最重要举措是减缓碳排放，同时又不能影响经济增长。但是，区域间的不平衡发展造成了各个国家间的二氧化碳排放水平的差异。因此，分析各国碳排放量的演变格局特征是确定能源转型路径和科学制定能源转型政策的有效前提。

1. 研究方法与数据来源

碳排放脱钩是指经济增长与二氧化碳排放关系的不断弱化甚至逐步消失的过程。Tapio 脱钩模型是目前研究经济增长与二氧化碳排放脱钩关系中使用最广泛的一种脱钩模型，二氧化碳排放量与经济发展 GDP 之间的脱钩弹性公式为

$$T=\frac{\Delta C/C}{\Delta GDP/GDP}=\frac{\%\Delta C}{\%\Delta GDP} \tag{1-1}$$

其中，T 为碳排放与 GDP 增长的脱钩指数，ΔC 和 ΔGDP 分别表示一定时间内二氧化碳与 GDP 的变化，$\%\Delta C$ 和 $\%\Delta GDP$ 分别为二氧化碳与 GDP 的增长率。根据现有研究，可将脱钩状态分为 8 类，如表 1-5 所示。

表 1-5　脱钩状态的判别标准

$\%\Delta C$	$\%\Delta GDP$	T	脱钩类型	符号
<0	>0	$T<0$	强脱钩	D
>0	>0	$0<T\leqslant 0.8$	弱脱钩	$A3$
>0	>0	$0.8<T\leqslant 1.2$	扩张连接	$A2$
>0	>0	$T>1.2$	扩张负脱钩	$A1$
>0	<0	$T<0$	强负脱钩	B
<0	<0	$0<T\leqslant 0.8$	弱负脱钩	$C3$
<0	<0	$0.8<T\leqslant 1.2$	衰退连接	$C2$
<0	<0	$T>1.2$	衰退脱钩	$C1$

由于长周期研究有利于从长期反映碳排放与经济增长脱钩状态的演变和趋势变化，本研究基于 75 个主要国家①，以 1965—2021 年为研究区间，对碳排放与经济增长脱钩的演变状态进行探讨。经济增长用 GDP 来表示，数据来源于世界银行，基于数据的可比性原则，GDP 统一为 2017 年不变价美元。能源消费统计数据涉及石油、煤炭、天然气、新能源和电力五种能源，碳排放相关数

① 这 75 个国家为加拿大、墨西哥、美国、阿根廷、巴西、智利、哥伦比亚、厄瓜多尔、秘鲁、委内瑞拉、奥地利、比利时、保加利亚、克罗地亚、塞浦路斯、捷克、丹麦、爱沙尼亚、芬兰、法国、德国、希腊、匈牙利、爱尔兰、冰岛、意大利、拉脱维亚、立陶宛、卢森堡、荷兰、北马其顿、挪威、波兰、葡萄牙、罗马尼亚、斯洛伐克、斯洛文尼亚、西班牙、瑞典、瑞士、土耳其、乌克兰、英国、阿塞拜疆、白俄罗斯、哈萨克斯坦、俄罗斯、土库曼斯坦、乌兹别克斯坦、伊朗、伊拉克、以色列、科威特、阿曼、卡塔尔、沙特阿拉伯、阿拉伯联合酋长国、阿尔及利亚、埃及、摩洛哥、澳大利亚、孟加拉国、中国、印度、印度尼西亚、日本、马来西亚、新西兰、巴基斯坦、菲律宾、新加坡、韩国、斯里兰卡、泰国、越南。

据来源于《BP 世界能源统计年鉴》（2023 年版）。

2. 全球碳排放脱钩效应分析

通过以每 5 年为一个阶段进行划分，测度 1965—2021 年全球 75 个国家碳排放脱钩的变化状态。从全球 75 个国家能源二氧化碳排放量与经济发展脱钩效应的历史演变分析过程来看，近 20 年部分国家加速进入碳排放强脱钩状态：从 1965 年只有 2 个国家到 1995 年的 22 个国家，直至 2021 年有近 43 个国家处于强脱钩状态（坐标区间 D），如图 1-6 所示。

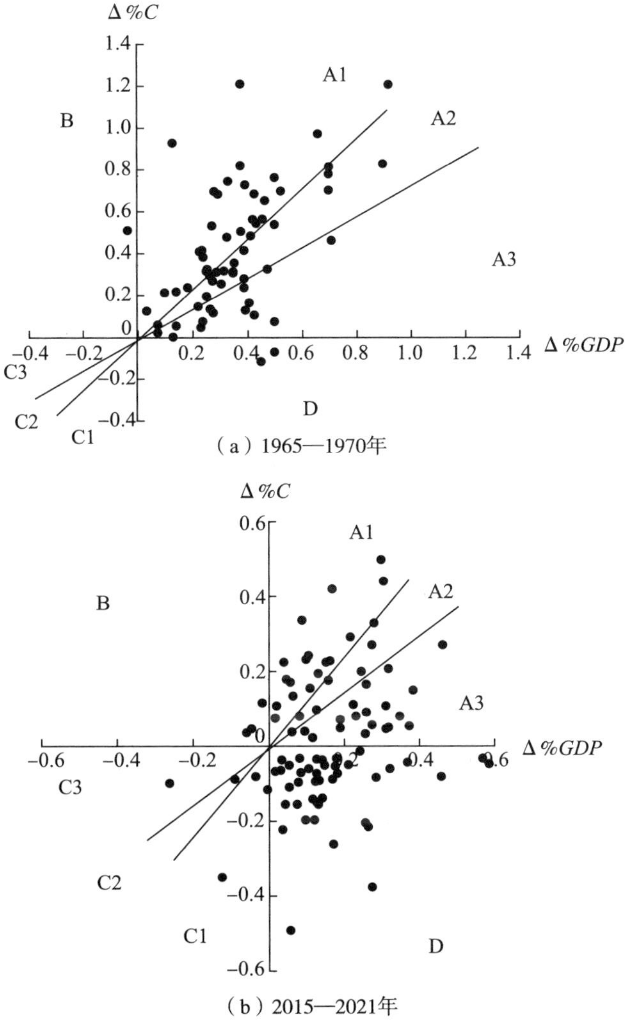

图 1-6　1965—1970 年、2015—2021 年能源二氧化碳排放量与经济发展脱钩分布

强脱钩是一种理想的状态，它表明随着经济的增长，二氧化碳排放增量逐渐减少。这表明随着全球碳中和目标的持续推进，能源碳减排成为全球共识，大部分国家已经逐步进入实质性可持续发展状态。

经济发达国家相对脱钩较早，在1965年处于扩张连接、弱脱钩（坐标区间A2、A3）的32个国家中，有一半以上的国家实现了跨越式发展，进入了经济增长的同时碳排放增量持续降低的强脱钩状态。其中，德国、英国、捷克、丹麦、芬兰、奥地利、瑞典、瑞士、爱尔兰、冰岛、美国、加拿大等欧美主要国家早在20世纪80年代就已经逐步显示出经济发展与碳排放的强脱钩，而以色列、卡塔尔、沙特阿拉伯、新西兰和韩国则是在近20年逐步从经济增长的同时碳排放增速减缓的弱脱钩状态，逐渐过渡到碳排放增量下降的强脱钩状态。1965—2021年全球75个国家的碳排放与经济增长脱钩状态如表1-6所示。

表1-6　1965—2021年全球75个国家的碳排放与经济增长脱钩状态

序号	国家	1965—1970年	1970—1975年	1975—1980年	1980—1985年	1985—1990年	1990—1995年	1995—2000年	2000—2005年	2005—2010年	2010—2015年	2015—2021年
1	加拿大	A1	A3	A3	D	A3	A3	A3	A3	D	A3	D
2	墨西哥	A2	A1	A2	A1	A3	A2	A3	A1	A3	A3	D
3	美国	A1	A3	A3	D	A3	A3	A3	A3	D	D	D
4	阿根廷	A3	A3	A3	D	A3	A3	A3	A1	A3	A2	D
5	巴西	A1	A2	A2	D	A3	A3	A1	A2	A3	A1	D
6	智利	A2	C1	A3	C2	A1	A3	A1	A3	A3	A3	A3
7	哥伦比亚	A2	A3	A3	A1	D	A1	D	D	A1	A3	A3
8	厄瓜多尔	A1	A3	A1	A1	B	A1	A3	A3	A3	A3	D
9	秘鲁	A1	A3	A1	D	A2	A3	A3	A3	A3	A1	A3
10	委内瑞拉	A3	A3	A1	B	A1	A1	A3	A3	A3	B	D
11	奥地利	A2	A3	A3	D	A3	A3	A3	D	D	D	D
12	比利时	A3	D	A3	C3	A3	A3	A3	D	D	C1	D
13	保加利亚	A1	A3	A3	D	D	C1	C1	A3	D	A3	D

续表

序号	国家	1965—1970 年	1970—1975 年	1975—1980 年	1980—1985 年	1985—1990 年	1990—1995 年	1995—2000 年	2000—2005 年	2005—2010 年	2010—2015 年	2015—2021 年
14	克罗地亚	A3	A3	A3	A3	A3	D	A2	A3	D	C1	D
15	塞浦路斯	A1	B	A3	A1	A2	A1	A3	A1	D	C1	D
16	捷克	A3	B	A3	D	D	C1	D	D	D	D	D
17	丹麦	A1	D	A2	D	D	A1	D	D	D	C1	D
18	爱沙尼亚	A3	A3	A3	A3	A3	D	D	A3	B	D	D
19	芬兰	A1	A3	A2	D	A3	B	A3	D	A1	D	D
20	法国	A2	A3	A3	C1	D	D	A3	A3	D	D	D
21	德国	A3	D	A3	C2	D	D	D	D	D	D	D
22	希腊	A3	A1	D	A1	A1	A3	A3	A3	C1	C1	D
23	匈牙利	A2	A3	A3	D	D	D	D	A3	D	D	A3
24	爱尔兰	A3	A3	A3	D	A2	A1	A3	A3	D	A2	D
25	冰岛	A3	A3	A3	D	A3	A3	A3	A3	D	D	D
26	意大利	A1	A3	A3	C1	A3	A3	A3	A1	D	C1	D
27	拉脱维亚	A3	A3	A3	A3	D	D	D	A3	B	D	D
28	立陶宛	A3	A3	A3	A3	D	D	D	A3	D	D	A3
29	卢森堡	A3	D	D	C1	A3	D	A3	A1	D	D	D
30	荷兰	A1	A3	D	C2	A3	A3	A3	A3	D	D	D
31	北马其顿	C3	C3	C3	C3	C3	C3	A3	A3	D	D	D
32	挪威	B	A3	A3	D	A3	A3	A3	A3	A3	C3	C1
33	波兰	A3	A3	B	D	D	D	D	A3	A3	D	A3
34	葡萄牙	A2	A1	A2	B	A2	A1	A3	A3	D	B	D
35	罗马尼亚	A1	A3	A3	D	A3	D	C1	A3	D	D	D
36	斯洛伐克	A3	A2	A3	B	D	D	D	A3	D	D	A3
37	斯洛文尼亚	A3	A3	A3	A3	A3	A3	A3	A3	A3	D	D
38	西班牙	A1	A1	A1	C3	A3	A2	A3	A2	D	D	D
39	瑞典	A1	D	A1	D	D	D	D	A3	D	D	D

续表

序号	国家	1965—1970 年	1970—1975 年	1975—1980 年	1980—1985 年	1985—1990 年	1990—1995 年	1995—2000 年	2000—2005 年	2005—2010 年	2010—2015 年	2015—2021 年
40	瑞士	A1	D	A3	D	A3	D	A3	A3	D	D	D
41	土耳其	A1	A1	A1	A2	A1	A1	A1	A3	A3	A3	A3
42	乌克兰	A1	A1	A3	C3	B	C2	C1	D	D	C1	D
43	英国	A3	D	D	D	A3	D	A3	A3	D	D	D
44	阿塞拜疆	A1	A1	A1	A1	B	C3	D	A3	D	A1	A1
45	白俄罗斯	A1	A1	A1	A1	B	C2	D	A3	A3	D	A3
46	哈萨克斯坦	A1	A1	A3	C3	B	C3	D	A3	A3	D	A1
47	俄罗斯	A1	A1	A3	C3	B	C3	D	A3	A3	A3	A3
48	土库曼斯坦	A1	A1	A3	C3	B	C2	A3	A1	A3	A3	A2
49	乌兹别克斯坦	A1	A1	A3	C3	B	C3	A2	D	D	A3	A3
50	伊朗	A2	A1	B	A1	A2	A3	A3	A3	A3	B	A2
51	伊拉克	A2	A3	A1	B	A1	B	D	D	A3	B	A1
52	以色列	A2	A3	A1	A2	A2	A2	A3	B	A3	D	D
53	科威特	D	C3	A1	B	C2	A3	A1	A1	A1	A3	C2
54	阿曼	A1	A1	A3	B	A2	A3	A1	A1	A1	A3	A3
55	卡塔尔	A1	A1	A1	B	A2	B	D	A3	A3	A1	D
56	沙特阿拉伯	A3	D	A1	B	A1	A2	A3	A3	A3	A1	D
57	阿拉伯联合酋长国	A1	A1	A1	B	A1	B	A3	A3	A1	A1	B
58	阿尔及利亚	A2	A1	A1	A1	B	C3	D	A3	A3	B	B
59	埃及	D	A1	A1	A2	A3	A3	A2	A3	A3	A3	A2
60	摩洛哥	A1	A1	A1	A3	A3	A2	A1	A1	A3	A2	A1
61	澳大利亚	A2	A1	A2	A3	A3	A2	A3	A3	A3	A3	D
62	孟加拉国	A3	B	A1	A1	A2	A1	A2	A1	A2	A1	A3
63	中国	A1	A1	A2	A3	A1	A3	A3	A1	A3	A3	A3
64	印度	A3	A1	B	A1	A1	A2	A3	A3	A3	A2	A3
65	印度尼西亚	A1	A2	A1	A2	A1	A2	B	A2	A3	A3	A3

续表

序号	国家	1965—1970 年	1970—1975 年	1975—1980 年	1980—1985 年	1985—1990 年	1990—1995 年	1995—2000 年	2000—2005 年	2005—2010 年	2010—2015 年	2015—2021 年
66	日本	A2	A3	D	A1	A3	A3	A3	A2	D	A1	C1
67	马来西亚	A2	A3	A1	A1	A2	A2	A1	A2	A3	A3	A3
68	新西兰	A1	A3	C1	A3	A2	A3	A3	A2	D	A3	D
69	巴基斯坦	A3	D	A2	A1	A1	A1	A1	A3	A3	A3	A1
70	菲律宾	A1	A3	A3	C1	A2	A2	B	A3	A3	A2	A2
71	新加坡	A2	D	A3	A1	A1	B	A3	A3	A2	A3	A3
72	韩国	A1	A3	A1	A3	A3	A2	A2	A3	A1	A3	D
73	斯里兰卡	A1	D	B	D	A3	A1	B	A3	A3	A2	A3
74	泰国	A1	A1	A2	A2	A1	A1	B	A3	A3	A2	D
75	越南	A1	D	D	A3	A3	A2	A1	A1	A2	A1	A1

对全球 75 个国家在 1965—1970 年、1995—2000 年、2015—2021 年三个时段能源碳排放与经济增长脱钩状态进行分析，如图 1-7 所示。

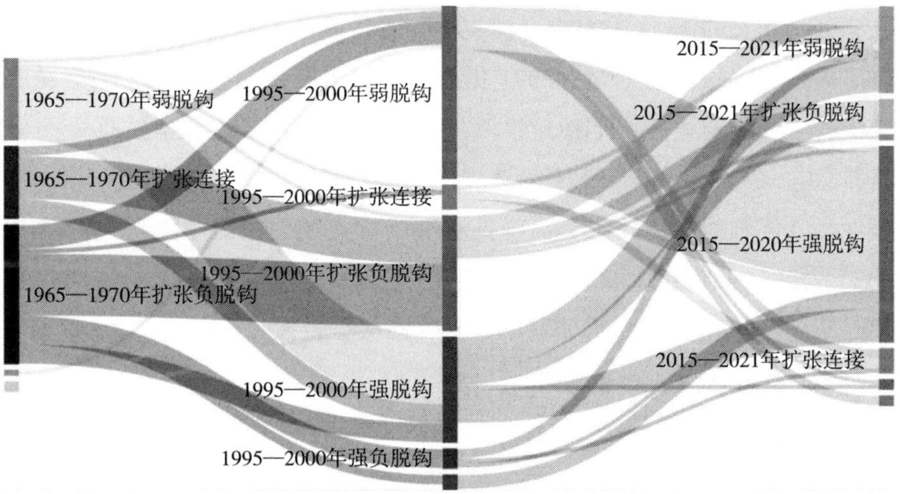

图 1-7　1965—1970 年、1995—2000 年、2015—2021 年能源碳排放与经济增长脱钩状态转移

从1965—1970年这一时段到1995—2000年这一时段，全球75个国家中的29个都处于经济增长但碳排放增长加速的扩张负脱钩阶段。加拿大、美国、芬兰、意大利、荷兰、西班牙、新西兰、阿拉伯联合酋长国、秘鲁和中国等则从本阶段的扩张负脱钩逐渐转变为碳排放增速减缓的弱脱钩状态；丹麦、瑞典、俄罗斯和卡塔尔4国则转变为强脱钩状态；巴西、土耳其、阿曼、摩洛哥和越南5国则继续保持不变。其他31个国家在1965—1970年处于扩张连接和扩张负脱钩状态，部分欧洲国家如法国、希腊、爱尔兰、英国、卢森堡、西班牙、葡萄牙以及伊朗、以色列、沙特阿拉伯等中东国家和墨西哥、阿根廷、委内瑞拉、印度等发展中国家也纷纷进入了碳排放增速减缓的弱脱钩状态，减排脱钩前景持续乐观；哥伦比亚、捷克、德国、匈牙利、波兰、斯洛文尼亚、伊拉克和阿尔及利亚8个国家进入了强脱钩的理想状态。

到1995—2000年这一时段，大部分国家处于强脱钩的理想状态和弱脱钩的较理想状态，数量分别为16个和32个。1995—2000年，处在弱脱钩状态的36个国家中，有27个在2015—2021年进入强脱钩状态；秘鲁、中国、印度和新加坡4国则持续保持原有弱脱钩状态；而挪威、日本2国尽管碳排放下降速度依然较快，但由于经济增长放缓，呈现出衰退脱钩。1995—2000年，处在强脱钩状态的18个国家中，捷克、丹麦、爱沙尼亚、德国、立陶宛、瑞士和卡塔尔7个国家在2015—2021年持续保持强脱钩状态。但大部分发展中国家碳排放强脱钩状态并不稳定，阿塞拜疆、哈萨克斯坦和伊拉克3国呈现出碳排放量增加的反弹，哥伦比亚、立陶宛、波兰、斯洛文尼亚、俄罗斯、白俄罗斯等国则处在强脱钩至弱脱钩状态的震荡调整中。中国从1965—1970年的扩张负脱钩到2000年，始终处于扩张负脱钩、扩张连接和弱脱钩状态的调整过程中，2008—2023年呈现出以弱脱钩状态为主的特征。

（二）全球碳减排的影响因素分析

1. 模型的构建

Ehrlich和Holdren（1971）提出了IPAT方程，从技术进步、经济水平和人口因素3个关键要素出发，衡量了经济活动对环境造成的影响。随后，Dietz和Rosa（1994）在研究中提出了随机性环境影响评估模型（STIRPAT），极大地修正了 IPAT 模型中恒定系数的局限性。由于 STIRPAT 模型既允许将各系数作为参数来估计，也允许对各影响因素进行适当分解，因此，大量文献在此基础上开展各种实证研究（王宪恩等，2014；陈占明等，2018）。STIRPAT 的基本模型为

$$I=aP^{b}A^{c}T^{d}\varepsilon \tag{1-2}$$

其中，a 为模型系数，I、P、A、T 分别表示环境压力、人口规模、富裕程度、技术创新水平，ε 为模型误差项。为了考察各国城镇化、能源结构和经济增长对碳排放的影响，分别用人均碳排放量、城镇化水平、人均 GDP 和研发投入强度作为反映环境压力、人口因素、经济增长以及技术创新的代理变量。此外，由于二氧化碳排放受到能源消费结构的影响（林伯强、刘希颖，2010），而清洁能源的使用可以减少碳排放，因此引入能源结构变化水平，并用清洁能源在能源消费中占比来反映能源结构的变化，进一步考察清洁能源结构变化对碳排放的影响。

由此可以得到拓展模型：

$$\ln C_{it}=a_0+b\ln ur_{it}+c\ln gdp_{it}+d\ln rd_{it}+e\ln estrc_{it}+\delta_i+\gamma_t+\varepsilon_{it} \tag{1-3}$$

其中，C 表示人均碳排放量；ur 表示城镇化水平；gdp 表示经济发展水平，用人均 GDP 来衡量；rd 表示研发投入强度；$estrc$ 表示能源结构；i 表示地区；t 表示时间；δ_i 表示个体固定效应；γ_t 表示时间固定效应；ε_{it} 为误差项，表示其他影响二氧化碳排放的因素。

此外，由于地区城镇化对能源消费强度存在着显著的地区性差异（马海良等，2107），为了进一步分析其影响渠道在各地区的差异，将能源消费强度（Ee）作为中介变量，进一步探讨各地区由于能源消费强度差异影响碳排放的作用机制。借鉴 Baron 等的做法，在基准模型（1-3）的基础上构建中介效应模型，公式为

$$\ln Ee_{it}=a_0+b\ln ur_{it}+c\ln gdp_{it}+d\ln rd_{it}+e\ln estrc_{it}+d_i+g_t+e_{it} \tag{1-4}$$

$$\ln C_{it}=a_0+b'\ln ur_{it}+a_1\ln Ee_{it}+c\ln gdp_{it}+d\ln rd_{it}+e\ln estrc_{it}+d_i+g_t+e_{it} \tag{1-5}$$

逐步回归法是以往检验中介效应所采用的传统方法，但这种方法由于易低估错误率、检验功效低等缺点而逐渐受到质疑。目前，更为科学有效的中介效应检验方法是 Bootstrap 法，这种方法有更高的检验效力。因此，本书采

用 Bootstrap 法进行中介效应检验。

2. 数据的处理

由于 75 个国家的碳排放脱钩状态路径存在较大差异，为了更好地分析各地区碳排放的差异特征，根据各国 1985—2000 年、2000 —2021 年两个阶段 11 个脱钩状态变化趋势，采用系统聚类方法，把国家划分为三大类，如表 1-7 所示。

表 1-7　碳排放脱钩状态变化特征分类

类型	国家
经济发达国家	瑞典、丹麦、冰岛、瑞士、比利时、保加利亚、匈牙利、德国、英国、爱尔兰、法国、西班牙、奥地利、立陶宛、罗马尼亚、捷克、斯洛伐克、美国、加拿大、挪威、波兰、芬兰、荷兰、卢森堡、塞浦路斯、北马其顿、克罗地亚、斯洛文尼亚（28 个）
典型能源出口国家	伊拉克、卡塔尔、阿拉伯联合酋长国、沙特阿拉伯、委内瑞拉、阿曼、科威特、（7 个）
新兴国家	意大利、希腊、葡萄牙、爱沙尼亚、拉脱维亚、阿塞拜疆、以色列、土耳其、伊朗、俄罗斯、乌克兰、乌兹别克斯坦、哈萨克斯坦、白俄罗斯、土库曼斯坦、中国、日本、韩国、印度、孟加拉国、巴基斯坦、越南、马来西亚、印度尼西亚、泰国、菲律宾、斯里兰卡、新加坡、澳大利亚、新西兰、摩洛哥、埃及、阿尔及利亚、墨西哥、巴西、秘鲁、智利、阿根廷、厄瓜多尔、哥伦比亚（40 个）

表 1-7 选择了 1985—2021 年 75 个国家的数据，GDP 数据处理如第一节所述，人口、城镇人口比例、研发投入数据来自世界银行，能源结构数据来自《BP 世界能源统计年鉴》（2023 年版），个别缺失年份的数据用插值法补齐。

3. 碳排放影响因素分析

由基准模型检验结果可知，城镇化水平、经济增长和技术创新对碳排放都有正向影响，而清洁能源在能源消费中的大规模使用则可以显著降低碳排放水平。整体来看，城镇化和经济增长是目前全球碳排放持续增长的重要原因。而研发创新活动在一定程度上促进了碳排放，这反映出通过技术创新所带来的减排效应尚不能抵消二氧化碳增长的效应（金培振等，2014），技术创新尚未能在全球范围产生明显的减排效果。

从经济发达国家、发展中国家和新兴国家的能源出口实证结果来看，经济发达国家的技术创新系数为负但不显著，而新兴国家的技术创新系数在 1%

的水平下显著为负，说明新兴经济体相较于发达国家，其技术创新能够更加有效地促进碳减排。清洁能源使用比例的提升，对于新兴国家和发达国家而言都是有效降碳的重要举措，能源结构在 1%的显著性水平下负向影响二氧化碳的排放。对于经济发达国家和新兴国家而言，城镇化水平、经济增长均在 1%的水平下显著为正，但新兴国家的碳排放贡献更多地来源于经济增长，而发达国家的城镇化水平是引起碳排放的主要原因。大部分新兴国家进入工业文明比发达国家晚了百年进程，因此，碳排放随着经济增长仍处于相对快速攀升阶段。

而以中东地区为主的典型能源出口国家，其城镇化水平在 10%的显著性水平下对碳排放有正向影响，其能源结构在 1%的显著性水平下正向影响碳排放，反映出这些地区经济结构普遍较为单一且对传统能源依赖较大，清洁能源在其电力结构占比全球最低，清洁能源的产业发展受制约，导致提升清洁能源比例暂时还不能够达到降碳效果。

基本模型与分区样本估计结果如表 1-8 所示。

表 1-8　基本模型与分区样本估计结果

项目	模型（1）	A	B	C
ln*ur*	0.489*** [0.063]	0.657*** [0.065]	0.653* [0.374]	0.243*** [0.092]
ln*gdp*	0.496*** [0.027]	0.486*** [0.048]	0.530*** [0.044]	0.589*** [0.047]
ln*rd*	0.191*** [0.016]	−0.007 [0.035]	−0.156*** [0.044]	0.242*** [0.023]
ln*strc*	−0.080*** [0.010]	−0.043*** [0.009]	0.646*** [0.112]	−0.064** [0.025]
_cons	−4.863*** [0.241]	−5.670*** [0.563]	−8.348*** [1.120]	−4.826*** [0.303]
R-squared	0.7273	0.4752	0.6983	0.6772
观测值	2056	756	189	1080
年份固定效应	是	是	是	是
地区固定效应	是	否	否	否

注：中括号内数值为标准误；***、**、* 分别代表在 1%、5%、10%水平下 t 值通过显著检验。

A 代表经济发达国家，B 代表典型能源出口国家，C 代表新兴经济体国家。

在表 1-8 的基础上，将能源强度作为中介变量，对各地区城镇化及其他控制变量的减排效应变化进行验证，见表 1-9。

表 1-9　中介效应分析

影响路径：ur→ee→c		模型（1）	A	B	C
ln*ur*		0.368*** [0.071]	0.172*** [0.054]	0.506 [0.370]	0.172** [0.087]
ln*gdp*		0.596*** [0.045]	0.690*** [0.057]	0.563*** [0.048]	0.689*** [0.061]
ln*rd*		0.152*** [0.022]	−0.0564 [0.036]	−0.147*** [0.042]	0.184*** [0.032]
ln*strc*		−0.080*** [0.010]	−0.047*** [0.010]	0.665*** [0.113]	−0.076*** [0.022]
ln*ee*		0.195*** [0.072]	0.493*** [0.048]	0.055 [0.040]	0.229** [0.099]
_*cons*		−5.690*** [0.365]	−6.474*** [0.603]	−8.230*** [1.077]	−5.865*** [0.476]
间接效应		0.120	0.657	0.157	—
Bootstrap BC 95%置信区间	间接	[0.052，0.639]	[0.409，0.592]	[0.068，1.748]	[−0.003，0.514]
	直接	[−0.120，0.508]	[0.0817，0.285]	[−0.592，1.468]	[−0.241，0.344]
N		2025	756	189	1080
adj. *R*-squared		0.778	0.583	0.715	0.758
时间固定		是	是	是	是
区域固定		是	否	否	否

注：中括号内数值为标准误；***、** 分别代表在 1%、5%水平下 *t* 值通过显著检验。
A 代表经济发达国家，B 代表典型能源出口国家，C 代表新兴经济体国家。

由表 1-9 模型（1）可知，Bootstrap 的 95%间接效应区间为［0.052，0.639］，未包含 0，说明存在间接中介效应；间接效应的系数为 0.120，说明从整体样本来看，能源强度在地区城镇化的过程中发挥中介传导的间接作用：随着城镇化水平的提高，地区能耗上升，进而正向影响了地区碳排放水平。进一步对比不同区域的碳排放水平可知，能源强度的中介传导机制在三类地区中存在较大差异。对于经济发达国家的地区来说，能源强度的间接效应以及城镇化的直接效应都会正向影响本地区的碳排放水平，即这些地区除因城镇化导致的能耗上升使得碳排放增加外，城市化发展过程中人口活动本身也极大地增加了地区二氧化排放量，能源强度作为中介变量在城镇化过程中引发的二氧化碳排放间接效应为 0.120，城镇化造成二氧化碳排放上升的直接效应为 0.368。受样本数量影响，以中东地区为主的能源出口国家，能源强度的作用表现为完全中介效应，即在 10%的显著性水平下城镇化对碳排放的总效应为 0.653，且主要通过能源强度来实现，城镇化对二氧化碳排放影响的直接效应并不显著。究其原因可能在于，由于中东地区的过度城市化，工业化与城市化脱节现象较为明显（张丹，2018）。通过表 1-9（C）可知，Bootstrap 的 95%的间接效应区间为［-0.003　0.514］、直接效应区间为［-0.241，0.344］，包含了 0，因此，能源强度的中介作用并未显现。也就是说，虽然广大发展中国家能源消耗强度普遍偏高，可能引发经济发展过程中的高碳隐患，但是由于广大新兴经济体处于较低的城市化发展阶段，城市化并未引发能源消耗强度的上升，能源强度的中介机制尚不显著。

（三）各国的碳中和目标模式

在面对全球气候问题时，各国纷纷响应，均做出了各自的碳减排目标承诺。世界资源研究所（WRI）的报告显示，目前，不丹、科摩罗、加蓬、圭亚那、马达加斯加、纽埃、巴拿马和苏里南 8 个国家已经实现了净零排放，欧盟国家、英国、新西兰等已经通过立法形式确定了碳中和目标。从碳中和承诺目标出发，中国、美国加利福尼亚州、日本、加拿大和南非等以出台政策文献、提交联合国长期战略计划等形式做出承诺。截至 2022 年，全球已经有 177 个缔约方提交了新的 NDCs，仅仅提交第一个或未提交的缔约方有 18 个。但是，由于各国碳排放与经济增长脱钩处于不同历史进程阶段，加之能源消费结构、人口规模、技术创新等因素的影响，不同类型经济体承担着不同的气候责任，面对着不同的碳减排实现路径。因此，在新一轮的碳中和战略中，不同国家在制定减排战略目标、时间线和关键技术领域等方面也存在着差异。结合上述研究，根据各国减排战略目标、路径和时间线及关键领域，可以把各国的碳中和目标模式划分为发达国家模式、新兴经济体模式和能源出口国模式。

1. 发达国家模式

从历史碳排放量来看，截至2021年，28个发达国家的累计碳排放量占全球碳排放总量的46%，其中，美国、英国、德国和加拿大4国历史累计碳排放量占全球碳排放总量的比例分别为24.3%、5.4%、4.5%和2.2%。但是，从发达经济体的碳减排与经济发展的脱钩历史里程来看，部分国家已经在20世纪60—80年代初步实现了碳减排脱钩。因此，以欧盟国家为代表的发达国家在本轮的“双碳”目标中表现相对积极，并把零碳作为国家经济转型的重要机会。英国、法国、德国、加拿大、爱尔兰、丹麦、挪威等国家均通过立法的形式，明确了2050年碳中和的目标。

从实施的关键路径来看，碳税与碳市场结合、发展关键碳技术等是这些国家的通用手段。一方面，部分发达国家形成了碳税与碳市场结合的协同手段，以更加灵活的方式引导行业减排。碳税制度和碳交易市场以欧盟国家为代表。其中，碳税制度在芬兰、丹麦、荷兰、英国等国较早建立，并且形成了以碳税为主体、其他配套制度协调发展的全面碳税体系。另一方面，全球碳交易配额市场目前以欧盟排放配额（EUAs）为主，年交易量已经超过30.9亿吨，占全球比例超过60%。在此基础上，各国通过碳税与碳市场结合，以提升减碳机制的完整性和灵活度。例如，英国在2013年就启动了“地板碳价”机制，即设定碳价下限，一旦欧盟碳排放交易体系（EU ETS）碳市场中的碳价达不到设定的地板价，英国政府就通过税收来弥补差额；法国的碳税设计主要是针对天然气、石油和煤炭等化石能源征收，欧洲碳排放交易体系覆盖下的排放源如工业企业、发电行业等，并不需要缴纳碳税；芬兰则向涉及碳排放权交易的企业提供了碳税的政策优惠，返还能源生产行业企业缴纳的碳税，对电力、航空等行业企业予以免除碳税。

此外，由于这些国家城镇化水平较高，且能源强度的间接效应以及城镇化的直接效应都会正向影响本地区的碳排放水平，这些国家的碳减排路径重点则更需要通过电力脱碳和推动终端电气化水平来实现。在脱碳途径和碳减排关键技术领域，法国、英国、德国等更主张淘汰以煤炭为主的化石能源，除重点发展清洁电力、氢能等新能源领域之外，其负排放技术更侧重自然的解决方案（NCS）。欧洲国家相对煤炭消费量占比不高，因此，大部分欧洲国家主张淘汰以煤炭为主的化石能源。例如，英国、法国、丹麦、奥地利等欧洲发达国家已宣布在2025年前完成“退煤”，且已经在有序关闭燃煤电厂。德国、波兰和荷兰等也计划在2030年前后实现“退煤”。在欧洲国家中，波兰对煤炭依赖度最高，2021年达到42.34%，但波兰决定2030年前逐步淘汰煤炭发电厂。德国煤炭仅占能源消费的16.77%，2030年淘汰煤电的压力并不大。基于NCS在短期内确实有比较大的减排潜力。根据大自然保护协会的研究，2016—2030年，基于NCS可为实现《巴黎协定》“2℃目标”贡献37%有效的减排量。美国、加拿大等依旧保持一部分煤、油发电比例相当的国家，其负排放则更侧重化石脱碳和工业碳捕集、利用与封存（CCUS），但这些国家的减排路径也都强调电力脱碳与重点电气化的转型。例如，美国在《迈向2050年净零排放长期战略》中明确了五大关键减排路径，其中除大幅淘汰燃煤发电装机组外，还通过大幅提升交通运输、建筑领域的电气化水平实现有效减排。例如，美国拜登政府在2022年1月宣布，到2030年美国80%的电力来自零碳能源，并计划到2035年实现100%可再生电力的目标。在航空和航运等暂时无法实现电气化的领域，鼓励使用更多的清洁燃料。

2. 新兴经济体模式

截至2021年，40个新兴国家的累计碳排放量占全球碳排放总量的比例为43.8%，累计碳排放量与28个发达国家相当。其中，中国、俄罗斯、日本、印度、乌克兰前5个碳排放量最高的国家，历史累计碳排放量占全球碳排放总量的比例分别为14.4%、6.8%、3.8%、3.3%和1.8%。这些国家大多在过去20~30年经历了快速工业化，虽然城市化程度与发达经济体仍有差距，但从碳减排和经济增长的脱钩历史发展阶段来看，这些国家碳排放增速有所减缓，且大部分国家依然面临着快速减排与持续发展的困境，实现碳减排战略会更加谨慎。

城市化并未引发能源消耗强度的上升，新兴国家实施“双碳”目标的关键路径，相对更聚焦于大力发展可再生能源，10余个国家计划已经实施了单一的碳税/碳市场制度，通过了工业减排、CCUS和NCS。新兴国家对碳税征收领域相对谨慎，领域针对性较小。例如，日本于2007年开始征收碳税，主要是针对二氧化碳排放征收的独立税种，2012年10月改名为全球气候变暖对策税，但只对石油、煤炭和液化气等能源征税；印度从 2010 年针对国内生产和进口的煤炭征收碳税；新加坡则只针对大型排放者征收碳税。而南美地区的新兴国家（如墨西哥、智利、哥伦比亚、阿根廷等）虽然也已经征收碳税，但碳税的税率较低。从碳市场来看，除中国和哈萨克斯坦分别于 2021 年、2013 年启动了全国的碳交易市场外，哥伦比亚、印度尼西亚正在计划实施，土耳其、巴基斯坦、菲律宾、马来西亚、日本、巴西和智利也有建立碳市场的计划。由于这些国家能源结构中的化石能源占比相对较高且通过技术创新能够更好地推动碳减排，因此除大力发展清洁可再生能源改善能源结构外，如何利用煤炭清洁化技术、如何利用工业节能降碳和循环经济，成为实现“双碳”目标的重要手段。例如，俄罗斯在“2050 年前低碳发展战略”中推动以“清洁煤”或“高效低排放”为整体概念的煤炭领域技术的使用，在开发联合循环发电、核电、水力发电和可再生能源发电的同时，减少燃煤能源的利用。日本除了加速推进核能、风能、太阳能等可再生能源利用之外，还通过旧电站改造推广煤气化联合循环（IGCC）发电系统的技术研发，提高煤炭清洁高效发电。通过对 IGCC 和燃料电池系统技术的开发与应用，进一步达到碳减排的目的。澳大利亚则除大力投资太阳能和海上风能外，还重点提升可持续技术，增强废物回收利用技术，通过挖掘原材料的附加价值来提升产业运营效率。因此，除了能源结构的清洁化调整，这些更多还是通过提升能效、提升化石能源清洁高效的利用水平来实现减碳的目标。

3. 能源出口国模式

以中东国家为代表的典型能源出口国，历史累计碳排放进展到全球碳排放总量的 3%。这些国家对化石能源的高度依赖导致其在较长一段时间内产业结构单一，可再生能源占比较低。因此，这些国家向清洁能源的转型相对更加保守。

目前，这些国家的清洁能源在能源结构中的比例提升暂时还未显现出降低碳排放的效果，反映出这些国家对碳减排战略的响应相对更加被动。随着阿拉伯联合酋长国对能源转型的积极应对，这些国家的行动领域逐渐聚焦于积极发展太阳能、核能等重点可再生能源，开发氢能全球价值链，探索 NCS，如红树林种植计划，开展 CCUS 技术开发，在一定程度上为响应全球碳减排做出了积极的尝试。

第三节　能源转型对能源格局的影响

一、气候治理背景下，能源转型具有一定的曲折性

（一）气候治理背景下全球能源加速脱碳

各国制定了详细的能源减排行动纲领，以加速能源脱碳。例如，美国政府就制定了电力脱碳、推动重点电气化、节能、减少甲烷和二氧化碳排放等重点目标。其中，电力系统转型即“到2035年实现零碳污染电力系统”目标的达成，是能源向清洁化过渡、助推美国实现2030年碳减排50%～52%、2050年净零排放的重要内容。此外，美国还制定了关键的五个高碳排放行业的脱碳路线图，并通过提供1.04亿美元资助碳减排技术开发，启动100亿美元的清洁能源制造业税收抵免和58亿美元的工业低碳设施投入，帮助高能耗行业尽快实现减排目标。欧盟自2001年在成员国内部颁布了《可再生电力促进法案》，提出了到2010年可再生能源发电（RES-E）占比22.1%的指示性目标以及各成员国目标；2007年、2014年先后提出了《2020欧洲气候和能源一揽子计划》和《2030年气候与能源政策框架》，设定了欧盟范围内2030年的政策框架和减排目标，规定到2030年，欧盟再生能源占比至少32%、能效提高至少32.5%、温室气体减排至少40%（与1990年相比），并在2019年通过了《欧洲绿色协议》，宣布欧盟将在2050年实现净零温室气体排放，即向大气中释放净排放量的目标，这一协议成为新时期欧盟气候政策的纲领性文件。《欧洲绿色协议》确立了欧洲迈向“气候中立循环经济体”的路线，明确了推进能源系统的深度脱碳、推动工业向清洁循环经济转型、提高能效和资源利用率等目标。在《推动气候中性经济：欧盟能源系统一体化战略》中，确定能源系统脱碳六个方面的关键行动计划：构建“能效第一”、更加注重循环再利用的能源系统；基于可再生能源，构建电力系统，加速能源电气化；将可再生能源和低碳燃料推广应用到难以脱碳的行业；提高能源市场的兼容

性；构建一体化的能源基础设施；构建创新型能源数字化系统。

从现实发展来看，2000—2021 年，全球 78 个主要国家中，已经有 31 个国家平均碳排放增速为负，其中，有 11 个国家的二氧化碳排放量年均下降速度超过 1%。在此基础上，全球以脱碳基础较好的经济体为首，拉动了一股“脱煤、去化石能源”的热潮。一方面，2021 年的第 26 届联合国气候变化大会（COP26）促成了一系列能源脱碳成果，发出了“煤炭时代终结”的信号，标志着以煤炭为代表的化石能源地位的下降。另一方面，在以欧洲为首的国家带领下，掀起了“脱煤”“终止化石能源新投资”的行动。在英国的牵头下，多国签署了“全球煤炭向清洁能源转型的声明”，签署方承诺结束煤炭投资、扩大清洁能源。目前，全球已经有包括波兰、乌克兰、印度尼西亚、韩国和越南在内的煤炭消费占比较高的 40 多个国家签署了该份声明。另外，法国、丹麦、爱尔兰、意大利、哥斯达黎加、格陵兰岛、新西兰、威尔士、葡萄牙、加拿大魁北克省、瑞典和美国加利福尼亚州组成了“超越石油和天然气联盟”（Beyond Oil and Gas Alliance），旨在设定国家油气勘探和开采的日期，终止新的化石能源特许权、许可和租赁的审批；目标是逐步停止发放石油和天然气的开采权，并计划在 2050 年之前彻底停止所有的石油和天然气开采。

（二）能源转型进程的曲折性依然存在

近年来，极端天气对能源系统的影响明显放大，甚至多次触发能源危机信号。相较于传统化石能源，新能源的稳定性相对较差，受气候条件制约更为严重。例如，2021 年夏天，欧洲北海沿岸因长时间超高压异常天气，海上风速大幅下降，导致风力发电减少，触发了欧洲多国出现限电、抢油、气荒的能源危机。同时，受风力不足的影响，2021 年，欧洲地区风力发电量同比下降 4%。2021 年 2 月，美国得克萨斯州发生了极寒天气诱发的停电事故，导致这次停电的直接原因是极寒天气引发第一大电源天然气发电不足，而第二大电源风力发电机组被“冻结”，该突发事件暴露了美国电力系统应急储能和灵活调节能力不足的问题。

此外，气候政策调整与落实之间也存在一定的阻力，能源转型存在曲折性。一方面，由于各国具有不同的能源结构和碳减排基础，并非所有国家都积极推行低碳环保政策，即使是已经对外宣布环保政策的国家，也存在落实不到位的现象。例如，美国特朗普政府废除、撤回或者重审十多项奥巴马在位时期制定的能源环保法规，并在2020年正式退出《巴黎协定》，大幅调整传统能源使用与环保政策的走向，后又在拜登政府支持下于2022年1月重返《巴黎协定》。此外，在地缘政治和极端天气的共同作用下，欧洲各国最为担心的是2021年的“能源荒”现象会继续上演，于是纷纷采取措施改变各自的能源供应保障思路，重启煤电、核电。例如，2022年7月，德国放弃了2035年实现100%可再生能源供电的目标，但保留了2045年碳中和的目标。另一方面，发达国家向发展中国家承诺的减排资金援助与技术支持迟迟不到位，在一定程度上影响了发展中国家的转型进度。发达国家承诺到2020年，每年提供1000亿美元帮助发展中国家应对气候变化，包括经济合作与发展组织（OECD）成员国每年将GDP的0.7%用于海外援助这一目标，自2009年确立以来从未兑现。而发展中国家在应对气候变化方面的资金需求每年有3400亿美元之多，目前获得的支持金额还不到这个数额的1/10。总之，在发展中国家应对气候转型快速增长的需求与发达国家行动迟缓的矛盾下，发展中国家能源转型进度必然会受到一定程度的影响。

二、能源供需变化，影响全球能源贸易格局

（一）统一的石油市场与分散性的地区煤炭市场在一段时间内依旧并存

由于可再生能源目前还无法替代传统化石能源，在一段时间内，全球较为统一的石油市场与分散性的地区煤炭市场依旧会并存。未来，随着可再生能源利用比例的进一步提升，或将可能把目前以化石能源为基础、覆盖全球的统一市场在未来分割成若干个地区性市场。

目前，能源市场形成了一个覆盖全球、较为统一的石油贸易市场与三个分布在欧洲、北美洲和亚太地区的三大区域性煤炭贸易市场。全球石油价格已经形成了以WTI和Brent原油期货定价为主的统一市场。从长期来看，石油价格反映了供需的基本面；从短期来看，油价更多地受到石油金融市场波动的影响。因此，在以OPEC国家和美国为主的供应方以及北美WTI及欧洲

Brent 原油期货价格主导的石油金融市场机制下，形成了以 OPEC 和 IEA 博弈下分享全球石油市场的定价权阶段。

但是，由于煤炭相对运输成本较高，北美洲、欧洲和亚太地区的主要煤炭产销区都有各自的煤炭市场，总体来看，煤炭全球统一市场难以形成。煤炭围绕主要产地和港口形成多个价格中心，包括 ACR 亚洲指数、澳大利亚 BJ 指数、阿格斯/IHS McCloskey 价格指数、GC 指数、纽约商品交易所煤炭期货价格指数及中国、印度尼西亚等主产地价格体系等。在全球“双碳”背景下，各国煤炭新增投产力度有所减小而需求不减的情况下，导致供给相对不足。特别是俄乌冲突爆发以来，全球煤炭供需紧张形势凸显，部分欧洲国家重启煤炭发电，欧洲煤价格大幅上涨，导致不同地区煤炭交易中心之间价格差距进一步加大。

（二）LNG 加速了全球天然气市场的一体化格局

LNG 成为能源贸易流向新的增长点，加速全球天然气市场的整合，为推进能源贸易全球化提供有力支撑。长期以来，天然气受限于管道流向、建设周期，跨区域运输更容易受到过境国和供需国之间的地缘政治影响，很难像石油一样被视为大宗商品，并且缺乏统一的市场和定价体系。但是，LNG 贸易的快速增长在一定程度上打破了上述制约。2022 年，LNG 占全球天然气贸易量的一半以上（56%）。根据《BP 2035 世界能源展望》的预测，未来 10 年，LNG 将成为全球天然气贸易的主导形式。在此背景下，全球 LNG 的定价模式已经从与能源挂钩的传统模式解绑，逐步向多元化的混合定价模式迈进，各区域之间 LNG 价格相差较大的现象有望逐步消失。

与此同时，LNG 贸易的崛起对全球能源地缘政治格局产生了重要影响。2022 年，从全球范围来看，除中国和印度外，天然气发电量已经超过煤炭发电量，贡献了全球近 22%的电力。随着全球能源转型的推进，日本、韩国、中国和印度等亚太新兴国家对天然气的需求势必更加强烈，这意味着新一轮能源博弈也必然在天然气市场展开。鉴于美国和俄罗斯在天然气出口方面的潜力，未来输向东亚方向的 LNG 无法轻易绕过日本。因此，日本在东亚 LNG 出口网络中的地缘地位可能会攀升。此外，在俄乌冲突事件的影响下，欧洲加大了来自美国和卡塔尔的 LNG 采购以摆脱对俄罗斯管道天然气的依赖，而美国对欧洲的 LNG 供应量同比大幅增加 151%，美国借助欧洲的“能源危机”，进一步削弱了俄罗斯在欧洲的影响力。

三、国际能源关系会重新组合

（一）美国对全球能源市场的掌控力进一步加强

从能源供应来看，南北美洲正成为全球又一个快速崛起的油气供给地，在实现能源自给自足的同时，深刻地影响着国际能源市场的格局；与此同时，中东在全球化石能源供应体系中的核心地位正在转移，逐渐成为“亚洲的中东”。美国通过页岩气革命使其在能源市场的掌控能力进一步增强，通过加大石油资源出口、把控中东和里海地区的局势、削弱 OPEC、操控国际市场石油价格，进而掌握了全球能源市场的主动权。IEA 指出，随着美国页岩油产量的持续增长，美国页岩油产量将占全球新增原油产量的 70%，预计到 2024 年末，美国将成为全球最大的石油出口国。俄乌冲突爆发后，2022 年，美国每天出口原油 360 万桶，出口成品油 597 万桶，已取代俄罗斯成为欧洲石油进口主要来源地。一方面，美国通过与中亚国家合作，积极推进“南部走廊”，扩大其在中亚地区的影响力；在非洲地区，美国也积极推进能源外交，与安哥拉、埃及、尼日利亚等国合作，通过与非盟建立对话机制，促进其在非洲能源领域的渗透。另一方面，虽然 OPEC 试图通过“OPEC+”机制扩大其在能源市场的话语权，但由于 OPEC 内部协同矛盾凸显，且近年来在能源转型目标下西方国家降低了对 OPEC 的依赖，使得 OPEC 在全球的影响力有所减弱，中东由此成为“亚洲的中东”。

（二）能源转型在一定程度上打破了原有的能源政治驱动机制，并可能会诱发更为分散的地缘政治

由于可再生能源供给的进一步提升，其可获得性较高、地区间供给差异相对较小，因此在一定程度上打破了原有的国际能源政治驱动机制。此外，由于能源转型带来的对能源依赖性的变化，可能会诱发更为分散的新的地缘政治。第一，可再生能源不再依赖储量，打破了原有化石能源供给地区高度分离和高稀缺性的特点。以太阳能和风能为例，由于两种资源在全球的空间

分布比油气资源更加平均，随着储能水平和效率的提高，大部分国家在技术、经济条件达到后可能最终都能实现能源自给自足。第二，地缘政治的强杠杆作用可能会减弱。一方面，化石能源的地缘性较强，主要源于能源全球贸易的存在。而新能源的主要使用载体是电力，电力并不能在全球范围内很好地输送。因此，从可再生能源的供给、消费的场景来看，它的地缘性较弱。因此，新能源转型或将把目前以化石能源为基础、覆盖全球的统一市场在未来分割成若干个地区性市场。能源供需和价格变化对全球冲击将可能进一步削弱。另一方面，以往通过制裁、禁运等控制能源供应的手段，在可再生能源条件下效果更为复杂，结果也更难以预测。在化石能源主导的阶段，能源必须通过贸易流动才能保持运转。因此，制裁、禁运等方式粗暴而直接，可以实现切断一国的能源供给，快速达到政治目的。但是，在可再生能源迅速发展起来后，一旦国家实现了可再生能源供应的部分自给自足，就不能通过禁运方式切断该国的能源供应。虽然部分材料可以通过制裁等方式进行限制，但是在全球产业链的作用下，实施有效性难度和影响远大于石油禁运或制裁。第三，能源转型会重塑地缘政治格局。尽管可再生能源地区性差异较大，但转化可再生能源需要依靠技术和原材料，特别是新能源制造中的发电、储能等领域中的锂、稀土的供给存在明显的地区性差异；同时，质子交换膜、高碳纤维等领域的生产技术存在一定壁垒，因此，对这些资源的争夺和对技术的掌控就会衍生出化石能源政治。中国、美国、澳大利亚、巴西的锂资源和稀土资源较为丰富，但这些国家的稀土保护政策陆续出台，而现有大部分成熟锂矿的资源布局已经完毕。因此，政策相对宽松的非洲东南部成为稀土布局的争夺热点。此外，由于发达国家在可再生能源技术创新中占据主动权，可能会通过搭建技术壁垒、新建技术标准来实现其政治目标，将传统化石中的资源争夺转变成新能源时代的技术与标准争夺。例如，高碳纤维技术大多被日本东丽、东邦、三菱丽阳，美国卓尔泰克等全球碳纤维生产商垄断；作为质子交换膜的原料，全氟磺酸树脂全球 90%以上的产能掌控在科慕（原主体为美国杜邦）、索尔维、旭化成 3 家企业手中，无论是技术壁垒还是资质认证壁垒都较高，中国的对外依存度高达 99%。尽管技术扩散难以阻挡，但发达国家依旧会通过各种手段对技术扩散进行限制，对可能给自身带来的潜在威胁进行打压，以维护其在该领域的主导权。第四，在能源市场中一些国家的地位可能会提升。其中包括：可再生能源的出口国家，如水电出口国巴西、风电出口国挪威；矿产丰富的国家，如蒙古国、玻利维亚、澳大利亚、刚果；等等。

（三）东亚地区旺盛的能源需求对以西方为主导的国际能源秩序提出了新的诉求

中国、日本、韩国等东亚国家作为世界能源消费大国，对全球的能源市场具有重要影响。但是，在过去相当长的一段时间里，东亚地区能源合作框架一直未能形成，对中东的能源依赖程度高居不下。由于各国缺乏协调机制，地区未能形成与石油消费大国相匹配的市场地位，区域整体影响力低，甚至产生了“亚洲溢价”。亚太地区在国际能源治理体系中的地位与其消费身份不符，特别是中国在海外油气投资、新能源制造等领域频繁受到欧美国家的指责，因此，推动全球能源治理格局重塑的需求已经迫在眉睫。

从具体行动来看，首先，中国作为地区大国应当有所担当，在构建或促成区域性的能源多边协调机制中应发挥积极作用。东亚各国在能源需求方面有共同的诉求，比如，面对“亚洲溢价”，2000 年，中国、日本和韩国曾有过形成天然气联盟的设想，但终未能实现。中国可以以能源转型为契机，发挥大国作用，促成政治关系较为稳定的天然气生产国与消费国之间的多边合作框架。以“上合组织框架”为核心，以“一带一路”共建国家为重点，通过 IEEE 亚太协会、亚太电协等组织，以制定亚太绿色电力走廊框架为纽带，从逐步构建松散的能源合作框架过渡到建立以中国等重点国家为中心的、有一定约束力的能源治理机制。其次，可以通过提升中国在多边机制中的主导作用，进而为提升话语权奠定基础。一方面，中国应以能源转型为突破口，推动在 G20 框架下建立绿色低碳机制，在能源化市场建设、运输通道安全等方面达成区域共识，努力将其打造为能源消费国和生产国共同发展与协商、自由开放的、监管有效的全球能源治理平台。另一方面，加强中国在金砖国家框架下的主导作用，通过金砖国家的积极发声来反映发展中国家的诉求；通过在金砖国家内部协商，就共同诉求提出主张，提升中国在 IEA 等国际能源组织中的作用；通过增强与金砖国家能源贸易人民币结算机制，推进地区能源基础设施、金融一体化的发展，进而提升发展中国家的影响力。

第二章　三次能源革命的一般性与特殊性

第一节　能源革命的背景和意义

能源革命的定义有狭义和广义两种，狭义的能源革命是指能源技术的重大突破，主要是能源开发和利用技术的重大变革；广义的能源革命是指以能源技术变革为基础，对能源开发和利用系统的变革。

一、植物能源时代

人类历史上第一次重大能源技术创新与“火”有关，大概在150万年前，人类就学会并掌握了运用自然火，后来又以人工火代替了自然火。以“火”的使用为标志事件，人类通过燃烧木材、秸秆等柴薪来利用储存在有机物中累积的太阳能，自此开启了植物能源时代。植物能源时代是人类使用化石燃料前的时期，这一时期延续了几千年。植物能源时代的能源利用方式非常简单，主要是通过将植物材料燃烧来获得热能，用来满足取暖、烹饪等基本生活需要。

二、化石能源时代

化石能源时代始于18世纪的英国，以蒸汽机的发明和应用为标志事件，人类开启了化石能源时代的第一个阶段——煤炭时代。在这个阶段，人类对能源的利用从地表转向地下，煤炭成为主要的能源来源。蒸汽机的发明使得煤炭等化石能源可以转化为动力，推动了工业革命的发展。19世纪下半期，以电和内燃机的发明为标志事件，开启了化石能源时代的第二个阶段——石油时代。

三、可再生能源时代

21 世纪初，可再生能源开始兴起，太阳能、风能、水能等可再生能源得到了广泛的关注和应用。随着可再生能源技术的突破和成熟，其成本逐渐降低，使得市场占有率不断提高。太阳能光伏技术的成熟和突破使得太阳能的利用逐渐普及，大规模的太阳能发电厂逐渐建成。风能也开始得到重视，风力发电厂逐渐增多，发电量不断提高。水能的利用也在不断发展，水力发电站不断更新技术，有力地提高了水能的利用效率。可再生能源在全球能源结构中的地位和作用不断增强，越来越多的国家制订了可再生能源发展计划和政策。

能源利用方式的变革带动了新的产业发展，煤炭的大规模应用突破了社会发展的动力瓶颈，促进了纺织工业、钢铁行业、冶金矿产等重工业的发展和城市建设的快速发展。石油与天然气的开发利用，为飞机、汽车及化工产业的发展提供了高效的燃料和原料，促进了相关产业的发展，同时使石油和天然气成为主要能源。风能、太阳能等可再生能源的开发利用则带动了新型装备制造产业、输配电产业、储能产业、新型原材料产业等产业的快速发展。

同时，能源利用方式的变革促进了经济效率的提高。从工业化国家的发展过程来看，能源利用效率随着柴薪—煤炭—石油的替代演变过程逐步提高。

第二节 三次能源革命发展进程

纵观人类发展历史，人类已经经历了三次能源革命。第一次能源革命发生在 18 世纪末到 19 世纪初的工业革命时期，蒸汽机的发明和工业革命的兴起使生产力大幅提高，推动了工业化进程，其能源变革的核心是从传统的人力、畜力和柴薪转向以煤炭作为主要能源。第二次能源革命发生在 20 世纪初，被称为“石油时代”。随着内燃机的发明和第二次工业革命电气化时代的到来，石油和各类石油产品成为主导能源，取代了煤炭在一次能源消费中的地位。进入 21 世纪，随着人们对化石能源消费扩张导致的环境问题及全球变暖和极端气候等问题的关注，可再生能源在能源消费中的比例不断提高，第三次能源革命被称为“可再生能源革命”或“清洁能源革命”，目前正在进行中。因此，通过分析各时期的主导能源结构的变化趋势，可以较好地区分能源革命进程的主要阶段。

一、第一次能源革命的主要历史进程

（一）第一次能源革命的产生与发展

能源革命是人类在能源开发和利用方式上的重大突破，以能源结构变动为表象，体现在能源生产方式与能源消费领域产生的一系列深层次和根本性变革。

第一次能源革命最早可追溯到 1560 年，当时煤炭就已在英国能源消费总量中达到 5%。到 1619 年，英国基本完成第一次能源转型。彼时，煤炭消费占英国一次能源消费的比例高达 49. 1%。荷兰、美国、德国完成第一次能源转型的时间点分别在 1865 年、1885 年、1853 年。从全球情况来看，截至 1840 年，以煤炭为主的矿物能源占全球能源消费总量的 5%，全球能源转型至此开启。70 年之后，即 1910 年前后，全球向煤炭时代的过渡才告完成。

在相当长的一段时间里，柴薪由于易于获得，在能源消费结构中长期占据主要地位，但这种长期依赖传统生物质能的简单能源利用方式已经无法满足经济发展的能源需求。16 世纪初，一方面，随着人口的快速增长，农业、手工业、商业等产业的发展进一步导致了柴薪消耗的大幅增加，引发了对森林的乱砍滥伐，英国出现了因柴薪短缺而引发的能源危机，促使人们对新的能源资源的需求日趋紧迫。另一方面，蒸汽机的发明和煤炭开采技术的突破，使得人类开启了第一次工业革命。以蒸汽机为动力的机械设备开始大规模代替人力，并迅速扩张到开采、炼焦、钢铁和机械制造等高能耗煤工业领域，人类进入了工业文明时期。

与第一次工业革命的飞速发展相伴而来的是巨大的煤炭消耗。英国煤炭产量从 1770 年的 620 万吨发展至 1886 年的 1.03 亿吨，占全球煤炭产量的 60%，后又于 1913 年增加到 2.92 亿吨，占全球煤炭产量的 80%。全球煤炭消费量从 1920 年在能源消费中 19%的比重上升到 1970 年 55%的峰值。到 19 世纪末，世界基本上完成了第一次能源革命，能源消费结构由木柴转向煤炭，如图 2-1 所示。

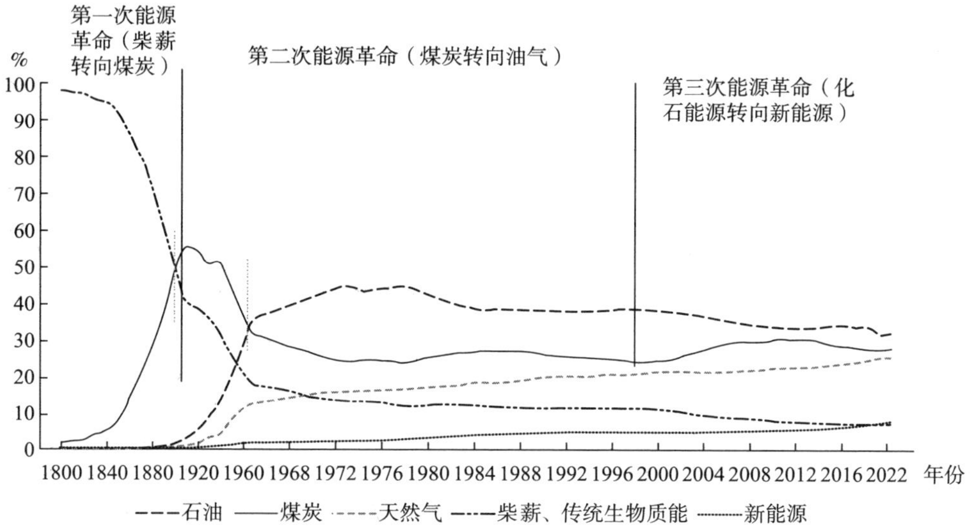

图 2-1　1800—2022 年世界能源消费结构与三次能源革命进程

资料来源：Our World in Data。

（二）第一次能源革命的特征

16 世纪，随着经济增长，家庭和工业消费的增加推动了对木柴与木炭的需求。而在当时，英国的工业发展却遇到了森林资源短缺的瓶颈。1500—1630 年，英国的木材价格猛涨 7 倍，木柴与木炭也因短缺而价格暴涨。因此，像英国这样的工业化经济体需要一种新的、更便宜的能源。能源转向煤炭，标志着第一次重大能源转型的开始。

1550 年前后，煤炭在英国能源消费结构中的比重开始超过 5%；1619 年，煤炭在英国能源消费结构中的比重超过居主导地位的柴薪，完成了从柴薪能源向煤炭能源的转型。1860 年，瓦特发明了改良的蒸汽机，从而大幅提升了人类的生产力水平。转型完成后，随着经济发展及工业革命的推进，煤炭在英国能源消费结构中的比重还在增加，1938 年达到历史峰值（97.7%）。

煤炭的广泛使用，改变了工业生产方式，推动了工业革命的发展。随着蒸汽机的发明和应用，煤炭成为驱动工业机械的主要能源，极大地提高了生产效率。同时，焦炭炼铁引发的冶铁革命不仅拉动了英国煤矿业的进一步繁荣，也引发了钢铁业及相关行业的巨大发展。价廉质优的钢铁使各种新型的动力机械得以大规模生产和应用，同时，铁路、轮船和工程建筑领域的铁构件开始得到广泛应用。蒸汽机作为动力机械被广泛应用，这是第一次工业革命最显著的标志。

煤炭这种“黑色的金子”作为动力燃料被大规模地开采和使用，使得英国、德国等国家先后跳出“马尔萨斯陷阱”，并引发了社会生产力和产业结构的一系列变革。因此，19 世纪末的第一次能源革命进程，伴随着煤炭利用与开发技术的进步，在工业革命巨轮的共同推动下，逐步使得煤炭成为工业化国家的主导能源。第一次能源革命确定了煤炭在能源中的主导地位，煤炭作为主要能源持续使用了近百年，直到第二次工业革命才有所改变。第一次能源革命是人类历史上的一个重要转折点，以煤炭为主导的能源结构为工业化社会的发展提供了强大的动力。然而，煤炭的开采和使用也带来了一系列环境问题，如空气污染、酸雨等。煤炭的环境影响促使人类开始思考新的能源问题，为第二次能源革命奠定了基础。

二、第二次能源革命的主要历史进程

（一）第二次能源革命的产生与发展

从 19 世纪 80 年代开始，电力和内燃机技术逐步取代了蒸汽机技术，石油逐步得到广泛的应用并成为工业动力的主要来源，开启了第二次能源革命。内燃机技术解决了内燃机动力不足的问题，而照明技术和电力传输技术上的突破使得电车、电钻等能量转化设备进一步普及，进而推动电力工业和电器制造业的迅速发展，人类社会进入以“电气化”为核心的第二次工业革命时代。第二次能源革命产生了两个后果：一是由于内燃机、发动机不像蒸汽机那样直接燃烧煤炭，而是使用原油炼制的成品油，由此促进了能源工业产业链的延伸，能源生产由煤炭和石油开采延伸到了石油炼制与石油加工等二次产业；二是生产生活中更多地使用“加工过的”能源，能源有了一次能源和二次能源之分。

从现实来看，由于第一次世界大战加速了以石油为主要燃料的汽车、船舶等动力设备的商业化进程，进一步为石油燃料动力在市场的广泛应用奠定了基础。从 1913 年福特汽车建成第一条汽车工业流水线开始，到 1929 年美国汽车用量达到 2310 万辆，汽车工业的发展极大地刺激了石油工业的快速发展。世界石油产量从 1900 年的 2043 万吨增加到 1940 年的 2.9 亿吨。与煤炭相比，石油具有易于运输、热值转化效率更高、污染相对较小的优点，加之价格相对更低，欧美工业国家纷纷把燃煤电厂改为燃油电厂，石油的消耗在主要工业化国家超过煤炭，并在能源消费结构中逐步获得主导地位，到 1950 年末，世界石油使用量首次超过了煤炭使用量。美国和欧洲主要国家依靠消耗大量相对廉价的石油，促进了本国生产力在短时间内迅速发展，发挥石油作为“工业的血液”的作用，从工业化进入了现代化。

（二）第二次能源革命的特征

1. 石油的大规模利用

1859 年，Edwin L. Drake 在美国宾夕法尼亚州建造了第一口商业油井，但直到将近一个世纪后，石油才成为主要能源。19 世纪末，人们发明了以汽油和柴油为燃料的内燃机，福特成功制造出世界第一辆量产汽车。这一时期，石油以其更高热值、更易运输等特点，于 20 世纪 60 年代取代了煤炭第一能源的地位。

此后，石油作为一种新兴燃料不仅直接带动了汽车、航空、航海、军工业、重型机械、化工等工业的发展，而且影响着全球的金融业，人类社会也被飞速推进到现代文明时代。美国能源信息署（EIA）的数据显示，1900 年，全球石油消费量仅为 160 万桶/日；而到了 1950 年，这一数值增长了 8 倍以上，达到 1480 万桶/日。这一增长趋势表明了石油在推动全球经济发展中的重要作用。同时，IEA 的数据显示，全球约 30%的原油被用于生产石化产品，而交通运输业是原油主要的消费领域，约占全球原油消费总量的60%。这一数据强有力地说明了石油在推动全球经济中的关键作用。

然而，石油大规模应用也带来了环境问题。石油燃烧产生的二氧化碳等温室气体排放加剧了全球气候变化。根据世界气象组织的数据，自工业化时代以来，大气中的二氧化碳浓度增加了约40%，这主要是由化石燃料的燃烧带来的。同时，石油泄漏和废弃物处理等问题也对环境造成了破坏。

2. 电力的广泛应用

电力的广泛应用为现代社会的快速发展提供了重要的支撑。首先，电力是现代工业的基础动力。世界银行的数据显示，工业化国家的制造业增加值占全球总量的90%以上，而电力作为制造业的重要能源，对工业发展具有重要意义。IEA的数据显示，2021年，全球工业用电量达到14.5万亿千瓦·时，比2020年增长了6%。这一增长表明电力在工业生产中的重要作用。电力的发展也推动了城市化进程。随着电力设施的不断完善和电力普及率的提高，城市化水平得到了大幅提升。联合国的数据显示，全球城市化率从1800年的13%左右增长到了2018年的56%左右。与此同时，世界银行的数据显示，2019年，全球通电率达到了89%，这表明电力普及率的提高为城市化提供了重要的基础设施保障。

相较于第一次能源革命，第二次能源革命的主导能源又一次发生了变化，能源结构逐步从以煤炭为主转向以石油为主，能源产业链从煤炭开采进一步延伸至炼焦、交通运输、装备机械、化工等领域。可以说，第二次能源革命不仅直接带动了汽车、航空、运输、机械工业和化工等行业的迅速发展，而且比第一次能源革命对世界经济发展的影响更为深远。

三、第三次能源革命的进程

第三次能源革命，是指当前正在进行的从化石能源向可再生能源的转变。这次能源革命的背景是全球范围内日益严重的环境问题和气候变化问题，因此，可再生能源的开发和应用被视为解决这些问题的重要手段。

（一）第三次能源革命的产生与发展

化石能源的大规模开采加速了化石能源耗竭，同时产生了大量的废水、废气和废渣，空气和环境污染等问题日渐暴露。20 世纪 70 年代爆发的两次石油危机以及 90 年代的伊拉克战争，打破了以廉价石油推动经济飞速发展的局面，不仅给严重依赖石油的世界经济敲响了警钟，也迫使人们开始反思，通过加快对新能源的开发与利用，在减少不可再生能源消费的同时改善生态环境、低碳减排。西方发达国家开始调整政策，在减少对中东石油的依赖的同时，纷纷开始制订专项计划，加强对可再生能源的开发与利用。如美国从 1974 年开始陆续颁布推动能源可持续发展的相关法令，于 1978 年颁布了《国家能源政策法》，加速对太阳能、小水电的开发和利用。英国也先后于 1989 年、1990 年颁布《电力法》和《非矿物燃料义务公约》，以提升新能源技术开发。1992 年后，全球可持续观念逐渐形成，在巴西里约热内卢召开的联合国环境与发展大会通过了《里约环境与发展宣言》《21 世纪议程》和《关于森林问题的原则声明》，使能源可持续与清洁化利用问题在全球进一步得到了重视。

进入 21 世纪后，世界能源格局发生了重大的变化。《京都议定书》正式生效，应对全球气候变化成为国际共识，在能源资源约束下，各国进一步加大了对可再生能源开发与利用的支持力度。全球主要经济体对可再生能源发展给予了极高的重视，一方面，通过发展新能源抢占未来国际竞争的制高点；另一方面，试图通过发展新能源，打破过度依赖化石能源拉动经济发展的被动局面。至此，可再生能源逐步从全球能源的边缘走向了中心。第三次能源革命正是在上述背景下提出的。第三次能源革命的目标是减少对传统化石能源的依赖，通过加快太阳能、风能、水能、地热能和氢能等可再生能源的发展与应用，逐步替代化石能源，以消除化石能源消费所引发的环境问题。

（二）第三次能源革命的主要特征

1. 可再生能源的突飞猛进

在过去的 20 年中，可再生能源的发展取得了显著的进步。2000—2010 年，可再生能源的份额只增加了 1.1%。2010—2020 年，可再生能源的增长速度开始加快，可再生能源的份额保持在 3.5%上下。根据 IRENA 的数据，2000—2020 年，全球可再生能源的总装机容量从 1140 千兆瓦增长到 2537 千兆瓦，增长了 1 倍以上。其中，太阳能和风能的增长尤其显著，太阳能的装机容量从 40 千兆瓦增长到 580 千兆瓦，增长了 14 倍；风能的装机容量从 198 千兆瓦增长到 622 千兆瓦，增长了 2 倍多。

在各种可再生能源中，太阳能和风能的发展最为迅速。这主要得益于技术的进步和成本的下降。过去 10 年，风能和太阳能的成本分别下降了 70%、89%。这使得这些可再生能源在许多地方开始与煤炭和天然气等化石能源在成本上展开竞争。继 2020 年创纪录的一年之后，可再生能源产能增加有望在 2021 年创下年度纪录。此外，全球能源转型投资在 2021 年达到创纪录的 7550 亿美元。

2. 智能电网的技术突破

智能电网是承载第三次工业革命的基础平台，也是推动第三次能源革命最重要的基础性技术。它具有网架坚强、广泛互联、高度智能、开放互动的能源网络的基本特征（刘振亚，2014）。网架坚强是指电网结构安全可靠、运行灵活，适应风电、光伏发电、分布式电源大规模接入，适应供用电关系灵活转换，具有强大的资源配置能力。广泛互联是指电网可以跨地域、跨行业连接，不仅微电网、配电网、地区电网、国家骨干网架和洲际骨干网架紧密衔接，而且通过电网、互联网、物联网等的相互融合，构成功能强大的社会公共服务平台。高度智能是指通过信息网络、智能控制技术的运用，发电、输电、变电、配电、用电和调度等环节高度自动化、智能化运行，可以预警、识别并处理大多数故障和风险。开放互动是指发挥终端消费者在电网体系优化中的作用，实现各类用户和各种用电设备之间的广泛交互以及与电网双向互动，实现能源流在用户、供应商之间双向流动。

美国、日本等发达国家在积极制定智能电网战略规划与投资智能电网方面起步较早。美国从“能源独立计划”提出伊始，就积极规划并投资智能电网领域。在布什政府时期，在美国能源部（DOE）的大力推动下，2002—2007 年先后通过“国家输电网研究（2002）”计划、“智能电网软硬件研发”

计划、“Grid2030——美国电力系统下一个百年的国家愿景（2003）”计划、“国家电力传输技术路线图”计划和“电力输送系统升级战略规划”等具有延续性的系列战略规划，为后续立法和实施奠定了基础。随着《2007 年能源独立与安全法案》（EISA2007）、《复苏与再投资法案》（ARRA2009）和《两党基础设施建设法案》（BIL2022）等一系列法案的推出，进一步为部署智能电网提供了重要保障。2010—2013 年，根据《2009 年美国复苏与再投资法案》（ARRA）精神，对智能电网分别投入 110 亿美元和 33.75 亿美元，分别用于智能电网技术开发、建设和安装各种新一代智能电网控制设备。2022 年，根据《两党基础设施建设法案》，DOE 计划再投资 105 亿美元，其中有 30 亿美元和 50 亿美元分别用于部署智能电网与智能电网项目建设。而在日本，从 2000 年开始，就以日本政府经济产业省为主导牵头设立了“下一代能源社会系统协议会”“智能电表制度研究会”“下一代送配电系统制度研究会”“蓄电池系统产业战略研究会”“下一代汽车战略研究会”“下一代送配电网络研究会”“下一代能源系统国际标准化研究会”“智能社区论坛”等研究会，开展对智能电网相关问题的研究与推广工作，并与企业联合成立“智能电网联盟”，推广智能电网的技术产业化应用。2010 年的《能源基本计划》提出从消费者和能源管理功能角度出发，促进智能电表普及和智能电表之间的接口标准化，并于 2011 年实施了智能电表大规模安装示范项目与补贴项目，为智能电网的普及做铺垫。后来又在 2011—2015 年通过先后投资 380 亿日元，在丰田市、关西科学城（京阪奈学研都市）、横滨市和北九州市开展智能电网试点项目。

作为第三次能源转型的核心技术动力，全球智能电网领域投资近年来增长迅速。截至 2022 年，全球智能电网技术相关投资总额从 2015 年的 34.22 亿美元上升到 64.43 亿美元，增速达 88.3%。投资的重点领域集中在智能电表、电动汽车公共基础设施、电网自动化和管理系统以及电网联网和通信四大领域，四大领域投资额约占智能电网技术投资的 89.3%（见图 2-2）。

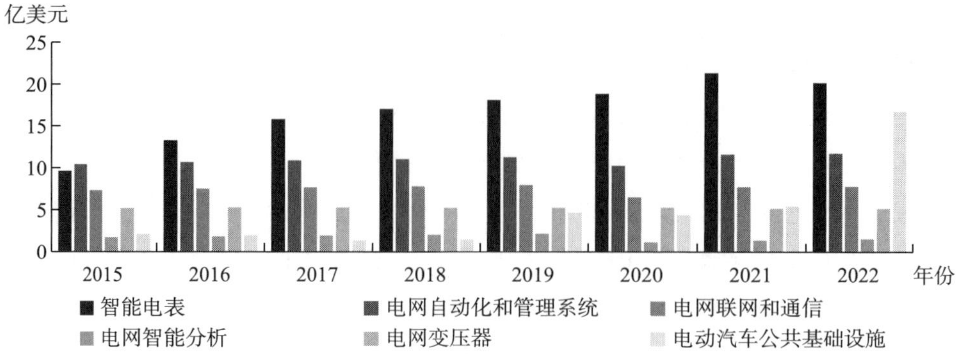

图 2-2　2015—2022 年全球智能电网投资的领域分布

资料来源：IEA。

中国智能电网发展较快，但目前依然存在来自市场机制和技术应用等方面的挑战。中国从 2009 年由电网公司牵头，从试点规划“坚强智能电网”开始，相继出台一系列支持引导智能电网发展的政策，在《国家发展改革委关于加快配电网建设和转型的指导意见》《国家能源局关于加强电力行业网络安全工作的指导意见》中均有涉及。“十三五”时期，国家电网总投资达 14000 亿元，其中，智能化投资达 1750 亿元，占比 12. 5%。同时，为了加快智慧电网试点与应用，2017 年“互联网+”智慧能源（能源互联网）示范项目开始试点，中新天津生态城、上海世博园等一批试点已经通过验收。根据相关机构预测，“十四五”时期两家电网以及其他电网公司总投入预计达 3 万亿元，参考“十三五”时期国网的投资比例，预计智能化投入金额将达到 3500 亿元左右。尽管中国在智能电网领域的发展较快，但是一方面，由于中国电力市场的运行机制不健全，售电侧的有效竞争机制尚未建立，用户参与市场化程度较低；另一方面，由于用户支撑智能电网发展的数字化技术与智能电网的融合不够，企业与企业、用户与企业之间的数据通道不畅，在应用中依然存在阻碍。例如，在国家首批“互联网+”智慧能源（能源互联网）的 55 个示范项目中，仅有 14 个项目按时通过了验收，大多数入选的示范项目推进困难。因此，中国要想抓住第三次能源革命的机遇，在智能电网应用领域任重道远。

无论是第三次工业革命还是第四次工业革命浪潮，建立在化石能源传统利用方式基础上的工业文明已经难以为继，第三次能源革命是建立在可持续发展、清洁化能源供应基础上的。因此，第三次能源革命将围绕更清洁、更经济的发电，更安全、更高效的配置，更便捷、更可靠的用电展开，由可再生能源转换而来的电能全面取代化石能源只是时间问题。但是，由于太阳能和风能等可再生能源的电力具有不稳定性与波动性的特点，难以保持供需平衡。智能电网技术作为提高输电和供电效率的新型能源网络系统，正在成为推动以太阳能和风力等可再生能源大规模利用为特征的第三次能源革命的关键技术，对第三次工业革命具有全局性的推动作用。

三次能源革命标志阶段的主要特征如表 2-1 所示。

表 2-1　三次能源革命标志阶段的主要特征

能源革命标志阶段	主导能源结构变化	伴随产业革命活动	主要技术标志
第一次能源革命（1800 年至 19 世纪末）	柴薪能源转向煤炭能源	第一次工业革命	蒸汽机的发明
第二次能源革命（19 世纪末至 2000 年）	煤炭能源转向石油能源	第二次工业革命	内燃机的使用、终端电气化
第三次能源革命（2000 年至今）	油气能源转向可再生能源	第三次工业革命 第四次工业革命（工业 4.0）	智能电网、能源互联网的应用

资料来源：笔者整理而得。

由表 2-1 可知，能源革命是人类在能源开发和利用方式的上重大变革。一方面，三次能源革命以主导能源结构变化为主要阶段特征，从“蒸汽时代”的煤炭转向“电气时代”的石油，又转向更加清洁、高效的可再生能源；另一方面，能源革命伴随并推动着工业革命的发生，进而引发一系列生产技术变革，通过蒸汽机、内燃机、电力系统、能源互联网技术的应用，有力地支撑了新兴产业的发展，推动了人类文明的进步。

第三节　三次能源革命的一般性

一、能源革命触发因素的一般性

（一）资源的稀缺性是推动能源革命的基本前提

资源稀缺性是推动能源革命的基本前提。这一前提根植于经济学的核心观念：资源永远是稀缺的，而人类的需求却是无穷的。这种矛盾驱动着人类不断寻求新的、更高效的能源利用方式，从而引发能源革命。

首先，资源稀缺性推动了能源革命中的技术革新。以第一次能源革命为例，当时的主要能源——木材由于过度砍伐而日益稀缺，同时，人类对能源的需求日益增长，这使得人类必须寻找新的能源。蒸汽机的发明使得更有效地利用煤炭成为可能，这标志着第一次能源革命的到来。同样，在第二次能源革命中，石油和天然气的广泛应用也是在煤炭资源日益稀缺的背景下发生的。

其次，资源稀缺性推动了能源革命中的能源替代。人类社会的发展历程就是一部不断寻找、开发和利用新能源的历程。从木材到煤炭，再从煤炭到石油和天然气，每一次能源的替代都是在原有能源日益稀缺、新的能源相对丰富的条件下发生的。这种能源的替代不仅满足了人类社会对能源的需求，也推动了科技的进步和社会的发展。

再次，资源稀缺性推动了能源革命中能源效率的提高。在资源稀缺的条件下，提高能源效率意味着可以用更少的资源获得更多的产出，这无疑是对资源稀缺性的有效应对。例如，内燃机的发明使得石油的能量转化效率大大提高，电力系统的优化使得电力的传输和分配效率大大提高。这些能源效率的提升不仅使能源的利用更为高效，也减轻了对资源的压力。

最后，资源稀缺性推动了能源革命中环境保护意识的提升。随着资源的日益稀缺，人们开始意识到环境保护的重要性。因此，新的能源形式和新的技术都需要在满足能源需求的同时，尽量减少对环境的影响。这种环保意识的提升为第三次能源革命——可再生能源革命的到来提供了重要的思想基础。

（二）市场竞争是推动能源革命的重要力量

在市场经济体制下，竞争是推动经济发展的关键因素，它激励企业提高生产效率、降低成本、创新技术，并寻求新的商业模式。这些竞争驱动的行为在能源领域同样有效，而且在很多情况下，正是这些行为引发了能源革命。

首先，市场竞争推动了技术创新。在能源市场上，不断有新的技术出现，改变了能源的生产和消费方式。例如，蒸汽机的发明使得煤炭能够被大规模利用，推动了第一次能源革命的发生；内燃机和电力设备的发明，使得石油和天然气可以被高效利用，并由此推动第二次能源革命的发生。这些技术创新的背后，都是市场竞争的驱动力。

其次，市场竞争推动了能源替代。在竞争激烈的市场环境下，企业需要寻求新的能源形式，以降低生产成本，提高竞争优势。例如，石油的广泛应用就是在煤炭价格上升、市场竞争加剧的背景下发生的。同样，当前的可再生能源革命，也是在化石能源价格上升、环境成本增加的背景下发生的。

再次，市场竞争推动了能源效率的提高。在市场竞争中，能源效率的提高意味着成本的降低、效益的提高，因此，企业有强烈的动力提高能源效率。例如，电力系统的优化就是在市场竞争中为了提高电力的传输和分配效率而产生的。

最后，市场竞争推动了新的商业模式的产生。在能源市场上，新的商业模式可以提供更好的服务来满足消费者的需求，因此有利于企业在市场竞争中取得优势。例如，电力市场的自由化就是为了提供更多样化、更个性化的服务，满足消费者的需求。

（三）技术创新是推动能源革命的关键驱动力

技术创新是推动能源革命的关键驱动力。在人类历史上，每一次能源革命都伴随着重大的技术突破，这些技术的突破不仅使新的能源得以有效利用，而且促进了社会生产力的显著提升。

首先，技术创新使新的能源得以应用。在第一次能源革命中，蒸汽机的发明使煤炭能够得到广泛应用；在第二次能源革命中，内燃机和电力设备的出现，使石油和天然气得以高效利用。在最新的能源革命中，太阳能和风能转化技术的创新，使这些清洁能源得以大规模地商业化应用。

其次，技术创新提高了能源的利用效率。例如，蒸汽机的改进使得煤炭的燃烧效率大大提高，内燃机的出现使石油的能量转化效率得到显著提升。同样，在可再生能源的应用中，光伏电池的转化效率和风力发电机的设计都在不断地改进，使得能源的利用效率不断提高。

再次，技术创新促进了人们对新的能源形式的探索。例如，核能的利用就是技术创新的产物，尽管还存在许多问题需要解决，但其巨大的能量潜力使得人们对其充满期待。同样，氢能、生物能等新型能源的研发也离不开技术的不断创新。

最后，技术创新改变了能源的生产和消费方式。例如，电力的广泛应用使得工业生产的方式发生了根本性的变化；家庭和商业的电气化使得人们的生活方式发生了翻天覆地的变化；同样，电动汽车与智能电网的出现也正在改变人们的出行方式和电力消费方式。

（四）政策环境是推动能源革命的关键因素

政策环境是推动能源革命的关键因素。政策是国家对社会经济活动的干预和调控手段，对能源产业的发展具有重要影响。在能源革命的过程中，政策环境的变化往往影响着能源产业的方向和步伐，政策支持、法规引导、税收激励都是推动能源革命的重要手段。

首先，政策支持是推动技术创新的重要手段。政府通过科研投入、技术扶持、人才培养等方式，可以推动新能源技术的研发和创新。例如，美国政府在 20 世纪 70 年代石油危机后，开始大力支持新能源技术的研发，极大地推动了可再生能源技术的发展。

其次，政策引导可以影响市场行为。政府可以通过制定相应的法规，引导市场主体向更加环保、更加高效的能源转型。例如，欧洲多国政府通过设定碳排放标准和能效标准，引导汽车制造商向电动汽车转型。

再次，税收政策是推动能源转型的重要手段。政府可以通过碳税、能源税等方式，对污染大、能效低的传统能源进行调控；同时，对清洁能源给予税收优惠，推动能源产业的结构优化。例如，丹麦政府通过高额的化石能源税，推动了风能的大规模应用。

最后，国际政策环境对能源革命产生了重要影响。例如，联合国气候变化大会设定的减排目标，推动了全球范围内的能源转型。同时，国际能源机构等国际组织的政策推动也对各国能源政策的制定产生了影响。

二、能源革命对社会经济的一般性影响

（一）能源革命对经济增长产生全方位的影响

新的能源形式的发现和应用，可以显著提升社会生产力，推动经济的快速增长。此外，能源革命还可以通过改变产业结构、促进技术创新、提高能源效率等方式，进一步促进经济的持续增长。在第一次能源革命中，煤炭成

为新的能源形式，推动了工业革命的发展。煤炭的大量使用不仅提供了工业生产所需的能源，还引发了一系列的技术创新，如蒸汽机的发明和应用。这些创新极大地提高了社会生产力，推动了经济的快速增长。同时，煤炭的应用也引发了产业结构的变化，促进了铁路、船运等重工业的发展。在第二次能源革命中，石油和天然气成为主要能源。相较于煤炭，石油和天然气具有更高的能量密度和使用效率，可以为经济发展提供更丰富、更稳定的能源。此外，石油和天然气的使用还推动了汽车、飞机、化工等新兴产业的发展，进一步提高了社会生产力和经济增长率。在第三次能源革命中，可再生能源成为新的能源方向。与化石能源相比，可再生能源具有无穷性和环保性，可以为经济的可持续发展提供新的动力。可再生能源的开发和应用不仅可以减少对化石能源的依赖，提高能源安全，还可以带动绿色经济和低碳经济的发展，推动经济增长的绿色转型。

总的来说，三次能源革命都通过改变能源供给的方式和结构，推动了经济的快速和持续增长。在未来的能源革命中，我们需要进一步利用新的能源形式和技术，提高能源效率，推动经济增长的质量和效益，实现经济的绿色和可持续发展。

（二）能源革命对产业结构产生深远影响

第一次工业革命带来了生产力的大幅提升，煤炭作为主要能源，源源不断地为工厂和机器提供动力，支撑着工业化的推进。20 世纪，随着汽车、飞机和船舶等交通工具的广泛使用以及电力在工业、商业和家庭中的普及，对“加工过的”二次能源——石油的需求呈现井喷式增长。经济快速增长推动了交通和电力领域的能源需求不断扩大，从而催生了第二次能源革命。马克思主义工业革命理论认为，“只要把人的体力当作动力来源，就不会发生工业革命”。正是由于大量燃料提供的动力和能源相关的密集型资本的投入，在推动经济高质量发展的同时，成功实现了第一次和第二次能源转型。

进入 21 世纪，经济发展需要更多的能源供应，但传统能源对环境的影响日益凸显，因此，转向清洁能源成为当务之急。随着清洁能源技术的不断进步和成本的持续下降，其在能源消费领域的应用越来越广泛，使得清洁能源在消费领域的使用进一步成为可能。

为了满足不断扩展的社会与经济发展的需要，前两次能源革命都是从低能量密度向高能量密度的跃迁。单位能源能够释放的能量用能量密度表示，可以用热值来计算能量。柴薪的能量密度很低，热值仅为 1200 万焦/千克。低能量密度限制了人类经济活动的扩张，这也是早期农耕时代人类社会发展缓慢的原因。而标准煤的热值约为 2930 万焦/千克，10 万吨煤炭产生的热量相当于 60 万亩树林里所有柴薪燃烧后所得到的热量；而原油的热值在 4100 万~4520 万焦/千克，天然气的热值为 3560 万焦/立方米，原油提炼的柴油、汽油等油品的热值分别可以达到 4260 万焦/千克和 4600 万焦/千克，由此可以看出，煤炭的热值显著高于柴薪，石油的热量又显著高于煤炭，而核燃料热值更高，比化石燃料产出净能高 3~4 倍。

此外，能源革命推动了主导能源向更清洁和安全的方向升级。第一次能源革命和第二次能源革命对清洁、可持续能源需求具有一定的影响，尽管这两次能源革命主要是由传统能源驱动的，但它们对环境问题和替代能源问题引发的关注为后续能源革命奠定了基础。在第三次能源革命中，太阳能、风能、核能、生物能等新能源的比重逐渐增加，这源于人们对环境保护和可持续发展的追求。与化石能源所排放的烟尘、二氧化氮和二氧化硫等污染物相比，化石能源排放的二氧化碳数量更多。相关研究显示，燃烧 1 吨标准煤的化石能源将排放 0.69 吨二氧化碳，分别是化石能源排放粉尘、二氧化氮和二氧化硫的 71 倍、44 倍、42 倍。燃烧化石燃料发电和供热是全球温室气体的最大单一来源，占全世界一氧化碳排放量的 87%。

如图 2-3 所示，根据 EMBER Energy 和 IPCC（AR5）的数据，燃烧化石燃料造成的空气污染每年在全世界造成 3 万多人死亡，这是所有谋杀、战争死亡和恐怖袭击的年度死亡人数总和的 6 倍。煤炭、石油和天然气等传统化石能源的温室气体排放分别为 820 吨/（吉瓦·时）、720 吨/（吉瓦·时）和 490 吨/（吉瓦·时）。平均每太瓦·时的煤炭、石油和天然气发电量造成的空气污染可分别导致 24.6 人、18.4 人和 2.8 人死亡。而化石燃料的替代品——可再生能源与核能比化石燃料更加清洁和安全，核能温室气体排放量仅有 3 吨/（吉瓦·时），是煤炭温室气体排放量的 1/273；风能温室气体排放量为 4 吨/（吉瓦·时），是石油温室气体排放量的 1/180。

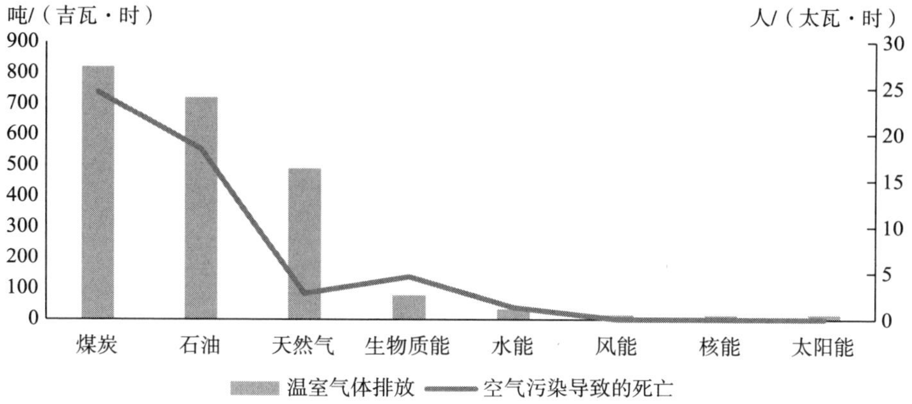

图 2-3　各种能源安全和清洁程度对比

资料来源：EMBER Energy（2021）、IPCC（AR5）、Phel 等（2017）、Our World in data。

（三）能源革命对催生产业新形态影响的一般性

在第一次能源革命中，煤炭资源与重工业结合，使得工业国家在炼焦、电力、钢铁工业都得到了长足的发展，为欧洲各国的工业化奠定了基础。在煤炭资源的供给下，1870—1900 年，德国铁产量从 139 万吨增至 852 万吨，钢产量从 17 万吨增至 665 万吨，到 1900 年，德国的钢产量已经占世界总产量的 3.75%。蓬勃发展的钢铁产业为德国机械制造奠定了部分基础，使得德国从 19 世纪 90 年代至 20 世纪初重工业发展速度逐步超过轻工业。在第二次能源革命中，石油作为核心能源产业不仅对重工业产生了重要影响，而且石油作为燃料带动了汽车、交通运输业的发展；同时，由于石油产品可以制成合成纤维、塑料、化肥和医药，使得石油能源的影响力延伸至化纤、化工制品、医药等轻工业产业。此外，由于石油在国际经济与军事安全方面具有重要的战略地位，也衍生出石油期货、期权等金融衍生品，让石油生产国与消费国的定价话语规则变得更为复杂。

在第三次能源革命中，在技术的驱动下，煤炭、油气、电力、通信、汽车等不同产业之间的“竖井”逐渐被打破，在智慧社区、多表合一、多杆合一、多站合一、四网融合、车网协同等领域产生了新型的行业业态，“互联网+”智慧能源、储能、区块链、综合能源服务等一大批能源新技术、新业态正在蓬勃兴起。第三次能源革命与其他产业的融合程度相对更高，影响进一步从工业扩展到第三产业的综合能源服务领域。综合能源服务是以能源互联网技术、分布式发电功能技术、能源系统监控和管理及以新的能源交易为基础工具，通过系统集成和业务组合以满足客户个性化的能源服务。典型的业务包括综合能源供应、清洁围网、节能改造服务、用能解决方案、需求侧响应和大数据能源服务领域。

三、能源革命对科技发展的一般性影响

（一）科技创新驱动能源革命

以技术创新为重要特征的第一次工业革命推动了欧洲工业生产和城市化的迅速发展。随着以煤炭为燃料的高效蒸汽机的应用，欧洲的水路与铁路运输、钢铁冶金等工业迅速发展，欧洲对煤炭的需求急剧增加。18 世纪初，英国煤炭产量仅为 250 万吨；18 世纪中期，英国生产了全世界一半的棉纺品和钢铁、2/3 的煤炭；19 世纪中期，英国每年产煤量约为 7200 万吨；1913 年，英国产煤量达到惊人的 2. 92 亿吨。第一次工业革命开始后，工业化的浪潮很快席卷了欧洲大陆。德国紧随英国，在工业化方面也进展迅速。普法战争后，阿尔萨斯的铁矿和法国的洛林煤矿也落入德国之手，1913 年，德国煤炭产量接近英国，达 2. 772 亿吨。20 世纪初，内燃机和电气化的技术创新应用推动了第二次能源革命。内燃机的应用使得能源的利用更加高效，电力的普及改变了能源的传输和使用方式。随着技术进步与工业化的发展，对石油和天然气等化石能源的需求大幅增长。美国丰富的石油资源为其交通运输发展提供了供应保障，并由此成为世界上重要的石油生产和出口国。1919 年，美国石油产量达到 3. 35 亿桶，占世界石油产量的 67%，其中，1/4 被用于出口；1945 年，全球石油产量为 26. 9 亿桶，其中，美国石油产量占 63. 3%；20 世纪 50 年代，美国石油消费占比 38. 5%，超过煤炭消费占比（35. 7%），石油产量仍然占到世界石油产量的 55%，奠定了美国石油工业在全世界的霸主地位。

进入 21 世纪，非常规油气开发技术、化石能源清洁化开发与利用技术、新能源开发技术、数字化通信与互联网技术的应用加速推进了第三次能源革命进程。非常规油气勘探开发技术在北美洲取得突破后，页岩气和致密油成

为全球能源供应新的产能增长点，加速了能源的多元化供应。根据 EIA 公布的数据，2022 年，美国致密油产量 791 万桶/日，约占其全部原油产量的 66.4%。中国页岩气开发技术也取得一定突破，产量快速提升，2022 年，中国页岩气产量为 247 亿立方米，同比增长 11.8%；煤层气产量为 114 亿立方米，同比增长 8.9%；煤制气产量达 55 亿立方米，同比增长 10%。清洁能源技术的突破体现了低碳与绿色的特征，对能源转型意义重大。其中，超超临界技术可以在生成能量不变的情况下减少单位煤炭使用量，减少单位污染排放量。与亚临界机组相比，超临界、超超临界机组可以分别提高约 3%、7%的效率，而单位煤耗、二氧化碳排放可分别减少 15%和 10%。此外，蒸汽煤气化联合循环技术、碳捕集与封存（CCS）和 IGCC 发电联产技术是发展清洁煤发电的最有效技术，在美国等发达国家也发展较快。太阳能光伏、储能技术、核能等一批新能源技术的投入，使得能源供给清洁化、多元化成为可能。

根据 IRENA 的数据，2022 年，全球可再生能源发电容量达到 3372 吉瓦，比 2021 年增加了 295 吉瓦，同比增加了 9.6%，可再生能源占新增发电量的 83%。新型能量储存技术对于能源转型的推动至关重要，全球储能技术专利申请数量从 2000 年的 11874 件上升至 2020 年的 41071 件，如图 2-4 所示。

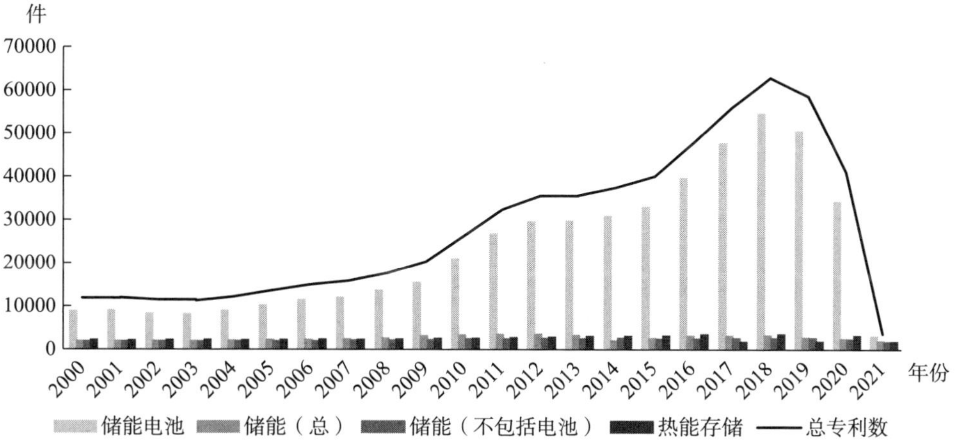

图 2-4　2000—2021 年全球储能专利技术总数

资料来源：IEA。

注：近年来的数字存在时间滞后，2022 年、2023 年的专利技术总数可能尚未反映在数据中。

2022 年，全球核反应堆的总发电量为 2545 太瓦 · 时①，第三代核电技术已经逐渐成为主流，第四代核电技术、先进核燃料及循环技术的发展使得新一代核电在安全性和经济性上更加优越。

（二）能源革命改变了科技研发的方向和重点

能源革命一直是科技发展、国家经济和社会变革的重要推动力，它不仅改变了人类的生活方式，而且对科技研发的重点和方向产生了深刻影响。每一次能源革命都带来了新的科技需求，推动相关的科技研发。例如，在第一次能源革命中，煤炭的广泛使用推动了蒸汽机和铁路技术的发展。在第二次能源革命中，石油和天然气的应用以及内燃机和电力设备的广泛使用促进了人类对内燃机技术、电力设备和石化技术的研发。这种新的科技需求不仅推动了相关领域技术的进步，而且深化了人类对自然科学的理解，推动了科学知识的积累和传播。

首先，能源革命的发生将科技研发的焦点转移到了新的领域。例如，在第三次能源革命中，随着对可持续发展和环境保护的日益重视，可再生能源技术成为科技研发的新焦点，这包括太阳能、风能、生物能和海洋能等各种新型可再生能源的开发和利用，以及与之相关的储能、智能电网、能源管理等技术的研发。可再生能源技术的发展不仅有利于解决传统能源的环境和资源问题，而且为经济社会的可持续发展提供了新的动力。

其次，能源革命推动了跨学科技术的发展。在能源革命的推动下，能源技术的研发已经不再是单一学科的问题，而是需要多学科的交叉和融合。例如，太阳能电池的研发需要物理学、化学、材料科学等多学科的知识，而智能电网的建设则需要电工技术、信息技术和管理科学等多学科的合作。这种跨学科的技术研发模式，不仅可以整合各学科的优势、推动技术的快速发展，而且有利于提升科研人员的创新能力，推动科学技术的全面发展。

最后，每一次能源革命都在推动科技研发的方向和重点进行重大调整，这种影响既体现在新的科技需求的引发，也体现为科技研发焦点的转移以及跨学科技术的发展。这些变化反映了能源革命对科技发展的深远影响，预示

---

① 太瓦是功率的单位，符号为 TW，$1TW = 10^{12}W$。

着未来科技研发将更加注重创新、跨学科和可持续性。

（三）能源革命通过提高能源效率，促进了技术进步

能源革命在人类历史上发挥了重要作用，作为科技进步的催化剂，能源革命提高了能源效率。能源效率，即单位能源所能做的有效工作，是衡量能源利用效果的重要指标。能源革命通过提高能源效率，不仅推动了经济的快速发展，而且为科技进步创造了条件。

首先，能源革命改变了能源结构，使新的、更具有能源效率的能源形式取代了旧的能源形式。例如，在第一次能源革命中，煤炭替代了柴薪，成为主要能源，其热效率和能量密度都远超柴薪。在第二次能源革命中，石油和天然气的使用大大提高了能源效率，因为它们的能量密度比煤炭更高，燃烧更为清洁。

其次，能源革命带来的新能源形式需要与之匹配的新技术和设备来实现其最优利用，这就推动了相关科技的研发和进步。例如，煤炭的使用推动了蒸汽机的发明和改进，石油的使用推动了内燃机与电力设备的发明和改进。这些新技术和设备的应用进一步提高了能源效率。

再次，能源革命的发生引发了科技界对能源效率的深入研究。为了更有效地利用新的能源，科学家们开始研究如何提高能源转化和利用效率，由此催生了许多新的科技理论和技术手段。例如，热力学的发展，就是在研究如何提高蒸汽机效率的过程中产生的。同样，电力系统的优化也是在研究如何提高电力传输和分配效率的过程中产生的。

最后，能源效率的提高直接促进了生产效率的提高。在经济学中，生产效率的提高被认为是技术进步的一个重要体现。能源革命通过提高能源效率，使相同的投入可以获得更多的产出，从而提高生产效率，这就是科技进步。

总的来说，能源革命通过提高能源效率，推动了科技的进步。这一过程涉及新能源形式的应用、新技术的研发、科技理论的发展和生产效率的提高等多个方面，它们共同构成了能源革命对科技进步的深远影响。这种影响不仅体现在科技领域，也体现在经济社会的各个领域，因此，深入理解和把握能源革命的科技影响，对人类推动科技进步和经济社会发展具有重要的理论与实践意义。

四、能源革命对国家地位转变的一般性影响

（一）前两次能源成功转型奠定了英国、美国在全球的重要历史地位

18 世纪以前，荷兰是全球经济的第一强国，但从 18 世纪开始，荷兰和英国都面临着第一次能源转型的任务。而英国成功实现了能源转型，为创造“百年英国”奠定了基础。英国利用自己丰富的煤炭资源和冶炼技术，使其在 19 世纪形成了强大的工业与军事优势；同时，军事和殖民优势维护着其全球煤炭资源贸易。两者相互影响，维护了英国百年的“经济霸主”地位。在第二次能源转型过程中，美国全面赶超英国，成为石油时代的经济霸主。实际上，从 1860 年开始，美国的 GDP 增速和总量均已全面超过英国，成为世界上最大的经济体。美国 1860—1920 年的 GDP 年均增速为 26.2%，远高于同期英国的 15.3%。1900—1947 年，世界石油工业进入快速发展时期，石油产量从 1900 年的 2000 万吨增长到 1947 年的 4.1 亿吨，美国在此时期贡献了 60%以上的全球石油份额。第二次世界大战期间，欧洲作为主战场，石油工业受到了影响，而美国由于拥有强大的石油供应能力，石油在国际市场上具有非常强大的竞争优势。以美国为首的“石油七姐妹”控制了全球大部分石油资源，垄断了石油勘探、开采、加工、运输、销售的各个环节。随着第二次世界大战后两次石油危机的爆发，OPEC 对国际石油市场的影响力得到提升，美国则通过调整能源战略，进一步强化其在全球经济的霸主地位。美国一方面通过建立国际能源机构、八国集团等国际合作机制发展新技术，开展能源独立计划，实现对国际石油需求的控制；另一方面，通过军事打压等政治手段，实现对石油供给和通道的掌控，以进一步扩大其在国际石油市场的影响力。总之，第二次能源转型成功，石油对美国全球霸主地位的长期保持是至关重要的。

（二）能否抓住能源转型，是影响国家地位转变的重要因素

在前两次能源革命中，原先处于优势地位的国家由于存在经济增长路径依赖，旧的能源体系未能与新的能源形态实现接轨，失去了重要的发展机会。第一次能源革命向煤炭转型的过程中，荷兰没有抓住能源转型的机遇。主流

观点认为，18 世纪之后荷兰衰落的原因是，随着经济规模的扩大，原有的以泥炭为主的能源无法满足经济增长的进一步需要，但它并没有及时向煤炭转型（Maddison，2003；马瑞映，2010），能源转型与经济增长的不匹配是荷兰经济衰落的重要原因之一。荷兰政府为了维护泥炭在能源消费中的垄断地位，一度采取种种措施限制煤炭，例如，从 1816 年开始，荷兰政府征收了近 50 年的进口煤炭限制性关税。1800—1860 年，荷兰的经济几乎陷于停滞，GDP 增长率为负增长，仅有-0.7%，而英国同期的经济增长率为 7.5%。

如图 2-5 所示，在第一次能源革命时期，荷兰没有成功摆脱对泥炭能源的依赖，而反观英国具备储量高、运输便利等一系列发展煤炭的有利基础条件，在面对木材匮乏的“能源危机”时成功转型。在第二次能源革命后期，英国经济实力逐渐衰落，实际上与荷兰在历史上的衰落有类似之处：20 世纪初，英国的冶金、钢铁、铁路运输等产业的发展严重依赖煤炭，原有的经济增长路径严重依赖以煤炭为主体的能源体系，在向石油转型的过程中需要投入巨大的资金和改造基础，英国这种以煤炭为主体的能源体系，同样会在向石油转型时形成阻力。美国则通过能源的顺利转型，使国家经济与石油工业的崛起一起成长，迅速形成了以柴油为主的铁路运输体系，并带动化纤、橡胶等一系列石油衍生品的工业行业及交通运输体系的发展。

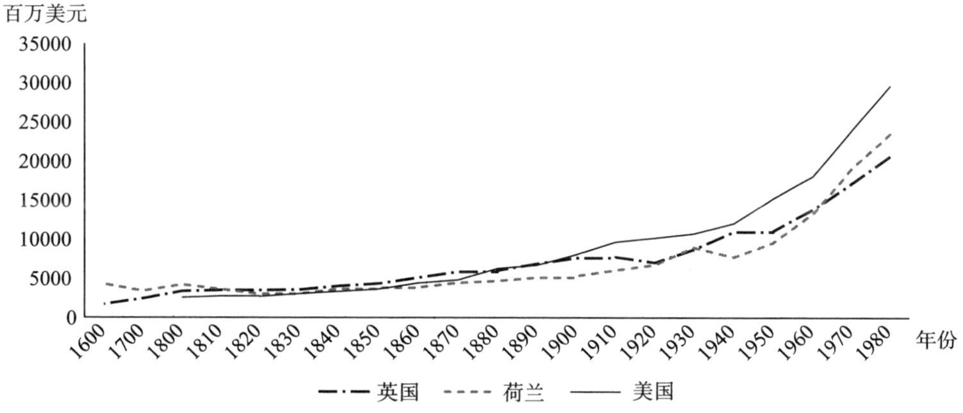

图 2-5　1600—1980 年英国、荷兰和美国的 GDP（以 2011 年美元价格折算）

资料来源：*Maddison Project Database* 2020。

第三次能源革命还在进行中，全球各国都在努力应对第三次能源转型，可再生能源领域成为各国争夺能源转型的制高点，这几乎已经成为全球共识。中国能否成功抓住第三次能源转型机遇，是未来中国提升全球地位的重要历史机遇，也是必须面对的重要挑战。

一方面，中国在可再生能源领域处于全球领先地位，在第三次能源转型中具有一定的优先机会。2023 年，我国可再生能源装机量突破 13 亿千瓦，历史性超过煤电发电量。其中，风电装机量为 3.89 亿千瓦，连续 13 年位居全球第一；光伏发电装机量为 4.7 亿千瓦，连续 8 年位居全球第一。2023 年全球可再生能源电力装机量排名如表 2-2 所示。

表 2-2　2023 年全球可再生能源电力装机量排名

项目	第一	第二	第三	第四	第五
全部可再生装机量（非水电）	中国	美国	巴西	印度	德国
生物质能发电	中国	巴西	美国	印度	德国
地热能发电	美国	印度尼西亚	菲律宾	土耳其	新西兰
水能发电	中国	巴西	加拿大	美国	俄罗斯
太阳光电（Solar Pv）	中国	美国	日本	德国	印度
聚光太阳能发电（CSP）	西班牙	美国	中国	摩纳哥	南非
风能发电	中国	美国	德国	印度	西班牙

资料来源：*IRNEA Global Status Report* 2023。

根据 IEA 预测，中国在 2023 年全球新增可再生能源装机容量中的占比将达到 55%。此外，中国在可再生能源产品制造领域也具备较大优势。其中，2022 年，太阳能光伏电池板占全球 80%以上的份额；中国的风机产能占全球产能的 60%以上，其次是欧盟（略低于 15%）和美国（10%）；中国热泵制造、电解槽制造的产能分别占全球产能的 35%和 40%，远超第二位的美国（分别约 25%和 20%）。

另一方面，如何妥善处理可再生能源与传统化石能源之间的关系，选择合适的能源转型路径，是各国面对能源转型机遇时面临的共同挑战。首先，与荷兰、英国在前两次能源转型中类似，美国与中国作为在可再生能源领域具有相当竞争力的两个超级大国，如果延续对传统化石能源过度依赖的经济增长路径，将不利于未来的能源转型；其次，由于我国 20 世纪 60 年代才进入煤炭时代，比英国晚了 100 年，比美国晚了 80 年，但几乎要与美国同时启动能源转型，意味着这次能源转型更需要符合中国的现实需求。美国是在“能源独立”的政策目标下，通过“清洁化”和减少碳排放，选择天然气和核能作为过渡能源，推动能源体系转型。而中国目前是世界第一大能源消费国、生产国和碳排放国，能源体系具有“总量大、不安全、不清洁”的结构特点，以煤炭为主的能源结构决定了在能源转型过程中，化石能源和非化石能源可能要长期共存，因此，只有通过选择多种组合能源，立电源、立储能、立电网，在保证当前和长远的能源安全的基础上，才能稳步有序地实现能源转型。

第四节 三次能源革命的特殊性

从能源经济学的视角来看，三次能源革命的特殊性差异主要体现在能源类型的变化以及对应的技术进步、经济效益、市场推动力和社会经济影响等方面。

第一次能源革命是从生物能源向煤炭转型的过程。在这个过程中，技术进步主要是蒸汽机的发明和应用，这使得能源利用效率大大提高，煤炭成为主要能源。经济效益主要体现在煤炭的广泛应用降低了能源成本，推动了工业革命的发展。在市场推动力方面，煤炭供应稳定且价格相对低廉，因而成为首选能源。社会经济影响主要体现为工业化进程的加快和人类生产力的显著提高。

第二次能源革命是从煤炭向石油和天然气转型的过程。在这个过程中，技术进步主要是内燃机和电力系统的发展，使得石油和天然气的利用效率超越了煤炭。经济效益主要体现在石油和天然气的应用同时满足了经济发展与环境保护的双重需要，提高了社会总体福利。在市场推动力方面，随着汽车、飞机等交通工具的普及，石油和天然气需求激增。在社会经济影响方面，这次能源革命推动了全球化进程，世界经济结构发生了深刻变化。

第三次能源革命即从石油向可再生能源的转型，目前仍在进行中。技术进步主要体现为风能、太阳能等可再生能源的技术成熟和电池储能技术的突破。经济效益体现在可再生能源的使用有助于减少环境污染，提高能源利用效率，节约能源成本。在市场推动力方面，随着环保意识的提高和政策的引导，可再生能源市场正在快速扩大。在社会经济影响方面，这次革命注重可持续发展，旨在应对气候变化等全球性问题。

三次能源革命虽在技术进步、经济效益、市场推动力和社会经济影响等方面各具特色，但均体现了人类社会在能源获取与利用方式上的创新和进步，反映了能源经济学的基本原理。未来的能源革命将在继续提高能源利用效率的同时，更加注重可持续发展和环境保护。

一、第一次能源革命的特殊性分析

（一）第一次能源革命的技术进步特殊性

1. 机械动力的首次出现

蒸汽机是第一次能源革命的关键技术，这种新型动力机械的出现极大地提高了能源利用的效率，推动了工业革命的发展。蒸汽机的发明并不仅仅是技术上的突破，更是开创了一种全新的能源应用方式。在此之前，人类对能源的利用大多是直接燃烧，如烧柴取暖、烧木炭熔铁等，这些方式的能源利用效率都非常低下。而蒸汽机的出现将煤炭的热能转化为蒸汽，再通过活塞等装置将蒸汽的膨胀力转化为动力，从而实现机械能的获取。这一切都标志着人类从直接利用能源转向间接、综合、多层次的能源利用方式。此外，蒸汽机的出现也带动了工业生产方式的根本变革。在此之前，人力和畜力是社会生产的主要动力，生产效率低下，且受到许多限制。而蒸汽机的出现使得机器可以替代人力，不仅大大提高了生产效率，而且极大地改变了社会的经济结构和生产方式。在这个过程中，新的工业制度、社会组织形态和生活方式也逐渐形成，为现代工业社会的形成奠定了基础。

2. 煤炭开采与利用技术的进步

首先，在这个时期，煤炭的开采技术经历了从人力开采到机械化开采的转变。在早期，煤炭的开采主要依赖于人力，这种方法效率低下，且极度危险。随着蒸汽机的发明和应用，煤炭开采实现了机械化，例如，蒸汽抽水机解决了矿井积水问题，蒸汽提升机提高了煤炭的开采效率等。这些都大大提高了煤炭的开采效率，保证了煤炭的稳定供应。其次，煤炭的净化和处理技术取得了重要进步。早期的煤炭含有大量杂质，直接燃烧会产生大量的烟尘和有害气体，对环境和人体健康造成严重影响。为了改善这一状况，人们进行了大量的煤炭净化和处理研究，例如，通过水洗和筛分的方法去除煤炭中的杂质，提高了煤炭的燃烧效率和减少污染物的排放。再次，煤炭的有效利用技术实现了突破。在蒸汽机广泛应用之前，煤炭的主要用途是取暖和烹饪等生活需要，但随着蒸汽机的问世，人们开始将煤炭的热能转化为机械能，用于推动机器的运转，这大大提高了煤炭的利用效率。此外，煤炭还被用于铁矿石的冶炼，推动了工业生产的发展。最后，煤炭的运输和储存技术取得了重要进步。随着铁路和蒸汽船的问世，煤炭的运输范围和速度得到了大幅提升，大大缩短了煤炭从开采地到使用地的物流时间。同时，通过储煤场等设施的建设，解决了煤炭储存的问题，保证了煤炭供应的稳定。

3. 工厂生产系统的创新

首先，在生产方式上，机械化生产取代了手工生产，标志着生产方式的重大变革。蒸汽机的广泛应用使得生产过程由机器完成，大大提高了生产效率，为大规模生产创造了条件。同时，机械化生产使得产品的质量更加统一，更能满足市场的需求。其次，在生产工具上，蒸汽机的发明和应用使得工厂可以使用更高效的机械设备，从而大幅提高了生产效率。例如，在纺织业，纺织机、织布机等利用蒸汽动力，可以大规模、快速地生产纺织品；在铁路、矿山等行业，可以使用蒸汽机进行高效的运输和开采。最后，在生产组织上，蒸汽机的广泛应用促使了工厂生产体系的形成和发展。在此之前，工人通常在家中进行手工生产，而工厂生产的出现使得工人集中在一起进行生产，形成了现代意义上的工厂。这种集中的生产方式不仅可以提高生产效率，还可以通过分工协作进一步提高生产效率和产品质量。在这个过程中，工厂的生产制度创新也带来了一定的社会影响。工人从农村涌向城市，形成了新的社会阶层——工人阶级。这一阶层的形成对社会结构产生了深远影响，也为后来的社会运动提供了土壤。

4. 交通运输方式的变革

在第一次能源革命之前，人力、畜力和水力是主要的交通运输方式，这些运输方式效率低下，受地理环境和气候条件限制大，运输距离有限。然而，随着蒸汽机的发明和应用，新的交通运输方式逐渐出现并得到发展，尤其是蒸汽火车和蒸汽船的出现，极大地改变了交通运输方式。首先，蒸汽火车的出现，标志着陆地交通运输方式从畜力向机械的转变。蒸汽火车运输速度快，载重量大，不受天气和地形的影响，大大缩短了运输时间，扩大了运输范围，使得人们可以更迅速、更便捷地实现长距离运输。此外，铁路运输还对城市的发展和人口的分布产生了重大影响。其次，蒸汽船的应用改变了海上运输的方式。在此之前，帆船是主要的海上运输工具，但受风向、风力的影响大，航行时间长，安全性差。而蒸汽船具有更大动力和更稳定的航行能力，水蒸气的产生不受风力和天气的影响，蒸汽船在行驶过程中更加稳定和可靠，大大提高了海上运输的效率和安全性。最后，蒸汽机的应用推动了其他交通运输工具的发展。例如，由蒸汽驱动的有轨电车和公共汽车等交通工具的出现，极大地改善了城市的公共交通系统，提高了民众的出行效率。在第一次能源革命中，交通运输方式的变化极大地推动了社会经济的发展，缩短了时间和空间的距离，促进了全球范围内的商品交流和人员流动，对整个社会的工业化和现代化进程产生了深远的影响。这些变化不仅是技术进步的表现，也是社会进步的象征。

（二）第一次能源革命经济效能的特殊性

1. 生产效率的大幅度提高

在第一次能源革命之前，工业生产主要依靠人力、畜力以及风能和水能等自然力。这些能源效率低下，在工业生产中的应用非常有限。而煤炭的出现，尤其是与之相配套的蒸汽机的发明，为工业生产带来了一场革命。煤炭是一种高能量密度的能源，能产生大量的热量，煤炭燃烧后产生的高温蒸汽可以驱动蒸汽轮机、发电机产生电力，大大增加了机械设备的动力来源。蒸汽机的出现使得机械化生产成为可能。例如，工厂用煤炭驱动蒸汽机，带动工厂里的机器进行生产。这种以煤炭为动力的工厂制造方式，使得生产效率大大提升，工厂可以不受限于天气、季节等自然因素，使 24 小时不间断生产成为可能。人力被机器替代，大大减少了对劳动力的依赖，使得生产规模可以无限扩大。煤炭的应用以及蒸汽机的普及，将工业生产推向了新的阶段。工厂可以生产出前所未有的产品数量，满足社会日益增长的多样化需求。这种生产方式也促进了生产专业化和分工，提高了生产效率。此外，通过蒸汽机动力的应用，运输速度也大大提高，煤炭和其他原材料可以更快地运送到工厂，产品也可以更快地运送到市场，整个社会经济的运行效率得到极大提高。同时，大规模的工业生产推动了科技的发展和进步。为了更好地利用煤炭，人们进行了大量的科研和实验，发明了各种机械设备和生产工艺，使得生产效率进一步提升，例如，蒸汽机的改进、高效燃煤锅炉的发明等。第一次能源革命通过将能源来源由传统的柴薪、风能、水能等向煤炭转变，使生产效率得到显著提高，推动了工业化进程，带动了社会经济的快速发展。

2. 生产组织方式的大幅转变

在第一次能源革命之前，人类的生产主要依赖于手工业方式，生产规模小，生产效率低，而且生产组织方式大多是家庭式或工坊式的。然而，随着蒸汽机的发明和煤炭的大规模使用，机械化生产成为可能，这从根本上改变了生产组织方式的格局。蒸汽机的出现使得大规模的工厂生产成为可能，生产过程可以在一个地点集中进行，大大扩展了生产的规模。此外，机械化生产也使得生产过程的专业化和分工进一步深化，大大提高了生产效率。除直接改变生产方式外，蒸汽机的出现还推动了交通运输方式的变革。以蒸汽机为动力的铁路和蒸汽船的出现，使得大量的原材料和产品可以方便地进行长途运输，破除了地理位置对生产和销售的限制，市场规模得以扩大，进一步推动了生产的规模化和集中化。这对于生产组织方式的改变具有深远的影响。然而，这种集中化、规模化的生产方式也为社会带来了深刻的影响。工人从手工业者转变为工厂的雇用劳动者，这意味着他们失去了对生产过程的控制，生产目的也从满足自身需求转变为为市场生产。这种变化在一定程度上加剧了社会的阶级分化，引发了一系列社会问题，比如，工人的权益保护、工资水平、工作条件等。第一次能源革命彻底改变了人类的生产组织方式。从经济学角度来看，这种变化推动了生产效率的提高、市场规模的扩大和消费的增加，从而推动了社会经济的快速发展。然而，这种变化也带来了一系列社会问题，如工人权益的保护、消费文化的兴起等。

3. 经济增长方式的大幅转向

首先，第一次能源革命使经济增长的动力得到了根本性的改变。在这之前，经济增长主要依赖于劳动力和土地的投入，也就是说，经济增长基本上依赖于人口增长和地域扩张。然而，蒸汽机的发明和煤炭的大规模使用，使得机械能成为生产的主要动力，生产效率得到了极大的提高，经济增长不再完全依赖于人口和土地，而是转向了技术进步和能源投入。其次，第一次能源革命推动了生产方式的根本改变，从而改变了经济增长的方式。在这之前，人类社会的主要生产方式是农业生产，经济增长主要依赖于农业产出的增加。然而，随着工业化的推进，工业生产成为经济增长的主要动力，经济增长的方式从依赖农业产出转向依赖工业产出。这一变化推动了生产效率的进一步提高，为经济增长提供了强大的动力。最后，第一次能源革命改变了经济增长的空间格局。在这之前，经济活动主要是在地方和地区范围内进行，经济增长主要依赖于地方市场和地方资源。然而，随着煤炭和蒸汽机的使用，长途运输成为可能，经济活动的范围得以扩大，从地方和地区扩展到全国甚至全球。这一变化推动了市场的扩大，为经济增长提供了更大的空间。

因此，第一次能源革命推动了经济增长方式的根本改变，从依赖人口、土地和农业产出的经济增长方式转型为依赖技术进步、能源投入、工业产出和市场扩大的经济增长方式。这一转变为工业化时代的经济快速增长提供了条件，对人类社会的进步产生了深远影响。

（三）第一次能源革命社会效应的特殊性

1. 城市化进程加速

第一次能源革命以蒸汽机的发明和煤炭的大规模使用为标志，引发了工业革命，进而催生了社会发展的城市化进程。这个进程在经济、社会、文化等方面都产生了深远影响。首先，从经济发展的角度来看，第一次能源革命促进了生产力的大幅提升，生产方式和组织形式发生了深刻变革，由农业社会向工业社会转型。蒸汽机的发明和煤炭的使用使得工业生产成为可能，大规模的工厂生产成为主要的生产方式。农业生产不再是社会经济发展的主要动力，而是被工业生产取代。这种转型使得大量的农民转变为工人，从农村迁移到城市，进而使得城市人口数量剧增，推动了城市化的进程。其次，从社会结构的角度来看，随着工业化的推进，社会阶级关系发生了重大变化。工业化生产需要大量的劳动力，使得农村劳动力大量流向城市，城市里的工人阶级开始形成；同时，资本家阶级也随着工业化的发展而崛起。这种社会结构的变化，进一步推动了城市化的进程。最后，从文化变迁的角度来看，随着城市化进程的加快，城市文化开始逐渐形成并在社会中占据主导地位。这种城市文化不仅包括建筑、交通、公共设施等物质文化，也包括思想观念、生活方式、伦理道德等非物质文化。城市文化的形成和传播对社会发展产生了深远影响。

2. 社会阶层结构的变化

随着工业化的推进，社会阶层结构发生了重大改变。工业生产的发展催生了工人阶级，这是一个全新的社会阶级，工人阶级的生活条件、工作环境、社会地位与农民阶级有着显著的差异。同时，资本家阶级也随着工业化的发展而崛起，他们拥有和控制工厂、机器及其他生产资料，成为社会的主导阶级。这种社会阶层结构的变化，对社会的政治、经济、文化等各个方面都产生了深远影响。同时，第一次能源革命还改变了社会的权力结构。在这之前，权力主要掌握在土地贵族手中，他们通过拥有和控制土地来维持其社会地位及权力。然而，随着工业化的推进，资本家阶级逐渐掌握了社会的主导权力，他们通过拥有和控制生产资料来获取经济利益与社会地位。这种权力结构的变化，反映了社会阶层结构的变化。

然而，这种社会阶层结构的变化也带来了一系列社会问题。例如，工人阶级的生活条件通常较差，工作环境恶劣，他们的权益常常得不到保障；同时，工人阶级与资本家阶级之间的利益冲突逐渐加剧，导致了社会矛盾的激化。

3. 消费文化的兴起

从消费方式来看，第一次能源革命催生的工业革命极大地提高了社会生产力，使商品的生产规模和效率得到了前所未有的提升，这为商品的大规模消费提供了物质基础，使得消费开始从生存消费转变为享乐消费。工业生产的商品丰富了消费者的选择，使得消费者可以根据自身的需要和喜好，选择合适的商品。从消费模式来看，随着工业化和城市化的推进，传统的手工业和农业逐渐被现代化的工业和商业取代。这一变化不仅改变了消费者的消费环境，也改变了消费者的消费行为。从消费观念来看，随着生产力的提高和物质财富的增加，消费开始从基本生活需求转向追求生活品质和享受。消费不再仅仅是满足基本生活需求，而是成为一种社会和文化现象，消费者开始追求个性化、高品质的消费，消费开始成为一种生活态度和生活方式。

第一次能源革命对消费文化的兴起产生了深远影响。它改变了消费方式，创新了消费模式，丰富了消费观念，推动了消费文化的发展。然而，这个过程也带来了一系列问题，需要在推动消费文化发展的过程中加以解决，实现消费的可持续发展。

二、第二次能源革命的特殊性分析

（一）第二次能源革命中技术进步的特殊性

1. 内燃机的发明和使用

内燃机的发明和使用极大地推动了社会经济的发展，改变了人们的生产和生活方式，主要体现在两个方面的变革：交通运输和工业生产。一方面，内燃机的发明使汽车、飞机等新型交通工具得以发展。与蒸汽火车和蒸汽船相比，汽车和飞机的运输速度更快，运输范围更广，更加灵活、便捷。此外，内燃机的广泛应用还推动了公路和航空网络的建设，进一步加强了全球的交通运输网络。另一方面，内燃机的发明使得工厂可以使用更加高效的机械设备，大大提高了生产效率，推动了工业生产的现代化进程。同时，电力的广泛应用也使得工厂可以进行 24 小时不间断的生产，进一步提高了生产效率。

2. 电力系统的发展

电气化是第二次能源革命的另一个重要特征。电力系统的发展，特别是交流电系统的应用，使得电能可以在大范围内进行传输和使用，大大提高了能源的利用效率。首先，发电技术的进步是关键。典型的例子是发电机的发明，通过将机械能转化为电能，大大提高了电力的生产效率。随后，交流电的发明使得电力可以在长距离内传输，无须在使用地点附近建设电厂，大大推动了电网的发展。其次，电力传输和配电技术的进步实现了电力的大规模分布和应用。例如，高压输电技术的出现，降低了长距离输电的损耗，使电力可以输送到更远的地方。而配电网络的建设使得电力可以更好地服务于工业和人民生产生活，满足社会对电力的广泛需求。最后，电力控制和管理技术的进步提高了电力系统的稳定性与安全性。例如，电力调度技术使得电力供需可以实时调整，保证了电力系统的稳定运行。而断路器、继电器等电力保护技术可以在电力系统出现问题时及时断开电路，保证了电力系统的安全。

3. 石油和天然气的开采与加工技术的创新

与煤炭开采技术相比，石油和天然气的开采技术更为复杂。这一时期，石油和天然气的地质勘查技术、钻井技术、提炼技术等都取得了重大突破。石油和天然气的广泛应用，推动了化工技术的发展。许多石油和天然气都可通过化工过程转化为塑料、化肥、合成纤维等各种化工产品，进一步提高能源的利用效率。首先，石油和天然气的勘探技术取得了重要突破。随着地球物理学的发展，人们开始使用地震勘探法来寻找石油和天然气，这大大提高了石油和天然气的勘探效率与准确性。此外，石油和天然气的钻探技术也有了重大改进。随着钻头材料和钻井设备的改进以及钻井液的使用，石油和天然气的钻探速度及效率得到了显著提高。其次，石油和天然气的开采方式发生了变化。早期的开采方式主要是自然流出法，但这种开采方式无法实现对石油和天然气资源的高效利用。随着技术的进步，人们开始使用抽油机和注水法来提高石油的开采效率，使用压裂法来提高天然气的开采效率。最后，在石油和天然气的利用方面，炼油技术的进步使得石油可以被转化为汽油、柴油、润滑油、石油化工产品等各种不同的产品。同时，天然气的清洁燃烧特性使它在电力生成、家庭供热、工业生产等领域得到了广泛应用。

（二）第二次能源革命中经济效率的特殊性

1. 经济效率的持续提升

在第二次能源革命中，电力和石油的广泛应用对生产效率的显著提升产生了深远的影响。它们为各种机械提供了高效的动力，使得生产过程更加高效，大大提高了生产效率。在第二次能源革命之前，工厂将煤炭和蒸汽机作为主要的动力来源。然而，这些能源的使用也存在许多问题。煤炭燃烧产生的热量效率低，需要消耗大量时间和人力来维护燃烧系统。而蒸汽机的工作效率也相对较低，需要定期维修，增加了生产成本。电力和石油出现后，生产效率得到了极大的提升。电力的出现使得工厂可以持续不间断地工作，不再受煤炭燃烧效率和蒸汽机工作效率的限制。电力可以为各种设备提供稳定的能源，保证了生产线的连续运作。此外，电力的使用也大大减少了燃料消耗和维护成本，使生产成本大幅降低。同时，石油的广泛使用也为生产效率的提升作出了贡献。石油是一种热值高的燃料，可以为各种机械提供高效的动力。由于石油的热值远超过煤炭，机械的工作效率得到了极大的提升；同时，石油的使用也更加方便，可以大大缩短机械的维护和操作时间，进一步提高了生产效率。

2. 新产业的持续涌现

电力的广泛使用刺激了新技术和新产业的涌现。电力的出现改变了世界的工业生产方式。在此之前，工业生产主要依赖蒸汽动力，而蒸汽机效率低下，操作复杂。电力的使用大大提高了生产效率，从而以这种高效的生产方式带动了工业生产模式的革新，为批量生产和规模化生产提供了可能。电力技术的发展和应用，使得电动机、电炉、电冰箱、电视等很多原本无法想象的产品成为可能。这些新的电力驱动型产品为社会带来了巨大的便利，催生了电器制造业。这些新兴产业不仅大幅提高了生产效率和生活质量，也为经济增长提供了强大动力。石油的广泛使用推动了交通运输业和石化工业的创新。在第二次能源革命之前，交通运输主要依赖蒸汽动力。然而，蒸汽动力的效率低下，操作复杂，且需要大量的煤炭作为燃料。当石油被广泛使用后，交通运输得到了极大的改善。石油作为一种高能效的燃料，被广泛应用于汽车、飞机、轮船等各种交通工具，极大地提高了运输效率，促进了物流业的发展。石油的提炼和加工产生了塑料、化肥、化学纤维、润滑油、沥青等各种化学产品，而这些化学产品被广泛应用于建筑业、农业、纺织业、制造业等各个行业。这一新兴产业的发展极大地推动了全球经济的进步。

（三）全球化的最终形成

1. 第二次能源革命极大地促进了全球贸易的发展

在第二次能源革命的基础上，全球经济一体化的进程得以加速。电力和石油的广泛使用极大地提升了生产效率与运输速度。电力的应用使得工厂可以24小时不间断运行，大幅提高了生产效率；而石油的使用则极大地提高了运输效率和速度，使得商业活动的范围可以扩大到全球。这两大能源技术的结合，为全球贸易的发展提供了可能。随着生产效率和运输速度的提高，商品的生产成本降低，市场范围扩大，全球贸易的规模也随之增大，商品可以更加方便地流通到全球各地，满足消费者的需求。第二次能源革命推动了信息技术的发展。电力的使用使得电报、电话、电视等通信设备的出现成为可能，极大地提高了信息的传播速度和范围，使得全球贸易的信息流通更加顺畅。第二次能源革命推动了全球贸易的发展，使得全球经济更加紧密地联系在一起。

2. 第二次能源革命推进了国际分工的深化

第二次能源革命标志着电力和石油的广泛使用，这一变革不仅极大地改变了生产方式和生活方式，也进一步深化了国际分工，推动了全球经济一体化的进程。随着生产和运输效率的提升，全球范围内的分工得以进一步深化。在此背景下，各国可以根据自身的资源优势和技术优势，专门生产某一类或某几类商品，并将其出口到全球各地。这种基于比较优势的分工模式，使全球资源得到了更有效的配置，提高了全球总体的生产效率。这种国际分工的深化势必带来各国间经济联系的加强。一国的生产力变动、价格波动等经济状况将影响全球各地。这种密切的经济联系再次加强了全球经济一体化的趋势。第二次能源革命推动了国际分工的深化，对全球经济的发展产生了深远影响。

三、第三次能源革命的特殊性分析

（一）第三次能源革命中技术进步的特殊性

1. 可再生能源技术的大规模应用

在第三次能源革命中，由于对环境和气候变化问题的关注，可再生能源技术得到了大力推广和应用。例如，风力发电和太阳能光伏发电的技术较为成熟，成本也大大降低，使这些可再生能源得以在全球范围内大规模应用。首先，太阳能技术取得了显著的进步。随着技术的不断发展，太阳能电池的转换效率和经济性已经大幅提升。此外，光热发电技术也在不断发展，通过集中太阳能产生高温蒸汽驱动涡轮发电，这种方式的发电效率更高且容易实现大规模发电。其次，风能技术也有了显著的进步。随着风力发电机的设计和材料技术的提高，风能利用的效率大大提高。同时，风能发电机的规模也逐渐扩大，大型的风电机组可以提高风能开发的经济性。此外，海上风电的发展也为风能的利用提供了新的空间。最后，水能和地热能技术也取得了进步。一方面，潮汐能和波浪能技术的发展为水能的利用开辟了新的领域；另一方面，地热能的利用也在不断提高，无论是地热发电还是地热供暖，都已经在一些地区得到了实际应用。

2. 能源存储技术的突破

第三次能源革命的核心是可再生能源的大规模应用。然而，可再生能源具有间歇性和不稳定性，使得能源存储技术的重要性日益凸显。目前，已有多种能源存储技术得到广泛应用和发展，包括电池储能、抽水蓄能、压缩空气储能以及热能储存等。首先，电池储能技术是目前应用最广泛的储能技术之一。其中，锂离子电池因其高能量密度、长寿命和良好的循环性能而备受关注。近年来，随着材料科学和电化学的进步，锂离子电池的性能和安全性不断提高，成本也在逐渐降低，因而其在储能领域的应用日益广泛。其次，抽水蓄能技术是最成熟的大规模储能技术。在电力供应充足时将水抽到高处，然后在电力需求增大时放水进行发电，实现电力的储存和调度。尽管这种技术需要特定的地理条件，但其大规模储能和长期储能的能力使其能在电网调度中发挥重要作用。最后，压缩空气储能也是一种有效的储能技术。在电力供应充足时，利用电力将空气压缩储存；在电力需求增大时，再将储存的压缩空气释放，驱动燃气轮机进行发电。这种技术的优点是储能量大，储能期限长。

3. 智能电网技术的应用

在第三次能源革命中，智能电网技术的发展被视为解决可再生能源高比例接入、用户侧电力服务、电力系统安全稳定运行等问题的关键技术之一。

首先，智能电网技术实现了电力系统的实时监控和优化。通过集成高速通信、先进的信息处理技术、自动化设备等，实现了对电力系统的实时监控，能够及时发现和处理故障，保证电力系统的安全稳定运行，实现电力系统的优化运行，提高电力系统的经济效益和运行效率。其次，智能电网技术实现了可再生能源的高比例接入。由于可再生能源具有间歇性、随机性等特点，传统的电力系统很难承载大规模的可再生能源。因此，智能电网通过对电力系统的实时监控，可以及时调整电力系统的运行状态，适应可再生能源的输出变化，实现可再生能源的高比例接入。最后，智能电网技术可以实现用户侧电力服务。在智能电网中，用户不再是被动的电力消费者，而是电力的生产者和消费者。用户可以通过家用太阳能发电系统、储能设备等参与电力市场，实现电力的自我生产和消费，甚至向电网出售多余的电力。

4. 去碳化技术的发展

第三次能源革命的重要目标之一就是“去碳化”，即减少全球能源系统中的碳排放，以应对全球气候变化的挑战。去碳化技术的发展主要包括 CCS 技术、能效提升技术以及氢能技术。CCS 技术是实现去碳化的重要技术之一。这种技术能够从化石燃料发电、工业生产等过程中捕获二氧化碳，然后将其压缩并储存在地下，减少其对大气的影响。虽然目前这种技术的成本较高，但随着技术的发展，有望在未来实现经济有效的应用。能效提升技术也可以有效实现去碳化，包括提高设备的能效、优化能源系统的运行、实现能源的精细化管理等。提高能效可以减少同等服务所需的能源消耗，从而减少相应的碳排放。氢能技术是一种潜力巨大的去碳化技术。氢能是一种高效、清洁的能源，特别是通过电解水等方式产生的氢气，其全生命周期的碳排放几乎为零。因此，大规模利用氢能有望实现能源系统的去碳化。

（二）第三次能源革命中经济影响的特殊性

1. 对传统能源生产和分配链的颠覆

随着可再生能源的广泛应用，石油和天然气等传统能源的需求可能下降，从而影响相关产业的盈利和就业。然而，新兴的清洁能源产业将迎来蓬勃发展，带动绿色技术的创新和应用，形成新的经济增长点。首先，随着可再生能源的广泛应用，石油和天然气等传统能源的需求可能会减少。这是因为清洁能源的发展使得社会更加倾向于环保和可持续的能源形式，因此，要考察可再生能源的技术特点、成本趋势以及在能源市场中的竞争力，以便更深入地理解传统能源需求下降的原因。其次，传统能源需求的下降将直接影响相关产业的盈利状况。石油和天然气产业可能面临销售量减少、价格下跌等挑战，从而影响整个产业链的盈利水平，因此，应关注不同产业环节的脆弱性，了解其在市场变化中的适应能力，并考虑可能的产业结构调整。然而，与传统能源产业的不利形势相对应的是新兴的清洁能源产业的蓬勃发展，这为绿色技术的创新和应用提供了巨大的机遇。同时，要深入了解清洁能源产业的增长趋势、市场竞争格局及其在经济中的地位，以揭示其对新的经济增长点的贡献。最后，新兴清洁能源产业的兴起将带动绿色技术的创新和应用，包括太阳能、风能、电动汽车等领域的技术创新，以及与之相关的产业链发展。此外，还要聚焦于这些创新对经济的潜在影响，包括创造新的就业机会、推动科技发展以及促进经济可持续发展。

2. 给就业市场带来深远性变化

首先，随着第三次能源革命的推进，传统石油和煤炭产业的就业可能会减少。这是因为这些产业可能面临技术和市场的挑战，导致需求下降和产业结构调整。因此，要关注这些传统产业的劳动力情况，包括就业规模、技能要求以及可能的失业风险，以全面了解其在能源转型中的角色和挑战。其次，清洁能源领域的需求将带动相关产业的就业增长。新兴的太阳能、风能、电动汽车等清洁技术产业将成为新的就业增长点，所以，要重点关注这些产业的劳动力需求、技能结构以及就业机会，以揭示其在经济中的发展潜力和对劳动力市场的积极影响。然而，这种就业的变革也意味着劳动力需要进行转型。最后，从传统能源产业向清洁能源领域的转变需要不同的技能和知识，因此，培训和教育将成为关键因素，应重视劳动力培训的重要性，包括提供适应新兴产业需求的技能培训和教育体系，以促使劳动力更好地适应未来就业市场的要求。

3. 引发全球经济格局的变化

第三次能源革命的兴起将引发全球经济格局的变化，这涉及依赖传统能源输出的国家可能面临的经济挑战，以及依赖清洁技术和新能源的国家可能成为新的经济引擎的情况。首先，对于依赖传统能源输出的国家来说，第三次能源革命可能会带来经济压力。这些国家的经济结构主要依赖于石油、天然气等传统能源的生产和出口，一旦全球能源格局发生变化，其出口收入和经济增长就会受到影响。因此，这些国家需要寻找新的经济增长点，调整其经济结构和产业布局，以适应新的能源市场需求。其次，依赖清洁技术和新能源的国家有可能成为新的经济引擎。这些国家在太阳能、风能、电动汽车等清洁技术领域处于领先地位，从而在全球能源转型中获得竞争优势。这些国家可能会吸引更多投资和人才，推动清洁技术的创新和应用，进而带动经济增长和就业机会的增加。最后，全球能源市场的重新配置可能引发贸易和地缘政治方面的调整。一些传统能源出口国可能会面临市场份额的减少，从而影响其在地缘政治中的地位和影响力。同时，清洁技术和新能源的出口国可能会在全球贸易中扮演更加重要的角色，导致全球贸易格局发生变化，各国之间的地缘政治关系也可能因此进行调整。

第五节 三次能源革命的发展趋势

一、能源革命的周期不同，主导能源从单一能源走向多元化能源

（一）单一的可再生能源尚不能成为主导能源

从能源的品种属性和价格来看，无论是煤炭、石油还是天然气，无论在相对低廉的开采成本还是在稳定供应、不受资源和地理限制、可实现跨境储运等方面，都具有成为单一主导能源的特质。正是由于化石能源具有成为主导能源的特点，才使其在全球能源贸易体系中发挥重要作用。

但是，反观可再生能源，从其产品品种属性来看，无论是水能、核能还是新能源，单一的可再生能源都缺乏成为主导能源的特质。水力发电已经有140多年的历史，但是用于水力发电的水能资源受地理条件的约束，无法被运输，只能作为一次能源通过电网输送。随着可开发的水电资源消耗殆尽，全

球水力发电在一次能源中的占比一直在6%左右，不具备成为全球主导能源的特质；核电虽然热效能巨大，但是由于核能的安全使用问题，全球核电在一次能源中的占比依然为4%～5%，同样不具备成为主导能源的特质；风能和太阳能等新能源，虽然资源分布受地理限制较小，分布均衡且相对广泛，但由于其能源密度偏低，供应输出还不够稳定，和水电一样只能靠电网输送，因此，在没有找到与风能和太阳能属性相适应的储运模式之前，全球性的大规模利用还存在一定困难。正是由于缺乏上述主导能源特质，这就决定了即使单一的某种新能源在成本和效率方面具有竞争力，也无法占据主导能源的地位。因此，可再生能源必须互靠互补，共同成为主导能源。

（二）能源替代可能会经历较长的时期

首先，尽管可再生能源的供给有大幅增加，但远不能满足能源需求的增长。尽管可再生能源发展迅速，从2000年的217.2太瓦·时激增至2023年的4204.3太瓦·时，但可再生能源发电量仅占全球总发电量的14.4%。从全球的能源需求来看，以2050年全球电力负荷增长率为2.5%来估算，2030年全球的电力需求约为35343太瓦·时，2050年则会达到57914太瓦·时。Infolink预测，要在达到碳减排目标的同时满足新增的电力需求，到2030年可再生能源的装机量需要达到9145吉瓦。从2022年全球可再生能源装机容量的3372吉瓦来看，要想实现这一目标，全球可再生能源装机量在2023年的平均增速需要保持在14%以上，目前来看依然有较大的增长空间。

其次，从前两次能源革命的历史来看，可再生能源替代可能也会经历较长时间。从前两次能源革命的历史进程来看，煤炭、石油和天然气在全球一次能源消费比例中由5%的份额上升至25%的跨越时间平均在35年以上。但是，可再生能源中开发利用最早的水电，从1878年世界第一个水力发电工程在英国诺森伯兰郡建成开始，到1882年美国威斯康星州阿普尔顿第一座爱迪生水电站开始发电，迄今已经有140余年，而水电在全球能源消费中的份额仅占6.7%。全球核能从1954年苏联建成了世界第一座核电站开始，从20世纪60年代占全球能源消费的1%上升至2022年的4.0%，始终未突破4%～5%的能源转型加速期的比例。2019—2023年，新能源在一次能源消费中的比例从5.4%上升至7.5%，划时代地进入加速转型期，但是由于具有不稳定性，在新能源储能技术短期还没有取得较大突破的前提下，成为主导能源还有一定的困难。

二、能源革命的动力转向需求拉动与政策驱动为主

（一）可持续发展的需求端拉动能源转型

第三次能源革命是在全球气候变暖、生态环境和经济社会的风险加剧的背景下提出的。正是在可持续发展的需求下，形成了能源低碳转型的主流发展理念。低碳可持续发展理念推动了第三次能源转型的发生。因此，不同于第一次、第二次能源转型过程中重在评价煤炭、石油的经济价值，第三次能源转型过程中，更多地考虑了主导能源对环境的负外部性影响。风能和太阳能等可再生能源不仅碳排放量较低、更加清洁，更重要的是基本不存在传统化石能源的枯竭或品质下降问题，其成本和收益主要取决于技术研发投入的成熟度，为经济社会可持续发展奠定了能源基础。反观前两次能源革命，煤炭和石油作为主要能源，主要是由经济增长驱动的，作为当时的“新”燃料，煤炭和石油无论是价格还是开采效率，都具有相当大的优势。例如，17—19世纪，英国的煤炭价格只有柴薪价格的1/3～1/2的水平，同样在20世纪60年代，美国原油的生产成本为1.51美元/桶，而在中东平均仅为0.07美元/桶。也正是由于这种“套利”性质的发展模式，煤炭和石油能源很难摆脱资源开采带来的收益递减规律和负外部性影响：随着开采规模的扩大、资源枯竭以及品质的不断下降，开采成本不断上升；同时，不清洁的开采导致碳排放量持续升高，环境压力加大。因此，与前两次能源革命的“肮脏生产方式”相比，第三次能源革命由可持续发展理念驱动，与前两次能源革命有着本质的差异（贾根良，2014）。

（二）能源革命离不开政策驱动

一方面，从第一次能源革命到第二次能源革命，能源转型实现跨越所需时间平均在35年以上。目前，第三次能源革命才刚刚开始，实现可再生能源为主导能源可能需要经历较长的时间。另一方面，第三次能源革命不具备“套利”性质的发展模式，如果没有政府的干预推动，仅仅靠市场自发性，第

三次能源革命将不可能在短期内完成。石油行业的崛起与工业化进程相互影响、相互促进，基于市场行为，石油行业的崛起对政府的依赖性较低；而风能、太阳能等可再生能源由于缺乏经济上和效率上的竞争力，在化石能源供给依旧强劲的背景下，如果缺乏政策干预，短期内很难获得足够的市场份额。出于可持续发展的需要和抢占战略竞争高地的考虑，政府必须在推动可再生能源转型发展过程中充当推手。

从现实发展情况来看，新能源的开发利用速度及规模都直接与政府的补贴力度和支持政策相关。不难发现，目前，第三次能源革命进程较快的国家基本都是通过前期支持和大量政府补贴扶持政策执行较好的国家。例如，2020 年，德国发布了《可再生能源法》（Emeuerbare - Energien - Gesetz，EEG），核心是到 2020 年可再生能源优先以固定费率入网，可再生能源入网的市场电价与“法定电价”的差额通过消费者支付附加费的形式弥补。2022 年，除了原有的屋顶光伏免税和退税之外，德国政府再度修订并确立了《可再生能源法》，在提高光伏并网电价格的同时额外有政府补贴。美国则在《2009 美国复苏与再投资法案》（American Recovry Reinvestment Act 2009，ARRA 2009）中规定了所有电力公司在 2020 年可再生能源占电力供应比例的 20%的强制约束性指标，并先后通过“先进能源制造抵税计划”、《2009 美国复苏与再投资法案》、两党基础设施法案《基础设施投资和就业法案》（Infra - structure Investment and Jobs Act）等以财政补贴、税收抵免、贷款担保和资金扶持等手段激励可再生能源发展。中国于 2006 年开始实施《中华人民共和国可再生能源法》，以法规的形式确立了国家中长期发展目标；2007 年，出台了《可再生能源中长期发展规划》，明确了可再生能源发电装机目标，中国可再生能源进入高速发展时期；2009 年以后，又陆续制定了光伏上网、海上风电上网电价；在政府补贴退坡的背景下，又相继出台了 2020 年风电、太阳能光伏平价上网目标。在政策的激励下，中国风电、光伏的发电量分别从 2006 年的 3. 1 太瓦·时和 0. 1 太瓦·时上升至 2022 年的 762. 4 太瓦·时和 427. 6 太瓦·时。

三、第三次能源转型需要更大范围的国际合作

在第三次能源转型过程中，低碳乃至无碳将是未来很长一段时期内人类

在能源领域的发展目标。一方面，绝大多数国家都不可能离开国际合作而获得能源安全保障；另一方面，为了在第三次能源革命中保持战略优势，各国均加强了清洁能源的国际合作，扩大自身影响力。我国虽然在可再生能源发展领域取得了较好的成果，但国际影响力依然有待提升。

（一）为了抢占制高点，各国纷纷通过国际合作强化自身利益

在第三次能源转型中，为了占据可再生能源这个战略制高点，各个国家纷纷通过加强清洁能源领域的合作来强化自身利益。美国在其能源新政策下，与英国、日本、印度等盟友合作推进“清洁经济”，先后启动了“日美清洁能源伙伴关系”（JUCEP）、“美日气候伙伴关系”“日美清洁能源和能源安全倡议”“战略清洁能源伙伴关系”（SCEP）等，加强在出口天然气，共同开发和部署储能技术，推进核能、氢能、海上风能和电动汽车等项目上的合作；同时，为了进一步建立清洁能源供应的规则壁垒，先后与日本、印度、澳大利亚搭建了“四方安全对话”（QUAD），并宣布了清洁能源供应链联合原则；与印度、以色列和阿拉伯联合酋长国形成“中东四方集团”（I2U2），在《亚伯拉罕协议》框架下围绕低碳与清洁能源问题展开合作。德国则首先通过构建基于清洁能源领域的国际合作机制，确立了其在第三次能源革命转型中的制度性领导软实力，具体体现为提高 IRENA 的能源话语权；截至 2023 年，已经有 154 个成员国和地区加入。此外，德国还通过国际清洁能源大会（IRECS）、21 世纪可再生能源政策网络（REN21）、可再生能源俱乐部（REC）等扩大其在全球可再生能源领域中的领导地位。在可再生能源合作行动上，德国已经在欧盟之外与美国、日本、乌克兰、卡塔尔等 20 多个国家签署了能源和气候伙伴关系协议，以确保德国工业大国的地位和“成为引领性气候保护国”的目标。

（二）我国在可再生能源领域的国际影响力依然有待提升

近 10 年来，我国与“一带一路”共建国家开展了广泛的可再生能源合作，并先后成为 IRENA 成员国、国际能源宪章组织签约观察员国、IEA 联盟国，是区域能源转型的积极引领者。自 2015 年起，我国开始举办“国际能源变革论坛”，积极推动全球能源转型。在区域合作平台搭建方面，先后成立了

亚太经合组织可持续能源中心（APSEC）、中国—中东欧能源项目对话与合作中心、中国—阿盟清洁能源中心等多个区域合作平台，积极搭建中国—非盟能源伙伴关系，实施中国—东盟清洁能源能力建设计划等。

但是，由于主流的能源治理机构都由 OECD 国家主导，我国在主流国际能源合作治理平台中还不具备主导力量，不但在 IEA、国际能源论坛（IEF）中话语权不足，而且在 G20 和 APEC 中也不具备主导实力。因此，在第三次能源革命转型过程中，要想深入开展国际合作，还需要在进一步借助现有治理平台提升影响力的同时，推动与“一带一路”共建国家国际能源合作，通过形成与相关国家的互联互通关系，构建人类能源命运共同体，紧抓第三次能源革命合作浪潮带来的巨大机遇。

第二篇

中国推动能源革命的动因分析

第三章　中国推动能源革命的现实动因分析

第一节　全球能源转型的现状及动因

一、全球能源转型的现状

随着以新能源消费替代化石能源消费为核心的能源革命在欧洲国家由设想进入实践阶段，越来越多的国家开始将可再生能源消费替代上升为国家战略，制定更加符合实际的可再生能源发展目标。因此，能源转型在世界范围内步入了历史的高潮，并成为能源学术研究中被大量研究的一个问题，被纳入世界众多国家的能源政策中。大多数国家最近提出的可再生能源发展目标都设定在 2020 年及以后，比如，欧盟把到 2020 年可再生能源占最终能源的 20%设定为发展目标，这是“欧盟 2020 战略”的一项关键指标，也是发达国家实现减排目标的关键一环；巴西则预计到 2030 年将可再生能源电力占总电力的比例提升至 75%，是发展中国家的“领头羊”。

随着技术的不断进步和新的能源逐渐被发现，在能源消费结构中占据主导地位的能源被其他能源取代，这一过程被称为“能源转型”。总体来看，全球各个国家和地区的能源转型历程呈现基本一致的趋势。回顾世界能源转型历史，至今人类已经历了两次能源转型：第一次能源转型发生在 18 世纪后期至 19 世纪中期，以蒸汽机为代表的生产力变革引发了第一次工业革命，是由秸秆、木柴等生物质能向煤炭的转型，煤炭替代柴薪成为全球第一大能源；第二次能源转型发生于 20 世纪 60—70 年代，表现为石油对煤炭的替代和天然气以及核电的应用增加，内燃机的发明和推广使得油气逐渐取代煤炭成为全球主导能源。当前正处于第三次能源转型时期，可再生能源作为重要的目标能源，不仅影响着能源体系的发展，而且对国家经济发展产生着重要的影响。能源转型的特征被形象地形容为人类的能源转型是由“固体”到“液体”，再由“液体”向“气体”的转型，而每一次能源转型均表现出“降碳化”特征，即替代能源中碳元素的减少、氢元素的增加。更确切地说，能源转型是能源的低碳转型。世界能源转型历程总结如图 3-1 所示，能源类型由高碳向低碳方向发展、生产方式由简单生产向技术生产方向发展、利用方式由一次转型向多次转型方向发展。

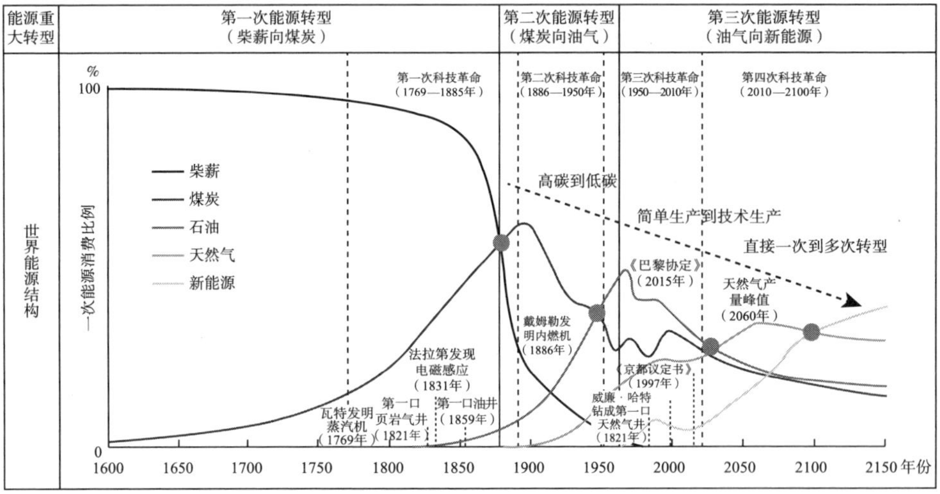

图 3-1　世界科技发展与能源革命路线

资料来源：邹才能，赵群，陈建军，等．中国天然气发展态势及战略预判［J］．天然气工业，2018，38（4）：1-11。

具体来说，自原始人类学会钻燧取火后，能源便成为人类生存的必需资源。容易获取的木材满足了人类初期的取暖、烹饪等基本生存需求。随着煤炭开采技术的进步，能量密度较高的煤炭得到了广泛应用。1769 年，瓦特蒸汽机的发明和燃煤电厂的建设，促进了煤炭产业的快速发展；18世纪80年代，煤炭在一次能源消费比例中超过柴薪，成为能源总量最大的一次能源，完成了从柴薪向煤炭的第一次重大能源转型。1886年，戴姆勒发明了内燃机，油气作为高效能源资源的需求得到大幅提升。油气地质开发理论、钻完井工程和炼化等技术的进步，促进油气产量的大幅提升，在一次能源消费结构中的占比快速增长，1965年，这一占比超过50%，取代煤炭成为第一大能源，完成了煤炭向油气的第二次重大能源转型。随着社会文明的进步，煤炭、石油等高碳能源利用带来的生态环境问题日益突出，引起人类的高度警醒和深刻反思。人类对生态环境需求的提升和低碳社会的到来，使得传统化石能源向非化石能源的第三次重大能源转型成为必然。与前两次能源转型不同的是，第三次能源转型源于人们对能源和环境制约下经济增长可持续性的担忧。在新的经济理论中，能源从资本中被剥离出来作为单独的要素投入，能源消耗、安全及其环境和气候外部性对经济可持续增长产生了深远的影响。因此，第三次能源转型不是一场自发性的变革，而是一个受控过程，这一转型的根本动力不仅仅是生产力进步，更是为了解决经济增长与日益恶化的环境、气候和安全问题之间的矛盾。一方面，大规模地开发利用化石能源所带来的环境和气候危机凸显，已成为制约社会经济可持续发展的首要因素。化石能源燃烧排放出大量的空气污染物，带来酸雨、雾霾等环境问题，同时产生了大量温室气体，导致全球气候变化，给人类及生态系统带来种种负面影响及潜在风险。另一方面，全球化石能源生产与消费的区域不均衡在近年来不断加剧，世界能源供需格局呈现生产重心西移、消费重心东移的特点，增加了能源安全保障的难度。

二、全球能源转型的动因

（一）经济增长需要能源支撑

如图3-2所示，20世纪60年代以来，全球经济快速增长，全球GDP从1960年的1.4万亿美元增加到1980年的11.3万亿美元，20年间增加了7倍多；2000年，全球GDP比1980年增加了约2倍，达到338396亿美元。进入 21 世纪后，全球经济迎来了更迅猛的增长，2000—2010 年全球 GDP 翻了一番，2010—2019 年增加了 21 万亿美元，达到 87.6 万亿美元。2020 年，新冠疫情席卷全球，这导致全球 GDP 出现了罕见的负增长，增长率为-2.9%，是第二次世界大战以来最严重的经济衰退。而这种情况并没有延续到下一年，2021 年，由于许多国家放松了对新冠疫情的管控，人们恢复了日常活动，全球经济也恢复了增长。全球 GDP 的快速增长是伴随着第二产业的迅猛发展出现的，但这种高增长是由高能耗驱动的。

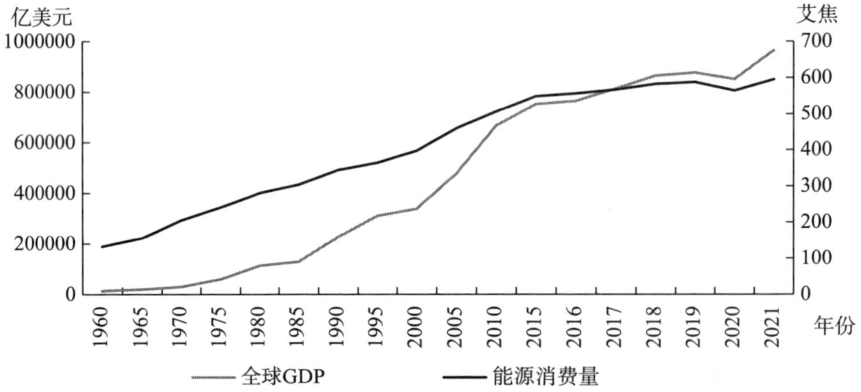

图 3-2　1960—2021 年全球经济发展与化石能源消费的关系

从图 3-2 中可以看出，全球 GDP 从 1960 年的 1.4 万亿美元增长到 2021 年的 96.1 万亿美元，年均增长率超过 100%。随着经济的快速增长，能源消耗量也呈现高速增长趋势。具体来说，能源消耗量从 1960 年不足 150 艾焦到 1985 年 303 艾焦，25 年翻了一番，此后，能源消费量继续攀升，2015 年之后增幅变缓，2020 年新冠疫情导致全球经济衰退，能源消费也出现了减少的情况，而后在 2021 年经济复苏时，全球能源消费量继续增加，达到 595 艾焦，比 2019 年高 8 艾焦。2021 年一次能源需求量的反弹说明了全球能源需求量的降低只是昙花一现，能源转型还有很长的路要走。

（二）能源消费结构不合理

如图 3-3 所示，全球能源消费结构以化石能源为主，其中，煤炭和石油的消费占比总体呈下降趋势，天然气消费和一次电力及其他能源消费占比逐渐增加。1965—2021 年，全球能源消费量占比最大的是石油，2005 年以前，石油消费量占比一直高于 35.0%，最高超过 45.0%；2005 年以后，石油消费占比一直下降，到 2021 年占比达到 31.0%。煤炭消费占比相对较高，1965 年占比为 37.0%；1970 年以后，煤炭消费占比一直保持在 25.0%～30.0%；2010 年以后，煤炭消费占比呈现明显的下降趋势，2021 年煤炭消费比 2010 年下降了 3%。天然气消费占比相对较低，1965 年占比为 15.0%，但在逐年增加，2021 年占比达到 24.0%。一次电力及其他能源消费占比最低，也在逐年增加，1965—2021 年增加了 11%，2021 年达到 17.8%。

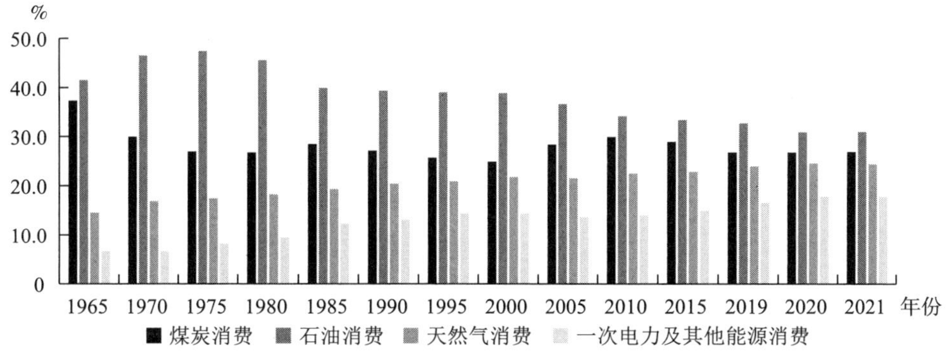

图 3-3　1965—2021 年全球能源消费结构

由图 3-3 可知，全球能源消费主要依赖化石能源，包括煤炭、石油、天然气，由于化石燃料是有限资源，过度的依赖将导致资源枯竭和供应不稳定等问题，并且化石燃料的燃烧会排放大量的温室气体和有害气体，对全球气候和环境造成严重影响。这也是国际能源转型的动因之一。

（三）高能耗带来高污染

随着全球经济的快速增长和能源消耗的不断增加，全球碳排放量大幅增加。具体情况见图 3-4。

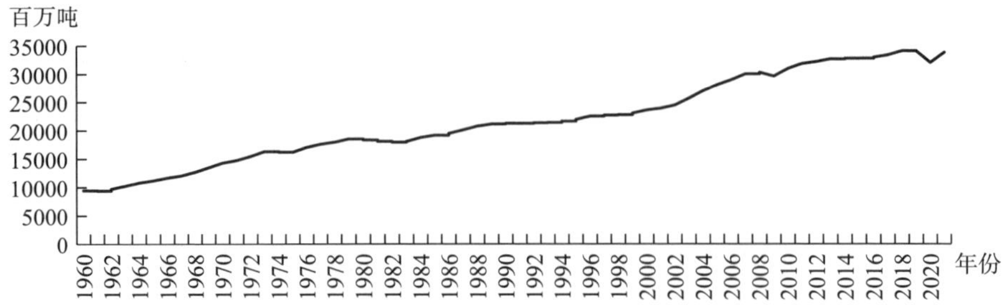

图 3-4　1960—2021 年全球碳排放量

由图 3-4 可知，1960 年以来，全球碳排放量的趋势线与全球 GDP 及全球能源消耗趋势线相似，总体上呈现明显上升的趋势。1960 年，全球碳排放量低于 100 亿吨，到 2010 年超过 300 亿吨，达到 310 亿吨，增长非常迅速。2020 年出现了罕见的下降趋势，下降了 6.3%，全球碳排放量减少了 21 亿吨，是 2011 年以来全球碳排放量最低的一年。2020 年碳排放量的减少与新冠疫情导致的经济衰退紧密相关。2020 年，全球经济遭遇巨大损失，全球能源需求有所下降，导致全球能源使用造成的碳排放量大幅下降。2020 年全球碳排放量的降低是由全球经济衰退驱动的，这并不是能源转型的结果，因为这样的碳排放量下降是不可持续的，在经济恢复后全球碳排放量又会有上升。2021 年经济恢复后，全球碳排放量迎来了历史新高，达到 338 亿吨，上升了 6%，2020 年和 2021 年的全球碳排放量基本处于不变状态。

第二节　中国推动能源革命的国际动因

改革开放以来，中国经济快速增长，对油气资源的需求急剧增加，而“富煤、贫油、少气”的能源结构特点使得中国只能被动适应国际油气资源贸易规则，过度的煤炭消费也越发受到全球环境治理规则的约束。长此以往，不仅不利于保障中国国内的能源安全，也不利于提升中国的国际话语权，因此，随着国际能源格局的加速演变，中国推进能源革命迫在眉睫。

一、油气资源储量少

相较于中国如此庞大的工业经济体量来说，中国的油气资源储量显得极其稀缺。根据《BP 世界能源展望》（2022 年版）数据可知，截至 2020 年，中国已探明石油储量为 260 亿桶，仅占世界储量的 1.5%；美国和俄罗斯石油储量分别为 688 亿桶、1078 亿桶，分别占世界储量的 4.0%、6.2%；英国和欧盟同样缺乏石油资源，均仅占世界储量的 0.1%，如图 3-5（a）所示。

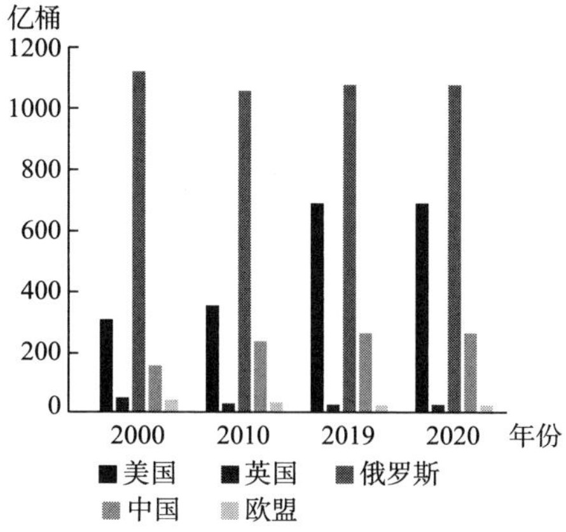

（a）石油储量

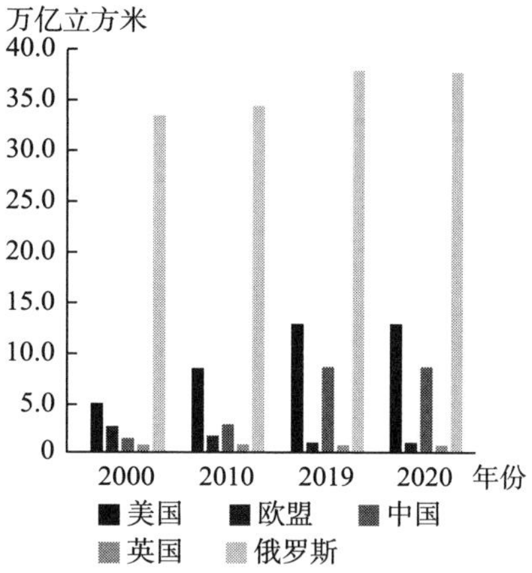

（b）天然气储量

图 3-5 2000—2020 年主要国家油气资源储量对比

天然气资源情况类似，截至 2020 年，中国已探明天然气储量为 8.4 万亿立方米，仅占世界储量的 4.5%；美国和俄罗斯天然气储量分别为 12.6 万亿立方米、37.4 万亿立方米，分别占世界储量的 6.7%和 19.9%；英国和欧盟天然气资源储量同样缺乏，分别仅占世界储量的 0.1%和 0.2%，如图 3-5（b）所示。

中国作为全球制造业大国、全球 GDP 第二的经济体，如此稀缺的油气资源显然无法满足自身的经济发展需求和国家战略需求，中国的油气化工产业会极大地受到国际油气价格影响，导致工业发展受到制约。

二、能源对外依存度高

中国作为能源消费大国，在能源短缺尤其是石油储备极度短缺的情况下，不得不依赖能源进口，因此造成中国能源对外依存度较高。2015—2021 年中国能源进口量占生产和消费比重如表 3-1 所示。

表 3-1　2015—2021 年中国能源进口量占生产和消费比重

年份	煤炭			原油			天然气		
	进口量/万吨	占生产量比重/%	占消费量比重/%	进口量/万吨	占生产量比重/%	占消费量比重/%	进口量/亿立方米	占生产量比重/%	占消费量比重/%
2015	20406	5	5	33548	156	61	611	45	32
2016	25555	8	7	38101	191	67	746	55	36
2017	27092	8	7	41946	219	71	946	64	40
2018	28210	8	7	46189	244	73	1246	78	44
2019	29977	8	8	50568	264	75	1332	76	44
2020	30361	8	8	54201	278	78	1397	73	42
2021	32327	8	8	51292	258	71	1674	81	44

中国能源进口主要体现在石油能源上，但近年来中国天然气进口量开始逐步提升。我国能源进口量总体保持上升趋势，煤炭进口量长期保持在消费量的 7%~8%；原油进口量超过我国自主生产量的 2 倍，在 2021 年达到 51292 万吨，占我国原油消费量的 71%；天然气进口量近年来增长速度加快，2021 年已达到我国自主生产量的 81%，占我国天然气消费量的 44%。

三、碳排放量及全球占比增大

中国长期以来一直以一种粗放的形式进行能源消费，导致我国一直以来都是碳排放大国。根据《BP 世界能源展望》（2022 年版）数据，如图 3-6 所示，我国碳排放量远超美国、俄罗斯、欧盟等其他主要经济体。

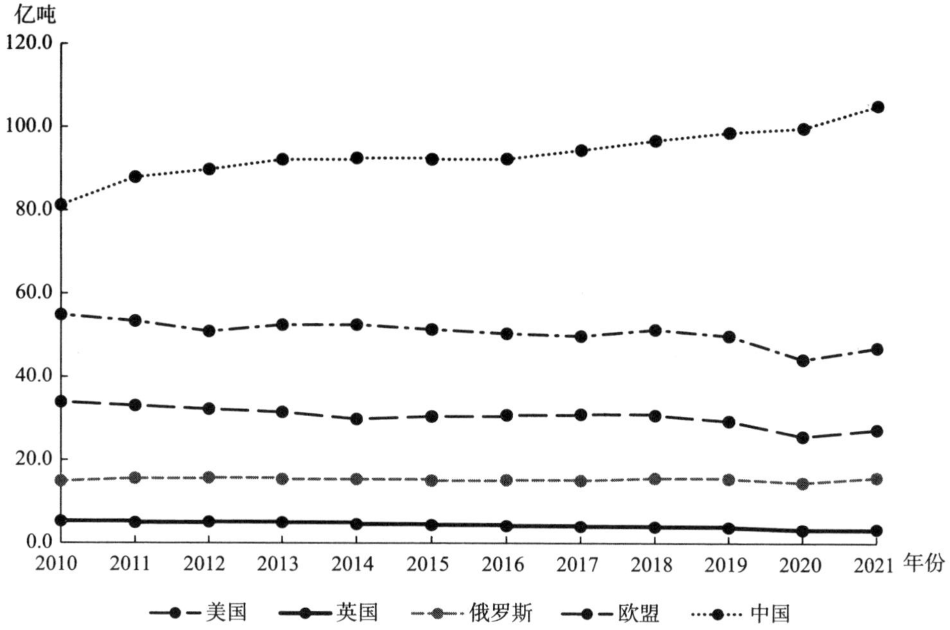

图 3-6　2010—2021 年中国及其他主要经济体碳排放量

当然，我国作为最大的发展中国家，存在各种发展中的问题，包括大量的能源消耗及碳排放。相较于中国来说，英国和俄罗斯碳排放量较低，其次是欧盟和美国。2021 年，全球碳排放量为 338.84 亿吨，中国碳排放量达到 105.23 亿吨，占全球碳排放量的 31.1%；美国碳排放量达到 47.01 亿吨，占全球碳排放量的 13.9%；而英国碳排放量仅为 3.38 亿吨，占全球碳排放量的 1.0%。

四、世界能源格局深度调整

近年来，世界各国开始注重全球气候治理、控制碳排放量，力争尽早实现碳中和。在此背景下，各国逐渐进行能源转型，由传统化石能源转向新能源。根据《BP 世界能源展望》（2022 年版）数据，世界主要国家能源消费结构已经开始发生巨大变化，如图 3-7 所示。进入 21 世纪以来，世界各国都开始逐渐减少对煤炭的使用，然而中国受能源资源禀赋限制，不得不继续将煤炭作为主要能源，如图 3-7（a）所示。

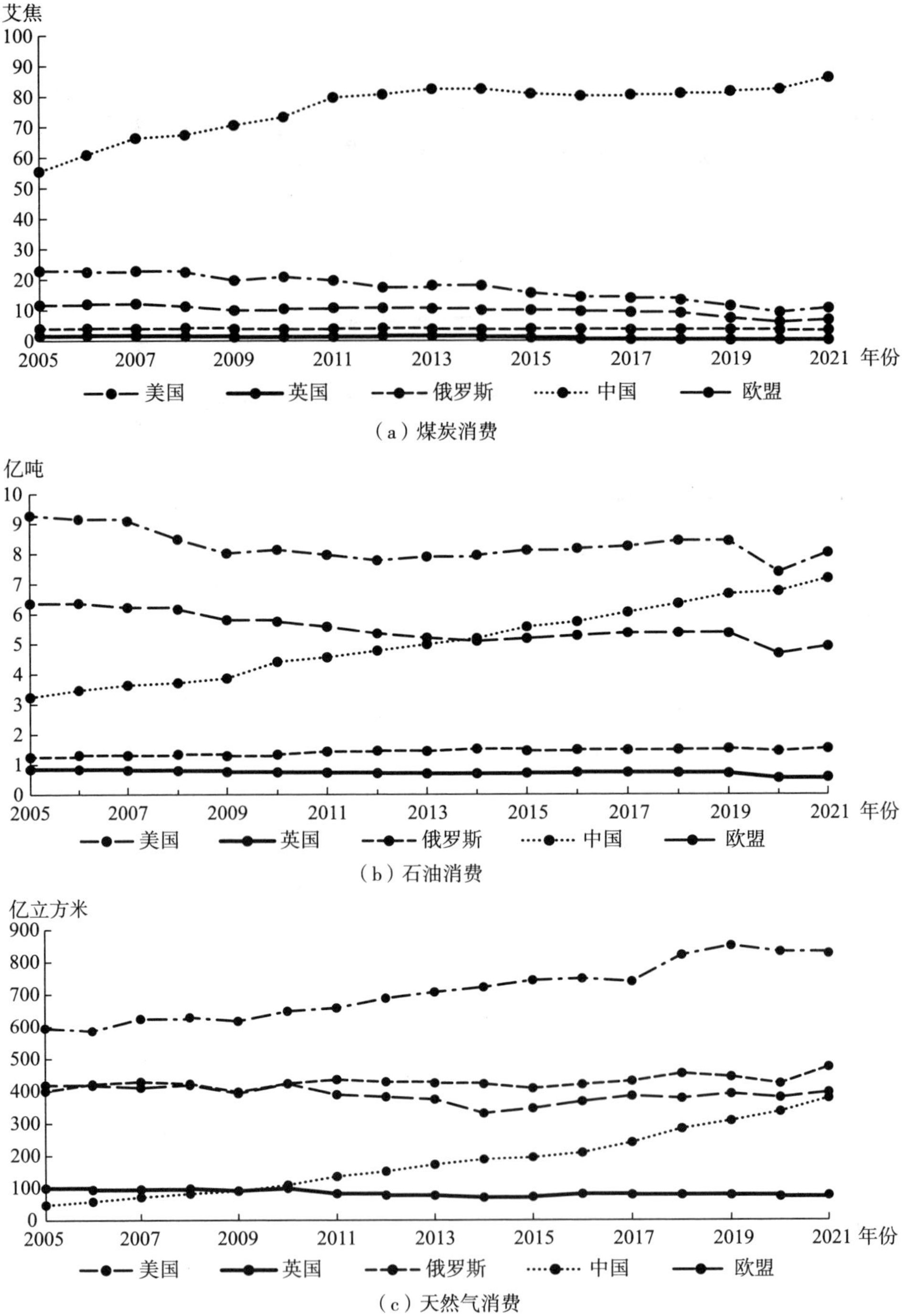

（a）煤炭消费

（b）石油消费

（c）天然气消费

图 3-7　2005—2021 年主要国家能源消费变化趋势对比

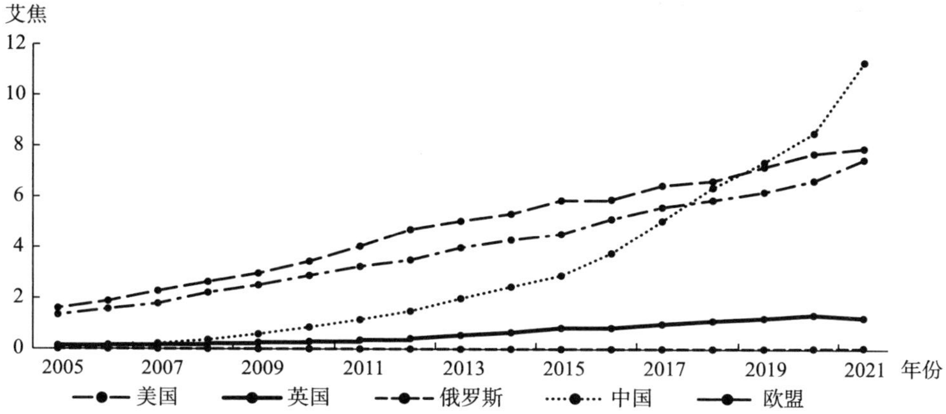

（d）可再生能源消费

图 3-7　2005—2021 年主要国家能源消费变化趋势对比（续）

在其他主要经济体减少煤炭消费的同时，中国煤炭消费反而逐渐上升，2021 年，中国煤炭消费占全球煤炭消费量的 53.8%。与此类似的是石油能源，近年来，美国、欧盟国家逐渐控制住了石油消费，但中国石油消费量稳定上涨，2021 年，中国石油消费量达到全球石油消费量的 16.9%，接近美国的占比（18.9%）。天然气作为清洁能源，是各国用来代替煤炭和石油的主要能源，总体来看，各国的天然气消费量都在逐渐上升，而中国的天然气消费量仍然较低，2021 年，中国的天然气消费量仅占全球天然气消费量的 9.4%；美国、俄罗斯天然气消费量较高，分别占全球天然气消费量的 20.5%和 11.8%。总体来看，各国可再生能源消费量都在逐步上升，尤其是中国对可再生能源的消费增长远大于其余各国，2021 年，中国可再生能源消费量占全球可再生能源消费量的 28.4%；其次是欧盟和美国，分别占 19.8%和 18.7%。

第三节　中国推动能源革命的国内动因

一、经济增长对能源依赖程度高

我国的经济增长离不开能源的消费，GDP 的增长曲线与能源消耗基本保持相同趋势，如图 3-8 所示。

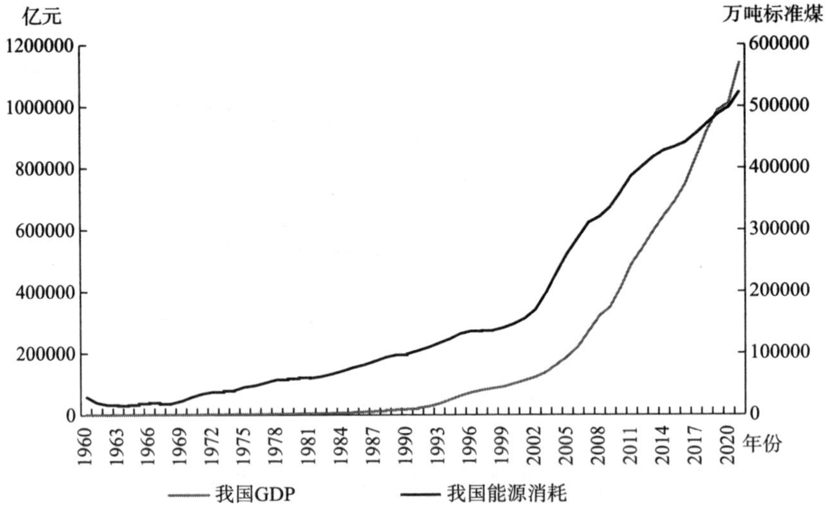

图 3-8　1960—2020 年我国经济发展与化石能源消费关系

1960 年以来，我国经济增长不断保持上升态势，在 1978 年实施改革开放以前，中国以计划经济为主，GDP 以较慢的速度增长，1960—1978 年仅增长 10 万亿元左右，与此同时，能源消耗量极低。改革开放以后，我国开始实行市场经济体制，经济增长速度明显加快，1990—2004 年，GDP 增长了 20 万亿元，而在此之前的 30 年，我国 GDP 的增长值不足 20 万亿元；同时，我国开始出现以能源消费来推动经济增长的现象，能源消费和经济增长体现出明显的相关性。2001 年，我国加入世界贸易组织（WTO），开始走上全球化的道路，此时，经济增长和能源消费高度同步，并且以迅猛的速度增长，2002—2020 年，我国 GDP 从 30 万亿元增长到 100 万亿元，能源消费量从 5 亿吨左右增长到 50 亿吨，能源消费量增长了 9 倍，能源消费增速明显超过了 GDP 增速，体现了我国能源消费效率的不足。

二、能源供需矛盾加剧

近年来，我国能源供需矛盾加剧，随着经济的发展和工业化的提高，能源消费需求逐年上升，受限于资源分布和开采利用技术，我国能源尤其是石油和天然气的需求缺口逐渐增大。长期以来，我国石油能源短缺，70%以上的石油消耗都需要依靠进口来满足，国内产量严重不足，而近5年来，天然气缺口也突破了40%，国内能源产量只能满足全国60%的消费量。

三、能源消费结构不合理

改革开放以来，我国经济飞速增长，与此同时，能源消耗量也急剧增加，但我国能源资源结构极不平衡，导致我国能源消费结构不合理，如图3-9所示。

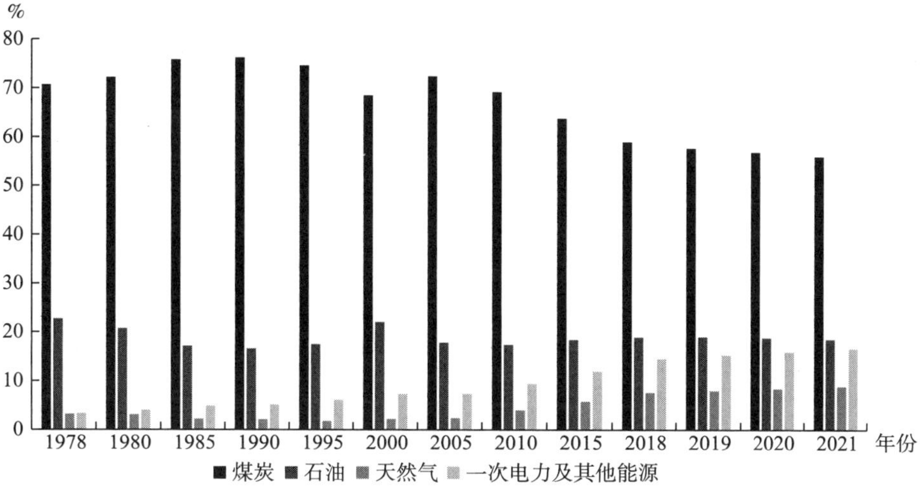

图3-9 1978—2021年我国能源消费构成

我国的煤炭资源十分丰富，以煤炭为主的消费结构一直都是我国能源状况的痛点。1978—2010年，我国煤炭消费占比一直维持在70%左右，甚至一度于1990年接近80%，但自2014年6月13日习近平总书记在中央财经委员会第六次会议上明确提出“四个革命、一个合作”的重大能源战略思想以来，我国能源结构发生明显变化，煤炭消费占比明显降低。2015—2021年，煤炭消费占比降低了10%左右，虽然到2021年以煤炭消费为主的能源结构仍然没有改变，但其消费占比已经不足60%。石油作为现代工业产业的重要能源，也是我国极其稀缺的能源资源，其消费量自然也受到限制，1978 年以来一直维持在 20%左右。天然气虽然也是化石能源，但它作为清洁能源，对环境影响较小。中国对天然气消费占比不断提升，从 1978 年的 3%左右上升到 10%左右。水能、风能、太阳能等其他可再生能源作为环境友好型能源，一直以来也是中国重点关注的能源，其消费占比在 1978 年与天然气接近，但到 2021 年，新能源消费占比已经接近天然气消费占比的 2 倍，占中国能源消费总量的 20%。

四、生态环境污染加剧

中国长期以来以 GDP 增长为目标的政治考核制度造成了对能源的粗放式利用，对生态环境造成了严重破坏。近年来，虽然我国政府提出了“绿水青山就是金山银山”的理念，但往往只有旅游业发达的城市更加注重生态环境保护。本书基于《中国统计年鉴》及《中国环境统计年鉴》数据绘制出图 3-10。

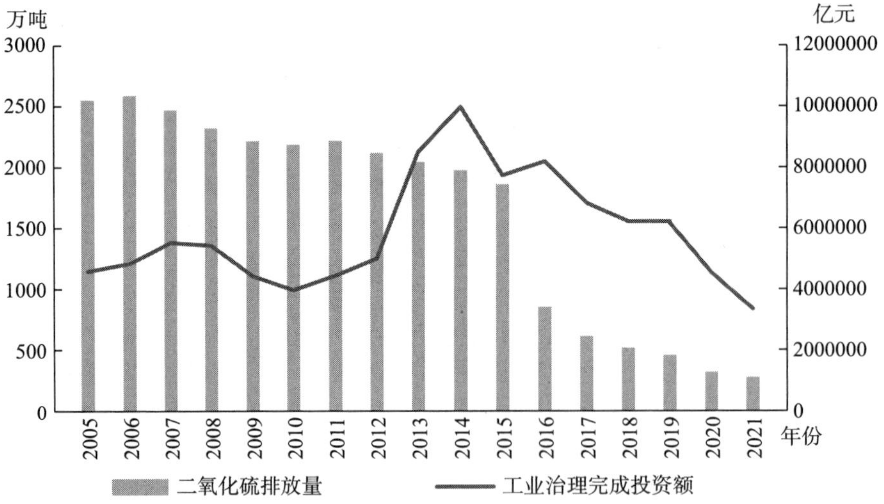

图 3-10　2005—2021 年我国二氧化硫排放量及工业治理完成投资额

注：2011 年、2016 年生态环境部对统计调查对象进行调整。

在我国工业生产中，二氧化硫排放量总体上呈现下降趋势，由于国家统计部门在2016年对统计调查对象进行调整，二氧化硫排放量发生断崖式下降。截至2021年，我国工业生产二氧化硫排放量已降至275万吨。同时，我国不断对工业治理进行投资，2014年达到最高，为997.65万亿元，但随着国家开始注重生态环境保护，工业治理投资额逐渐下降，2021年，工业治理完成投资额335.23万亿元。

五、新能源发电消纳不足

近年来，我国在新能源发展和利用方面后来者居上，无论从技术上还是规模上都逐渐达到世界先进水平。但在实际利用中，由于并网、电力储存等客观原因，我国国内新能源发电经常存在消纳能力不足、弃风、弃光的情况。2018年，国家能源局成立了全国新能源消纳监测预警中心；2019年，国家能源局发布了《关于建立健全可再生能源电力消纳保障机制的通知》，决定对各省级行政区域设定可再生能源电力消纳责任权重，保障和推动新能源利用率上升。根据国家能源局和全国新能源消纳监测预警中心公告，2018年，全国弃风率为7.0%，弃光率为3.0%；2019年，全国弃风率为4.0%，弃光率为2.0%，全国主要流域水能利用率达到96%；2020年，全国弃风率为3.0%，弃光率为2.0%；2021年，全国弃风率为3.1%，弃光率为2.0%。截至2022年底，全国弃风率为3.2%，弃光率为1.7%，其中，内蒙古自治区东部五盟市地区、青海省、甘肃省弃风率最高，分别为10.0%、7.3%和6.2%；西藏自治区和青海省弃光率最高，分别为20.0%和9.0%。

第四章　中国推动能源革命的理论动因分析

第一节　经济增长模型中能源要素的引入及影响分析

一、拉姆齐模型及能源要素的引入

（一）拉姆齐模型简介

拉姆齐早在20世纪20年代就提出了动态最优化增长模型，从宏观和微观相结合的角度来研究宏观经济的增长问题。自20世纪60年代重新受到主流经济学的关注以来，动态最优化增长模型极大地影响了现代经济学特别是新增长理论的研究。该模型在设定抽象的微观经济主体的消费效用函数和生产函数基础上，探讨了微观经济主体如何在追求其行为最优化的动态过程中确定其宏观经济的路径的。也就是说，投资、资本积累、储蓄的宏观经济的时间路径是如何受到微观经济影响的。这种以动态最优化来研究宏观经济问题的思路，使现代新增长理论学派的各代表人物在研究经济增长问题时深受启发，也使拉姆齐模型成为现代宏观经济分析的经典工具之一。

拉姆齐模型通过考察家庭的消费行为把储蓄率作为内生变量引入经济增长模型。在封闭经济系统中，社会储蓄完全来自家庭；家庭通过向厂商提供劳动力和资产，形成家庭收入。家庭在取得收入后，将一部分收入用于当期消费，一部分收入用于储蓄。考察家庭消费行为的办法是使用家庭消费选择的效用函数；家庭消费决策原则是使长期家庭整体消费效用最大化。进一步地，在家庭效用函数之下，分析家庭在各种资本和产出水平下（预算约束）

选择消费量（或储蓄率）的规律。

拉姆齐采用的是前沿的数学方法，没有得到当时主流经济学界的认可。在此基础上，库普曼斯（1963）和卡斯（1965）采用指数贴现与动态最优实证化方法对原有模型做出了改进，重点解决如何在最优经济增长过程中确定储蓄率，最终形成了拉姆齐—卡斯—库普曼斯模型（Ramsey-Cass-Koopmans模型），即现代宏观经济学广泛应用的拉姆齐模型。

（二）能源要素的引入

经典的拉姆齐模型仅考虑了资本和劳动两种要素，并且假设不存在技术进步要素。但在模型不断被完善的过程中，相关研究表明技术进步不应该被忽视。近年来，国内外学者在经典的拉姆齐模型基础上，考虑了资本、劳动和技术对经济增长的影响，还将新的要素引入拉姆齐模型。这一研究方向成为国内外的研究热点。

刘永刚（2009）将土地这种固定生产要素引入拉姆齐模型，通过对家庭、厂商以及均衡的分析，针对CES生产函数分析土地对经济的影响，最后得出人均土地资源减少对人均产出的增长产生副作用的结论：只有当生产函数是*C-D*生产函数形式时，这种副作用才能被资本的增加抵消。慈向阳等（2014）将化石能源的储量因素引入拉姆齐模型，对厂商和家庭进行分析，最终得出依赖化石能源会使经济增长偏离鞍点路径的结论，并且提出提高化石能源利用效率、积极发展新能源和保持合理消费增速的建议。Arturo和Mariano（2015）将净能源要素引入Ramsey-Hotelling增长模型，并用能源投资回报（Energy Return on Investment，EROI）将净能源要素进行量化，以对不同能源进行比较。结论表明，随着能源结构的变化，EROI降低，自然资源耗竭对未来经济增长有显著影响，但不是决定性的影响。在拉姆齐模型的基础上，范庆泉、周县华和潘文卿（2016）以能源生产部门为例，在生产函数中引入环境污染。在稳态均衡基础上，利用Shooting方法模拟鞍点路径上的均衡解，得出渐进递增的动态环境税政策平衡了能源和经济增长之间的关系的结论。范庆泉（2018）同样采用了Shooting方法模拟鞍点路径上的均衡解，结论表明，渐进递增的环保税以及政府补偿率的环境政策组合，能够实现经济持续增长、环境质量提升和收入分配格局改善“三重红利”。

在现代宏观经济学领域，拉姆齐模型是研究经济增长最有力的理论模型之一。采用该模型对公共事业和放松管制的行业定价进行研究，这种研究方法目前已经比较成熟。针对拉姆齐模型要素的研究，方向比较广泛，但涉及自然资源要素的研究相对较少。而在现有的自然资源要素相关研究中，主要考虑了土地和环境污染等要素，仍然缺少对引入能源要素的拉姆齐模型的研究，一般都将能源要素视为原材料的一部分。

事实上，能源要素与一般的资本要素存在较大区别。一方面，资本和能源对产出的贡献方式不同。多数情况下，资本是各种设施和工具的生产原料或生产设备，而能源是各种设施和工具产生、运行的能量源泉。另一方面，能源禀赋较为特殊。因地质环境和气候条件等不同，化石能源的种类、储量、分布情况也不尽相同。化石能源具有不可再生性，而一般的资本要素不具有类似特点。另外，将能源视为独立要素来看待的重要性越发凸显。一是能源与经济紧密关联。在实际的生产活动中，能源不可或缺，石油和煤炭等化石能源在世界经济转型中发挥了关键作用。随着人类对能源的持续开发利用，化石能源的总量将不断减少，给经济增长带来巨大阻力。二是工业经济核算会单独关注能源的情况。工业企业在进行成本核算时，将原材料和能源视为两个独立的核算项目，充分重视能源要素。三是索洛模型已尝试将化石能源引入模型。1973 年 2 月，罗伯特·索洛在《代际公平和可耗竭资源》（*Intergenerational Equity and Exhaustible Resources*）一文中对索洛模型进行了拓展，将可耗竭资源作为外生变量引入模型，使得拉姆齐模型成为比索洛模型更加完善的理论。

总之，在拉姆齐模型的基础上引入能源要素，考虑资本、劳动、技术和能源对经济增长的影响，重新建立消费者的效用函数和约束条件，重新建立厂商的生产函数，并且进行动态优化分析。这一研究成果能够对中国的能源革命提供指导性建议，有助于推动可持续发展战略的实施，实现经济又好又快发展。

（三）包含能源要素的拉姆齐经济增长模型推导

拉姆齐模型在分析微观代表性消费者和厂商的最优行为时，确定了宏观经济发展的趋势。该模型引入了能源要素，重新推导出代表性家庭和厂商之间的均衡，以此对能源革命与经济增长的关系进行分析。

1. 代表性家庭分析

（1）要素设定

假设市场上存在着大量的家庭成员，家庭成员按照固定的增长速度 n 呈指数式增加，即 $n=\dot{L}_t/L_t$。每个家庭成员在任何时点上都向厂商提供一个单位的劳动力，此时劳动力总数 L_t 以固定的速度 n 指数式增长。假定最初的劳动力 L_0 为 1，则时刻 t 的劳动力总数为

$$L_t=e^{nt} \tag{4-1}$$

技术进步有三种不同的中性概念：一是哈罗德中性，即如果给定资本产出比，则相对要素收入分配不随时间改变；二是希克斯中性，即如果给定资本劳动比，则相对要素收入分配不随时间改变；三是索洛中性，即如果给定劳动产出比，则相对要素收入分配不随时间改变。对于 $C-D$ 生产函数，三种中性概念没有区别。但对于非 $C-D$ 生产函数，为了使模型有一个增长速度不变的稳态，技术进步必须是哈罗德中性。假设技术进步 A_t 以固定的速度 g 指数式增长，即 $g=\dot{A}_t/A_t$，并且满足哈罗德中性，即技术进步是劳动力扩展型而非资本扩展型，加上劳动力本身以速度 n 指数式增长，整个家庭的劳动力部分按照 $n+g$ 的速度指数式增长。

能源要素 E 主要是指不可再生的化石能源消费总量，其中，不包含可再生能源的消费；e_t 表示人均化石能源拥有量。在本部分，能源作为外生变量被引入拉姆齐模型中，其总量只与禀赋特点和使用情况有关，与模型中其他要素无关。技术进步能够找到可替代的能源，但是化石能源的总量在减少，并且在未来某一天会被消耗殆尽。

（2）效用函数设定

效用函数被用来衡量消费者从消费既定的商品组合中所获得满足的程度。假定代表性消费者无限存活并且具有完美预期寿命，家庭的总消费为 C_t，则人均消费为：$c_t=C_t/L_t$。效用的大小取决于消费数量，假定瞬时效用函数 $u(c_t)$ 满足稻田条件，当 c_t 趋近于 0 时，$\dot{u}(c_t)$ 趋近于∞；当 c_t 趋近于∞

时，$\dot{u}(c_t)$ 趋近于0。采用固定跨期替代弹性即不变跨时替代弹性（CIES）瞬时效用函数①形式，界定代表性消费者的瞬时效用函数 $u(c_t)$ 形式或者等效于相对风险厌恶的形式：

$$u(c_t)=\frac{c_t^{1-\theta}}{1-\theta}(\theta>0) \tag{4-2}$$

在式（4-2）中，θ 表示消费者的跨期替代弹性系数的倒数，θ 决定了家庭在不同时期转换消费的意愿。θ 越小，表示家庭接受消费波动较大的意愿越强；θ 越大，表示随着消费的增加，边际效用下降得越快，家庭越厌恶消费的变动。按照标准的拉姆齐模型，家庭一生的效用函数可表示为

$$U=\int_0^{\infty} u(c_t)\cdot L_t e^{-\rho t}dt=\int_0^{\infty} u(c_t)\cdot e^{(n+g-\rho)t}dt \tag{4-3}$$

在式（4-3）中，ρ 为贴现率，ρ 越大，则表示与现期消费相比，远期消费的价值就越低。在式（4-3）中，假定 $n+g-\rho<0$，以保证效用收敛。

（3）预算约束设定

家庭以实现一生效用最大化为目标，但是受到预算约束。在封闭经济体系中，家庭将来自金融资产、劳动和能源的收入用于消费及投资，则有等式：

$$C_t+\dot{Z}_t=r_tZ_t+w_tL_t+r_{et}E_t \tag{4-4}$$

其中，Z_t 为代表性家庭拥有的金融资产总量，r_t 为实际利率，w_t 为工资率，r_{et} 为来自能源的回报率或者视为租金。

进一步地，令 $z_t=Z_t/L_t$、$e_t=E_t/L_t$ 分别表示人均金融资产和人均能源量，则可将式（4-4）改写为人均形式，即

$$\dot{z}_t=r_tz_t+w_t+r_{et}e_t-c_t-(n+g)z_t \tag{4-5}$$

基于此，可以构造代表性消费者效应最大化的最优选择模型，如下：

$$\max_{c_t} U=\int_0^{\infty} u(c_t)\cdot e^{(n+g-\rho)t}dt$$

$$s.t.\ \dot{z}_t=r_tz_t+w_t+r_{et}e_t-c_t-(n+g)z_t \tag{4-6}$$

（4）汉密尔顿函数设定

对于无限时间的动态优化问题，采取最优控制方法。根据目标函数

① 这个函数也叫相对风险规避系数（CRRA）不变的效用函数。

式（4-3）和约束条件式（4-5），构造汉密尔顿现值函数为

$$H=u(c_t)\cdot e^{(n+g-\rho)t}+\lambda[-\dot{z}+rz+w+r_e e-c-(n+g)z] \tag{4-7}$$

在汉密尔顿函数中，λ 是任意连续可微函数，表示当约束条件变动时目标函数极值的变化。最优解的必要条件为

$$\frac{\partial H}{\partial c}=0\Rightarrow \dot{u}(c_t)\cdot e^{(n+g-\rho)t}=\lambda \tag{4-8}$$

$$\frac{\partial H}{\partial a}=-\dot{\lambda}\Rightarrow-(r-n-g)\lambda=\dot{\lambda} \tag{4-9}$$

$$\frac{\partial H}{\partial \lambda}=\dot{z}\Rightarrow rz+w+r_e e-(n-g)z=\dot{z} \tag{4-10}$$

（5）欧拉方程设定

采用两次替代法，即将式（4-8）代入式（4-9）中先替代掉左边的 λ，再对式（4-8）两边求关于时间 t 的一阶导数，然后进一步代入式（4-9）中，替代掉左边的 $\dot{\lambda}$。这样就可以将式（4-8）和式（4-9）两个最优条件合并为欧拉方程的最优条件，即

$$r=-\frac{\ddot{u}(c)}{\dot{u}(c)}\dot{c}+\rho=-\frac{\ddot{u}(c)c}{\dot{u}(c)}\cdot\frac{\dot{c}}{c}+\rho \tag{4-11}$$

在式（4-11）中，$-\frac{\ddot{u}(c)c}{\dot{u}(c)}$表示消费的边际效用弹性，其含义是增加一单位消费导致的边际效用的（相对）减少量；而 $\dot{c}/c$ 表示的是消费的（相对）增加量。由此，这两项相乘的含义就是现在不消费使得将来消费增加，从而在边际效用递减规律作用下总效用减少。由此得到在给定式（4-2）的具体不变替代弹性瞬时效用函数下的欧拉方程为

$$\dot{c}/c=(r-\rho)/\theta \tag{4-12}$$

式（4-12）表明，人均消费或者人均储蓄的增长率是由资本的边际生产力和效用的贴现率这两个变量内生决定的，即储蓄或者资本积累是内生的。欧拉方程也被称为“凯恩斯—拉姆齐规则”，等价于汉密尔顿函数存在最优解的必要性条件。

（6）横截性条件设定

一阶偏导数为 0 是得到最优解的必要条件，但不是充分条件，因此，必须同时满足横截性条件，才能得到最优解。横截性条件为

$$\lim_{t\to\infty}\lambda_t z_t=0 \tag{4-13}$$

该横截性条件的经济含义是消费停止的条件要满足消费的边际效用等于0，规定无限期家庭消费的边界。横截性条件的数学含义是目标函数中不定积分的贴现值要收敛。

2. 代表性厂商分析

（1）生产函数设定

假定完全竞争厂商使用资本、劳动和能源生产完全同质的产品，在标准拉姆齐模型的基础上引入能源要素，构建生产函数如下：

$$Y_t=F(K_t,A_tL_t,E_t) \tag{4-14}$$

与上文假设相同，假定技术进步外生给定，且 $g=\dot{A}_t/A_t$，并进一步假定该模型满足完全竞争市场、规模报酬不变、要素边际报酬为正且递减、稻田条件、劳动力外生给定、不存在资本折旧率等条件。

令 $y=Y/TL$、$k=K/TL$、$e=E/TL$，密集型生产函数 $y=F(k, 1, e)$ 记作 $y=f(k, e)$，表示每单位有效产出取决于每单位有效劳动的资本投入和每单位有效劳动的能源投入。

（2）利润函数设定

厂商以利润最大化为目标，由于厂商本人有家庭，厂商产生的全部利润都归于家庭。假定资本与能源的边际报酬分别表示为 $f_k=\partial F/\partial K$ 和 $f_e=\partial F/\partial E$，则在劳动力市场上，单位有效劳动的实际工资为

$$\begin{aligned}w_t&=\frac{\partial F(K,AL,E)}{\partial AL}=\frac{\partial ALf(k,e)}{\partial AL}=f(k,e)+\frac{\partial f(K/AL,E/AL)}{\partial AL}\cdot AL\\&=f(k,e)+\frac{-(K\cdot f_k,E\cdot f_e)}{(AL)^2}\cdot AL=f(k,e)-(f_kk+f_ee)\end{aligned} \tag{4-15}$$

厂商按照边际产出向资本、能源和劳动支付报酬，则厂商的利润函数为

$$\pi_t=F(K,AL,E)-f_kK-wL-f_eE \tag{4-16}$$

二、均衡分析

在封闭经济体系中，资本供给来自消费者，资本生产均衡条件为 $K_t = Z_t$，则 $k_t = z_t$。市场是完全竞争且资本不存在折旧，资本市场得到其边际产品，即实际利率 r 与资本的边际报酬 f_k 相等。同理可得，能源的回报率 r_e 与能源的边际报酬 f_e 相等。

当欧拉方程 $\dot{c}/c=(r-\rho)/\theta$ 等于 0 时，令此时的 k 值为 k^*，将资本、能源和劳动力市场的各个均衡条件代入约束条件式（4-5）中，可以得到引入能源要素的资本动态效应为

$$\dot{k}_t = f(k,e) - c_t - (n+g)k \tag{4-17}$$

当 $\dot{k}_t = 0$ 时，将 k^* 代入式（4-17）中，家庭实现效用最大化的消费水平为

$$c^* = f(k^*, e) - (n+g)k^* \tag{4-18}$$

三、考虑化石能源消费的经济增长方式

（一）动态相图与鞍点路径

根据均衡状态下家庭实现效用最大化的消费水平，分别考虑人均资本 k 的稳态和人均消费 c 的稳态，进一步由动态相图得到经济增长的鞍点路径。

根据黄金律规则来考虑人均资本 k 的稳态，当 $f'(k_{gold}, e) = (n+g)$ 时，人均消费 c 最大，c 随着 k 的增加先增加后减小。在非稳态的情况下，当 $\dot{k}_t<0$ 时，由式（4-17）可得到 $c_t>f(k,e)-(n+g)k$，在动态相图中表示为水平向左的箭头；当 $\dot{k}_t>0$ 时，由式（4-17）可得到 $c_t<f(k,e)-(n+g)k$，在动态相图中表示为水平向右的箭头。考虑人均消费 c 的稳态，根据欧拉方程，当 $f_k=\rho$ 时，人均消费 c 处于稳态。在非稳态情况下，当 $f_k<\rho$ 时，$\dot{c}_t<0$，在动态相图中表示为竖直向下的箭头；当 $f_k>\rho$ 时，$\dot{c}_t>0$，在动态相图中表示为竖直向上

的箭头。综上所述，人均资本 k 和人均消费 c 的动态相图如图 4-1 所示。由于效用的收敛条件是 $n+g-\rho<0$，存在 $k^*<k_{gold}$。

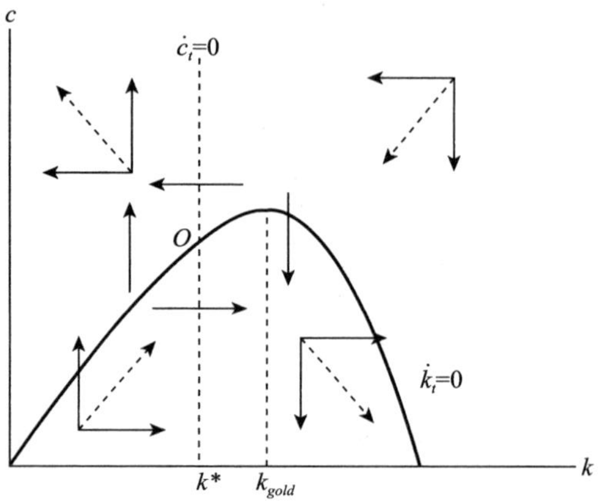

图 4-1 c 和 k 的动态相图

由动态相图得到了动态调整轨迹。由于最终的资本存量不能为负数，因此排除最终会到达资本存量为负的轨迹。由于超过资本黄金存量会导致家庭收入的现值无穷大于消费的现值，这与家庭效用最大化的目标相违背，因此排除超过资本黄金存量的轨迹。在动态相图中，对于给定任意的一个初始人均资本存量 k_0，对应唯一的 c_0，从（k_0，c_0）出发按照欧拉方程和资本积累方程描述的动态变化收敛于鞍点 O，并且满足消费者一生消费的预算约束和非负资本约束。最终收敛于鞍点 O 的路径即经济的鞍点路径，也是动态调整轨迹中的唯一可能路径（见图 4-2）。

（二）依赖化石能源消费的经济增长路径

由式（4-18）可知，控制劳动力增长速度 n 和降低技术进步率 g 可以保持消费水平实现效用最大化，有助于维持经济增长。但是，控制人口和降低技术进步并不能满足社会发展的实际。现代经济增长理论表明，技术进步是经济增长的重要原因。在拉姆齐模型中，收敛于鞍点的经济增长等同于经典的索罗模型的平衡增长路径，储蓄率内生化并没有影响平衡经济增长的索罗经济行为。即使储蓄率内生，外生的技术进步是经济增长重要原因的结论仍

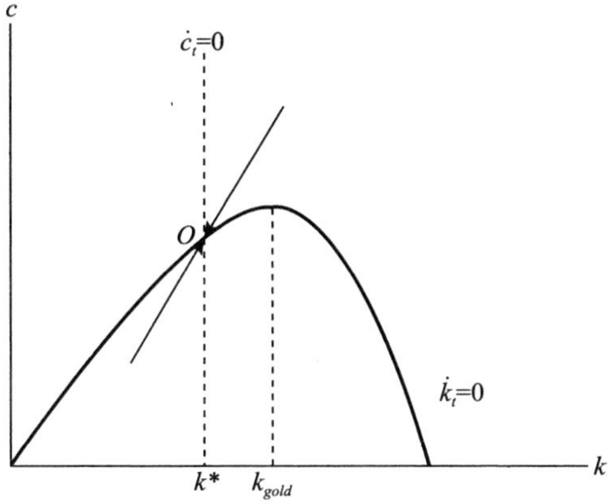

图 4-2 鞍点路径

然成立。在人口增长速度和技术进步比率一定时，可以进一步分析唯一变化的能源要素与经济增长之间的关系。

化石能源具有不可再生性，随着化石能源不断被消耗，与此同时劳动力总数在增加，则人均能源拥有量 e 不断减少。在劳动力增长速度 n、技术进步率 g 和经济能够收敛到最优 k^* 时，边际报酬 $f(k^*, e)$ 递减，所以消费水平 c^* 下降。消费水平过低，初始的储蓄率过高，家庭没有在较早的时点消费，效用不会增加。在这种情况下，经济体会穿过 $\dot{c}_t=0$ 的轨迹，穿过之后 c 继续下降，k 继续上升，收敛于 $\dot{k}_t=0$ 与横轴的交点。在化石能源被不断消耗的情况下，经济体所形成的路径严重偏离鞍点路径，在相位图中表现为处于鞍点路径下方（见图 4-3）。该路径后期严重超出资本黄金存量，不符合拉姆齐模型描述的均衡状态。此外，化石能源在使用过程中产生大量的二氧化碳、二氧化硫等污染物，给环境带来严重的负外部性。环境污染在经济发展初期往往被忽视，随着经济发展到一定程度，负外部性显露，对经济增长产生不利影响。结合厂商和家庭的视角来看，厂商在生产过程过中消耗化石能源，产生环境污染，降低家庭效用，无法达到帕累托最优状态。

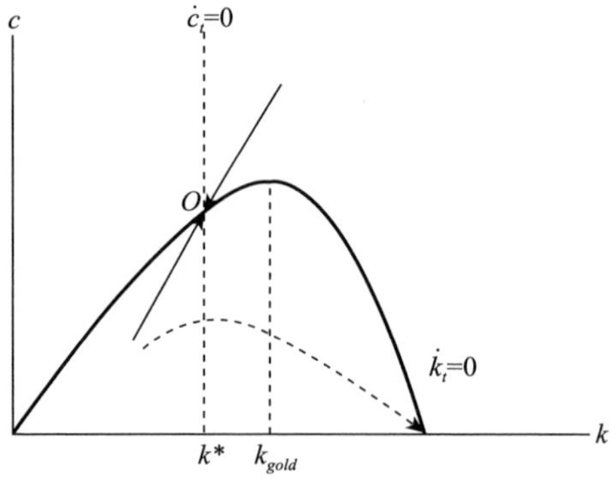

图 4-3 偏离鞍点路径

综上所述，基于能源引入的扩展拉姆齐模型表明，依赖化石能源的经济增长方式会偏离鞍点路径，家庭无法实现效用最大化。只有清洁能源与可再生能源能够有效避免高污染问题和可耗竭问题，以这两类能源为主的消费结构才能有助于经济沿着鞍点路径发展。因此，必须进行能源转型才能维持经济持续增长。

第二节 规模化可再生能源的经济效应和环境效应分析

引入能源要素的扩展拉姆齐模型表明，规模化提升清洁能源和可再生能源的消费占比，能够有效抑制经济增长带来的高污染问题和能源耗竭问题。本节在此基础上，进一步基于内生增长理论模型，考察可再生能源对化石能源的消费替代①的经济效应和环境效应机理。

一、模型构建

依据 Pittel 和 Bretschger（2008）对生产过程的处理，将经济体的生产部

① 这里统一分析可再生能源对化石能源消费替代的经济效应和环境效应，实际上，清洁能源除包含可再生能源外，还包含化石能源中的天然气，但为了便于分析，这里不考虑天然气对煤炭和石油能源的替代问题。

门分为中间产品部门、最终产品部门和研发部门。生产投入的要素包括实物资本、人力资本、可再生能源和不可再生能源、环境质量。假设人力资本总量给定，则人力资本有两类用途：一部分是进入研发部门从事研发创新的技术工人，生产促进技术进步的知识产品；另一部分是从事中间产品生产的产业工人。

（一）生产部门设定

1. 最终产品部门

Dixit 和 Stiglitz 提出最终产品的生产可由 n 种差异化中间投入 y_i，$i\in(0, n)$ 组合而成。最终产品的 CES 生产函数可以表示为

$$Y = \left(\int_0^n y_i^{\eta} di\right)^{\frac{1}{\eta}} = n^{\frac{1-\eta}{\eta}}(ny), \eta \in (0,1) \tag{4-19}$$

η 表示第 $i\in(0, 1)$ 种类的中间产品 y_i 对生产最终产品 Y 的贡献，且最终产品的生产可以看作研发投入和中间产品投入的函数。沿袭 Romer 的思想，知识存在溢出效应，即研发投入导致“知识溢出”。知识的积累会诱发“干中学”，进而提高整个社会的知识存量和最终产品的产量。因此，在本模型中，n 既表示中间产品的种类数，也表示创新水平或技术知识的存量。

2. 中间产品部门

中间产品 y_i 的生产需要实物资本 K，可再生能源 e_{z_i}，不可再生能源 e_{x_i}，从事单纯生产的人力资本即产业工人 L_{y_i}，中间产品的生产函数用规模报酬不变的 Cobb-Douglas 函数给定：

$$y_i = k_i^{\xi} L_{Y_i}^{\gamma} e_{x_i}^{\alpha\beta} e_{z_i}^{(1-\alpha)\beta} z,\ \beta+\xi+\gamma=1 \tag{4-20}$$

经济体的实物资本的动态积累方程表示为：$\dot{K} = Y-C-\delta K$，其中，δ 表示实物资本的折旧率。

3. 研发部门

假定经济体存在一个专门进行技术革新的研发部门，技术知识作为公共物品可免费获得，其产出水平决定于该部门的人力资本投入和已有的技术知识存量。研发部门的知识存量的运动方程设定为

$$\dot{n} = L_A n^{\psi} \tag{4-21}$$

因此，水平创新的技术进步率表示为：$g_A=\frac{\dot{n}}{n}=L_A n^{\psi-1}$，其中，$L_A$ 表示经济体中从事技术研发和创新活动的技术工人。

（二）能源部门和环境质量函数设定

1. 能源部门

整个经济体的能源系统的生产过程，符合 Cobb-Douglas 生产函数，能源的生产过程中需要不可再生能源和可再生能源两种投入，即

$$E=(E_X)^{\alpha}(E_Z)^{1-\alpha},\ 0<\alpha<1 \tag{4-22}$$

不可再生能源存量的运动方程为

$$\dot{R}_X=-E_X \tag{4-23}$$

可再生能源存量的运动方程为

$$\dot{R}_Z=\phi R_Z-E_Z \tag{4-24}$$

其中，ϕ 表示可再生能源的可再生率。

2. 环境质量

假设社会经济体中的环境质量 P 受到两个方面的影响：污染物的排放影响和环境的自净化能力。

（1）污染物的排放影响

假设经济体中的环境污染是经济产出 Y 与污染强度 z 的函数，因为污染物主要来源于经济的产出，而且在一定程度上，政府对污染程度指数的有效控制有助于污染排放的降低。因此，在 t 时刻人均污染物的排放量为：$L(Y,\ z)=-z^{\sigma}Y$，其中，z 为污染强度，且 $0\leqslant z\leqslant 1$。污染的程度指数 σ（$\sigma>0$，表示环境标准严厉的程度）越大，人均污染物排放量就越小。

（2）环境的自净化能力

用 μ 表示环境的自我净化率，且 $\mu>0$。在 Aghion 和 Howitt 模型的基础上，将环境质量 P 用现实中的环境质量与其上限值之差表示，故 P 恒为负值。为了便于计算，这里假设在任意时刻 t 上的污染物的衰减比例恒定，记为 μP。因此，环境质量在 t 时刻变化的动态方程为

$$\dot{P}=-z^{\sigma}Y-\mu P \tag{4-25}$$

（三）效用函数设定

假定存在一个理性的社会计划者，其目标是在无限时域上最优化代表性家庭的效用。消费者所得到的效用不仅由当前物质的消费决定，也受环境质量 P 的影响，且拥有一个标准的加性可分、固定弹性的效用函数，即

$$u(C,P)=\frac{C^{1-\theta}-1}{1-\theta}-\frac{(-P)^{1+\varepsilon}-1}{1+\varepsilon} \tag{4-26}$$

在式（4-26）中，$\theta(\theta>0)$ 表示边际效用的弹性，$\varepsilon(\varepsilon>0)$ 为消费者的环境意识参数。

二、社会最优均衡分析

当经济体处于对称均衡时，必有 $k_i=\frac{K}{n}$，$e_{x_i}=\frac{E_X}{n}$，$e_{z_i}=\frac{E_Z}{n}$，$L_{y_i}=\frac{L_Y}{n}$成立。据此，在对称均衡条件下，最终产品的生产函数又可以表示为

$$Y=n^{\frac{1-\eta}{\eta}}K^{\xi}L_Y^{\gamma}(E_X^{\alpha}E_Z^{1-\alpha})^{\beta}z \tag{4-27}$$

由式（4-27）可知，$\xi+\frac{1-\eta}{\eta}+\beta+\gamma>1$，表明最终产品的生产函数具有规模递增的性质。

将人力资本标准化为 $L_Y+L_A=1$，即在模型中不考虑人口规模对经济增长的影响，重点考察人力资本影响，亦即人力资本在创新部门和中间产品部门的配置对经济的影响。令 $\psi=1$，即水平创新部门的技术进步率和人力资本投入呈线性关系，则动态最优化问题为

$$\max U=\int_0^{\infty}u(C,P)e^{-\rho t}dt$$

$$\begin{aligned}
s.t.\ \dot{K}&=Y-C-\delta K\\
\dot{R}_X&=-E_X\\
\dot{R}_Z&=\phi R_Z-E_Z\\
\dot{n}&=nL_A\\
\dot{P}&=-z^{\sigma}Y-\mu P
\end{aligned} \tag{4-28}$$

在式（4-28）中，ϕ 表示消费的相对风险规避系数，也是消费跨期替代弹性的倒数；$P>0$ 表示时间偏好率；U 是所有时间的瞬时效用函数的贴现值加总。

本书遵循 Barro 和 Sala-i-Martin 变数转换的处理方法，定义以下转换变量：$f=\frac{Y}{K}$，$v=\frac{C}{K}$，$x=\frac{E_X}{R_X}$，$\tau=\frac{E_Z}{R_Z}$，$r=\frac{z}{P}$。

根据最优化控制理论，构造 Hamiltanian 函数如下：

$$H=u(C,P)e^{-\rho t}+m_1[Y-C-\delta K]+m_2(\phi R_Z-E_Z)-m_3E_X+m_4n(1-L_Y)+m_5(-z^{\sigma}Y-\mu P) \tag{4-29}$$

将其改为现值 Hamiltanian 函数的形式，令 $\lambda_1=m_1e^{\rho t}$，$\lambda_2=m_2e^{\rho t}$，$\lambda_3=m_3e^{\rho t}$，$\lambda_4=m_4e^{\rho t}$，$\lambda_5=m_5e^{\rho t}$，可得现值 Hamiltanian 函数为

$$H=u(C,P)+\lambda_1[Y-C-\delta K]+\lambda_2(\phi R_Z-E_Z)-\lambda_3E_X+\lambda_4n(1-L_Y)+\lambda_5(-z^{\sigma}Y-\mu P) \tag{4-30}$$

下面推导模型中各变量的增长率。将一个变量 X 的增长率定义为：$g_X=\dot{X}/X$（$\dot{X}$ 是 X 关于 t 的导数），根据最大值原理的条件，可得

$$\dot{\lambda}_i=-\frac{\partial H_c}{\partial y_i} \tag{4-31}$$

$$\dot{y}_i=\frac{\partial H_c}{\partial \lambda_i} \tag{4-32}$$

其中，y_i 为状态变量，由此可得

$$\dot{\lambda}_1=-\frac{\partial H_c}{\partial K}+\rho\lambda_1=\lambda_1(\rho+\delta-\xi f)+\lambda_5z^{\sigma}\xi f=\lambda_1\left(\rho+\delta-\frac{\sigma}{\sigma+1}\xi f\right)$$

$$\dot{\lambda}_2=-\frac{\partial H_c}{\partial R_Z}+\rho\lambda_2=\lambda_2(\rho-\phi)$$

$$\dot{\lambda}_3=-\frac{\partial H_c}{\partial R_X}+\rho\lambda_3=\lambda_3\rho\dot{\lambda}_3=-\frac{\partial H_c}{\partial R_X}+\rho\lambda_3=\lambda_3\rho$$

$$\dot{\lambda}_4=-\frac{\partial H_c}{\partial n}+\rho\lambda_4=\lambda_4\left(\rho-L_Y\frac{1-\eta}{\eta\gamma}+L_Y-1\right)$$

$$\dot{\lambda}_5=-\frac{\partial H_c}{\partial P}+\rho\lambda_5=\lambda_5(\mu+\rho)-(-P)^{\varepsilon}$$

$$\dot{K}=Y-C-\delta K$$

$$\dot{R}_X=-E_X$$

$$\dot{R}_Z=\phi R_Z-E_Z$$

$$\dot{n}=nL_A$$

$$\dot{P}=-z^{\sigma}Y-\mu P$$

求解上述包含 λ_i 的常微分方程通解：

$$\lambda_1=C_1e^{\left(\rho+\delta-\frac{\sigma}{\sigma+1}\xi f\right)t}$$

$$\lambda_2=C_2e^{(\rho-\phi)t}$$

$$\lambda_3=C_3e^{\rho t}$$

$$\lambda_4=C_4e^{\left(\rho-\frac{1-\eta}{\eta\gamma}+L_Y-1\right)t}$$

$$\lambda_5=C_5e^{(\mu+\rho)t}-\frac{(-P)^{\varepsilon}}{\mu+\rho}$$

由于这里的现值 Hamiltanian 函数没有关于控制变量的约束条件，所以控制变量 u_i 的最优路径是内部解，可以用条件 $\partial H_c/\partial\mu_i=0$ 代替 $\max_{u_i}U$，于是有

$$\frac{\partial H_c}{\partial C}=C^{-\theta}-\lambda_1=0\Rightarrow\lambda_1=C^{-\theta}$$

$$\frac{\partial H_c}{\partial E_Z}=0\Rightarrow\lambda_2=\lambda_1\frac{\sigma}{\sigma+1}(1-\alpha)\beta\frac{Y}{E_Z}$$

$$\frac{\partial H_c}{\partial E_X}=0\Rightarrow\lambda_3=\lambda_1\frac{\sigma}{\sigma+1}\alpha\beta\frac{Y}{E_X}$$

$$\frac{\partial H_c}{\partial L_Y}=0\Rightarrow\lambda_4=\lambda_1\frac{\sigma}{\sigma+1}\frac{\gamma}{n}\frac{Y}{L_Y}$$

$$\frac{\partial H_c}{\partial z}=0\Rightarrow\lambda_5=\lambda_1\frac{z^{-\sigma}}{\sigma+1}$$

为了保证社会计划者的决策能够符合代表性家庭一生效用现值的最大化，必须同时满足下列横截条件：

$$\lim_{t\to\infty}\lambda_1 K e^{-\rho t}=0$$

$$\lim_{t\to\infty}\lambda_2 R_Z e^{-\rho t}=0$$

$$\lim_{t\to\infty}\lambda_3 R_Z e^{-\rho t}=0$$

$$\lim_{t\to\infty}\lambda_4 n e^{-\rho t}=0$$

$$\lim_{t\to\infty}\lambda_5 P e^{-\rho t}=0$$

将最优路径的条件与 λ_i 的通解匹配联立，可得出各控制变量的增长率，即

$$g_c=\frac{\dot{C}}{C}=\frac{1}{\theta}\left(\frac{\sigma}{\sigma+1}\xi f-\delta-\rho\right)$$

$$g_{E_Z}=\frac{\dot{E}_Z}{E_Z}=\phi-\frac{\sigma}{\sigma+1}\xi f+\delta+g_Y$$

$$g_{E_X}=\frac{\dot{E}_X}{E_X}=-\frac{\sigma}{\sigma+1}\xi f+\delta+g_Y$$

$$g_{L_Y}=\frac{\dot{L}_Y}{L_Y}=\frac{1-\eta}{\eta\gamma}L_Y+g_{E_X}$$

$$g_z=\frac{\dot{z}}{z}=\frac{\rho+\delta-\frac{\sigma}{\sigma+1}\xi f}{\sigma(\varepsilon+1)}-\frac{\varepsilon}{\sigma(\varepsilon+1)}g_Y$$

接下来，对生产函数两边同时求导数，可得

$$g_Y=\frac{1-\eta}{\eta}(1-L_Y)+\xi(f-v-\delta)+\gamma g_{E_X}+\frac{1-\eta}{\eta}L_Y+\alpha\beta g_{E_X}+(1-\alpha)\beta g_{E_Z}+g_z \tag{4-33}$$

将各变量的增长率[①]与式（4-33）联立可得

$$g_{E_X}=\frac{\delta(\varepsilon+1)}{\xi\sigma(\varepsilon+1)+\varepsilon}-\frac{\xi\sigma(\varepsilon+1)}{\xi\sigma(\varepsilon+1)+\varepsilon}v+\frac{\left[\frac{1-\eta}{\eta}+(1-\xi)\delta+(1-\alpha)\beta\phi\right]\sigma(\varepsilon+1)}{\xi\sigma(\varepsilon+1)+\varepsilon}$$

① 完全预期均衡解唯一性证明省略。

$$g_{E_Z}=\phi+\frac{\delta(\varepsilon+1)}{\xi\sigma(\varepsilon+1)+\varepsilon}-\frac{\xi\sigma(\varepsilon+1)}{\xi\sigma(\varepsilon+1)+\varepsilon}v+\frac{\left[\frac{1-\eta}{\eta}+(1-\xi)\delta+(1-\alpha)\beta\phi\right]\sigma(\varepsilon+1)}{\xi\sigma(\varepsilon+1)+\varepsilon}$$

$$g_Y=-\delta+\frac{\sigma}{\sigma+1}\xi f+\frac{\delta(\varepsilon+1)}{\xi\sigma(\varepsilon+1)+\varepsilon}-\frac{\xi\sigma(\varepsilon+1)}{\xi\sigma(\varepsilon+1)+\varepsilon}v+\frac{\left[\frac{1-\eta}{\eta}+(1-\xi)\delta+(1-\alpha)\beta\phi\right]\sigma(\varepsilon+1)}{\xi\sigma(\varepsilon+1)+\varepsilon}$$

三、比较静态分析

在平衡增长路径上，经济体的产出、资本和消费的增长率均相等，各关键变量的增长率可以保持如下：

$$g_{E_X}^*=g_{R_X}^*=\frac{\delta(\varepsilon+1)}{\xi\sigma(\varepsilon+1)+\varepsilon}-\frac{\xi\sigma(\varepsilon+1)}{\xi\sigma(\varepsilon+1)+\varepsilon}v^*+\frac{\left[\frac{1-\eta}{\eta}+(1-\xi)\delta+(1-\alpha)\beta\phi\right]\sigma(\varepsilon+1)}{\xi\sigma(\varepsilon+1)+\varepsilon}$$

$$g_Y^*=g_C^*=g_K^*=\frac{1}{\theta}\left(\frac{\sigma}{\sigma+1}\xi f^*-\delta-\rho\right)$$

其中，

$$f^*=\frac{\varepsilon[\rho+(1-\theta)\delta](1+\sigma)+\delta(\varepsilon+1)(1+\sigma)\theta+\left[\frac{1-\eta}{\eta}+(1-\xi)\delta+(1-\alpha)\beta\phi\right]\sigma(\varepsilon+1)(1+\sigma)\theta}{\xi\sigma(\varepsilon+1)(1+\sigma)\theta+\varepsilon\sigma\xi-[\xi\sigma(\varepsilon+1)+\varepsilon]\theta\sigma\xi}$$

$$g_{E_X}^*=g_Y^*+\delta-\frac{\sigma}{\sigma+1}\xi f^*$$

则产出增长率和不可再生能源增长率可以表示为

$$g_Y^*=\frac{\frac{\varepsilon}{\theta}[\rho+(1-\theta)\delta]+\delta(\varepsilon+1)+\left[\frac{1-\eta}{\eta}+(1-\xi)\delta+(1-\alpha)\beta\phi\right]\sigma(\varepsilon+1)}{(\varepsilon+1)(1+\sigma)\theta+\varepsilon-[\xi\sigma(\varepsilon+1)+\varepsilon]\theta}-\frac{\delta+\rho}{\theta}$$

$$g_{E_X}^*=\left(\frac{1-\theta}{\theta}\right)\frac{\varepsilon[\rho+(1-\theta)\delta]+\delta(\varepsilon+1)\theta+\left[\frac{1-\eta}{\eta}+(1-\xi)\delta+(1-\alpha)\beta\phi\right]\sigma(\varepsilon+1)\theta}{(\varepsilon+1)(1+\sigma)\theta+\varepsilon-[\xi\sigma(\varepsilon+1)+\varepsilon]\theta}-\frac{\rho}{\theta}+\frac{\theta-1}{\theta}\delta$$

四、能源强度

能源强度 E/Y 表示单位产出需要的能源投入，其倒数表示能源效率。能

源强度的变化率为

$$g_{E/Y}^{*}=g_{E}^{*}-g_{Y}^{*}$$

能源消耗的增长率可以表示为

$$g_{E}^{*}=g_{E_X}^{*}+(1-\alpha)\phi$$

能源强度的变动趋势可以表示为

$$g_{E/Y}^{*}=g_{E}^{*}-g_{Y}^{*}=(1-\alpha)\phi+\delta-\frac{\varepsilon[\rho+(1-\theta)\delta]+\delta(\varepsilon+1)\theta+\left[\frac{1-\eta}{\eta}+(1-\xi)\delta+(1-\alpha)\beta\phi\right]\sigma(\varepsilon+1)\theta}{(\varepsilon+1)(1+\sigma)\theta+\varepsilon-[\xi\sigma(\varepsilon+1)+\varepsilon]\theta}$$

$$g_{E/Y}^{*}=g_{E}^{*}-g_{Y}^{*}\begin{cases}>0,\text{if}(1-\alpha)\phi+\delta>\dfrac{\varepsilon[\rho+(1-\theta)\delta]+\delta(\varepsilon+1)\theta+\left[\dfrac{1-\eta}{\eta}+(1-\xi)\delta+(1-\alpha)\beta\phi\right]\sigma(\varepsilon+1)\theta}{(\varepsilon+1)(1+\sigma)\theta+\varepsilon-[\xi\sigma(\varepsilon+1)+\varepsilon]\theta}\\ =0,\text{if}(1-\alpha)\phi+\delta=\dfrac{\varepsilon[\rho+(1-\theta)\delta]+\delta(\varepsilon+1)\theta+\left[\dfrac{1-\eta}{\eta}+(1-\xi)\delta+(1-\alpha)\beta\phi\right]\sigma(\varepsilon+1)\theta}{(\varepsilon+1)(1+\sigma)\theta+\varepsilon-[\xi\sigma(\varepsilon+1)+\varepsilon]\theta}\\ <0,\text{if}(1-\alpha)\phi+\delta<\dfrac{\varepsilon[\rho+(1-\theta)\delta]+\delta(\varepsilon+1)\theta+\left[\dfrac{1-\eta}{\eta}+(1-\xi)\delta+(1-\alpha)\beta\phi\right]\sigma(\varepsilon+1)\theta}{(\varepsilon+1)(1+\sigma)\theta+\varepsilon-[\xi\sigma(\varepsilon+1)+\varepsilon]\theta}\end{cases}$$

根据产出增长率、能源强度变化率，分别求不可再生能源份额（α）、能源对经济增长弹性（β）、时间偏好（ρ）、中间品贡献（η）、劳动弹性（γ）、能源可再生率（ϕ）、资本弹性（ξ）、折旧率（δ）、污染指数强度（σ）的偏导，得到各参数对上述两个变量的影响，具体的比较静态分析结果如表 4-1 所示。

表 4-1　比较静态分析结果

项目	α	β	ρ	η	γ	ϕ	ξ	δ	σ
产出增长率	−	+	−	−	/	+	+	+	−
能源强度变化率	+	−	+	+	/	+	−	−	−

结合模型与表 4-1 可知，产出增长率、能源强度变化率的改变主要依赖于能源系统中的可再生能源的份额、环境污染的控制。可再生能源的份额越高，污染程度指数越低，产出增长、能源效率就越高。

第五章　可再生能源消费替代的节能减排效应分析

第一节　可再生能源消费替代现状分析

一、能源消费现状分析

（一）全球能源消费现状

自 1973 年发生第一次能源危机之后，能源问题就一直备受世界各国关注。人类对于能源的需求来源于生活的方方面面，贯穿人们的衣食住行。进入 21 世纪以来，随着经济全球化的发展以及科学技术水平的提高，各国对能源的需求急速增长，2020 年，全球一次能源消费量已达到 556.63 艾焦耳。

2008—2020 年全球一次能源消费量的变化趋势以及 2008—2020 年能源消耗大国一次能源消费占全球的比重分别如图 5-1、表 5-1 所示。可以看出，全球能源消费量在 2009 年出现短暂下降，产生这种现象的原因是，2008 年世界经济出现了第二次世界大战以来的首次紧缩，全球性的金融危机爆发，经济倒退，使得 2009 年能源消费有所下降，这也是全球能源消费量自 1982 年以来的首次下降。随着经济的不断复苏，2010 年之后，全球能源消费量整体呈线性上升趋势，到 2020 年能源消费有所下降，这是因为受新冠疫情影响，能源市场发生巨大变化，一次能源消费量的增速出现负增长。

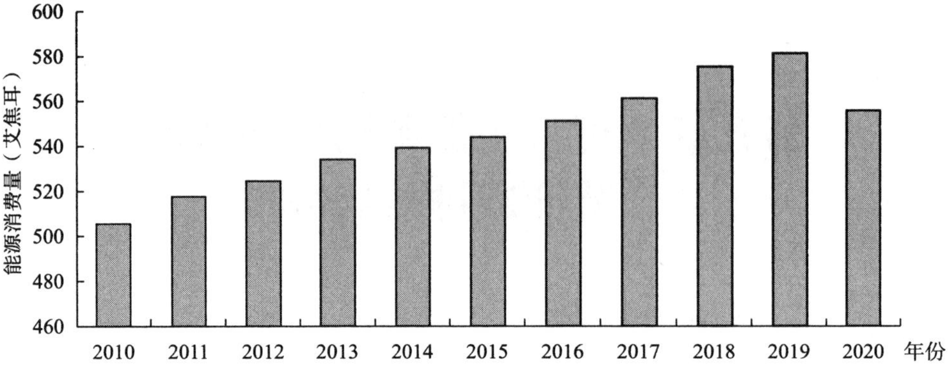

图 5-1　2008—2020 年全球一次能源消费量的变化趋势

资料来源：《BP 世界能源统计年鉴》（2021 年版）。

表 5-1　2008—2020 年能源消耗大国一次能源消费占全球的比重　　单位:%

项目		2010 年	2011 年	2012 年	2013 年	2014 年	2015 年	2016 年	2017 年	2018 年	2019 年	2020 年
全球消费量/艾焦耳		505.38	517.64	524.61	534.32	539.56	544.41	551.74	561.82	576.13	581.51	556.63
中国	消费量/艾焦耳	104.29	112.54	117.05	121.38	124.82	126.53	128.63	132.8	137.58	142.03	145.46
	占比/%	20.64	21.74	22.31	22.72	23.13	23.24	23.31	23.64	23.88	24.42	26.13
美国	消费量/艾焦耳	92.91	92.05	89.62	92.04	92.99	92.09	91.96	92.26	95.64	94.9	87.79
	占比/%	18.38	17.78	17.08	17.23	17.23	16.92	16.67	16.42	16.60	16.32	15.77
印度	消费量/艾焦耳	22.48	23.8	25.04	26.02	27.79	28.68	29.95	31.14	33.14	33.89	31.98
	占比/%	4.45	4.60	4.77	4.87	5.15	5.27	5.43	5.54	5.75	5.83	5.75
其他	消费量/艾焦耳	285.7	289.25	292.9	294.88	293.96	297.11	301.2	305.62	309.77	310.69	291.4
	占比/%	56.53	55.88	55.83	55.19	54.48	54.57	54.59	54.40	53.77	53.43	52.35

资料来源：《BP 世界能源统计年鉴》（2021 年版）。

由表 5-1 可知，自 2008 年以来，中国和印度能源消费占比逐年增加，中国一次能源消费量占全球比重由 2008 年的 19.1%增长到 2020 年的 26.1%。

若把中国和印度的能源消费量加总起来，到2020年一次能源消费量占全球比重已达到31%以上。在这个时间段内，美国、俄罗斯这样发展相对成熟的国家，一次能源消费所占的比重相对稳定，只是略有下降。由此可以看出，发展中国家在未来能源需求中占据重要地位。

总体来看，各国一次能源消耗量都在持续增加，但由于各国资源禀赋、经济发展水平、科学技术发展程度以及国际分工等存在差异，各经济体的主要能源消费类别也不尽相同。

如表5-2所示，在2020年世界能源消费结构中，各能源种类所占的比例分别为：石油占33.1%、天然气占24.2%、煤炭占27.0%、核能占4.3%、水电占6.4%、可再生能源占5.0%，可见，站在世界的角度，能源消费仍集中在传统能源上。

表5-2　2020年全球各区域能源消费结构　　单位:%

区域	石油	天然气	煤炭	核能	水电	可再生能源
全球	33.1	24.2	27.0	4.3	6.4	5.0
北美洲	38.4	32.7	10.6	7.4	5.2	5.7
中南美洲	41.5	20.8	5.2	0.8	22.3	9.5
欧洲	36.3	23.8	13.5	9.9	6.8	9.8
独联体	21.6	53.4	14.3	4.9	5.7	0.1
中东地区	45.9	51.8	1.0	0.2	0.8	0.3
非洲	41.7	27.2	22.5	0.7	5.9	2.1
亚太地区	27.8	12.2	47.5	2.2	6.2	4.2
中国	19.7	7.8	57.6	2.2	8.0	4.7

资料来源：《BP世界能源统计年鉴》（2021年版）。

北美洲地区的主要燃料是石油和天然气，占比分别为38.4%、32.7%，均高于全球水平。石油是中南美洲国家的主要能源，占该地区能源消费的41.5%，且中南美洲的水电消费（22.3%）远高于全球水平，其丰富的水能资源为地区水电的发展提供了资源保障。欧洲的能源结构相对均衡，主要燃料是石油，占比为36.3%；可再生能源和核能消费占比相对较高，略高于全球水平。独联体和中东地区燃料的使用均依赖于其资源禀赋，能源结构失衡；独联体能源消费中的53.4%来自天然气，而中东地区的主要燃料是石油和天然气，两种燃料占该地区能源消费的97.7%，能源结构严重失衡。非洲地区经济落后，能源消费总量较少，主要燃料是石油，占比为41.7%。亚太地区的能源消费主要是煤炭，占比为47.5%，远高于全球水平。我国的能源结构呈现较为明显的失衡，各能源种类所占的比例分别为：石油占19.7%、天然气占7.8%、煤炭占57.6%、核能占2.2%、水电占8.0%、可再生能源占4.7%。从以上几组数据可以看出，我国的能源消费过于依赖煤炭，石油和天然气的消费只占总量的27.5%，没有起到支撑作用，清洁能源的发展仍有很大的提升空间。

综上可知，世界各地区的主要能源消费仍是污染度较高的传统能源，清洁能源的利用率较低，长此以往，环境污染的压力会越来越大，因此大力发展可再生能源，实现可再生能源对传统能源的替代迫在眉睫。

（二）我国能源消费现状

受经济增长的拉动，能源消费量呈逐年上升趋势。目前，我国已经超越美国成为世界能源消耗量最大的国家，2020年，我国一次能源消费占全球能源消费量的26.1%，比美国一次能源消费量占比高出10.3%。

为了更加清楚地分析我国能源消费和能源生产的变化情况，笔者收集了2005—2020年我国能源生产总量和能源消费总量，并得出能源缺口量以及能源消费增长率。如表5-3所示，我国的能源消费总量从2005年的261369万吨标准煤增长到2020年的498000万吨标准煤，增长了近1倍。我国能源生产总量从2005年的229037万吨标准煤增长至2020年的408000万吨标准煤，上涨了近0.8倍。虽然能源生产总量也在逐年增加，但与能源消费量相比，还有一定的距离，一直存在能源缺口。我国能源缺口量从2005年的32332万吨标准煤上涨至2020年的90000万吨标准煤，缺口量扩大了将近2倍，由此可以看出，我国能源供给的压力较大，必须依靠国外能源进口才能满足我国基本的能源需求，实现经济的高质量发展。从能源消费增长率来看，2008年，我国能源消费增长率快速降至2.94%。原因可能在于2008年国际金融危机的冲击，全球经济环境较差，经济疲软，从而使得整体能源需求有所下降。到 2009 年，全球经济逐渐复苏，能源消费增长率也逐渐回升。2011 年以后，能源消费增长率总体呈下降趋势，这也从侧面反映出我国的能源效率有所提升，但这并不能缓解能源消费绝对量增加带来的环境污染问题。

表 5-3 2005—2020 年我国能源生产与消费情况

年份	能源生产总量/万吨标准煤	能源消费总量/万吨标准煤	能源缺口量/万吨标准煤	能源消费增长率/%
2005	229037	261369	32332	13. 50
2006	244763	286467	41704	9. 60
2007	264173	311442	47269	8. 72
2008	277419	320611	43192	2. 94
2009	286092	336126	50034	4. 84
2010	312125	360648	48523	7. 30
2011	340178	387043	46865	7. 32
2012	351041	402138	51097	3. 90
2013	358784	416913	58129	3. 67
2014	362212	428334	66122	2. 74
2015	362193	434113	71920	1. 35
2016	345954	441492	95538	1. 70
2017	358867	455827	96960	3. 25
2018	378859	471925	93066	3. 53
2019	397000	487000	90000	3. 19
2020	408000	498000	90000	2. 26

资料来源：《中国统计年鉴 2021》。

我国能源消费总量在不断增长的同时，能源消费结构也在不断优化。

表 5-4 反映了 2005 年、2010 年、2015 年及 2020 年我国的能源消费结构。

表 5-4　2005 年、2010 年、2015 年及 2020 年我国能源消费结构　　单位:%

年份	煤炭	石油	天然气	水电、核电以及风电
2005	72.4	17.8	2.4	7.4
2010	69.2	17.4	4.0	9.4
2015	63.8	18.4	5.8	12.0
2020	56.7	18.8	8.7	15.8

资料来源:《中国统计年鉴 2021》。

由表 5-4 可知，煤炭是我国消费的主要能源，占比达到 50%以上，但随着我国对清洁能源使用以及环保意识的增强，煤炭的消费比重在不断下降，占比从 2005 年的 72.4%降至 2020 年的 56.7%。我国石油消费比较稳定，占比围绕 18%上下波动。我国的清洁能源天然气、水电、核电以及风电的消费值得关注，其占比逐年增长，清洁能源总体占比从 2005 年的 9.8%上涨至 2020 年的 24.5%，其中，天然气消费的比重从 2.4%增长到 8.7%，水电、核电以及风电消费占比从 7.4%增长到 15.8%，发展前景良好。

综上所述，目前，我国仍然将煤炭作为能源消费的主要来源，该能源种类污染严重且不可再生，若长期作为主要能源必然会带来能源安全和环境污染的双重压力。同时可以看到，我国能源消费结构已经发生改变，近几年清洁能源的使用规模在不断扩大，政府也推出了相关政策，旨在推动清洁能源的发展，比如，明确提出到 2030 年我国非化石能源占能源消费总量比例达到 20%、2050 年消费占比达到 50%以上的目标。

二、可再生能源消费替代现状分析

(一) 全球可再生能源消费替代现状

可再生能源主要是指风能、水能、太阳能以及生物质能等非化石能源，这些能源是从自然界中获取的能量，属于清洁能源、绿色能源。面对化石能源消费带来的一系列诸如温室气体排放、雾霾等严重的生态破坏和环境污染问题，大部分国家通常从两个方面着手：一是提高技术水平，进而提高能源效率；二是实现清洁能源对传统能源的替代。其中，可再生能源替代更符合当今可持续的经济社会发展理念。正基于此，世界各国纷纷加大对可再生能源的开发利用和研究。

2010—2020 年全球可再生能源消费趋势如图 5-2 所示。

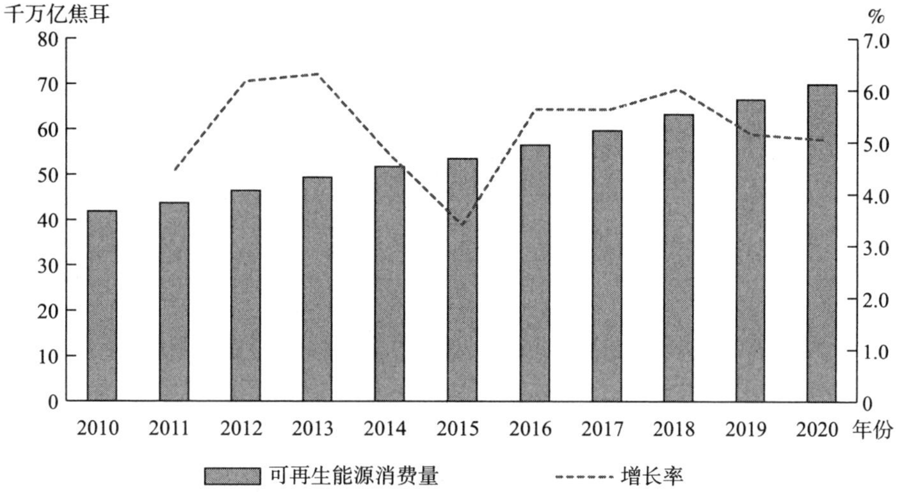

图 5-2　2010—2020 年全球可再生能源消费趋势

资料来源：《BP 世界能源统计年鉴》（2021 年版）。

由图 5-2 可知，全球可再生能源消费在逐步增加，到 2020 年消费量达到 70000 万亿焦耳，由此可见各国对可再生能源的重视。而从增长率的角度来看，可再生能源消费量的增长率始终为正值，但不是持续上升的，而是整体上呈“M”形，尤其是近几年的增长率在缓慢下降，2020 年增长率为 5.1%。由于可再生能源来自大自然，受地区资源禀赋影响较大，且大多只符合本土使用的条件，因此各区域可再生能源的消费量差距较大。

下面将进一步分析 2010—2020 年全球各区域可再生能源消费的比重，如表 5-5 所示。

表 5-5　2010—2020 年全球各区域可再生能源消费占比　　单位：%

年份	北美洲	中南美洲	欧洲	独联体	中东地区	非洲	亚太地区	中国
2010	21.6	18.4	22.6	4.9	0.4	2.6	29.3	17.8
2011	23.3	18.4	19.6	4.5	0.4	2.5	29.3	17.1

续表

年份	北美洲	中南美洲	欧洲	独联体	中东地区	非洲	亚太地区	中国
2012	21.6	17.1	19.9	4.3	0.5	2.4	31.4	20.2
2013	21.1	16.0	20.3	4.3	0.5	2.3	32.7	20.6
2014	20.5	15.2	19.2	3.9	0.4	2.4	35.2	23.1
2015	20.2	14.9	18.3	3.7	0.3	2.4	35.9	23.9
2016	20.5	14.5	18.7	3.8	0.4	2.3	36.8	24.6
2017	20.7	14.2	17.8	3.7	0.4	2.3	38.0	25.3
2018	19.8	14.0	17.7	3.5	0.3	2.3	39.1	26.2
2019	19.0	13.4	17.8	3.4	0.6	2.3	40.4	27.2
2020	19.0	12.3	18.4	3.5	0.6	2.4	41.2	28.0

资料来源：《BP 世界能源统计年鉴》（2021 年版）。

从表 5-5 中可以看出，北美洲、中南美洲、欧洲和独联体可再生能源消费所占比重整体呈下降趋势，2020 年，其可再生能源消费比重分别为 19.0%、12.3%、18.4%和 3.5%。非洲可再生能源消费比重变化相对平稳，始终围绕 2.4%上下波动。亚太地区可再生能源消费比重则在逐步上升，从 2010 年的 29.3%增长到 2020 年的 41.2%。其中，中东地区可再生能源消费的比重最低，亚太地区可再生能源消费的比重最高。在亚太地区的消费中，超过一半的可再生能源消费量是由中国贡献的，到 2020 年，我国可再生能源所占比重为 28.0%，这得益于我国多样化的自然条件和绿色可持续发展意识。

可再生能源主要的利用方式是发电，即将风能、太阳能、水能等转化为电能，应用于生产生活的各个方面。结合《中国统计年鉴》的数据指标，接下来对全球风能和太阳能装机容量现状进行分析。

如图 5-3 所示，风能和太阳能装机容量的变化趋势基本相同，都是在逐步上升，到 2020 年，其装机容量分别为 7333 亿瓦和 7075 亿瓦。同时可以看到，风能和太阳能装机容量之间的差距正在逐渐缩小，太阳能装机容量的增速高于风能的装机容量。这是因为风力发电对风的级数有较高的要求，普通的微风无法实现发电，而太阳能技术的包容度更高，除了发电，还可以使用太阳能转化的热能，也与生活更贴近。接下来，进一步分析重要区域风能和太阳能的装机容量。

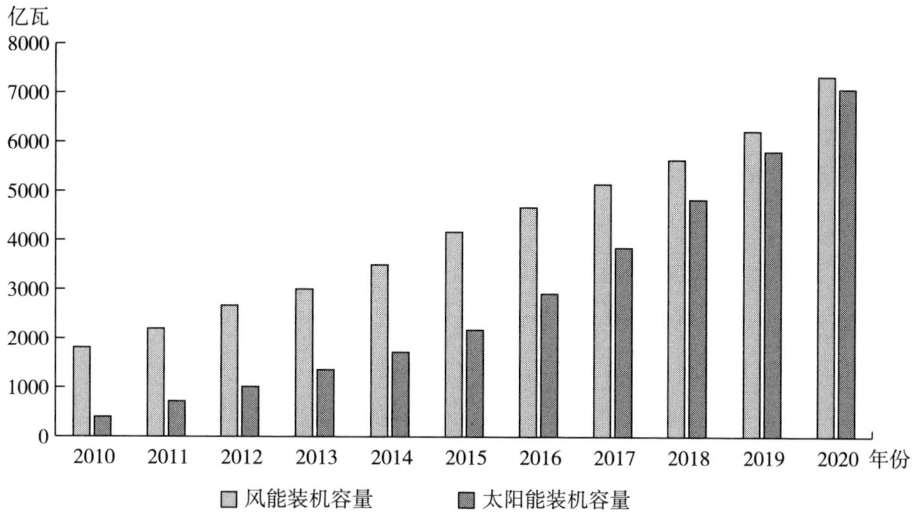

图 5-3 2010—2020 年全球风能、太阳能装机容量趋势

资料来源：《BP 世界能源统计年鉴》(2021 年版)。

2015—2020 年全球主要地区风能、太阳能装机容量如表 5-6 所示。

表 5-6 2015—2020 年全球主要地区风能、太阳能装机容量 单位：亿瓦

年份	北美洲		欧洲		亚太地区	
	风能装机容量	太阳能装机容量	风能装机容量	太阳能装机容量	风能装机容量	太阳能装机容量
2015	871	244	1475	975	1667	1432
2016	973	360	1615	1047	1892	1432
2017	1042	449	1771	1135	2105	2136
2018	1121	571	1890	1244	2356	2825
2019	1236	667	2039	1463	2651	3410
2020	1394	828	2166	1678	3419	4226

资料来源：《BP 世界能源统计年鉴》(2021 年版)。

通过各区域间的数据对比可以发现，装机容量相对较大的国家主要位于北美洲、欧洲和亚太地区。由表 5-6 可知，北美洲、欧洲和亚太地区的装机容量都在逐步增加，其中，亚太地区的装机容量是最大的，到 2020 年，风能和太阳

能的装机容量在全球总量中的占比为50%左右。美国几乎占据了北美洲的全部装机容量，欧洲装机容量最多的是德国，而我国仅占亚太地区装机容量的70%。

电力是能源利用的主要方式之一，所以，可以通过比较不同能源的发电量来衡量风能、水能、太阳能以及生物质能等可再生能源对传统能源的替代情况。1988—2020 年全球分燃料发电量比重如图 5-4 所示。

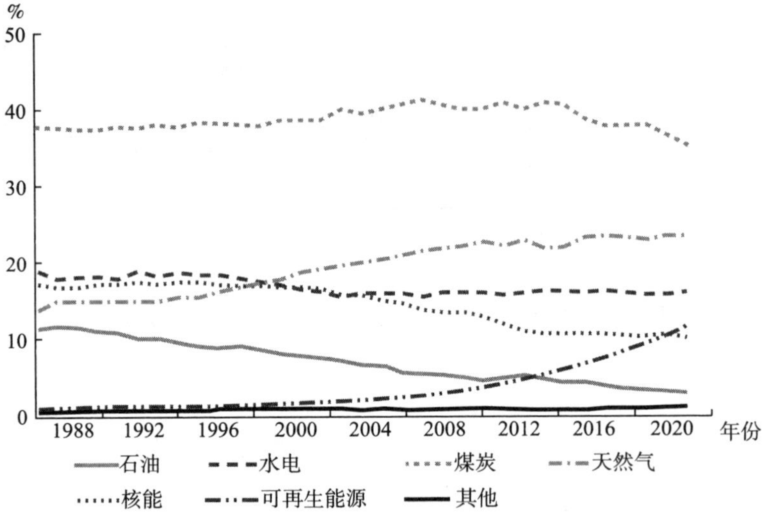

图 5-4　1988—2020 年全球分燃料发电量比重

资料来源：《BP 世界能源统计年鉴》（2021 年版）。

由图 5-4 可知，全球能源发电结构仍以煤炭发电为主，且煤炭、石油等会造成环境污染的能源，其发电量比重都在逐步下降。而可再生能源的发电量比重在 2010 年以后有明显提升；从 2012 年开始，水电的比重始终保持在 16%左右。由此可知各国为清洁能源替代做出的努力，且目前已取得初步成效。为了更好地实现能源替代，各国纷纷提出中长期能源转型目标，并提出碳达峰碳中和等全球各国达成共识的目标。

受地区资源禀赋的影响，各区域可再生能源的发电量差距较大。如图 5-5 和表 5-7 所示，各区域发电量的比重都在上升，其中，欧洲、中南美洲和北美洲的可再生能源发电比重均高于全球水平，中东地区和独联体的比重最低。从发电量比重来看，2020 年，全球各区域分燃料发电量比重分别为：石油占

2.8%、天然气占23.4%、煤炭占35.1%、核能占10.1%、水电占16.0%、可再生能源占11.7%，由此可见，全球的主要发电能源依旧是煤炭。中南美洲和欧洲的可再生能源发电量占比较大（这里的发电量占比是指表5-7中水电和可再生能源占比之和），分别为66.5%和40.7%，均高于全球水平。这是因为欧洲和中南美洲的水能与风能相对较多，比如，巴西可再生能源发展主要集中在风电和水能方面，其东北部和南部南大河州具有很强的风力带，亚马孙河则提供了大量的水能。反观中东地区、独联体和非洲，它们不具备可再生能源发电的条件，但拥有更多的石油、天然气资源，2020年，中东地区石油和天然气发电量比重高达94.4%。对我国分燃料发电量比重进行分析可以发现，我国煤炭发电仍为主力，2020年占比为63.2%，因此，我国还要继续推进清洁能源对煤炭的替代。

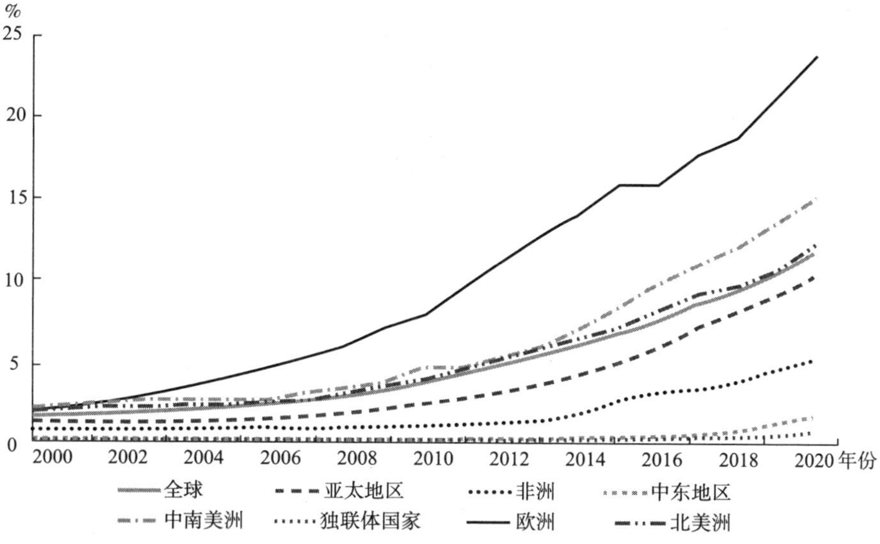

图5-5　2000—2020年全球分地区可再生能源发电比重

资料来源：《BP世界能源统计年鉴》（2021年版）。

表5-7　2020年全球各区域分燃料发电量比重　　单位：%

区域	石油	天然气	煤炭	核能	水电	可再生能源
全球	2.8	23.4	35.1	10.1	16.0	11.7
北美洲	1.1	38.0	17.1	17.9	13.4	12.2

续表

区域	石油	天然气	煤炭	核能	水电	可再生能源
中南美洲	7.3	18.2	18.2	2.0	51.5	15.0
欧洲	1.2	19.6	14.8	21.6	16.9	23.8
独联体	0.8	47.1	16.4	15.6	19.0	0.6
中东地区	28.3	66.1	1.6	0.6	2.0	1.5
非洲	8.2	39.4	28.0	1.8	16.9	5.0
亚太地区	1.0	11.3	57.2	5.1	14.3	10.2
中国	0.1	3.2	63.2	4.7	17.0	11.1

资料来源：《BP 世界能源统计年鉴》（2021 年版）。

（二）我国可再生能源消费替代现状

我国的可再生能源也在快速发展，2020 年，可再生能源消费占全球的比重为 28.0%，相对较高。但从分燃料发电量来看，我国仍以煤炭发电为主，可再生能源发电量占比 11.1%，还有很大的发展空间。

2010—2020 年我国可再生能源消费趋势如图 5-6 所示。

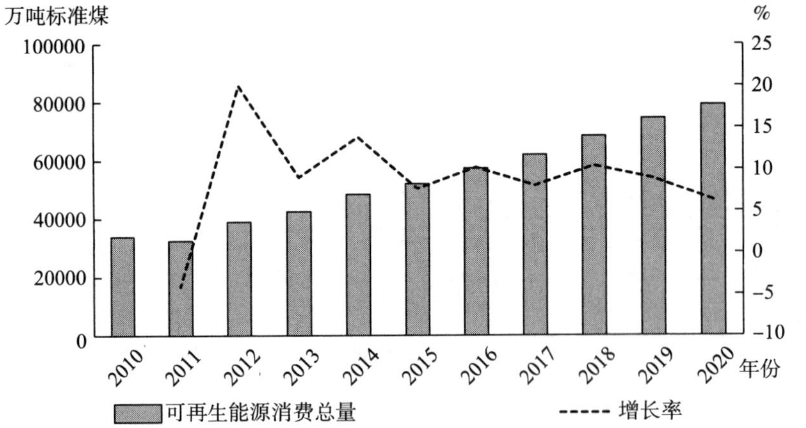

图 5-6 2010—2020 年我国可再生能源消费趋势

资料来源：《中国统计年鉴 2021》。

由图 5-6 可知，我国可再生能源消费总量在 2011 年出现短暂下降后不断上升，到 2019 年消费量达到 74511 万吨标准煤。从增长率的角度来看，近几年可再生能源消费量的增长率围绕10%上下波动。从表5-8中可以看出水能、风能和太阳能的装机容量的变化情况，其中，太阳能装机容量的增长量是最多的，可再生能源装机容量占总装机容量的比重也在不断增加，到2020年达到41.1%。

表5-8 2015—2020年可再生能源装机容量

年份	水电/亿瓦	风电/亿瓦	太阳能发电/亿瓦	占总装机容量比重/%
2015	319540	130750	42180	32.3
2016	332070	147470	76310	33.7
2017	343590	163250	129420	35.8
2018	352590	184270	174330	37.4
2019	358040	209150	204180	38.4
2020	370280	281650	253560	41.1

资料来源：《中国统计年鉴2021》。

2010—2020年我国可再生能源发电量趋势如图5-7所示。

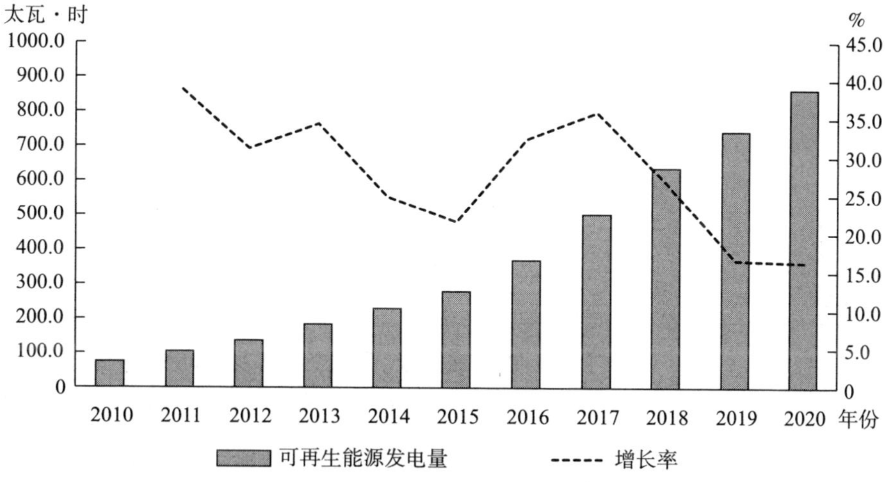

图5-7 2010—2020年我国可再生能源发电量趋势

资料来源：《BP世界能源统计年鉴》(2021年版)。

由图5-7可知，可再生能源发电量在逐年递增，2020年达到863.1太瓦·时。

从增长率的角度来看，可再生能源发电量的增长率在波动中下降，2020 年增长率下降为 16.3%。

第二节 可再生能源消费替代对能源效率影响的实证研究

第一节的理论分析表明，可再生能源消费替代能够显著提高能源效率，从而实现经济增长与污染下降，本节把能源效率作为节能减排的表征变量，对可再生能源消费替代的节能减排效应进行分析。

一、可再生能源消费替代对能源效率影响的研究综述

目前，可再生能源消费替代是能源发展和能源安全战略的重要选择，在可再生能源发展中占据重要地位。通过查阅文献不难发现，关于可再生能源消费替代对能源效率的影响研究还较少涉及，研究方向主要集中在可再生能源消费替代的节能减排效应及其对能源效率本身的影响上。

有关节能减排效应的研究，学者得出的结论表明，可再生能源的合理开发能够实现节能减排，降低环境污染。刘岩等（2011）认为，可再生能源清洁无污染，利用可再生能源替代化石能源可以有效减少能源消耗所带来的环境污染压力，并通过最优控制理论推算出可再生能源替代的最优动态策略。李宏岳和陈然（2011）认为，淘汰落后技术和落后产能、调整能源结构、发展利用清洁能源可以打造新的低碳产业链，实现经济的低碳发展，减少环境污染。何建坤（2011）运用数理推导的方式演算出 2005—2020 年能源结构改善对二氧化碳强度下降的贡献度为 20%，说明可再生能源消费比例的不断增加对未来节能减排的实现起着重要作用。贾林娟（2014）的研究表明，在资源的边界约束条件下，可再生能源替代传统化石能源是提高能源效率、减缓环境污染以及保障能源安全的有效途径。徐枫和唐镭（2015）通过对广东省构建 CGE 模型，认为优化能源结构、提高低碳能源的比例，可以实现广东省低碳减排的现实需求。刘志雄（2015）用理论和实证研究能源消费对环境污

染的影响，发现能源消费的增加会加重环境污染，而可再生能源的开发利用有助于控制环境污染。牛晓耕和牛建高（2015）认为，推进能源消费结构的持续正态演进，提高可再生能源消费占比，是实现节能减排和能源系统清洁化的有效手段。吴鸣然和赵敏（2016）通过研究能源消费与环境污染的动态关系（脉冲响应图）认为，增大当期的能源消费，会对未来的环境污染产生负效应，政府应加大对可再生能源的扶持力度，从而减轻环境污染压力。安海彦（2018）利用 SBM 模型进行 Tobit 回归后发现，目前，以化石能源为主的能源消费结构对西部地区环境效率具有显著抑制作用，因此，积极使用可再生能源和先进技术是实现低碳减排、建立绿色生态经济体系的有效途径。李萌和娄伟（2019）运用理论分析认为，可以通过可再生能源替代的方式，促使节能减排的实现。徐晓亮和许学芬（2020）通过构建 CGE 模型得出了“对可再生能源的补贴有利于能源利用效率提高、低碳转型和环境改善”的结论。白雪洁等（2021）的研究认为，我国碳交易制度实现节能减排的主要动力是能源结构转型，即提升可再生能源消费的比重。

关于可再生能源消费替代对能源效率本身的影响效应，学者的研究结论并未达成一致。大部分学者认为，加大可再生能源的消费占比可以实现能源效率的提高。方国昌等（2013）通过实证研究发现，加大包括新能源在内的节能减排等的综合投入，可以很好地提高能源效率，降低能源强度。杨宏林和王一金（2016）的研究表明，可再生能源消费替代不可再生能源消费是有效提高能源效率的重要途径。谢志明等（2017）考量了经济增长、能源转型与二氧化碳排放的长期均衡关系，发现同样能够推导出可再生能源替代对能源效率的提升有促进作用的结论。夏晨霞和王子龙（2018）的实证研究表明，能源结构的优化可以有效降低能源强度，因此，推动可再生能源的发展对能源效率的提升有促进作用。还有学者认为，可再生能源消费替代的增加并不能有效提高能源效率。郑义和徐康宁（2012）运用 LMDI 分解法发现，能源的替代效应一直在降低能源强度，提高能源效率，但影响作用较小。韩松等（2016）通过实证研究发现，可再生能源消费替代对能源效率的作用并不明显，原因在于技术进步使得化石能源效率大大提高，而可再生能源发展相对滞后，产值相对较低。

通过对现有文献的梳理可以看到，学者的研究对探讨可再生能源消费替代对能源效率的影响具有重要的借鉴意义。学者一致认为，实现能源的可持续发展和系统转型，不仅要通过大力开发可再生能源实现“开源”，还要通过提升能源综合利用率实现“节流”。不难发现，现有研究中还存在一些不足，比如，构建内生增长模型的要素不够完善，缺少对能源结构最优配比的探讨。

二、模型构建与数据分析

（一）模型构建

面板向量自回归（PVAR）模型结合了向量自回归（VAR）模型和面板数据的优点，可以考察不可观测的个体效应和时间效应所涵盖的个体异质性与不同截面的共同冲击，将所有变量当作内生变量来处理，并分析每个内生变量及其滞后项之间的关系，构建每个内生变量滞后值的函数，提供丰富的结构，捕捉数据的特性，有效地考虑各个变量之间的动态关系。因此，许多学者都采用 PVAR 模型来探讨变量之间的互动关系。任海军和赵景碧（2018）用 PVAR 模型对不同碳排放区进行了实证研究，得出技术创新引领的产业结构调整对能源消费具有抑制作用，高碳地区技术创新对能源消费的作用更加明显。杨慧慧（2019）在微观经济理论分析的基础上，基于内生视角的 PVAR 数据模型，实证检验了环境管制与能源效率之间的长期均衡关系和变动效应。毕神浩等（2021）利用 PVAR 模型，对能源消费结构与能源效率的双向作用关系进行定量分析。赵明轩等（2021）通过建立 PVAR 模型，得出能源消费、经济增长和二氧化碳排放三者之间的动态关系。王巧和尹晓波（2022）在分析技术创新、产业结构升级对能源消费的作用机制的基础上，运用 PVAR 模型进行实证分析研究。

接下来，采用 PVAR 模型进一步分析可再生能源消费替代对能源效率的影响。首先，设定可再生能源消费替代对能源效率影响的 PVAR 模型，形式为

$$y_{it} = \alpha_0 + \sum_{j=0}^{k} \alpha_j y_{i,t-j} + \eta_i + \Phi_t + \varepsilon_{it} \tag{5-1}$$

在式（5-1）中，y_{it} 表示 t 年第 i 个国家的内生变量列向量，α_0 为截距项列向量，k 表示滞后阶数，$y_{i,t-j}$ 表示该变量的第 j 阶滞后列向量，α_j 表示滞后变量的系数矩阵，η_i 和 Φ_t 分别表示个体效应和时间效应，ε_{it} 表示随机扰动项。

（二）数据分析

1. 数据来源

安永会计师事务所每半年会推出一次全球的可再生能源国家吸引力指数（RECAI）排名，根据2022年的第60版《可再生能源国家吸引力指数》（RECAI）排名，选取前40个国家作为最初的研究样本，再根据相关指标的可获得性进行筛选，最终选择34个国家作为可再生能源替代对经济增长影响实证研究的样本，这34个国家包括阿根廷、埃及、爱尔兰、澳大利亚、巴基斯坦、巴西、比利时、波兰、丹麦、德国、法国、菲律宾、芬兰、韩国、荷兰、加拿大、美国、秘鲁、墨西哥、南非、挪威、葡萄牙、日本、瑞典、泰国、土耳其、西班牙、希腊、意大利、印度、印度尼西亚、英国、智利和中国。数据来源为《BP世界能源统计年鉴》（2002—2022年）。

各国经济增长数据是以2000年为基期消除通货膨胀后的实际GDP（单位：亿美元），数据来源为WDI数据库。为保证数据的真实性和平稳性，分别取自然对数。相关变量选取如下：①可再生能源消费量（单位：百万吨油当量），包括水电、风能、地热能、太阳能和垃圾发电；②非可再生能源消费量（单位：百万吨油当量），包括煤炭、石油、天然气和核能消费量；③各国可再生能源消费替代（单位:%），为可再生能源消费占能源消费总量的比重，能源消费总量包括可再生能源和非可再生能源消费总量；④能源效率（单位：亿美元/百万吨油当量），为实际GDP与能源消费总量的比值。

2. 样本描述性统计

对变量进行描述统计分析，如表5-9所示。

表 5-9 变量统计特征描述

变量	均值	最小值	最大值	标准差	样本量
ln*EE*	4.756	0.199	9.760	1.874	646
ln*RE*	2.199	0.215	4.285	0.919	646

可以看出，能源效率最大值为9.760，最小值为0.199，标准差为1.874，各国能源效率的差别相对较大，这与各国技术发展水平和经济基础有着密不可分的关系；可再生能源消费占比最大值为4.285，最小值为0.215，标准差为0.919，各国可再生能源占比波动相对较小。

将选择的34个国家按照区域分组，进行统计性描述，如表5-10所示。

表 5-10 分区域变量统计特征描述

区域	变量	均值	最小值	最大值	标准差	样本量
南美洲	ln*EE*	4.409	0.199	6.822	1.539	95
	ln*RE*	2.906	1.635	3.697	0.794	95
北美洲	ln*EE*	4.231	3.817	4.565	0.497	38
	ln*RE*	2.530	1.371	3.430	0.913	38
欧洲	ln*EE*	5.306	3.401	9.760	1.347	285
	ln*RE*	2.284	0.372	4.285	0.982	285
亚洲	ln*EE*	4.073	1.766	6.638	1.260	171
	ln*RE*	1.885	0.270	2.932	0.825	171
非洲	ln*EE*	5.442	3.690	7.144	1.272	38
	ln*RE*	1.108	0.215	2.019	0.817	38
大洋洲	ln*EE*	3.311	3.208	3.425	0.267	19
	ln*RE*	1.719	1.284	2.162	0.458	19

可以看到，各区域的能源效率和可再生能源消费占比差别明显，南美洲和欧洲的能源效率与可再生能源占比普遍较高，北美洲和大洋洲的样本量波动较小，标准差偏低。

为更直观地观察可再生能源消费替代对能源效率的影响，绘制二者均值散点图，如图5-8所示。

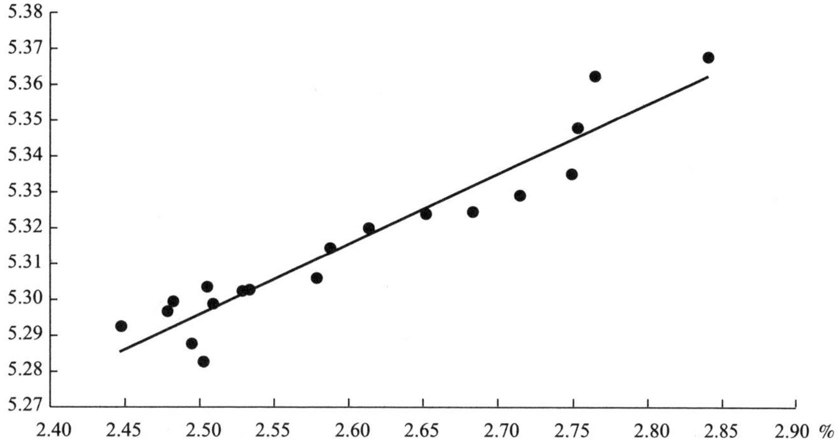

图 5-8　可再生能源消费占比与能源效率均值的散点图

从图 5-8 中可以看出，可再生能源消费替代比例与能源效率之间存在正相关关系，初步验证了可再生能源消费替代能够实现能源效率提升的待检验命题。

进一步对各区域进行分析，绘制出各大洲可再生能源消费占比与能源效率均值的散点图，如图 5-9 所示。

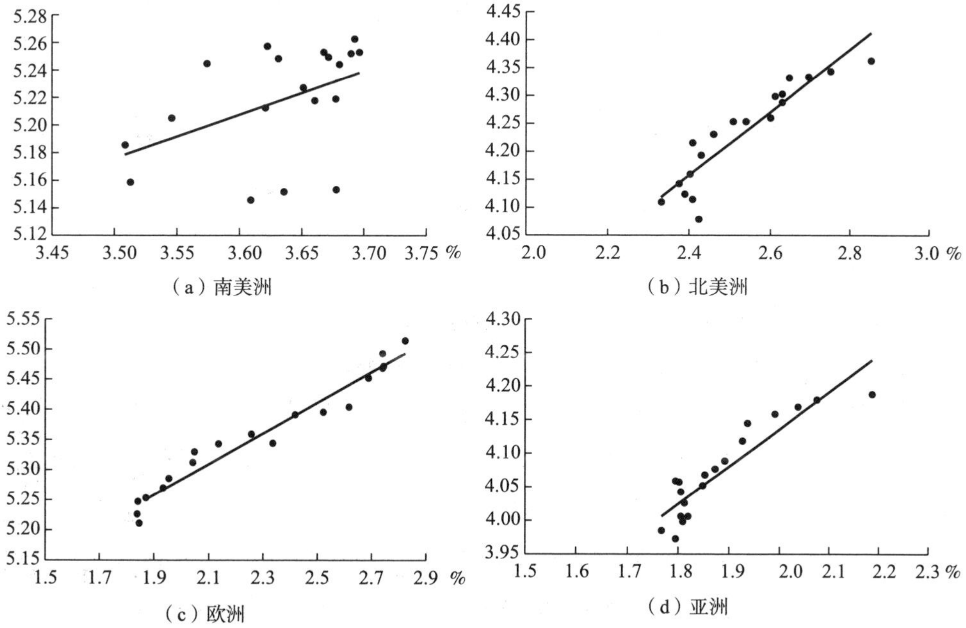

图 5-9　各大洲可再生能源消费占比与能源效率均值的散点图

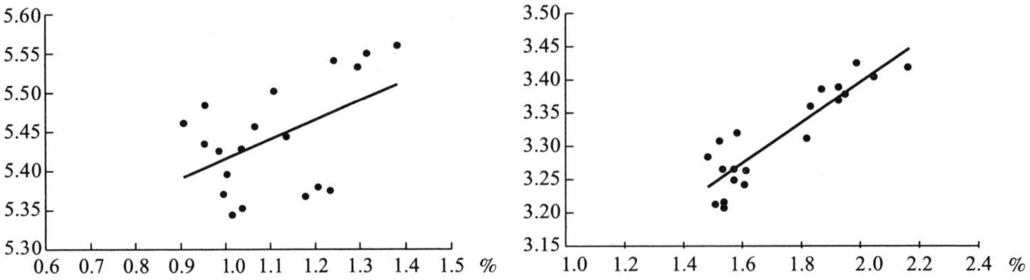

（e）非洲　　（f）大洋洲

图 5-9　各大洲可再生能源消费占比与能源效率均值的散点图（续）

由图 5-9 可知，34 个国家的变量均值的趋势相同，各区域能源效率和可再生能源消费占比均呈正相关关系。其中，北美洲、欧洲、亚洲和大洋洲的散点均匀地分布在趋势线周围，线性趋势更加明显；同时，北美洲和亚洲的趋势线更加陡峭，说明北美洲和亚洲的可再生能源消费占比每提升 1 个单位，能源效率的提高会高于其他区域。从南美洲和非洲的散点图中可以看出，虽然趋势线表现出正相关，但散点的分布较为分散，说明能源效率和可再生能源消费占比的关系还不够稳定，可以通过优化产业结构、引进新技术、完善产业链等方式对产业进行巩固。

三、PVAR 回归分析

（一）平稳性和协整检验

1. 平稳性检验

采用 Stata14. 0 软件工具对可再生能源消费占比和能源效率二者进行平稳性检验，只有保证二者是平稳序列，才能避免出现伪回归现象。序列平稳性主要的判定方法为单位根检验，通常采用 LLC 检验、ADF 检验和 PP 检验等方法，其中，使用比较广泛的是 LLC 检验和 ADF 检验。假如各类检验都拒绝存在单位根的原假设，那么该检验序列被称为“平稳序列”。

本书采用考虑截面异质性、截面相关和干扰性的 LLC、IPS 以及 ADF 三种方法检验可再生能源消费占比和能源效率的稳定性，结果如表 5-11 所示。

表 5-11　面板数据单位根检验结果

变量名称	LLC 检验	IPS 检验	ADF 检验	检验结果
ln*EE*	0.311	4.739	40.081	不平稳
*d*_ln*EE*	-17.628***	-17.028***	369.539***	平稳
ln*RE*	1.897	5.231	43.235	不平稳
*d*_ln*RE*	-19.446***	-18.016***	398.528***	平稳

注：*d* 表示一阶差分；*** 表示在 1%的显著性水平上通过了检验。

从表 5-11 中可以看出，原阶条件下，可再生能源消费占比和能源效率均无法拒绝存在单位根的假设，二者是非平稳的。进一步对二者一阶差分项进行平稳性检验，结果表明，在 1%水平上显著拒绝存在单位根的假设，显示为平稳序列，即二者为一阶单整变量。

2. 协整检验

从表 5-11 中可以看出，变量的数据是单整的。再通过面板协整检验来考察可再生能源消费占比和能源效率的长期均衡关系，可以发现，虽然两个变量在某种情况下会出现随机游走的现象，但在某些线性组合之下变量会是平稳的，这种情况称为“协整”。根据上述平稳性检验可以得出，可再生能源消费占比和能源效率都是一阶单整序列，与协整关系的存在前提是互相符合的。

同样利用 Stata14.0 软件工具进行协整检验，选取组统计量 *Gt* 和 *Ga*、面板统计量 *Pt* 和 *Pa* 四种，检验结果如表 5-12 所示。

表 5-12　协整检验结果

检验标准	*Gt*	*Ga*	*Pt*	*Pa*
协整检验	-2.199*** (-6.852)	-9.132*** (-6.833)	-11.898*** (-7.644)	-8.177*** (-14.402)

注：括号中的值为 *z* 值；*** 表示在 1%的水平下显著。

由表 5-12 可知，四种协整检验结果在 1%水平下都是显著的，由此可以认为，可再生能源消费占比和能源效率之间存在长期的协整关系。

（二）PVAR 模型估计

借助 GMM 估计、脉冲响应图等方法对 2002—2021 年 34 个国家的可再生能源消费占比和能源效率之间的关系进行检验。采用 AIC、BIC 和 HQIC 三种标准来确定滞后阶数，结果如表 5-13 所示。

表 5-13　PVAR 滞后阶数检验

lag	AIC	BIC	HQIC
1	-5. 3039	-4. 7349	-5. 0815
2	-5. 3037	-4. 6727	-5. 0563
3	-5. 4370*	-4. 7369*	-5. 1618*
4	-5. 4063	-4. 6287	-5. 0995
5	-5. 3559	-4. 4908	-5. 0136

注：* 表示模型的最优滞后阶数。

由表 5-13 的检验结果可知，可再生能源消费占比和能源效率的 PVAR 模型最优滞后阶数为 3。

Granger 因果检验，是指当一个变量 *A* 的变化对另一个变量 *B* 的变化造成了影响，那么，变量 *A* 的变化应该发生于变量 *B* 之前，这说明变量 *A* 是变量 *B* 的 Granger 原因。Granger 因果检验的目的是检验变量之间是否存在因果关系，为后续政策建议的制定提供支撑。在滞后三阶的基础上，对这两个变量进行 Granger 因果检验，检验结果如表 5-14 所示。

表 5-14　PVAR 模型的 Granger 因果检验

Granger 检验原假设	*chi2*	*p* 值	结果	Granger 原因
可再生能源消费占比不是能源效率的 Granger 原因	5. 3885	0. 083*	拒绝	是
能源效率不是可再生能源消费占比的 Granger 原因	2. 6855	0. 443	不拒绝	否

注：*p* 表示一阶差分；* 表示在 10%的显著性水平上通过了检验。

由表 5-14 可知，可再生能源消费占比增加是能源效率提高的 Granger 原因，拒绝犯第一类错误的概率为0.083，由此验证了“可再生能源消费占比有利于提高能源效率”的命题，这也是对现阶段世界各国大力发展可再生能源产业以替代传统化石能源消费，实现节能减排和经济绿色发展的一个经验证明。

在确定可再生能源消费占比是能源效率的Granger原因的基础上，采用GMM估计方法进行模型估计，结果如表5-15所示。

表5-15 PVAR（3）模型的GMM估计结果

变量	*h_d_lnEE*	*h_d_lnRE*
L.1.h_d_lnEE	-0.109* (0.0641)	-0.159 (0.2076)
L.1.h_d_lnRE	0.005 (0.0187)	-0.230*** (0.0724)
L.2.h_d_lnEE	-0.125* (0.0648)	0.111 (0.1945)
L.2.h_d_lnRE	-0.008 (0.0196)	-0.152** (0.0635)
L.3.h_d_lnEE	0.110* (0.0595)	-0.149 (0.1636)
L.3.h_d_lnRE	0.031* (0.0162)	0.082 (0.0594)

注：括号中的数值为标准误；*、**、***分别表示在10%、5%和1%水平下显著；*L.*1.、*L.*2.、*L.*3.分别表示变量的一阶、二阶、三阶滞后。

从表5-15中可以看出，可再生能源消费占比滞后三阶变量在给定的显著性水平下对能源效率产生了显著的正向影响。这表明，提高可再生能源消费替代比例能够显著促进能源效率的提升，但该积极的影响效应存在显著的滞后性。

（三）PVAR模型的脉冲响应函数

脉冲响应分析函数利用描绘出随机扰动项一个标准差的冲击影响其他变量的现期以及未来的变化路径，用函数图形更加直观地展现变量对变量的动态交叉影响。本书基于PVAR模型的GMM估计和Granger因果检验，进一步通过蒙特卡罗（Monte-Carlo）随机模拟方法分析可再生能源消费占比对能源效率的脉冲响应，采用 500 次得到的正交脉冲响应函数的结果如图 5-10 所示。

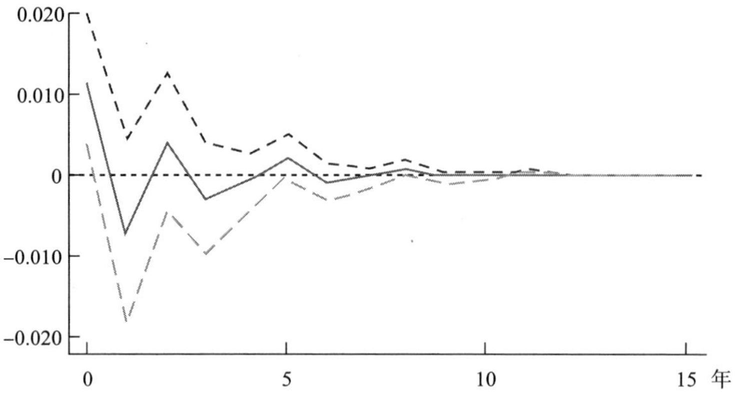

图 5-10 脉冲响应函数

注：横轴表示滞后期，中间曲线为脉冲响应函数曲线，外侧两条曲线代表两倍标准差置信区间。

由图 5-10 可知，可再生能源消费占比对能源效率的冲击随着滞后期数的增加而逐渐下降，具有收敛性，在第 10 期左右收敛为 0，这表明本书构建的 PVAR 模型是稳健的。具体来说，可再生能源消费占比对能源效率最初产生正向冲击，随后下降为负向冲击，再上升为正向冲击，呈现出显著的波动趋势，总体累积效应为正。这表明，随着可再生能源使用比例的提高，初期会对能源效率产生围绕 0 的波动性影响，从长期来看，随着可再生能源消费的不断增加，可以实现能源的高效利用，但其对能源效率的正向影响较小。

四、动态影响分析

上文研究证实了可再生能源消费替代可以有效提高能源效率，但该提升效果是否会随着可再生能源消费占比的变化而变化，至于是否存在一个最优的比值使其对能源效率的影响最大，则需要进行进一步的考察研究。通过对现有文献的查找，部分学者采用滚动回归法对变量进行动态探讨，寻找变量之间的最优配比。

潘文卿等（2011）利用滚动回归法研究随着时间的推移，我国35个工业部门之间技术溢出效应的变化。张文彬等（2019）采用滚动回归法考察随着能源化工产业高级化水平和能源化工产业结构水平的变动，这两个变量对经济增长的影响变动状况。马光明和郭东方（2020）对OECD国家子样本的不同时间段进行滚动回归，探讨样本区间内就业效应的变化。借鉴上述学者的研究思路和方法，本书进一步采用向量滚动回归法分析可再生能源消费占比变动对能源效率的动态影响，并通过脉冲图表示其影响程度。滚动回归法第一步要确定固定窗口以及移动步长。

根据面板数据样本量要求以及全球34个国家可再生能源消费占比情况的取值范围，经过多次尝试，采用固定窗口为0.25、移动步长为0.05，估计效果比较理想。滚动回归区间分类及样本如表5-16所示。

表5-16 滚动回归区间分类及样本

滚动区间	可再生能源消费占比
0~0.25	阿根廷、埃及、爱尔兰、澳大利亚、巴基斯坦、比利时、波兰、丹麦、德国、法国、菲律宾、芬兰、韩国、荷兰、美国、墨西哥、南非、日本、泰国、土耳其、西班牙、希腊、意大利、印度、印度尼西亚、英国、智利、中国
0.05~0.30	阿根廷、巴基斯坦、丹麦、菲律宾、芬兰、加拿大、葡萄牙、土耳其、西班牙、意大利、智利
0.10~0.35	阿根廷、巴西、菲律宾、芬兰、加拿大、秘鲁、智利
0.15~0.40	巴西、加拿大、秘鲁、瑞典、智利
0.20~0.45	巴西、加拿大、秘鲁、瑞典
0.25~0.50	巴西、加拿大、瑞典
0.30~0.55	挪威

同样采用PVAR模型对划定的滚动区间进行分析，采用蒙特卡罗随机模拟方法，分析可再生能源消费占比对能源效率的脉冲响应，采用500次得到的正交脉冲响应函数的结果如图5-11所示。

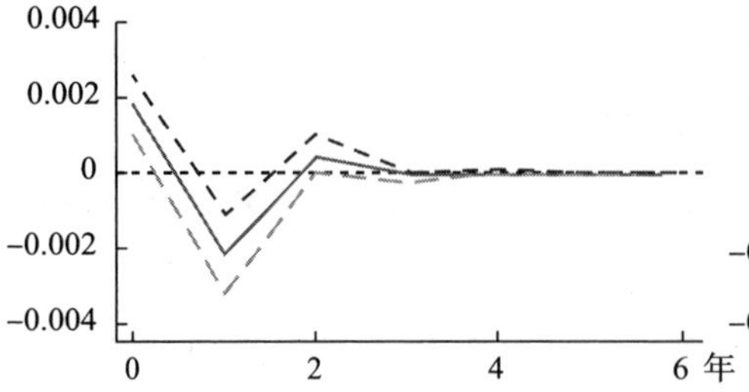

（a）滚动区间：0~0.25

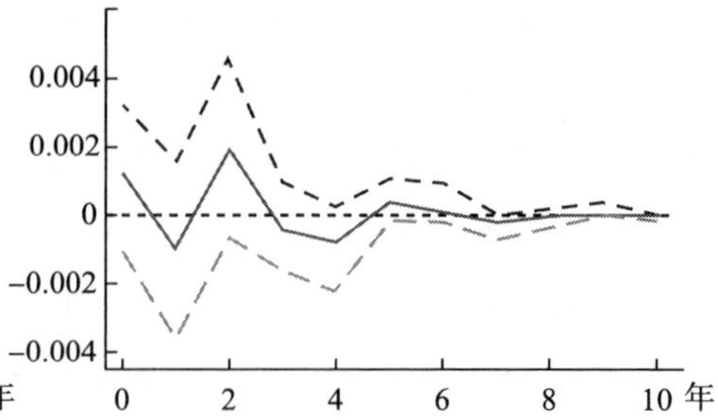

（b）滚动区间：0.05~0.30

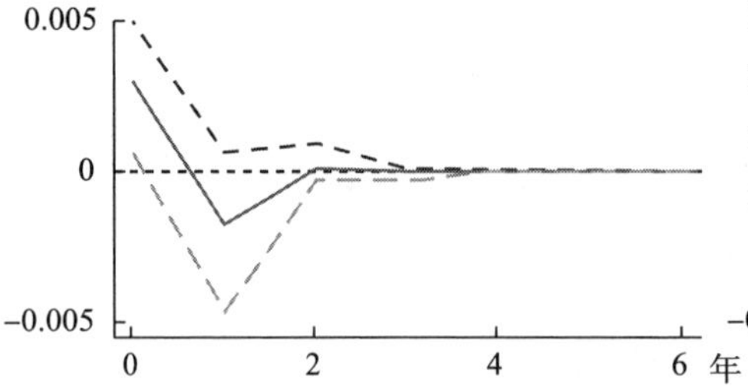

（c）滚动区间：0.10~0.35

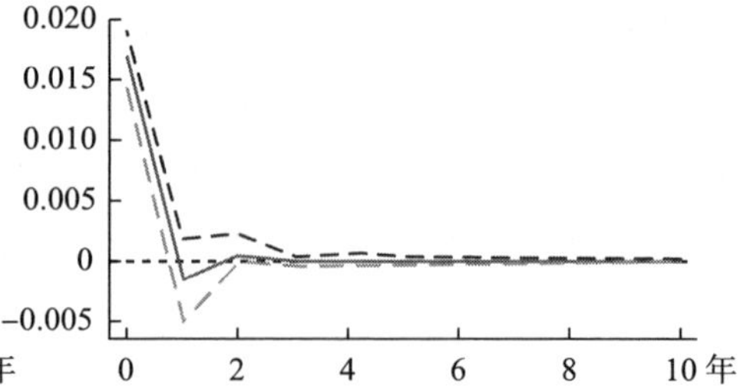

（d）滚动区间：0.15~0.40

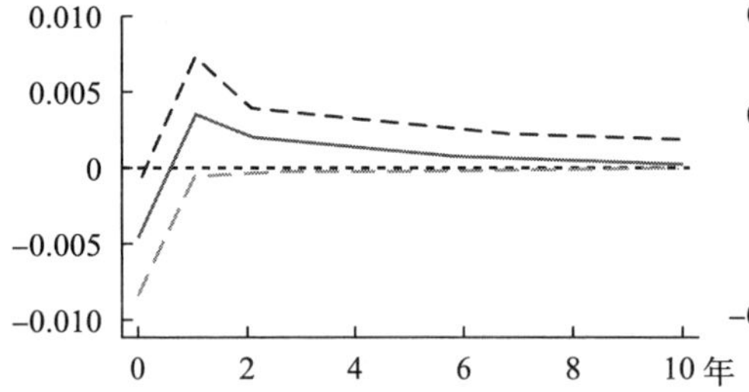

（e）滚动区间：0.20~0.45

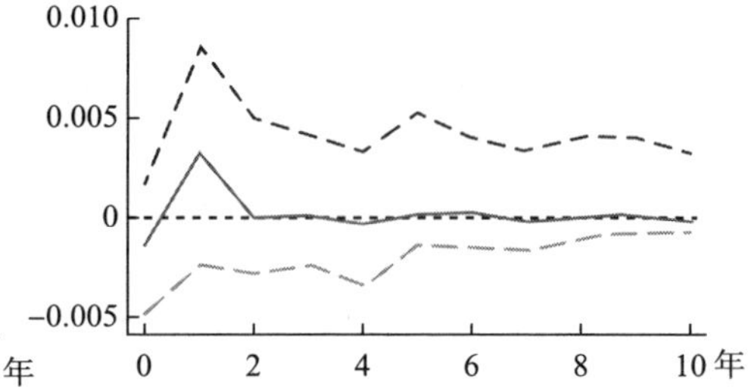

（f）滚动区间：0.25~0.50

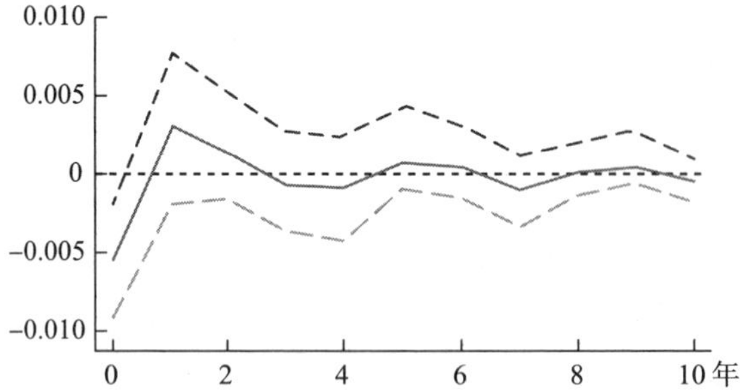

（g）滚动区间：0.30~0.55

图 5-11　可再生能源消费替代对能源效率的脉冲结果

从图 5-11 中可以看出，可再生能源消费占比并不是越高越好，比值过高，会带来一定的能源安全问题；比值过低，则无法解决化石能源使用带来的污染问题；当比值为 20%~45%时，可再生能源消费占比对能源效率的脉冲效果最好。可再生能源消费占比在初期会对能源效率产生负向冲击，随后产生正向冲击，虽然可再生能源消费占比对能源效率的影响在缓慢减小，但整体上呈正向影响，冲击效果相对较好。之所以产生这样的结果，是因为在可再生能源消费替代的初期，可再生能源产业的技术水平存在不足，摩擦成本和交易成本较大，无法显著提高能源效率，甚至对能源效率的提升产生抑制作用。之后，随着技术水平的提高以及摩擦成本的下降，可再生能源消费对能源效率的提升作用得以实现。

结合表 5-16 和图 5-11 可知，大部分国家处于可再生能源发展的起步阶段，脉冲影响波动较大，与可再生能源消费占比的最优比值仍有差距，各国出台了一系列加快可再生能源发展的政策措施，欧盟在《可再生能源发展白皮书》中提出到 2050 年可再生能源消费占能源消费总量比重达到 50%。部分发达国家也已经取得了一定成效，欧洲可再生能源产业的年增长率在 20%以上，预计到 2025 年美国可再生能源将提供超过 25%的电力。中国的可再生能源发展处于起步阶段，但发展较快，2020 年已实现 15%的目标，并且已将实现碳达峰、碳中和视为党中央统筹国内国际两个大局做出的重大战略决策。

巴西、加拿大、秘鲁和瑞典处于可再生能源发展的成熟阶段，它们分别处于南美洲、北美洲和欧洲，因此，这三大洲的可再生能源发展相对较强。南美洲、北美洲和欧洲的能源效率与可再生能源消费占比相对较高，其中，欧洲的能源效率在近 10 年始终高于 34 个国家的总体均值，南美洲的可再生能源消费占比始终远高于 34 个国家的总体均值。通过图 5-9 可以更直观地观察可再生能源消费替代对能源效率的影响，可以看出，北美洲、欧洲的散点均匀地分布在趋势线周围，线性趋势更明显；南美洲散点图的线性关系还不够稳定，北美洲趋势线更加陡峭，说明北美洲的可再生能源消费占比每提升 1 个单位，能源效率的提升会高于其他区域。对应三大洲的巴西、加拿大、秘鲁和瑞典依托区域优势，可再生能源发展较为成熟，具体发展情况如下。

巴西可再生能源发展主要集中在风电和太阳能方面，其东北部和南部南大河州具有很强的风力带，有些地方的发电率可达45%~50%，远高出世界平均水平27%，到2016年，可再生能源在巴西电力构成中的占比达80.4%。加拿大可再生能源发展主要集中在水电方面，2017年，国家能源委员会（NEB）发布的报告指出，加拿大是可再生能源生产的世界领先国家，其可再生能源发电的比重已高达66%，比大多数发达经济体可再生能源的电力分配度更大，这主要归因于其水力发电领域。秘鲁可再生能源发电将占总发电量的66%，其中，水电是最主要的能源。瑞典可再生能源发展主要集中在水电和风电方面，其83%的电力供应来自水电和核电，约有7%的电力来自风力发电，这是瑞典可以实现低排放的主要原因。

第三节　中国可再生能源消费替代的增长效应和环境效应

在对全球可再生能源消费替代的节能减排效应进行分析之后，本书进一步验证中国可再生能源消费替代的增长效应和环境效应。

一、模型构建

状态空间模型以动态系统理论为基础，将最优滤波理论与状态空间模型结合起来，能够有效解决非线性、时变参数等问题，在一定程度上弥补了传统模型的缺陷。本书使用卡尔曼滤波最优迭代法对含时变参数的状态空间模型进行估计，通过利用某时刻可获取的全部信息来刻画时变参数的最优迭代过程。卡尔曼滤波通过对最优预测误差的分解获取似然函数，并运用极大似然估计求解未知参量，是一种通过系统输入、输出观测数据进行最优估计的方法。通过使用卡尔曼滤波对状态空间模型进行估计，能够有效地处理含时变参数的系统，对系统状态进行准确估计。

状态空间模型由状态方程和量测方程构成。状态方程表示从当前状态到下一时刻状态的转换关系，量测方程反映的是观测序列与系统状态的内在关系。本书基于相关研究（高铁梅、王金明，2001；古耀杰、任艳珍，2015），构建研究可再生能源消费替代的增长效应和环境效应的状态空间模型如下。

量测方程为

$$\ln Y = c_1 + \alpha_t \ln K_t + \beta_t \ln L_{1t} + \gamma_t \ln E_{1t} + \phi_t \ln R_{1t} + \mu_t \tag{5-2}$$

$$\ln D = c_2 + \nu_t \ln T_t + \delta_t \ln L_{2t} + \theta_t \ln E_{2t} + \omega_t \ln R_{2t} + \tau_t \tag{5-3}$$

状态方程为

$$\alpha_t = \alpha_{t-1} + \eta_{t1}$$

$$\beta_t = \beta_{t-1} + \eta_{t2}$$

$$\gamma_t = \gamma_{t-1} + \eta_{t3}$$

$$\varphi_t = \varphi_{t-1} + \eta_{t4}$$

$$\begin{pmatrix} \mu_t \\ \eta_t \end{pmatrix} \sim N\left[\begin{pmatrix} 0 \\ 0 \end{pmatrix}, \begin{pmatrix} 0 & \sigma^2 \\ \sigma^2 & 0 \end{pmatrix}\right] \tag{5-4}$$

$$\nu_t = \nu_{t-1} + \rho_{t1}$$

$$\delta_t = \delta_{t-1} + \rho_{t2}$$

$$\theta_t = \theta_{t-1} + \rho_{t3}$$

$$\omega_t = \omega_{t-1} + \rho_{t4}$$

$$\begin{pmatrix} \tau_t \\ \rho_t \end{pmatrix} \sim N\left[\begin{pmatrix} 0 \\ 0 \end{pmatrix}, \begin{pmatrix} 0 & \sigma^2 \\ \sigma^2 & 0 \end{pmatrix}\right] \tag{5-5}$$

在增长效应中，将能源要素引入柯布—道格拉斯函数，把 GDP 作为被解释变量，把资本、劳动力、化石能源和可再生能源作为解释变量，构建出方程（5-2）。在环境效应中，参考徐斌等（2019）对碳减排的研究，以二氧化碳排放量为被解释变量，以环境规制、劳动力、化石能源和可再生能源为解释变量，采用工业污染治理投资完成额占第二产业比重衡量环境规制（刘荣增、何春，2021），构建出方程（5-3）。

二、平稳性和协整关系

非平稳的时间序列会导致伪回归问题，影响回归结果的有效性，因此，本书对多元时间序列进行平稳性检验和协整检验。本书采用 ADF 单位根检验和 Johansen 协整检验方法，对增长效应和环境效应中变量的平稳性与协整水平分别进行验证，平稳性检验的具体结果如表 5-17 和表 5-18 所示。原始变量均为非平稳，进行一阶差分后拒绝原假设，即各时间序列均含有一个单位根，是一阶单整序列。

表 5-17　经济效应中变量平稳性检验

变量	ADF 统计量	1%	5%	10%	检验结果
$\ln Y$	0.45	-2.69	-1.96	-1.61	非平稳
$\ln K$	0.00	-2.68	-1.96	-1.61	非平稳
$\ln L$	-2.48	-4.39	-3.61	-3.24	非平稳
$\ln E$	0.88	-2.67	-1.96	-1.61	非平稳
$\ln R$	-2.51	-4.47	-3.64	-3.26	非平稳
$d\ln Y$	-4.67	-4.44	-3.63	-3.25	平稳
$d\ln K$	-3.97	-4.42	-3.62	-3.25	平稳
$d\ln L$	-5.68	-3.75	-3.00	-2.64	平稳
$d\ln E$	-2.62	-2.70	-1.96	-1.61	平稳
$d\ln R$	-2.82	-3.75	-3.00	-2.64	平稳

表 5-18　环境效应中变量平稳性检验

变量	ADF 统计量	1%	5%	10%	检验结果
$\ln D$	-2.81	-4.42	-3.62	-3.25	非平稳
$\ln T$	-1.18	-2.67	-1.96	-1.61	非平稳
$\ln L$	-2.48	-4.39	-3.61	-3.24	非平稳
$\ln E$	0.88	-2.67	-1.96	-1.61	非平稳
$\ln R$	-2.51	-4.47	-3.64	-3.26	非平稳
$d\ln D$	-1.78	-2.70	-1.96	-1.61	平稳
$d\ln T$	-3.51	-2.67	-1.96	-1.61	平稳
$d\ln L$	-5.68	-3.75	-3.00	-2.64	平稳
$d\ln E$	-2.62	-2.70	-1.96	-1.61	平稳
$d\ln R$	-2.82	-3.75	-3.00	-2.64	平稳

若时间序列本身为非平稳序列，但其线性组合存在长期稳定的均衡关系，则变量之间存在协整关系。单位根检验表明变量为一阶单整，可以进一步通过协整检验验证其协整关系。本书在 VAR 模型的基础上运用 Johansen 协整检验，因为 Johansen 协整检验为多元方程技术，受限较小。建立 VAR（*p*）模型确认其最佳滞后期，结果如表 5-19 和表 5-20 所示。

表 5-19 经济效应中变量不同滞后期下的准则结果

Lag	*LogL*	*LR*	*FPE*	*AIC*	*SC*	*HQ*
0	135.75	—	0.00	-10.90	-10.65	-10.83
1	344.72	313.46*	0.00*	-26.23*	-24.75*	-25.84*

注：* 表示该滞后阶数选取的 AIC、HQIC 或 SBIC 的值最小，为最优滞后阶数。

表 5-20 环境效应中变量不同滞后期下的准则结果

Lag	*LogL*	*LR*	*FPE*	*AIC*	*SC*	*HQ*
0	108.23	—	0.00	-8.60	-8.36	-8.54
1	242.97	202.12*	0.00*	-17.75*	-16.28*	-17.36*

注：* 表示该滞后阶数选取的 AIC、HQIC 或 SBIC 的值最小，为最优滞后阶数。

p 值确认的原则是在增加 *p* 值的过程中使 *AIC* 和 *SC* 的值同时最小，则拟合优度最高。结果表明，增长效应和环境效应序列的最佳滞后期均为 1。

在最佳滞后期确认之后，对增长效应和环境效应中变量的长期动态均衡关系进行分析，即检验其协整关系，Johansen 协整检验结果如表 5-21 和表 5-22 所示。结果表明，在 95%的置信水平下拒绝原假设，即两序列变量之间存在长期稳定的均衡关系。

表 5-21 经济效应中变量 Johansen 协整检验结果

假设	特征值	迹统计量	5%临界值	*p* 值
None*	0.99	184.23	69.82	0.00
At most 1*	0.75	77.12	47.86	0.00
At most 2*	0.63	45.69	29.80	0.00
At most 3*	0.54	23.09	15.49	0.00
At most 4*	0.21	5.37	3.84	0.02

表 5-22　环境效应中变量 Johansen 协整检验结果

假设	特征值	迹统计量	5%临界值	p 值
None *	0.92	137.62	69.82	0.00
At most 1 *	0.77	80.58	47.86	0.00
At most 2 *	0.64	46.67	29.80	0.00
At most 3 *	0.47	23.41	15.49	0.00
At most 4 *	0.32	8.81	3.84	0.00

由上述分析可知，本书所建立的模型具有经济意义，估计具有有效性，且不会出现伪回归问题。最小二乘法回归的结果表明，增长效应和环境效应方程的 R 值均大于 0.99，表明拟合优度较高。本书将运用状态空间模型对其时变参数进行分析。

三、参数估计与结果分析

本书将化石能源和可再生能源共同引入函数，探究可再生能源替代的增长效应和环境效应。分别运用卡尔曼滤波对方程（5-2）、方程（5-4）和方程（5-3）、方程（5-5）进行状态方程回归。将量测方程和状态方程按照以下方式输入，其中，y 为被解释变量，$x1$、$x2$、$x3$、$x4$ 为解释变量。

$$@signal = c(1) + sv1 \times x2 + sv2 \times x2 + sv3 \times x3 + sv4 \times x4 + [\mathrm{var} = \exp(c(2))] \tag{5-6}$$

$$@state = c(4) + c(5) + sv1(-1) + \{\mathrm{var} = \exp[c(3)]\} \tag{5-7}$$

$$@state = c(7) + c(8) + sv2(-1) + \{\mathrm{var} = \exp[c(6)]\} \tag{5-8}$$

$$@state = c(10) + c(11) + sv3(-1) + \{\mathrm{var} = \exp[c(9)]\} \tag{5-9}$$

$$@state = c(13) + c(14) + sv4(-1) + \{\mathrm{var} = \exp[c(12)]\} \tag{5-10}$$

运用卡尔曼滤波进行参数分析，得到的状态变量的最后一期结果如表 5-23 和表 5-24 所示。结果表明，各参数 p 值均小于 0.05，通过检验。

表 5-23　增长效应最后一期结果

参数	系数估计	残差平方根	z 统计量	p 值
α_t	0. 16	0. 05	2. 86	0. 00
β_t	0. 13	0. 02	7. 15	0. 00
γ_t	0. 12	0. 04	2. 76	0. 01
ϕ_t	0. 06	0. 02	3. 52	0. 00

表 5-24　环境效应最后一期结果

参数	系数估计	残差平方根	z 统计量	p 值
ν_t	-0. 07	0. 03	-2. 37	0. 02
δ_t	0. 13	0. 01	17. 08	0. 00
θ_t	0. 65	0. 05	12. 93	0. 00
ω_t	-0. 33	0. 05	-6. 49	0. 00

在增长效应中，资本产出弹性最高，为 0. 155，即在其他投入不变的情况下，资本每增加 1%，产出增加 0. 155%。可再生能源产出弹性最低，为 0. 055，即在其他投入不变的情况下，可再生能源每增加 1%，产出增加 0. 055%，表明产出对资本的敏感度最高，对可再生能源的敏感度最低。

在环境效应中，二氧化碳排放量关于环境规制和可再生能源的弹性为负值，表明随着环境规制强度和可再生能源的发展，二氧化碳排放量降低，促进碳减排。二氧化碳排放量对于化石能源的弹性最大，为 0. 651，即在其他投入不变的情况下，化石能源投入每增加 1%，二氧化碳排放量增加 0. 651%。二氧化碳排放量对于可再生能源的弹性最小，为-0. 329，即在其他投入不变的情况下，可再生能源投入每增加 1%，二氧化碳排放量减少 0. 329%，表明二氧化碳排放量对化石能源的敏感度最高，对环境规制的敏感度最低。

仅参数最后一期结果并不全面，因此，本书对增长效应和环境效应的时变参数进行回归。在增长效应回归中，*SV1F*、*SV2F*、*SV3F*、*SV4F* 分别代表 *K*、*L*、*E*、*R* 对 *Y* 的拉动作用。在环境效应回归中，*SV1F*、*SV2F*、*SV3F*、

SV4F 分别代表 *T*、*L*、*E*、*R* 对 *D* 的拉动作用。其回归结果如图 5-12 和图 5-13 所示。

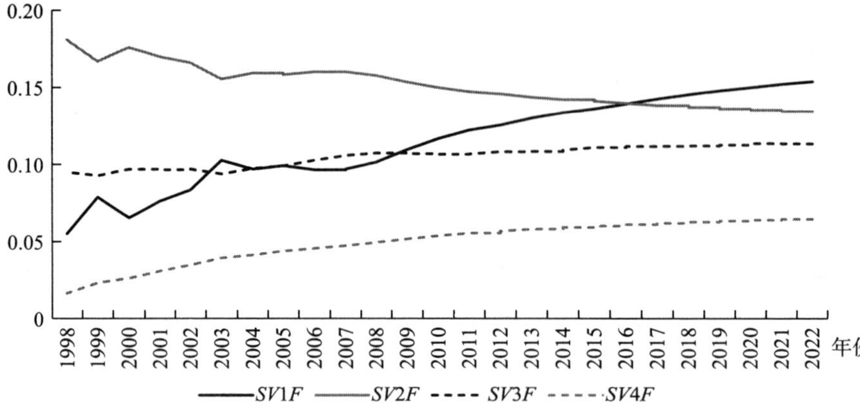

图 5-12　1998—2022 年经济增长时变参数结果趋势

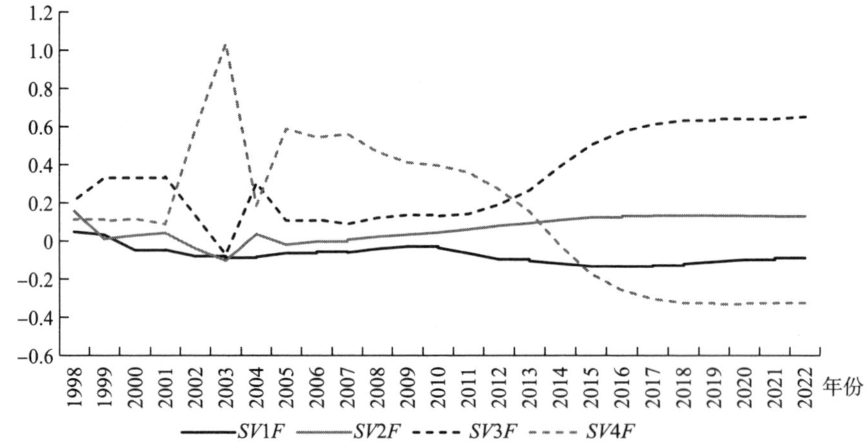

图 5-13　1998—2022 年碳排放时变参数结果趋势

资本、劳动、化石能源和可再生能源均对经济增长起推动作用。近 5 年，资本产出弹性呈持续上升状态，在经济增长中起主导作用，其对经济的推动作用上升幅度减缓，主要原因是外生的技术进步等成为经济增长的重要动力，经济增长影响因素的多元化成为必然。劳动力对经济增长的初始贡献最高，但是其对经济增长的拉动作用不断下降。作为人口大国，我国劳动力对经济增长的影响是突出的，但随着我国劳动力由供给过剩转为供给不足，产业从劳动密集型向资本密集型和技术密集型转型，劳动力对经济增长的影响逐年下降。化石能源弹性持续上升，以煤炭为主的化石能源在我国经济增长中有不可替代的地位，但化石能源利用效率低、环境污染重及稀缺性等特性使其对经济的拉动作用出现“后劲不足”。可再生能源的产出弹性持续上升，其上升速度超过化石能源，这是由于可再生能源发展由粗放式向集约式转变，其资源分布广泛、清洁、再利用等特性有效支撑了经济增长。

总体来看，环境规制和可再生能源与碳排放呈负相关，劳动力和化石能源则促进碳排放。环境规制促进碳减排进程，且该促进作用在2010年之后大幅增强，环境规制前期存在“绿色悖论”效应，化石能源所有者预期环境规制加强，将推进化石能源开采，使环境规制的碳减排作用减弱，后期存在“倒逼减排”效应，即通过征税化石能源并补贴可再生能源实现碳减排。劳动力促进碳排放，且该促进作用缓慢上升。劳动力是影响碳排放的关键因素之一，人口消费规模和消费结构改变从需求侧增加了二氧化碳排放量。化石能源促进碳排放，且该促进作用持续上升。经济的快速发展使能源利用规模扩大，增加了碳减排压力。可再生能源对碳排放的影响在不同发展阶段存在较大差异性，可再生能源从促进碳排放向抑制碳排放转变。可再生能源发展初期，利用效率低下，生物质能使用范围较广，可再生能源能够促进碳排放。国家提出加快构建清洁高效、安全可持续的现代能源体系后，可再生能源充分发挥了相对清洁的特性，显著抑制了碳排放。在此背景下，促进可再生能源替代将显著缓解环境问题，促进可持续发展进程。

可再生能源替代具有促进经济增长和碳减排的双重效应。在经济效应回归中，可再生能源对经济增长的推动力小于化石能源，但其增长幅度大于化石能源，增加可再生能源消费比重有望对经济增长产生更大助力。在碳减排效应回归中，可再生能源对碳减排的促进作用显著大于化石能源，可再生能源替代可以有效实现碳减排。

| 第三篇 |

中国能源革命的实践进展

第六章　中国能源供给革命的实践进展

第一节　引言

一、能源供给研究综述

工业革命以来，能源相关碳排放量占人类碳排放总量的85%以上（方恺等，2021）。而要实现向低碳经济转型，能源供给结构从以化石能源为主到以可再生能源为导向的变革性转型是一条必经之路（杨秀汪等，2021）。因此，在经济和环境的双重约束下，中国能源供给革命的两个核心议题是多元化能源安全供应和节能减排（赵斌，2021）。要实现能源供给革命，首先，要厘清传统化石能源与可再生能源产业之间的关系，构建多元化的能源供给结构，以保障能源安全。其次，要科学把握能源供给转型与碳排放之间的关系。最后，要设计出符合中国国情的能源供给转型路径。

能源的多元化安全供应涉及两个方面：一方面是能源的安全供应，包括国内的产能提升和国外依赖的安全可控；另一方面是能源供给结构是否多元。多元化的程度以及低碳清洁能源在能源供给结构中的比例，是判断一国能源革命是否在迈向成功以及成功与否的关键标准。但是，当前我国新能源占比有限，而能源安全供应是涉及国家发展的全局性和战略性问题（庞昌伟，2022）。2014年6月13日，习近平总书记在中央财经委员会第六次会议上明确提出“四个革命、一个合作”的重大能源战略思想时就强调了“能源安全是国家经济社会发展的全局性、战略性问题，对国家繁荣发展、人民生活改善、社会长治久安至关重要”。

能源安全供应的重要性主要来自内部和外部两个方面。

从内部来看，中国能源禀赋较差、区域分布不均的问题较为严重，无法满足经济快速增长的能源需求。当前，中国正处于能源需求的高增长期，尽管国内加大了能源的勘查与开发力度，为国内能源产业的供应和产业发展提供了助力，但是中国的能源储量并未得到根本性的改变。从自然资源部发布的《中国矿产资源报告（2023）》中可以看出，中国依然呈现“多煤、少油、贫气”的局面，核能开发中的铀矿资源也严重不足，能源采储比严重低于当前的全球平均水平以及主要的经济体。此外，中国的能源还存在着分布不均与过度开发的情况，能源主要分布在中西部地区，天然气、页岩气较多地分布于四川和重庆，而石油和煤炭则主要分布在陕西、山西等能源富集区。与之难以匹配的是，能源需求旺盛的地区主要为东部沿海省份，能源资源的储量和消费存在着严重的区域错配（张佰静，2022）。

从外部来看，中国能源的对外依赖度过高。2021 年，我国能源对外依存度为 20.6%，比 2012 年提高了 5.7 个百分点，我国能源消费的对外依赖十分严重，在石油和天然气领域分别达到 73%和 43%。林伯强（2018）提出，虽然中国的风电、太阳能等可再生能源快速发展，天然气利用率也有所提高，但是煤炭在能源消费结构中的占比依然过高（林伯强、李江龙，2015），盲目地“去煤化”会导致中国能源结构的“硬着陆”，影响整个社会经济的健康持续发展（韩建国，2016）。在所有能源中，石油安全是国家能源安全的关键所在，对石油进行替代涉及国家安全和能源清洁低碳转型。因此，能源革命不可能一蹴而就，化石能源与可再生能源之间的关系也并非简单的替代关系，实现多元化的能源安全供应需要充分协同化石能源和可再生能源之间的关系。气候政治主导的当代能源革命并非易事，转型现状提醒人们当代能源革命的路途仍然艰辛（胡德胜，2022）。

节能减排也是能源供给转型的重要约束，有研究从碳排放来定义能源转型，认为能源转型就是从高碳能源向低碳能源转型。煤炭的单位热值含碳量为 26.37 吨/太焦，原油为 20.1 吨/太焦，天然气为 15.3 吨/太焦；而水电、风电、核能以及太阳能等能源几乎不含碳。能源转型的过程也是一个绿色低碳化的过程（邹才能等，2016）。我国以煤炭为主的高碳能源结构和能源消费总量持续快速增长，已成为国内包括大气、水、土壤等关系民生的重大领域环境质量恶化、生态失衡的根本原因之一（“生态文明建设与能源生产消费革命”课题组，2015）。党的十八大将生态文明提高到“五位一体”的战略高度，提出了绿色发展、循环发展和低碳发展的新理念。能源革命的开展是尊重自然规律、追求人与自然和谐共处，促进社会经济与生态环境协调发展的重要举措。王中庆（2022）的研究表明，能源革命和“双碳”目标的关键词都是“能源”，具有高度的重合性。在《中共中央　国务院关于完整准确全面贯彻新发展理念做好碳达峰碳中和工作的意见》中“能源”出现 49 次，《2030 年前碳达峰行动方案》中“能源”出现 80 次，成为最高频次的词汇和主题之一。在社会实践中，山西省通过能源革命中构建清洁低碳用能模式，推动社会经济的转型，在开采利用管理、清洁低碳消费、生态环境治理等能源消耗与碳排放控制领域取得积极成效。

二、研究评述

从已有研究来看，在讨论化石能源与可再生能源二者的关系方面，以分立替代为主，有少量的互补和竞争博弈研究；而在共生演化方面，多为能源与相关产业的研究，缺乏能源产业内部化石能源产业与可再生能源产业之间的共生关系论述。能源供给转型与节能减排的研究多以发展新能源、减少碳排放为主，对化石能源“压舱石”的地位认识不足，对化石能源与可再生能源协同发展、促进节能减排的研究相对不足。

本章在充分梳理中国能源供给革命进程的基础上，采用生物学领域的共生演化知识，对化石能源产业和可再生能源产业之间的共生状态及协调关系进行识别与判断，最后对能源产业的协同关系与碳排放的关系进行验证。

第二节　能源供给革命的现实进展

一、能源供给革命进展

随着中国能源供给革命的推进，能源供给总量逐渐提高，供给结构逐渐优化，储备运输体系也不断完善，有力地夯实了中国能源的供给保障基础。

（一）能源的供给总量不断提升

2011—2020年，能源供给量逐年提高，有效地保障了经济发展的用能需求。国内的能源产量从2011年的34.02亿吨标准煤增长到2020年的40.73亿吨标准煤，增长幅度达到19.72%，平均年增长率达到0.02%；基本形成了煤炭、石油、天然气、电力、核能、新能源和可再生能源多轮驱动的能源生产体系。根据一次能源生产总量的核算结果，中国已经成为世界能源生产第一大国。

2011—2020年中国能源生产情况如图6-1所示。

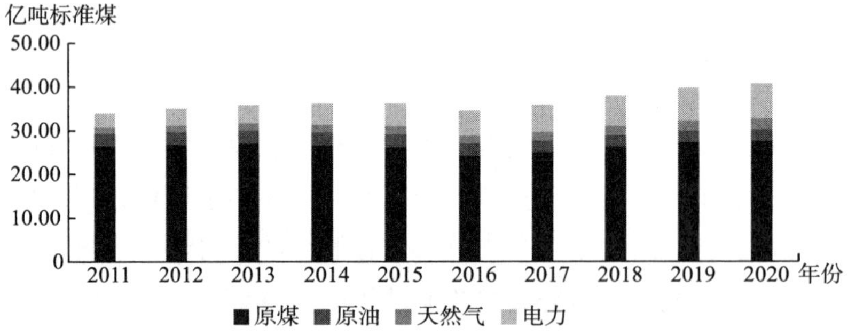

图6-1 2011—2020年中国能源生产情况

资料来源：国家统计局。

（二）多元化供给结构不断优化

从一次能源生产结构来看，中国能源供给结构不断优化。其中，原煤占比从2011年的77.8%下降到2022年的67.4%，原油的占比也从2011年的8.5%下降到2022年的6.3%，在能源产量不断提高的同时，有效地控制了化石能源的占比。一次电力及其他能源的占比从2011年的9.6%上升到2022年的20.4%，增加了10.8个百分点（见图6-2），有效地提高了可再生能源的占比，对能源供给的清洁化具有重要意义。

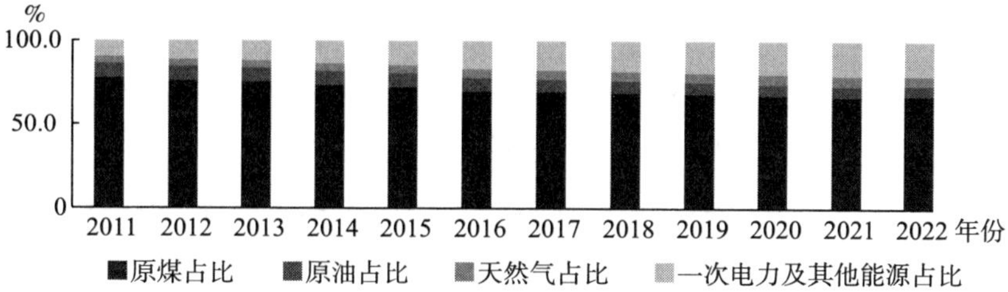

图 6-2　2011—2022 年中国一次能源生产结构

但值得注意的是，煤炭仍是保障能源供应的基础能源，2011 年以来，原煤年产量保持在 34 亿~40 亿吨。努力保持原油生产稳定，2011 年以来，原油年产量保持在 2 亿吨左右。天然气产量明显提高，从 2011 年的 1053.37 亿立方米增长到 2022 年的 2201.10 亿立方米；电力供应能力持续增强，2022 年，发电量达 8.8 万亿千瓦·时，2022 年天然气产量、发电量较 2011 年分别增长 75%、50%。可再生能源开发利用规模快速扩大，水电、风电、光伏发电累计装机容量均居世界首位。根据国际原子能机构发布的《世界核电反应堆（2023 年版）》，截至 2022 年底，中国在运核电 57 台，装机容量 55040 兆瓦，居世界第二位，在建核电装机容量居世界第一位。其中，中国大陆在运核电 54 台，装机容量 52181 兆瓦；中国台湾在运核电 3 台，装机容量 2859 兆瓦。根据国内资源禀赋，以资源环境承载力为基础，统筹化石能源开发利用与生态环境保护，有序发展先进产能，加快淘汰落后产能，推进煤炭清洁高效利用，加大油气勘探开发力度，促进增储上产，提高油气自给能力。

根据国家能源局数据，截至 2023 年 10 月底，中国可再生能源发电总装机容量 14 亿千瓦，同比增长 20%，约占全国发电总装机容量的 49.9%。其中，水电 4.20 亿千瓦（常规水电 3.7 亿千瓦、抽水蓄能 5004 万千瓦）、风电 4.04 亿千瓦、光伏发电 5.36 亿千瓦、生物质发电 0.44 亿千瓦。2023 年底，全国可再生能源发电装机容量达到 14.5 亿千瓦，风电光伏发电装机容量突破 10 亿千瓦。2010 年以来，中国在新能源发电领域累计投资约 8180 亿美元，占同期全球新能源发电建设投资的 30%。可再生能源供热广泛应用，风电、光伏发电设备制造形成了完整的产业链，技术水平和制造规模处于世界前列。2022 年，我国光伏产业规模持续扩大，多晶硅、硅片、电池片、组件产量分别达到82.7万吨、357.0吉瓦、318.0吉瓦、288.7吉瓦，同比增长均在55%以上。2022年，国内光伏大基地建设及分布式光伏应用稳步提升，国内光伏新增装机容量超过87吉瓦，同比增长59.3%。其中，集中式光伏新增装机容量36.3吉瓦，同比增长41.8%；分布式光伏新增装机容量51.1吉瓦，同比增长74.5%。在出口方面，2022年，光伏产品（硅片、电池片、组件）出口总额超过512亿美元，同比增长80.3%，其中，光伏组件出口超过153吉瓦，同比增长55.8%，有效支撑了国内外光伏市场和全球新能源的需求。2022年，从出口区域分布来看，欧洲依然是最主要出口市场，约占出口总额的46%，占比继续提高；风电整机制造占全球总产量的41%，已成为全球风电设备制造产业链的重要地区。

（三）能源储备运输体系不断完善

1. 能源储备体系不断健全

建成9个国家石油储备基地，天然气产供储销体系建设取得初步成效，煤炭生产运输协同保障体系逐步完善，电力安全稳定运行达到世界先进水平，能源综合应急保障能力显著增强。健全能源储备应急体系，建立国家储备与企业储备相结合、战略储备与商业储备并举的能源储备体系，提高石油、天然气和煤炭等储备能力。完善国家石油储备体系，加快石油储备基地建设。建立健全地方政府、供气企业、管输企业、城镇燃气企业各负其责的多层次天然气储气调峰体系，完善以企业社会责任储备为主体、地方政府储备为补充的煤炭储备体系。健全国家大面积停电事件应急机制，全面提升电力供应的可靠性和应急保障能力。建立健全与能源储备能力相匹配的输配保障体系，构建规范化的收储、轮换、动用体系，完善决策执行的监管机制。

2. 能源输送能力显著提高

建成天然气主干管道超过8.7万千米，石油主干管道5.5万千米、330千伏及以上输电线路长度30.2万千米。加强能源输配网络建设，持续加强跨省跨区骨干能源输送通道建设，提升能源主要产地与主要消费区域间通达能力，促进区域优势互补、协调发展。提升既有铁路煤炭运输专线的输送能力，持续提升铁路运输比例和煤炭运输效率。推进天然气主干管道与省级管网、液化天然气接收站、储气库间互联互通，加快建设“全国一张网”，初步形成调度灵活、安全可靠的天然气输运体系。稳步推进跨省跨区输电通道建设，扩大西北、华北、东北和西南等区域清洁能源配置范围。完善区域电网主网架，加强省级区域内部电网建设。开展柔性直流输电示范工程建设，积极建设能源互联网，推动构建规模合理、分层分区、安全可靠的电力系统。统筹发展煤、电、油、气多种能源输运方式，构建互联互通输配网络，打造稳定可靠的储运调峰体系，提升应急保障能力。

3. 完善能源调峰体系

坚持供给侧与需求侧并重，完善市场机制，加强技术支撑，增强调峰能力，提高能源系统综合利用效率。加快抽水蓄能电站建设，合理布局天然气调峰电站，实施既有燃煤热电联产机组、燃煤发电机组灵活性改造，改善电力系统调峰性能，促进清洁能源消纳。推动储能与新能源发电、电力系统的协调优化运行，开展电化学储能等调峰试点。推进天然气储气调峰设施建设，完善天然气储气调峰辅助服务市场化机制，提升天然气调峰能力。完善电价、气价政策，引导电力、天然气用户自主参与调峰、错峰，提升需求侧响应能力。健全电力和天然气负荷可中断、可调节管理体系，挖掘需求侧潜力。

二、能源供给革命面临的问题

（一）能源禀赋不足

能源禀赋是能源产业发展的依托。当前，中国正处于能源需求的高增长期，中国的能源储量依然保持着“多煤、少油、贫气”的局面，核能开发中的铀矿资源也严重不足。《中国矿产资源报告（2022）》显示，截至2021年底，全国已发现173种矿产。其中，能源矿产13种，金属矿产59种，非金属矿产95种，水气矿产6种。2021年，中国地质勘查投资增长11.6%，其中，非油气矿产地质勘查投资自2013年以来首次实现正增长。鄂尔多斯盆地、准噶尔盆地、塔里木盆地、四川盆地和渤海湾盆地等多个盆地油气勘查取得突破，煤炭等能源矿产的勘探也取得了新进展。长江经济带页岩气勘探获得重要突破，开辟了贵州正安、湖北宜昌等一批页岩气勘查开发新区。新疆油气勘查取得一系列重大发现和突破，助推形成新的能源基地，支撑25个油气勘查区块出让，服务油气勘查开采体制改革。松辽盆地非常规油气调查获重大突破，助力非常规油气国家级示范区建设，组织完成了336个主要城市浅层地热能调查、31个省（区、市）水热型地热资源调查，启动了干热岩型地热资源调查，基本查明了中国地热资源赋存条件、分布特征与开发利用现状，初步评价了全国地热资源量。调查结果显示，336个主要城市浅层地热能资源年可开采量折合标准煤7亿吨，可实现建筑物供暖制冷面积320亿平方米；水热型地热资源年可开采量折合标准煤19亿吨。

2021年中国主要能源矿产储量如表6-1所示。

表6-1　2021年中国主要能源矿产储量

序号	矿产	单位	储量
1	煤炭	亿吨	2078.85
2	石油	亿吨	36.89
3	天然气	亿立方米	63392.67
4	煤层气	亿立方米	5440.62
5	页岩气	亿立方米	3659.68

注：油气（石油、天然气、煤层气、页岩气）储量参照国家标准《油气矿产资源储量分类》（GB/T 19492—2020），为剩余探明技术可采储量；其他矿产储量参照国家标准《固体矿产资源储量分类》（GB/T 17766—2020），为证实储量与可信储量之和。

中国主要能源矿产储量地区分布及占比如图6-3所示。

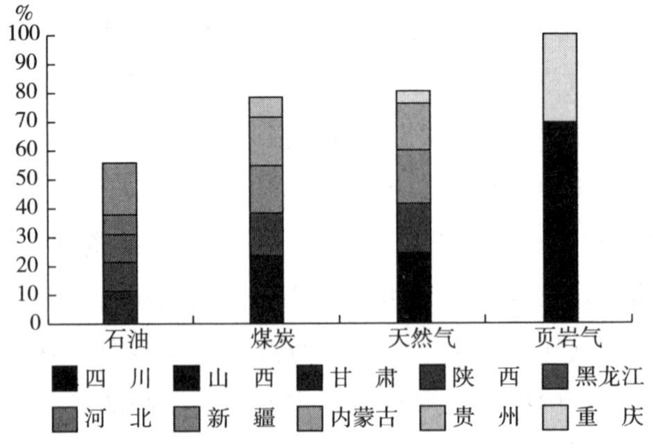

图6-3　中国主要能源矿产储量地区分布及占比

从图 6-3 中可以看出，中国的能源主要分布在中西部地区，除天然气、页岩气较多地分布于四川和重庆外，石油和煤炭主要分布在陕西、山西等能源富集区。而在能源需求旺盛的东部沿海省份，能源资源的储量和消费存在着严重的区域错配（林伯强等，2022；余紫菱、马莉莉，2023）。

此外，21 世纪初期以来，中国能源存在过度开发的现象。2020 年，我国煤炭、石油、天然气等矿产储采比均不足 50 年。如果按现有的矿产资源开发规模，我国的化石能源产业将很难持续性发展，而逐渐稀缺的能源将进一步影响我国经济的可持续发展。

2010—2020 年全球主要国家/地区和世界煤炭储采比如表 6-2 所示。

表 6-2　2010—2020 年全球主要国家/地区和世界煤炭储采比　　单位：年

年份	美国	俄罗斯	澳大利亚	中国	印度	欧盟	世界
2010	241.02	495.46	180.25	35.34	106.33	104.82	118.37
2011	239.02	470.79	183.88	32.53	102.98	97.46	111.88
2012	257.35	442.53	177.19	31.37	100.03	96.69	109.47
2013	265.84	452.35	159.82	31.11	100.14	103.34	112.90
2014	261.66	440.90	155.45	29.56	94.10	111.14	109.71
2015	292.00	422.00	158.00	31.00	89.00	112.00	114.00
2016	380.82	417.23	293.88	71.54	136.86	162.15	153.29
2017	357.29	391.06	300.89	39.40	136.49	164.47	134.49
2018	365.00	364.00	304.00	38.00	132.00	171.00	132.00
2019	390.00	369.00	294.00	37.00	140.00	209.00	132.00
2020	513.59	407.15	315.13	36.70	146.80	265.78	139.22

资料来源：Wind。

从表 6-2 中可以看出，2020 年，中国的煤炭可供开采的年限仅为 36.70 年，比美国、俄罗斯、澳大利亚、印度和欧盟都要低，也严重低于世界平均水平。从能源禀赋来看，中国虽然拥有丰富的煤炭储量，但是在巨大的煤炭开采使用之下，煤炭作为主要能源的可持续供应能力已经严重不足。

2014—2020 年全球主要国家/地区和世界原油储采比如表 6-3 所示。

表 6-3 2014—2020 年全球主要国家/地区和世界原油储采比 单位：年

年份	美国	俄罗斯	澳大利亚	中国	印度	欧盟	世界
2014	12.10	23.62	26.06	11.85	17.49	12.97	53.27
2015	11.85	25.54	28.34	11.75	17.98	10.10	50.74
2016	10.61	26.65	30.33	17.53	14.93	9.28	50.60
2017	10.48	25.84	31.63	18.28	14.41	9.00	50.17
2018	10.96	25.44	30.77	18.72	14.12	8.63	50.03
2019	11.07	25.45	13.35	18.71	15.45	9.03	49.90
2020	11.40	27.61	13.90	18.19	16.11	16.80	53.55

资料来源：Wind。

由表 6-3 可知，2020 年，中国的原油可供开采的年限仅为 18.19 年，高于美国、澳大利亚、印度和欧盟，低于俄罗斯，也严重低于世界平均水平。

2014—2020 年全球主要国家/地区和世界天然气储采比如图 6-4 所示。

表 6-4 2014—2020 年全球主要国家/地区和世界天然气储采比 单位：年

年份	美国	俄罗斯	澳大利亚	中国	印度	欧盟	世界
2014	13.59	51.68	85.81	27.96	40.23	9.39	54.77
2015	13.61	56.29	51.77	27.84	50.93	10.84	52.81
2016	11.63	55.70	38.08	38.78	44.42	10.84	52.53
2017	11.89	55.02	32.02	36.73	43.55	10.03	52.56
2018	14.29	58.16	18.37	37.58	46.90	10.27	50.89
2019	13.98	55.90	15.57	47.30	49.39	6.70	49.82
2020	13.80	58.56	16.77	43.29	55.57	9.24	48.80

资料来源：Wind。

从表 6-4 中可以看出，2020 年，中国的天然气可供开采的年限为 43.29 年，高于美国、澳大利亚和欧盟，低于俄罗斯、印度，也严重低于世界平均水平。中国的天然气储采比之所以相对较高，是因为中国的天然气消费比例较低。作为相对清洁的化石能源，天然气在中国的使用量逐年增加，储采比在未来依然不容乐观。

（二）对外依赖严重

自 20 世纪末起，我国逐渐融入全球能源贸易市场，时至今日，我国已成为全球最大的能源进口国之一。2021 年，我国石油和天然气的对外依存度分别为 71%、43%。根据海关总署数据，2021 年，全国能源净进口总量 11.2 亿吨标准煤，比 2012 年增长 83.2%，年均增长 7.0%。原煤净进口自 2016 年连续 6 年稳步上升，2021 年净进口 3.2 亿吨，创近年来新高，比 2012 年增长 14.9%，年均增长 1.6%。原油净进口自 2019 年突破 5 亿吨后持续保持高位，2021 年达到 5.1 亿吨，比 2012 年增长 90.0%，年均增长 7.4%。天然气净进口高速增长，2021 年达到 1620 亿立方米，比 2012 年增长 3.1 倍，年均增长 17.1%。2011—2020 年中国石油和天然气对外依存度见图 6-4。

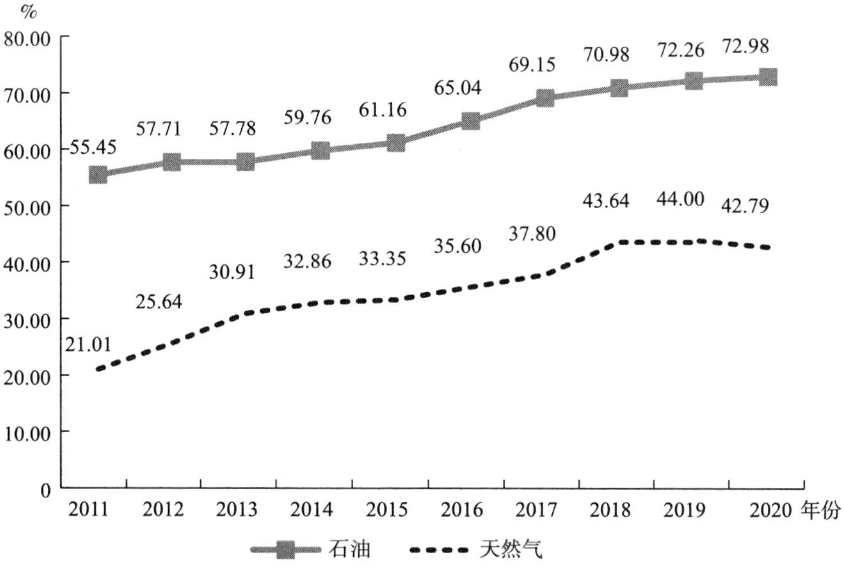

图 6-4　2011—2020 年中国石油和天然气对外依存度

然而，就当前全球能源产品供需格局而言，存在着严重的供求错配以及垄断竞争的格局，加上受到新冠疫情以及俄乌冲突的影响，能源产品价格持续剧烈波动，加大了中国利用全球能源产品的成本，威胁着中国能源的安全供应，对不同能源品类的下游产业都产生了不利影响。

虽然中国背靠巨大的国内市场，可以进口大量的能源产品与服务，但是在能源定价权和相关话语权方面，中国依然处于弱势地位。能源公司在进行跨国经营贸易的同时，背后往往有国家强大的经济、军事、外交实力作为支撑。在贸易投资、法律制度等方面，中国目前只是国际能源治理体系的重要参与者，并非主要决定者。因此，中国作为一个严重依赖外部能源市场的经济体，有迫切的需求去保障自身的能源安全，能源转型的道路也将更加坎坷。

（三）能源供应含碳量过高

本书参考林伯强和徐斌（2020）的研究，运用 IPCC 和国家发展改革委能源研究院提出的碳排放系数，将各地区的不同能源产量乘以相应的碳排放系数，加总得出由能源生产导致的碳排放量。中国能源消耗总量从 1978 年的 14.7 亿吨标准煤增长到 2020 年的 49.8 亿吨标准煤，其中，主要由碳排放量较高的煤炭构成。2020 年，我国碳排放量已接近 100 亿吨，约占全球碳排放量的 30%（见图 6-5）。2020 年 9 月 22 日，习近平主席在第七十五届联合国大会一般性辩论上提出，中国力争于 2030 年前二氧化碳排放达到峰值、2060 年前实现碳中和。

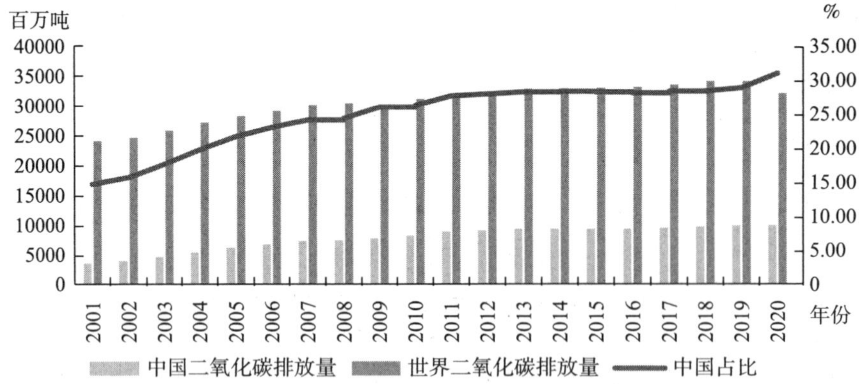

图 6-5　2001—2020 年中国和世界二氧化碳排放量及中国占比

第三节 理论逻辑与研究假说

一、能源产业共生关系

（一）理论推演

如果两个产业是相互独立的，则有假设 1。

假设 1：传统化石能源和可再生能源两个种群在社会经济发展中相互独立，二者数量演变都服从 Logistic 规律，则可以用下述公式描述两个产业之间的关系：

$$\begin{cases} \dfrac{dN_f(t)}{dt}=r_f\left[1-\dfrac{N_f(t)}{N_{fm}}\right]N_f(t) \\ \dfrac{dN_r(t)}{dt}=r_r\left[1-\dfrac{N_r(t)}{N_{rm}}\right]N_r(t) \end{cases} \tag{6-1}$$

其中，N_f 和 N_r 分别表示化石能源与可再生能源的种群密度，r_f 和 r_r 分别表示化石能源产业与可再生能源产业的增长率，N_{fm} 和 N_{rm} 分别表示化石能源产业与可再生能源产业的最大环境容量。

如果两个产业之间存在着要素的交换，或者分享有限的市场，则产业间可能存在着相互竞争或者互惠互利的关系，则有假设 2。

假设 2：传统化石能源和可再生能源两个种群存在竞争关系。两个种群相互竞争时会减慢对方数量的增长，增长速度的减小与它们数量的乘积成正比。

存在共生状态时的种群关系：

$$\begin{cases} \dfrac{dN_f(t)}{dt}=r_f\left[1-\dfrac{N_f(t)}{N_{fm}}+a_{rf}\times N_r(t)\right]N_f(t) \\ \dfrac{dN_r(t)}{dt}=r_r\left[1-\dfrac{N_r(t)}{N_{rm}}+a_{fr}\times N_f(t)\right]N_r(t) \end{cases} \tag{6-2}$$

其中，a_{rf} 和 a_{fr} 是两个种群的影响关系。

（二）能源产业的共生系数

通过对共生系统的共生模式及稳定性进行分析可以发现，当一个共生系统有多个共生单元或称共生子系统时，共生单元之间的相互作用关系与生物种群之间的作用相似，共生单元之间的相互影响关系可以用化石能源产业与可再生能源产业的质参量 v_f 和 v_r 来表达，二者之间的共生度计算公式如下（姚露，2021）：

$$\begin{cases} \alpha_{fr}=\left(\dfrac{dv_f}{v_f}\right)\Big/\left(\dfrac{dv_r}{v_r}\right) \\ \alpha_{rf}=\left(\dfrac{dv_r}{v_r}\right)\Big/\left(\dfrac{dv_f}{v_f}\right) \end{cases} \tag{6-3}$$

通过散点图可以发现，在考察期内化石能源产业与可再生能源产业的质参量具有显著的线性关系，因此可得出下列方程式：

$$\begin{cases} v_r^t=\gamma+\beta v_f^t \\ v_f^t=\lambda+\mu v_r^t \end{cases} \tag{6-4}$$

利用回归模型进行参数识别，再将上述公式进行合并整理，可分别求出化石能源产业与可再生能源产业对彼此的共生度：

$$\alpha_{rf}^t=\frac{dv_r^t/v_r^t}{dv_f^t/v_f^t}=\frac{(v_r^{t+1}-v_r^t)/v_r^t}{(v_f^{t+1}-v_f^t)/v_f^t}=\frac{(\gamma+\beta v_f^{t+1}-\gamma-\beta v_f^t)/(\gamma+\beta v_f^t)}{(v_f^{t+1}-v_f^t)/v_f^t}=\beta\frac{v_f^t}{\gamma+\beta v_f^t} \tag{6-5}$$

$$\alpha_{fr}^t=\frac{dv_f^t/v_f^t}{dv_r^t/v_r^t}=\frac{(v_f^{t+1}-v_f^t)/v_f^t}{(v_r^{t+1}-v_r^t)/v_r^t}=\frac{(\lambda+\mu v_r^{t+1}-\lambda-\mu v_r^t)/(\lambda+\mu v_r^t)}{(v_r^{t+1}-v_r^t)/v_r^t}=\mu\frac{v_r^t}{\lambda+\mu v_r^t} \tag{6-6}$$

其中，α_{rf}^t 和 α_{fr}^t 是化石能源产业与可再生能源产业间的互动参数值，可以代表传统化石能源产业与可再生能源产业间的共生模式（见表 6-5）。

表 6-5　共生状态表

取值	作用类型	含义
（+，+）	互利共生	两个产业相互支撑、相互促进、共同发展
（+，-）或（-，+）	寄生共生	一个产业对另一个产业有利，而另一个产业对本产业有害
（-，-）	竞争共生	两个产业相互竞争、相互抑制、共同受损

续表

取值	作用类型	含义
(-，0) 或 (0，-)	偏害共生	一个产业对另一个产业有害，而另一个产业对本产业无用
(+，0) 或 (0，+)	偏利共生	一个产业对另一个产业有促进作用，而另一个产业对本产业无用
(0，0)	独立共生	两个产业各自独立生存，互不影响

共生系数由共生度演算而来，可以更好地反映共生单元质参量间的联系，计算方式如下：

$$\begin{cases} \theta_{rf}=\dfrac{|\alpha_{rf}|}{|\alpha_{rf}|+|\alpha_{fr}|} \\ \theta_{fr}=\dfrac{|\alpha_{fr}|}{|\alpha_{rf}|+|\alpha_{fr}|} \\ \theta_{rf}+\theta_{fr}=1 \end{cases} \tag{6-7}$$

若 $\theta_{rf}=\theta_{fr}=0.5$，则可再生能源产业对化石能源产业与化石能源产业对可再生能源产业的影响力度处于平稳状态；若 $\theta_{rf}=0$，$\theta_{fr}=1$，则说明可再生能源产业对化石能源产业不存在影响，而化石能源产业对可再生能源产业存在影响；如果 $\theta_{rf}<0.5$，则说明可再生能源产业对化石能源产业的影响比较小；若 $\theta_{fr}<0.5$，则说明化石能源产业对可再生能源产业的影响比较小。

（三）能源产业的共生协调度

能源产业共生关系指数仅反映了共生关系性质与强度，揭示了种群间互动的变化趋势，但未能体现能源系统共生的现实水平。因此，本书进一步构造了能源生态系统共生水平指数（Symbiotic Level Index，SLI）（张小燕、李晓娣，2020），力求从共生关系、共生水平两个层面联合揭示能源生态系统的共生性，SLI 模型为

$$SLI=\sqrt[2]{\theta_{rf}\times\theta_{fr}} \tag{6-8}$$

其中，*SLI* 值越大，表明能源生态系统种群间的共生发展水平越高；反之则越低。

二、能源产业共生与二氧化碳排放

将能源产业共生协调关系纳入环境库兹涅茨曲线，对能源产业的共生演化是否会影响经济和环境间的关系进行探讨。经典的环境库兹涅茨曲线是在西方自由竞争市场条件下归纳出环境污染与人均收入之间的关系，该曲线的推导过程未考虑能源转型的影响。在全球范围内展开的能源转型以及中国政府实施的能源革命，都在很大程度上调整了能源产业的供给结构，对经济发展和生态环境产生了显著的影响。因此，考虑能源产业共生的环境库兹涅茨曲线必然与经典的环境库兹涅茨曲线有所差别。

这里假定能源转型可以通过影响环境边际收益（EMB）和环境边际成本（EMC）而进一步影响最优均衡。一方面，随着能源转型的开展，居民的环境保护意识（S）不断加强，进而影响居民的环境边际收益；另一方面，随着能源转型强度的提高，节能减排和环境治理技术水平（T）也会随之提高，进一步影响环境边际成本。由此可提出：

$$EMB(E,Y,S)=EMC(E,Y,T) \tag{6-9}$$

基于式（6-9）可知，加入能源共生转型后可改写为

$$dE=\frac{[(EMB_Y-EMC_Y)dY]}{EMC_E-EMB_E}+\frac{[(EMB_S dS-EMC_T dT)]}{EMC_E-EMB_E} \tag{6-10}$$

能源共生转型的增强可以提高居民的环保意识和企业的环保技术水平，因此可以得到结论 $EMB_S>0$、$EMC_T<0$。因此，能源转型引起的 dS 或 dT 的变化将有利于减轻环境污染增加情况（dE），即尽管环境污染状况会随着人均收入的增加呈现先上升后下降的倒“U”形趋势（曲线 ABC），但能源转型因素的加入会使“拐点”提前达到，并低于经典环境库兹涅茨曲线的“拐点”，即实现在安全线下的“穿越”，形成 $ADEC$ 曲线，如图 6-6 所示。

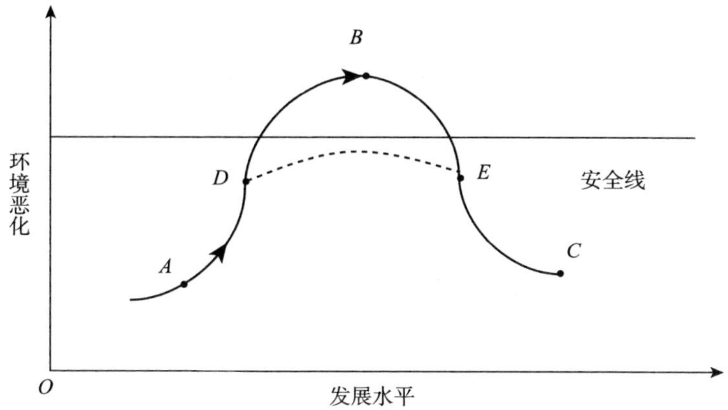

图 6-6　加入环境规制因素后的环境库兹涅茨曲线

鉴于上述分析，本书提出第一个假说。

假说 1：环境规制作为碳排放和经济增长关系的影响因素，会使得二者的倒“U”形关系顶点下降，形成“穿越效应”，而不同类型的环境规制效果也将有所不同。

以上对环境库兹涅茨曲线的比较静态分析为一般情形，应用于一般国情的分析和具体区情的分析，以及不同产业结构的分析应当有所不同。由于不同地区的能源禀赋（曲越等，2022）、产业结构（曾倩等，2020）、研发投入水平（林伯强、徐斌，2020）、收入水平（占华，2016）、经济发展程度（朱欢等，2020）和环境状况都不尽相同，在碳排放和经济增长的关系演进上，必然存在着一定的差异。为了实现本区域经济增长和“双碳”达成的协调发展，能源转型的进程也可能存在一定的差异，并产生显著的区域异质性。因而，本书提出第二个假说。

假说 2：碳排放与经济增长关系形态将在区域和产业结构上有所差异，能源转型的影响也将有所不同。

综合以上分析可以看出，随着经济发展和人均收入的提高，无论是一般国情还是具体区情，各地方若能结合良好的能源转型策略，碳排放都会提前达到“拐点”，将环境污染控制在安全线以下，更早、更快地实现经济增长与环境治理的双赢目标。

第四节　实证方法和数据说明

一、模型设定

在理论推导和以往研究的基础上，本书设定碳排放和经济增长之间的函数关系，并引入能源产业协调性变量，以验证中国的碳排放和经济增长关系。方程设定为

$$CE_{it}=\alpha+\beta_1\times pergdp_{it}+\beta_2\times pergdp_{it}^2+\gamma\times SLI_{it}+\tau\times X+\varepsilon_{it} \tag{6-11}$$

其中，CE_{it} 为城市 i 在 t 时期的碳排放量；$pergdp_{it}$ 为城市 i 在 t 时期的人均 GDP；SLI_{it} 为城市 i 在 t 时期的能源产业协调性水平；α 为常量；β_1 为人均 GDP 一次方的系数；β_2 为人均 GDP 二次方的系数；γ 为能源产业协调性的系数；τ 为控制变量的系数；ε_{it} 为随机误差项。当 $\beta_2=0$ 或者不显著时，碳排放与经济增长为线性相关；当 $\beta_2<0$ 时，碳排放与经济增长呈倒“U”形关系，“拐点”为 $-\beta_1/2\beta_2$；当 $\beta_2>0$ 时，碳排放与经济增长呈“U”形关系。

二、变量选择

本书以 1991—2020 年中国 30 个省份为对象，展开实证分析。主要变量定义和来源如下。

（一）被解释变量（*CE*）

本书参考碳排放核算边界的研究（丛建辉等，2014），采用碳排放量（*CE*）作为被解释变量，将辖区内的能源活动、工业生产、农业等产生的温室气体排放计入直接排放量，将为城市提供二次能源产生的排放和城市内部活动引发的排放计入辖区外的与能源相关的间接排放。数据来源于中国碳核算数据库，时间为 1991—2020 年。

（二）核心解释变量

1. 人均 GDP（*PGDP*）

人均 GDP（*PGDP*）能较好地反映不同城市间的经济发展水平。为了消除

价格波动的影响，本书将 *PGDP* 折算为以 1991 年为基期的不变价格。

2. 能源产业协调性（*STI*）

能源产业协调性（*STI*）由能源产业共生协调度计算得出，数据来源于 1991—2021 年的《中国统计年鉴》。

（三）控制变量（*X*）

本书参考肖振红（2023）、林伯强（2022）等的研究，选择产业结构、金融发展、人口规模和政府干预等影响能源消耗与碳排放的因素。数据主要来源于 1991—2021 年《中国统计年鉴》和 Wind 数据库。

三、描述性统计

本书的描述性统计变量见表 6-6。

表 6-6　描述性统计变量

变量	定义	样本量	均值	标准差	最小值	最大值
SLI	能源产业协调性	924.000	0.432	0.101	0.006	0.500
CE	二氧化碳排放量	930.000	-0.000	1.000	-1.611	3.075
PGDP	人均 GDP（元）	930.000	0.000	1.000	-0.922	5.165
Fdi	外商投资企业投资	930.000	0.000	1.000	-0.409	12.291
Intel	互联网普及率	930.000	32.580	19.825	2.000	84.000
cons	居民消费水平指数	930.000	8.665	4.088	-13.900	27.500
Gov	地方财政支出/GDP	930.000	0.208	0.169	0.049	1.354
energy_inv	能源工业投资	930.000	-0.000	1.000	-0.807	6.895
Ins	第三产业增加值/第二产业增加值	930.000	1.117	0.579	0.413	5.244
open	进出口总额/GDP	930.000	0.425	0.551	0.011	3.939

注：为避免量纲不统一造成的结果偏差，采用极值法对碳排放①、人均 GDP 和人口规模数据进行标准化。

① 乔婷，赵海东. 政府注意力能否引起环境库兹涅茨曲线的改变：基于内蒙古自治区的分析［J］. 干旱区资源与环境，2023（5）.

第五节　能源供给共生演化与低碳发展的实证分析

一、基准回归

基于省域能源、经济和环境数据，实证检验能源产业共生转型协调性对碳排放库兹涅茨曲线的影响，基准回归结果如表 6-7 所示。

表 6-7　模型整体回归结果

变量	(1)	(2)	(3)	(4)	(5)	(6)	(7)	(8)
	CE	*CE*	*CE*	*CE*	*CE*	*CE*	*CE*	*CE*
PGDP	0.795*** (50.580)	0.795*** (50.520)	0.613*** (12.854)	0.613*** (12.785)	0.754*** (41.500)	0.753*** (41.390)	0.579*** (12.224)	0.580*** (12.148)
$PGDP^2$	−0.082*** (−12.891)	−0.082*** (−12.902)	−0.092*** (−8.648)	−0.093*** (−8.697)	−0.073*** (−11.006)	−0.073*** (−11.007)	−0.085*** (−7.984)	−0.085*** (−8.012)
SLI					0.576*** (3.889)	0.576*** (3.872)	0.654*** (4.492)	0.639*** (4.386)
Intel			0.008*** (3.874)	0.007*** (3.505)			0.008*** (4.017)	0.008*** (3.702)
cons			0.007** (2.493)	0.006** (2.366)			0.005* (1.951)	0.005* (1.849)
energy_inv			−0.027 (−1.490)	−0.024 (−1.334)			−0.032* (−1.800)	−0.030* (−1.660)
Fdi			0.062*** (3.823)	0.060*** (3.696)			0.061*** (3.795)	0.059*** (3.680)
Gov			−0.427*** (−2.746)	−0.322** (−2.021)			−0.530*** (−3.389)	−0.445*** (−2.774)
Ins			0.308*** (7.538)	0.322*** (7.806)			0.304*** (7.545)	0.315*** (7.739)
open			−0.086** (−1.965)	−0.099** (−2.211)			−0.075* (−1.712)	−0.085* (−1.909)

续表

变量	(1)	(2)	(3)	(4)	(5)	(6)	(7)	(8)
	CE	*CE*	*CE*	*CE*	*CE*	*CE*	*CE*	*CE*
Constant	0.082 (0.681)	0.082*** (6.745)	-0.447*** (-3.331)	-0.454*** (-4.941)	-0.173 (-1.245)	-0.176*** (-2.618)	-0.707*** (-4.697)	-0.711*** (-6.604)
Observations	930	930	930	930	924	924	924	924
R-squared		0.787		0.810		0.790		0.813
Number of id_x	31	31	31	31	31	31	31	31
City FE	No	Yes	No	Yes	No	Yes	No	Yes
Year FE	No	Yes	No	Yes	No	Yes	No	Yes

注：括号内为 z 统计值；*** 代表 $p<0.01$，** 代表 $p<0.05$，* 代表 $p<0.1$。

从城市面板数据的回归结果出发，分两个层面进行解释。

从整体来看，在第（1）~（8）列不变量组合下，人均 GDP 一次项的系数为 0.579~0.795，二次项系数为-0.093~-0.073，且 p 值小于 0.05，具有良好的解释性。根据以上结果可以判断，中国省域二氧化碳排放与人均 GDP 之间的关系符合经典环境库兹涅茨曲线的倒“U”形曲线特征。

在加入能源产业协调关系以后，能源产业协调关系不仅会显著地促进二氧化碳排放量的增加，也会改善二氧化碳排放与经济发展之间的关系。为了进一步验证这一影响关系，本书采用边际分析，根据基准回归估计结果中的固定效应，绘制人均 GDP 和碳排放之间的关系。为了更好地评价能源产业共生转型的低碳效果，可以根据表 6-7 分两种情况讨论。

如果不考虑控制变量，在第（2）列不加入能源产业共生转型协调关系时，碳排放环境库兹涅茨曲线的顶点为（48326.27，15.57）；在第（4）列加入能源产业共生转型协调关系时，碳排放环境库兹涅茨曲线的顶点为（36853.27，11.41），碳排放环境库兹涅茨曲线的顶点显著地向左下方偏移；如果加入控制变量，在第（6）列不考虑能源产业共生转型协调关系时，碳排放环境库兹涅茨曲线的顶点为（48495.34，16.46）；在第（8）列考虑能源产业共生转型协调关系时，碳排放环境库兹涅茨曲线的顶点为（36451.53，11.68），相比之下，碳排放环境库兹涅茨曲线的顶点也显著地向左下方偏移（见图 6-7）。

不同组合表明，能源产业协调关系的发展会使二氧化碳与经济发展的“拐点”前移，这意味着，能源产业共生转型下，碳排放与经济发展之间的协调关系将得到有效改善。

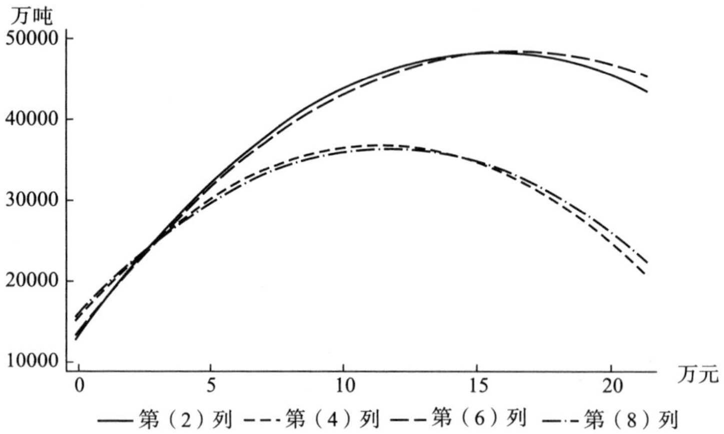

图 6-7　能源产业共生转型下人均 GDP 与碳排放量环境库兹涅茨曲线

二、稳健性检验

（一）UTest 检验

在确定“U”形或倒“U”形关系时，仅仅根据核心解释变量的二次项系数是否显著是不够严谨的。如果样本数据呈现单调凸性，或者阶段性凸性，则核心解释变量的二次项系数也可能显著，从而导致虚假的“U”形或倒“U”形关系，也无法排除三次型或更高次型的情况。本书对二氧化碳与经济发展之间的倒“U”形关系进行了更加严谨的 UTest 检验。结果显示，人均 GDP 对二氧化碳排放影响的临界值为 6.627~6.690，均在人均 GDP 的取值范围内，UTest 检验也均在 1%的显著性水平上通过了倒“U”形关系检验，进一步证实了倒“U”形关系。同时，结果中的斜率均表现出下限斜率（lower bound slope）为正、上限斜率（upper bound slope）为负，呈现先增长后下降的形态，验证了经济发展水平与二氧化碳排放的倒“U”形关系，并排除了可能存在的三次型或更高次型的可能性。UTest 检验结果见表 6-8。

表 6-8　UTest 检验结果

分组	第（2）列		第（4）列		第（6）列		第（8）列	
指标	上界	下界	上界	下界	上界	下界	上界	下界
Interval	-0.922	5.165	-0.922	5.165	-0.922	5.165	-0.922	5.165
Slope	0.946	-0.052	0.785	-0.347	0.887	-0.332	0.738	-0.301
t-value	37.687	-0.923	12.163	-44.389	11.353	-16.489	11.470	-3.835
P>丨*t*	0.000	0.000	0.000	0.000	0.000	0.000	0.000	0.000
极值点置信区间	4.300	5.585	2.890	3.875	4.529	6.124	2.951	4.062
极值点	4.847		3.299		5.188		3.401	

（二）更改时间区间

考虑到时间周期的选择可能会影响回归结果，本书将样本期缩短至2000—2020年和2010—2020年，以便排除过早时期对二氧化碳不够重视以及近年来对二氧化碳排放过于严苛可能造成的极端影响。

调整样本期的估计结果如表 6-9 所示。

表 6-9　调整样本期的估计结果

变量	2000—2020 年			2010—2020 年		
	(1)	(2)	(3)	(4)	(5)	(6)
PGDP	0.003 (0.012)	-0.138 (-0.617)	-0.080 (-0.331)	0.003 (0.012)	-0.138 (-0.617)	-0.080 (-0.331)
$PGDP^2$	-1.661*** (-9.257)	-1.786*** (-9.553)	-1.185*** (-4.902)	-1.661*** (-9.257)	-1.786*** (-9.553)	-1.185*** (-4.902)
SLI		0.301*** (3.102)	0.247*** (2.724)		0.301*** (3.102)	0.247*** (2.724)
Intel			0.029*** (3.376)			0.029*** (3.376)
cons			-0.004*** (-2.706)			-0.004*** (-2.706)
energy_inv			0.642*** (3.041)			0.642*** (3.041)
Fdi			0.089 (0.739)			0.089 (0.739)

续表

变量	2000—2020 年			2010—2020 年		
	(1)	(2)	(3)	(4)	(5)	(6)
Gov			0. 511 (1. 319)			0. 511 (1. 319)
Ins			0. 010 (0. 249)			0. 010 (0. 249)
open			-0. 005 (-0. 172)			-0. 005 (-0. 172)
Constant	0. 279 *** (3. 747)	0. 129 (1. 486)	-0. 270 (-0. 953)	0. 279 *** (3. 747)	0. 129 (1. 486)	-0. 270 (-0. 953)
Observations	279	273	273	279	273	273
R-squared	0. 756	0. 760	0. 804	0. 756	0. 760	0. 804
Number of id_x	31	31	31	31	31	31
City FE	Yes	Yes	Yes	Yes	Yes	Yes
Year FE	Yes	Yes	Yes	Yes	Yes	Yes

注：括号内为 *t* 统计值；*** 代表 $p<0.01$。

通过表 6-9 可以看出，将样本期适当缩短以后，回归结果的系数和显著性并没有发生明显变化。由于样本量大幅减少，R^2 在不同模型下有所下降也属于正常情况，说明基础回归的结论具有稳健性。

（三）变量缩尾

中国不同省份间的社会经济发展差距较大，为了控制变量可能存在的极端值，本书对样本进行了 1%和 5%分位上双边缩尾后，重新进行了回归。

双边缩尾处理后的估计结果如表 6-10 所示。

表 6-10　双边缩尾处理后的估计结果

变量	两端缩尾 1%			两端缩尾 5%		
	(1)	(2)	(3)	(4)	(5)	(6)
	CE	*CE*	*CE*	*CE*	*CE*	*CE*
PGDP	0. 795 *** (50. 520)	0. 753 *** (41. 390)	0. 580 *** (12. 148)	0. 795 *** (50. 520)	0. 753 *** (41. 390)	0. 580 *** (12. 148)

续表

变量	两端缩尾 1%			两端缩尾 5%		
	(1)	(2)	(3)	(4)	(5)	(6)
	CE	*CE*	*CE*	*CE*	*CE*	*CE*
$PGDP^2$	−0.082*** (−12.902)	−0.073*** (−11.007)	−0.085*** (−8.012)	−0.082*** (−12.902)	−0.073*** (−11.007)	−0.085*** (−8.012)
SLI		0.576*** (3.872)	0.639*** (4.386)		0.576*** (3.872)	0.639*** (4.386)
Intel			0.008*** (3.702)			0.008*** (3.702)
cons			0.005* (1.849)			0.005* (1.849)
energy_inv			−0.030* (−1.660)			−0.030* (−1.660)
Fdi			0.059*** (3.680)			0.059*** (3.680)
Gov			−0.445*** (−2.774)			−0.445*** (−2.774)
Ins			0.315*** (7.739)			0.315*** (7.739)
open			−0.085* (−1.909)			−0.085* (−1.909)
Constant	0.082*** (6.745)	−0.176*** (−2.618)	−0.711*** (−6.604)	0.082*** (6.745)	−0.176*** (−2.618)	−0.711*** (−6.604)
Observations	930	924	924	930	924	924
R-squared	0.787	0.790	0.813	0.787	0.790	0.813
Number of id_x	31	31	31	31	31	31
City FE	Yes	Yes	Yes	Yes	Yes	Yes
Year FE	Yes	Yes	Yes	Yes	Yes	Yes

注：括号内为 *t* 统计量；***、* 分别表示 1%、10%的显著性水平。

从表 6-10 的回归结果可以看出，对变量进行双边缩尾后的估计结果与前文基本一致，即回归结果具有较高的稳健性。

三、异质性分析

（一）是否为能源富集区的异质性分析

我国不同区域的能源禀赋具有很大差异，不仅直接制约着地方的能源产业格局，也间接地影响着地方的经济环境关系。本书选取不可再生能源年均产量在3000万吨标准煤以上的12个省份，定义为不可再生能源富集区，主要包括山东、山西、黑龙江、陕西、新疆、河北、广东、辽宁、河南、江苏、内蒙古、天津；选取可再生能源年均产量前10的省份，定义为可再生能源富集区，主要包括四川、云南、湖北、广东、福建、广西、浙江、贵州、湖南、甘肃。其他地区为非能源富集区。结合表6-11可以看出：①第（1）~（6）列的*PGDP*一次项系数显著为正，二次项系数显著为负，说明化石能源富集区、可再生能源富集区和非能源富集区的碳排放环境库兹涅茨曲线都呈倒“U”形；②化石能源富集区的*SLI*值系数为0.586，意味着化石能源富集区的能源产业协调发展在一定程度上增加了碳排放量，而从碳排放环境库兹涅茨曲线角度来看，在考虑到能源产业协调关系后，可再生能源富集区的*SLI*值并不显著，对碳排放环境库兹涅茨曲线的影响暂时未知；③非能源富集区的*SLI*值为0.874。非能源富集区的化石能源产业和可再生能源产业都不丰富，但仍然有一定存量。该类型地区虽然没有能源禀赋优势，但是不会过度依赖某种能源，在进行能源产业转型的过程中反而负担较小，其低碳效应也更容易得到体现。

表6-11　基于能源富集区的异质性分析

变量	化石能源富集区			可再生能源富集区			非能源富集区		
	(1)	(2)	(3)	(4)	(5)	(6)	(7)	(8)	(9)
	CE	*CE*	*CE*	*CE*	*CE*	*CE*	*CE*	*CE*	*CE*
PGDP	0.882*** (35.179)	0.838*** (26.306)	0.507*** (5.012)	1.019*** (35.374)	1.012*** (29.455)	0.862*** (11.457)	0.690*** (28.647)	0.634*** (24.255)	0.765*** (10.147)
$PGDP^2$	−0.183*** (−12.449)	−0.171*** (−10.984)	−0.184*** (−5.584)	−0.229*** (−11.769)	−0.226*** (−10.659)	−0.174*** (−6.675)	−0.038*** (−5.394)	−0.027*** (−3.817)	−0.072*** (−5.876)
SLI		0.434** (2.225)	0.586*** (3.077)		0.152 (0.369)	−0.090 (−0.229)		0.574*** (2.752)	0.874*** (4.279)

续表

变量	化石能源富集区			可再生能源富集区			非能源富集区		
	(1)	(2)	(3)	(4)	(5)	(6)	(7)	(8)	(9)
	CE	CE	CE	CE	CE	CE	CE	CE	CE
Intel			0.019*** (3.863)			-0.001 (-0.358)			0.001 (0.394)
cons			-0.006 (-1.336)			0.002 (0.420)			0.007** (2.030)
energy_inv			-0.048** (-2.081)			-0.127** (-2.241)			-0.225*** (-3.142)
Fdi			0.182*** (4.056)			0.080*** (3.036)			0.020 (0.998)
Gov			-1.261** (-2.404)			3.882*** (8.542)			-0.759*** (-4.494)
Ins			0.051 (0.487)			-0.248** (-2.094)			0.139*** (2.876)
open			-0.219* (-1.846)			-0.408*** (-4.592)			-0.044 (-0.913)
Constant	0.159*** (8.105)	-0.020 (-0.245)	-0.385** (-2.180)	0.539*** (21.831)	0.466** (2.338)	0.257 (1.107)	-0.163*** (-9.127)	-0.428*** (-4.507)	-0.690*** (-3.092)
Observations	300	300	300	300	300	300	300	294	294
R-squared	0.834	0.837	0.869	0.838	0.838	0.887	0.832	0.840	0.868
Number of id_x	12	12	12	10	10	10	9	9	9
City FE	Yes	Yes	Yes	Yes	Yes	Yes	Yes	Yes	Yes
Year FE	Yes	Yes	Yes	Yes	Yes	Yes	Yes	Yes	Yes

注：括号内为 t 统计值；*** 代表 $p<0.01$，** 代表 $p<0.05$，* 代表 $p<0.1$。

（二）基于东部、中部、西部地区的异质性分析

我国东部、中部、西部地区的社会经济环境有很大差异，为更好地评估不同地区间碳排放与经济发展之间的关系以及能源产业协调关系的影响，根据《中共中央、国务院关于促进中部地区崛起的若干意见》《关于西部大开发若干政策措施的实施意见》以及党的十六大报告精神，将我国的经济区域划分为东部、中部、西部地区。其中，东部地区包括北京、天津、河北、上海、

江苏、浙江、福建、山东、广东和海南；中部地区包括山西、安徽、江西、河南、湖北、湖南、辽宁、吉林和黑龙江；西部地区包括内蒙古、广西、重庆、四川、贵州、云南、西藏、陕西、甘肃、青海、宁夏和新疆。

基于东部、中部、西部地区的异质性分析如表 6-12 所示。

表 6-12　基于东部、中部、西部地区的异质性分析

变量	东部地区			中部地区			西部地区		
	(1)	(2)	(3)	(4)	(5)	(6)	(7)	(8)	(9)
	CE	*CE*	*CE*	*CE*	*CE*	*CE*	*CE*	*CE*	*CE*
PGDP	0. 856 *** (36. 830)	0. 817 *** (31. 338)	0. 597 *** (11. 038)	0. 919 *** (41. 027)	0. 849 *** (31. 921)	1. 064 *** (9. 535)	0. 669 *** (23. 821)	0. 693 *** (21. 291)	0. 071 (0. 556)
$PGDP^2$	-0. 091 *** (-12. 104)	-0. 083 *** (-10. 663)	-0. 071 *** (-6. 535)	-0. 351 *** (-10. 334)	-0. 306 *** (-8. 923)	-0. 369 *** (-7. 651)	-0. 315 *** (-7. 868)	-0. 347 *** (-8. 440)	-0. 336 *** (-6. 365)
SLI		0. 629 *** (3. 077)	0. 541 ** (2. 578)		0. 943 *** (4. 489)	0. 527 ** (2. 499)		-0. 795 *** (-2. 725)	-0. 474 * (-1. 761)
Intel			0. 017 *** (4. 884)			-0. 018 *** (-3. 725)			0. 026 *** (5. 481)
cons			-0. 006 (-1. 261)			0. 007 ** (2. 004)			0. 004 (0. 972)
energy_inv			-0. 077 *** (-2. 743)			-0. 005 (-0. 183)			-0. 047 (-1. 471)
Fdi			0. 005 (0. 341)			0. 338 *** (3. 551)			0. 448 *** (2. 823)
Gov			-0. 588 (-0. 924)			1. 368 * (1. 850)			-0. 572 ** (-2. 426)
Ins			0. 172 *** (3. 280)			0. 459 *** (5. 188)			0. 268 *** (3. 114)
open			-0. 058 (-1. 310)			-0. 696 *** (-3. 158)			0. 223 * (1. 662)
Constant	0. 342 *** (18. 706)	0. 073 (0. 814)	-0. 608 *** (-3. 487)	0. 313 *** (13. 277)	-0. 114 (-1. 169)	0. 127 (0. 825)	-0. 111 *** (-3. 749)	0. 258 * (1. 803)	-0. 814 *** (-3. 155)
Observations	300	300	300	270	270	270	360	354	354
R-squared	0. 892	0. 896	0. 911	0. 867	0. 877	0. 910	0. 623	0. 621	0. 709

续表

变量	东部地区			中部地区			西部地区		
	(1)	(2)	(3)	(4)	(5)	(6)	(7)	(8)	(9)
	CE	*CE*	*CE*	*CE*	*CE*	*CE*	*CE*	*CE*	*CE*
Number of id_x	10	10	10	9	9	9	12	12	12
City FE	Yes	Yes	Yes	Yes	Yes	Yes	Yes	Yes	Yes
Year FE	Yes	Yes	Yes	Yes	Yes	Yes	Yes	Yes	Yes

注：括号内为 t 统计量；*** 代表 $p<0.01$，** 代表 $p<0.05$，* 代表 $p<0.1$。

从表 6-12 中可以看出：①第（1）~（6）列的 *PGDP* 一次项系数显著为正，二次项系数显著为负，说明东部、中部、西部地区的碳排放环境库兹涅茨曲线都呈倒“U”形；②东部地区和中部地区的 *SLI* 值系数显著为正，意味着该地区的能源产业协调发展在一定程度上增加了碳排放量；③西部地区的 *SLI* 值显著为负，意味着西部地区能源产业的共生转型在一定程度上减少了碳排放量，改善了碳排放与经济发展之间的关系。

第七章　中国能源消费革命的进展

能源是中国经济社会发展的重要物质基础，能源问题是关乎国家繁荣、人民富裕、社会和谐的重大议题。长期以来，我国粗放型经济发展方式消耗了大量能源，目前我国能源消费总量已接近全球能源消费总量的1/4，加上以煤炭为主的高碳能源结构一直未曾改变，给我国带来了严重的资源供应安全问题、严峻的生态环境问题和日益增大的应对温室气体减排国际压力，制约着我国向高收入国家迈进和美丽中国的建设。2014年，中央财经委员会第六次会议明确提出要推动能源消费革命；2017年，国家发展改革委发布《能源生产和消费革命战略（2016—2030年）》，强调全面启动能源革命体系布局，推动化石能源清洁化，从根本上扭转能源消费的粗放增长方式，实施政策导向与约束并重。能源消费革命是能源消费系统的一个彻底的、激烈的变化过程，是指以最低的过程累计能耗为代价，从目前高耗能、高排放的能源消费系统尽快过渡到低耗能、低排放的能源消费系统的发展过程，以及为此所需要对理念、管理和技术进行的一系列根本变革（倪维斗、金涌，2017）。转变经济发展方式和能源消费增长方式，通过理念、管理和技术的一系列变革，提高整个经济过程的用能效率和效益，是能源消费革命的根本目的。

中国能源消费革命的实施已取得阶段性成果，中国初期粗放型的经济发展方式、“以需定供”的能源生产供应模式导致的能源消费增长速度放缓，能源消费总量和能耗强度“双控”逐步实现，能源结构调整、高能耗产业节能减排已取得明显进展，终端用能低碳化、电气化水平逐步提升，居民用能消费方式和生活模式发生转变。在能耗“双控”方面，“十二五”时期，2015年，全国能源消费总量为43.0亿吨标准煤，煤炭消费量占能源消费总量的

64.0%，非化石能源占一次能源消费比重从2010年的8.6%提高到2015年的12.0%；“十三五”时期，2020年，全国能源消费总量为49.8亿吨标准煤，煤炭消费量占能源消费总量的56.8%，非化石能源占一次能源消费比重达15.9%，较“十二五”时期的占比上升了3.9个百分点，煤炭消费量占能源消费总量的比重下降了7.2个百分点；“十四五”时期，截至2022年底，全国能源消费总量为54.1亿吨标准煤，煤炭消费量占能源消费总量的56.2%，非化石能源占一次能源消费比重提升至17.3%。

第一节 中国能源消费发展趋势的基本判断

一、“十二五”“十三五”时期能耗总控目标基本完成

长期以来，我国粗放型经济发展方式和“按需定供”的能源生产供应模式导致了能源消费持续快速增长，国内能源资源约束日益凸显，能源供应安全风险不断加剧，高强度能源开发利用造成严重的生态破坏和环境污染，温室气体减排压力日渐增大，引发能源资源约束、生态环境破坏、供应安全风险、温室气体减排等诸多“总量型”问题，制约经济社会可持续发展。目前，我国经济与能源转型进展缓慢，步履维艰，亟须采取有效的政策手段，而提出能耗“双控”目标，可以合理控制能源消费总量，限制化石能源消耗，尤其是降低煤炭消费占比，鼓励新能源和可再生能源的开发利用，为应对能源安全风险、生态环境破坏及低碳转型提供战略支点，与产业结构调整及布局优化、节能减排、环境治理、温室气体减排等政策做好衔接，相互配合、相互促进，形成合力，促进经济、能源、环境协同可持续发展。“十三五”时期，能源消费总量控制目标均已完成，《能源发展“十二五”规划》提出一次能源消费总量将控制在41亿吨标准煤，非化石能源占一次能源消费比重达到11.4%；《能源发展“十三五”规划》提出到2020年把能源消费总量控制在50亿吨标准煤以内，到2020年非化石能源占一次能源消费比重达到15%。截至2015年，能源消费总量为40.63亿吨标准煤，非化石能源占一次能源消费比重

也从 2010 年的 8.6%提高到 2015 年的 12.0%；到 2020 年，能源消费总量为 45.57 亿吨标准煤，非化石能源占一次能源消费比重达 15.9%，如期实现 2020 年非化石能源消费占比达到 15%的庄严承诺。

（一）能源消费总量和能耗强度变化

“十二五”“十三五”期间，能源消费总量控制目标均已完成，能源消费总量整体呈现逐年攀升趋势，能耗强度呈现逐年下降趋势。“十三五”时期能源消费总量增速明显快于“十二五”时期能源消费总量增速，“十三五”时期相对于“十二五”时期能耗强度下降幅度明显放缓。具体来看，“十二五”时期，全国能源消费总量从 2011 年的 37.02 亿吨标准煤上升到 2015 年的 40.63 亿吨标准煤，年均增长率为 2.36%；能耗强度从 2011 年的 0.70 万吨标准煤/亿元下降到 2015 年的 0.58 万吨标准煤/亿元，年均下降率为 4.55%。“十三五”时期，全国能源消费总量由 2016 年的 41.10 亿吨标准煤上升到 2020 年的 45.57 亿吨标准煤，年均增长率为 2.62%；能耗强度从 2016 年的 0.54 万吨标准煤/亿元下降到 2020 年的 0.44 万吨标准煤/亿元，下降幅度放缓（见图 7-1、图 7-2）。《能源发展“十二五”规划》提出，一次能源消费总量将控制在 41 亿吨标准煤；《能源发展“十三五”规划》提出，到 2020 年把能源消费总量控制在 50 亿吨标准煤以内。截至 2015 年，能源消费总量为 40.63 亿吨标准煤；2020 年，能源消费总量为 45.57 亿吨标准煤，“十二五”“十三五”期间能源消费总量控制目标均已完成。

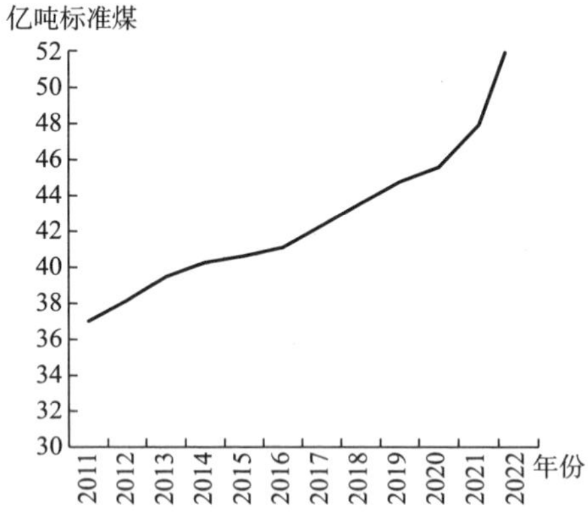

图 7-1　2011—2022 年我国能源消费总量变化

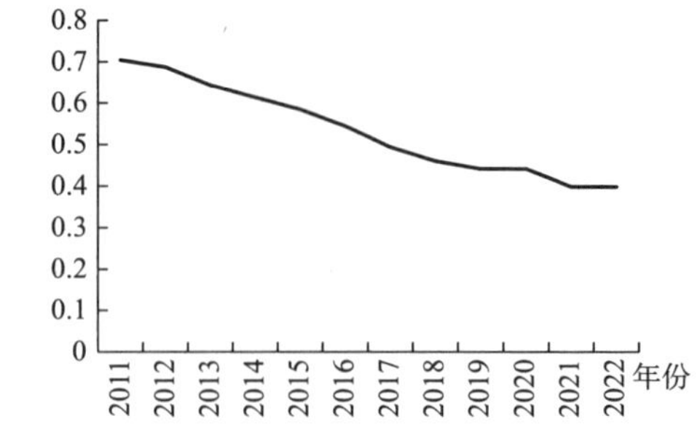

图 7-2　2011—2022 年我国能耗强度变化

（二）能源消费结构变化

中国整体能源消费结构仍以煤炭消费为主，“十二五”“十三五”期间，煤炭消费占一次能源消费比重整体呈现稳步下降趋势，非化石能源占一次能源消费比重逐年上升，分别达到《能源发展“十二五”规划》提出的到2015年非化石能源占一次能源消费比重达到11.4%、《能源发展“十三五”规划》提出的到2020年非化石能源占一次能源消费比重达到15%的目标，能源消费逐步实现清洁化、高消耗、多元化。具体来看，如图7-3所示，2022年，煤炭消费占能源消费总量的比重达61.6%，从2011年的73.4%降至2022年的61.6%，年均下降率为1.58%；石油、天然气占一次能源消费比重在逐年上升，分别从2011年的17.6%、4.8%上升至2022年的20.9%、10.1%，年均增长率分别为1.57%、6.70%。“十二五”时期，我国非化石能源占一次能源消费比重从2010年的8.6%提高到2015年的12.0%，达到《能源发展“十二五”规划》提出的到2015年非化石能源占一次能源消费比重11.4%的要求；2020年，我国可再生能源发电量达到2.2万亿千瓦·时，占全社会用电量的比重达到29.5%，较2012年增长9.5个百分点，有力支撑我国非化石能源占一次能源消费比重达15.9%，如期实现2020年非化石能源消费占比达到15%的庄严承诺。

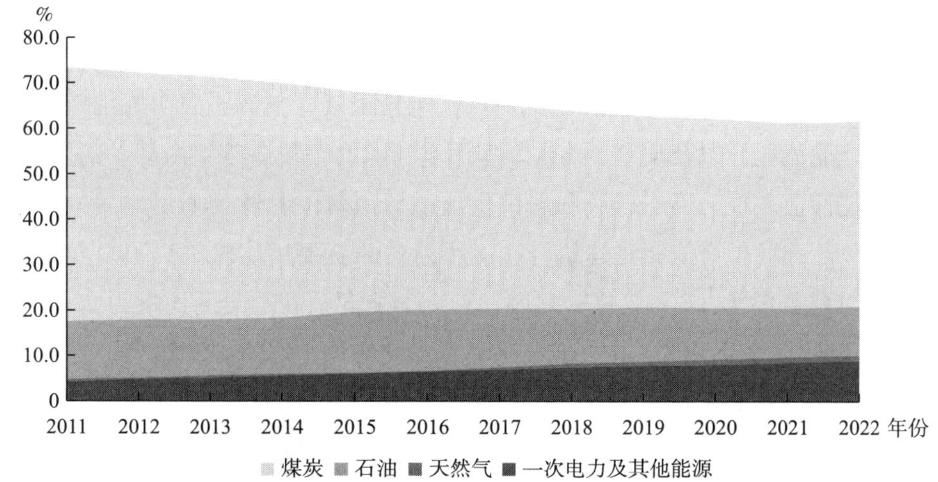

图7-3　2011—2022年我国能源消费结构变化

二、高能耗产业节能降碳有效实现

（一）建筑行业

作为高能耗行业的主力军，建筑行业能耗占比和碳排放占比近50%，建筑业能耗和碳排放强度较多集中在建材生产阶段，建材生产阶段节能降耗是未来高能耗建筑业的重点领域。"十二五""十三五"期间，全国建筑全过程能耗和碳排放逐年攀升，2020年，全国建筑全过程能耗总量为22.7亿吨标准煤，占全国能源消费总量的比重为45.5%；全国建筑全过程碳排放总量为50.8亿吨，占全国碳排放量的比重为50.9%。具体来看，2005—2020年，全国建筑全过程能耗由9.3亿吨标准煤上升至22.33亿吨标准煤，扩大1.4倍，年均增速为6.0%；碳排放量由22.3亿吨上升至50.8亿吨，扩大1.3倍，年均增速为5.6%。"十一五""十二五""十三五"期间，建筑业能耗年均增速分别为5.9%、8.3%和3.7%，碳排放年均增速分别为7.8%、6.8%和2.3%。

将建筑行业具体划分为建材生产、建筑施工和建筑运行，建材生产能耗和碳排放是指当年建筑业消耗的建材在其生产全过程（含上游的原材料）的能源消耗和碳排放，包括房屋建筑和基础设施工程。建筑施工能耗和碳排放是指建筑业企业施工生产活动带来的能源消费及其碳排放，与《中国建筑业统计年鉴2021》口径一致，包括房屋建筑工程施工（含新建、改扩建、翻新装修、建筑拆除等施工）和基础设施工程施工。建筑运行能耗和碳排放是指当年既有建筑在运行过程中的能源消耗，包括采暖、空调、照明等维持建筑使用功能的能耗，以及炊事、热水、家用电器、办公设备等室内活动的能耗，在宏观统计上表现为第三产业和居民生活能源消费中扣除交通运输后的能耗与碳排放。建材生产能耗是建筑行业能源消耗的主要用能阶段，2020年，建材生产阶段能耗为11.1亿吨标准煤，占全国能源消费总量的比重为22.3%；碳排放量为28.2亿吨，占全国碳排放总量的比重为28.2%。2020年，建筑施工阶段能耗为0.9亿吨标准煤，占全国能源消费总量的比重为1.9%，其中，钢材和水泥的生产碳排放占建筑业建材生产阶段碳排放的95%以上，是主要的能耗影响因素；碳排放量为1.0亿吨，占全国碳排放总量的比重为1.0%，施工面积的大幅增长是建筑施工阶段碳排放增长的主要驱动因素。2020 年，建筑运行阶段能耗为 10.6 亿吨标准煤，占全国能源消费总量的比重为 21.3%；碳排放量为 21.6 亿吨，占全国碳排放总量的比重为 21.7%。

公共建筑和城镇居住建筑是建筑行业碳排放增长的主要来源。2020 年，全国建筑存量为 696 亿平方米，其中，80%为住宅建筑，20%为公共建筑。在住宅建筑中，城镇居住建筑面积为 320 亿平方米，占比为 58%；农村居住建筑面积为 233 亿平方米，占比为 42%。2010—2020 年，公共建筑碳排放增长了 51%，为 6.34 亿吨；城镇居住建筑碳排放增长了 37%，为 2.42 亿吨。农村居住建筑虽然增长了 35%，为 1.11 亿吨，但因其原本就相对较少，且近年来随着城镇化率的不断增长，碳排放增长速率已放缓，其排放增量对总量的增加影响较小。“十三五”时期，公共建筑碳排放年均增速为 2.8%，城镇居住建筑碳排放年均增速为 3.4%，农村居住建筑碳排放年均增速为 1.7%，基本步入平台期（见图 7-4）。

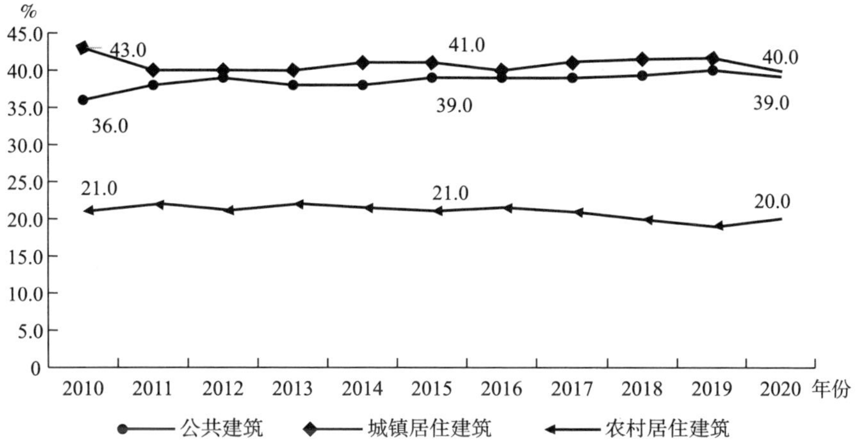

图 7-4　2010—2020 年我国建筑行业类型碳排放占比变化

建筑能源结构优化，电力碳排放增长迅速，直接碳排放连年下降。2020 年，在建筑运行碳排放中，建筑直接碳排放量为 5.5 亿吨，占排放总量的 25%；电力碳排放量为 11.5 亿吨，占排放总量的 53%；热力碳排放量为 4.7 亿吨，占排放总量的 22%（见图 7-5）。建筑直接碳排放量在 2016 年达峰，峰值为 6.7 亿吨，之后呈现连年下降趋势，年均下降 4.8%。建筑电力碳排放在“十三五”时期的年均增速为7.1%，不仅总量较高，而且表现出较为强势的增长趋势。热力碳排放也在每年增长，但增速较缓，“十三五”时期的年均增速为2.0%。

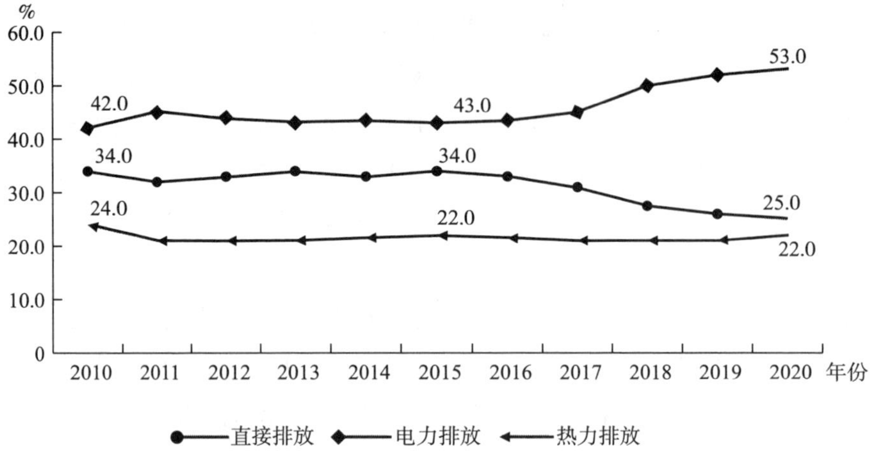

图7-5　2010—2020年我国建筑行业碳排放类别占比变化

（二）供热节能行业

供热的能耗和碳排放占比较大，供热浪费现象促使供热节能需求持续提升。随着人们生活水平的提高，冬季取暖需求将长期存在。当前，我国北方地区清洁取暖比例低，特别是部分地区冬季大量使用散烧煤，大气污染物排放量大，迫切需要推进清洁取暖，是能源生产和消费革命、农村生活方式改变的重要内容。近些年，北方地区采暖能耗和碳排放增速有所放缓，但体量较大，总体呈现逐年攀升态势。南方非采暖区建筑用能持续增长，用能结构优化效果显著。2010—2020年，北方采暖地区建筑能耗总量从3.6亿吨标准煤增至5.4亿吨标准煤，年均增速为4.1%；冬冷夏热地区的建筑能耗总量从1.9亿吨标准煤增至3.6亿吨标准煤，年均增速为6.5%；南方地区的建筑能耗总量从0.8亿吨标准煤增至1.7亿吨标准煤，年均增速为7.3%（见图7-6）。从各地区的建筑能耗占比来看，北方采暖地区的能耗占比逐年下降，2010年为57%，2015年为53%，2020年为51%，10年间下降了6个百分点。北方地区省份较多，能耗总量较大，但归功于集中供暖能耗量控制较好，建筑能耗需求增长较缓，该地区建筑能耗增速在三大地区中最低。在冬冷夏热地区和南方地区，虽然其所含省份较少且无集中供热能耗，但其建筑用能需求增长较快，建筑能耗年均增速显著大于北方采暖地区。

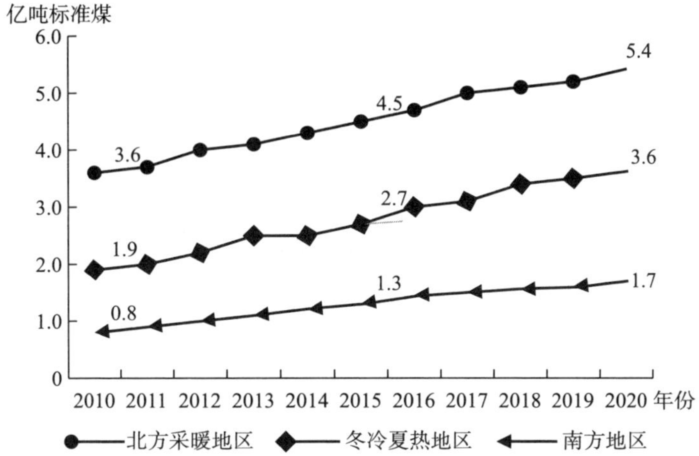

图 7-6　2010—2020 年我国分地区采暖能耗变化

北方采暖地区、冬冷夏热地区和南方地区的建筑碳排放随能耗增长而逐年增长，北方采暖地区碳排放体量最大，2020 年达到 12. 5 亿吨，是冬冷夏热地区碳排放量的近 2 倍，是南方地区碳排放总量的 4 倍多（见图 7-6）。北方采暖地区的碳排放增速较快，从 2010 年的 8. 9 亿吨增至 2020 年的 12. 5 亿吨，年均增速达 3. 5%。冬冷夏热地区和南方地区的建筑碳排放增速显著低于北方地区建筑能耗增速，说明冬冷夏热地区和南方地区的建筑用能结构更加优化，煤炭应用比例下降、清洁能源发电、天然气等清洁能源占比提高，这使得建筑能耗在快速增长的同时能保持较低的碳排放增速。自 2020 年底中央明确“双碳”发展目标以来，我国持续推动“双碳”发展政策体系完善，2021 年 10 月陆续出台了《中共中央　国务院关于完整准确全面贯彻新发展理念做好碳达峰碳中和工作的意见》《国务院关于印发 2030 年前碳达峰行动方案的通知》，均明确提出要推进煤炭消费替代和转型升级，积极推进供热改造，加快提升建筑能效水平，提高节能降碳要求，推动超低能耗建筑、低碳建筑规模化发展，持续推动老旧供热管网等市政基础设施节能降碳改造，加快推广供热计量收费和合同能源管理，逐步开展公共建筑能耗限额管理。到 2025 年，城镇新建建筑全面执行绿色建筑标准。在“双碳”发展目标下，供热节能行业政策环境优异，有望迎来黄金发展期。

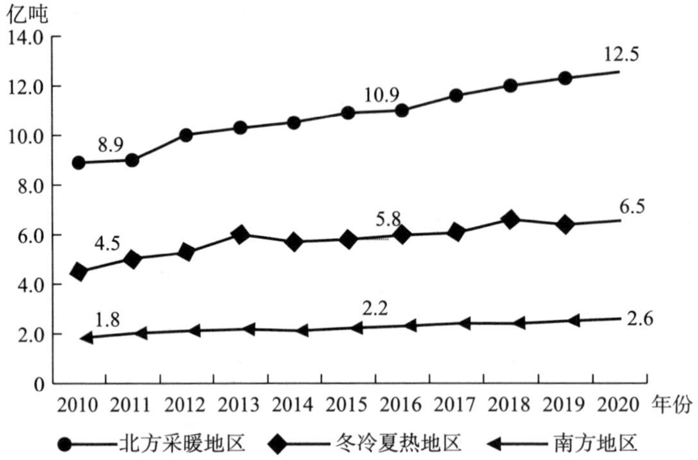

图 7-7　2010—2020 年我国分地区采暖碳排放量变化

（三）交通运输行业

交通运输行业作为资源消耗型和污染排放型行业，高度依赖化石燃料在移动终端的燃烧，导致其二氧化碳排放基数大、减排难的局面。截至 2020 年，全国机动车保有量达 3.72 亿辆，全国有 70 个城市汽车保有量超过 100 万辆，而北京、成都、重庆则超过 500 万辆，苏州、上海、郑州超过 400 万辆，西安、武汉、深圳、东莞、天津、青岛、石家庄超过 400 万辆。城市汽车数量的大规模攀升导致碳排放量的快速增长，2020 年，我国交通领域碳排放量达 9.3 亿吨，占全国终端碳排放量的 15%，相比 2019 年下降 2.1 亿吨。我国交通运输领域碳排放增速明显高于世界交通碳排放增速。2008—2019 年，复合增长率达 7.5%，明显高于 2.3%的世界交通碳排放增速及我国 5.6%的整体碳排放增速。交通运输行业碳排放来源包括公路运输、铁路运输、航空运输、水路运输四部分，2020 年，公路运输占比为 73.80%，水路运输、铁路运输占比分别为 16.40%、9.80%，航空运输占比为 0.01%（见图 7-8）。2020 年，道路交通碳排放占比为 87%，其中，公路客运碳排放占比为 42%，公路货运碳排放占比为45%，是排放量最高的运输方式；航空、水路碳排放占比相近，均为6%；铁路碳排放占比为1%（见图7-9）。

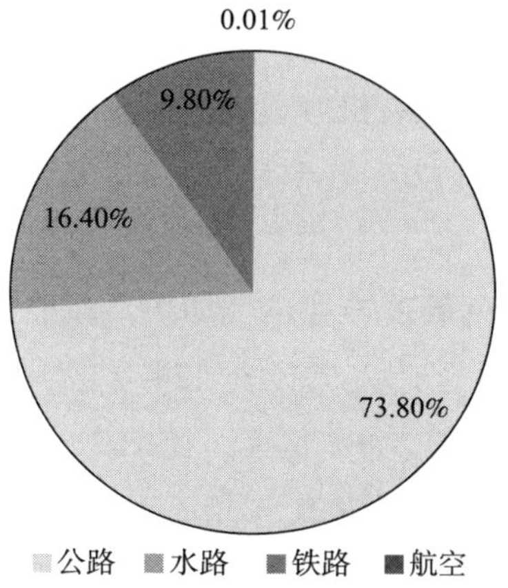

图7-8　2020年我国交通运输行业类型占比

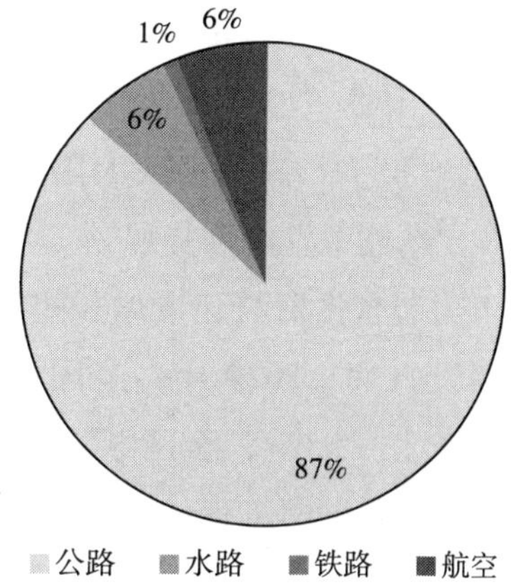

图7-9　2020年我国交通运输行业碳排放占比

目前，我国公交出行比例明显偏低，我国城市公共交通出行比例为20.6%，有限的交通供给能力不能满足快速增长的交通需求，是导致交通拥堵的主要原因。采取市场机制的城市交通碳排放交易体系，逐步构建并完善“总量控制、分配额度”的公路运输碳排放权交易体制，能够有效遏制二氧化碳等温室气体的排放，缓解城市交通需求与道路和环境承载力的矛盾。同时，深入推动“公转铁”“公转水”、多式联运等运输方式的推广，以铁路运输、水路运输替代公路运输，有效降低交通碳排放强度。鼓励新能源汽车的大规模使用，推进完善“地铁+常规公交+慢行”一体化公共交通体系，通过提高轨道交通的普及率、完善电气化公共交通线路规划以及构建“15分钟生态圈”等举措，降低居民私家车出行比例，支持共享自行车、电动车等共享经济发展，规划建设绿色生态廊道、城市慢行通勤专用道、自行车存放点，为市民“绿色出行”提供保障。

三、终端用能低碳化、电气化水平提升

我国深入推进电力绿色低碳转型，终端用能电气化水平不断提升，推动

煤电与新能源优化组合，电力投资加快释放，一批重大项目建成投运，推动能源生产和消费方式深刻变革。在电力消费方面，2022 年，全国用电量为 86369 亿千瓦·时，比 2021 年增长 3.6%。在电力生产供应方面，截至 2022 年底，全国全口径发电装机容量为 256733 万千瓦，比 2021 年增长 8.0%，增速比 2021 年提升 0.2 个百分点。其中，并网风电装机容量 36564 万千瓦，比 2021 年增长 11.2%；并网太阳能装机容量为 39268 万千瓦，比 2021 年增长 28.1%，新能源发电增势强劲。

电力装备投资与建设增长迅速，电力绿色低碳转型步伐加快。在电力投资与建设方面，2022 年，全国主要电力企业合计完成投资 12470 亿元，比 2021 年增长 15.6%；全国电源工程建设完成投资 7464 亿元，比 2021 年增长 27.2%；全国电网工程建设完成投资 5006 亿元，比 2021 年增长 1.8%。电源投资加速释放，电网投资维持较高水平。2022 年，全国新增发电装机容量 20298 万千瓦，比 2021 年增长 13.3%；风电和太阳能发电合计新增装机容量突破 1 亿千瓦，占全部新增发电装机容量的比重为 62.5%。其中，太阳能发电装机容量为 8821 万千瓦，比 2021 年增长 61.7%，创历史新高；分布式光伏发电新增装机容量为 5111 万千瓦，占光伏发电新增装机容量的 60%左右，集中式与分布式开发并举。

非化石能源发电装机容量增长迅速，电力碳减排取得显著成效，全国碳市场建设扎实推进。截至 2022 年底，全国全口径非化石能源发电装机容量 127548 万千瓦，比 2021 年增长 14.0%，增速比 2021 年提升 0.6 个百分点；非化石能源发电占发电总装机容量的比重为 49.7%，增速比 2021 年提高 2.6 个百分点。其中，煤电机组绿色节能技术显著提升。全国达到超低排放限值的煤电机组装机容量约 10.5 亿千瓦，占煤电总装机容量的比重约 94%。2022 年，全国单位火电发电量二氧化碳排放约 824 克/（千瓦·时），比 2005 年降低 21.4%；全国单位发电量二氧化碳排放约 541 克/（千瓦·时），比 2005 年降低 36.9%。截至 2022 年底，全国碳排放权交易市场（发电行业）碳排放配额累计成交量 2.30 亿吨，累计成交额超过 104.75 亿元。其中，2022 年，合计成交量 0.51 亿吨，合计成交额超过 28.1 亿元，综合成交均价 55.30 元/吨。

我国能源资源禀赋决定了煤电在相当长时间内仍将承担保障电力安全供

应的重要作用。2022 年底，全国煤电装机占比 44%，发电用煤占全国煤炭总消费的比重超过一半。“十三五”以来，我国启动煤电灵活性改造工作，推动煤电企业开展深度调峰、热电解耦等多种技术路线探索，煤电机组最小发电出力从 50%~60%的额定容量可降至 30%~35%，部分机组甚至可低至 20%~25%，可调节范围大大增加。截至 2022 年底，煤电灵活性改造规模超过 2.5 亿千瓦，有效提高了电力系统灵活调节能力，更好地促进了可再生能源的发展。构建新型电力系统，煤电清洁、高效、灵活、低碳转型步伐还需加快。要大力推动煤电节能降碳改造、灵活性改造、供热改造“三改联动”，明确煤电要加快由主体电源向提供可靠容量、调峰调频等辅助服务的基础保障性和系统调节性电源转型。

四、居民用能消费方式和生活模式发生转变

自 1972 年起，我国就积极响应联合国人类环境大会的号召，大力倡导绿色消费理念。1983 年，我国将环境保护作为一项基本国策，开始大力发展绿色产业。1994 年，我国政府着手推行绿色产品环境标志认证。进入 21 世纪以来，政府大力提倡转变经济发展方式，用绿色经济抢占我国经济发展的制高点。2008 年，国务院规定所有商品零售场所实行绿色购物袋有偿使用；餐馆不得使用一次性筷子和餐盒。当前，党的二十大报告指出，我国要加快发展方式绿色转型，实施全面节约战略，发展绿色低碳产业，倡导绿色消费，推动形成绿色低碳的生产方式和生活方式。我国已将实行绿色消费提高到国家战略高度，着力开创绿色经济发展的新时代。

（一）绿色家电产品销量大幅增加

作为家电制造强国和消费大国，中国家用电器是居民能源消耗的第二大来源，节能家电在低碳环保的同时能节约电费，家电业也因此来到了向绿色低碳转型的新风口。作为家电制造强国和消费强国，我国家用电器用电量约占全社会用电量的 11.3%，高达 30%的居民碳排放来自家用电器。IEA 的数据显示，家用电器是居民能源消耗的第二大来源，占住宅总能耗的 20%以上（供暖后），这一比例在过去数十年一直保持增长。因此，为践行“绿水青山

就是金山银山”的发展理念，家电企业的绿色转型迫在眉睫。

经过多年发展，中国能效强制实施的产品逐渐涵盖液晶电视、电饭锅、电磁炉、洗衣机、冰箱、热水器、节能灯、电风扇、空调等产品。2020 年初，家用空调新版能效国家标准正式发布。到 2022 年，家用空调的能效提高了 30%，现有的低能耗、高耗电的定频空调和三级能效以下的变频空调都将面临淘汰，市场淘汰率达到 45%左右。2022 年，中国家电市场零售总额为 83521 亿元，生活电器、空调、厨房电器零售额较高，分别为 2279 亿元、16382 亿元、1492 亿元。其中，冰箱市场零售额为 1024 亿元，洗衣机市场零售额为 701 亿元，彩电市场零售额为 1218 亿元。节能空调能效新标准政策实施，加速了能效结构调整，2022 年 10 月 1 日，包括变频空调在内的 APF 新能效标准正式实施，新标准将能效等级分为 1~3 级，原 3 级、4 级、5 级能效产品必须在一年内退出市场。同时，相关部门不断推出家电以旧换新、绿色节能消费券、家电回收等措施。随着家电产品能效要求的逐渐提高，能源效率标识修订、空调新能效相继实施。品质化成为消费者追求的生活方式，绿色、智能成为家电消费市场新趋势。2021 年，我国家电市场复苏，国内下沉市场成交规模达到 2775 亿元，已经超过整体市场的 30%。京东家电 2021 年数据显示，农村市场高端家电的零售额增幅为 61%，远超一线城市 35%的增幅；2022 年，我国下沉市场家电销售逆势增长，零售额达 2850 亿元，占整体家电市场的比例从 2021 年的 31. 5%提升至 34. 1%。城乡家电市场的消费鸿沟持续缩小，下沉市场家电消费结构同步向高端化、绿色化、智能化转变。事实上，近年来国家持续加大乡村振兴力度，努力促进县乡消费，“挖潜”“换新”等举措在三线以下城市、县镇与农村构成的下沉市场效果明显，下沉市场成为家电消费的“生力军”。

2023 年 5 月，商务部、国家发展改革委、工业和信息化部、国家市场监管总局联合发布《关于做好 2023 年促进绿色智能家电消费工作的通知》，在绿色智能家电消费、家电以旧换新、绿色智能家电下乡、家电售后服务、废旧家电回收等方面做出重要部署，着力推进绿色智能家电消费。多地采取举措促进绿色智能家电消费，比如，北京通州发放绿色家电消费券，针对购买指定绿色家电的消费者发放微信立减金优惠券；重庆推出促进绿色智能家电消费的若干措施，联动组织市内重点家电企业及家电品牌商在23个街道进行公益宣传，免费为市民检测、清洗家电，开展绿色智能家电以旧换新进乡镇、进社区、进小区“三进入”活动；江苏以高温降暑为契机，全面启动“绿色节能家电消费节”，以旧换新、家电补贴等联动发力促消费。类似活动在全国各地展开，商务部公布的数据显示，2023年以来，全国各地投入促进家电消费资金超过25亿元，安排大型家电消费促进活动超过300场，其中，绿色智能家电占据多数。

（二）新能源汽车消费规模持续增长

随着国家各项新能源汽车的补贴推广、税收减免、提高贷款发放比例政策支持措施的不断出台，我国新能源汽车行业发展迅猛，市场规模迅速扩大。2022年，我国新能源汽车依然保持爆发式增长，全年产销量分别完成705.8万辆和688.7万辆，同比分别增长96.9%和93.4%，连续8年居全球第一位。新能源汽车的市场占有率达到25.6%，高于2021年12.1个百分点。其中，纯电动汽车依然是整个新能源市场的核心，2022年销量为536.5万辆，同比增长81.6%。而插电式混动汽车虽然在销量上暂时比不上纯电动汽车（2022年销量为151.8万辆），但增长速度更快（同比增长了1.5倍）。未来，随着新能源汽车性能的不断提升以及充电基础设施建设的逐步完善，我国新能源汽车市场份额还将继续提升。

中国新能源汽车产业的迅速发展推动新能源汽车市场渗透率不断提升，中国市场提前实现20%的目标。根据中国汽车工业协会数据，2013—2020年，我国新能源汽车渗透率持续增长，从1.81%上升至5.40%（见图7-10）。进入2021年，受益于新能源汽车市场规模的快速增长，我国新能源汽车渗透率提升尤为明显，从2020年的5.40%大幅上升至13.40%。据乘用车市场信息联席会数据，2022年，我国新能源乘用车（含PHEV）渗透率接近28.00%，已提前实现《新能源汽车产业发展规划（2021—2035年）》中规划的2025年新能源汽车20%市场份额的目标。

（三）消费品循环再生利用水平提高

随着人们绿色消费、循环消费意识的不断增强，我国商品回收再生利用

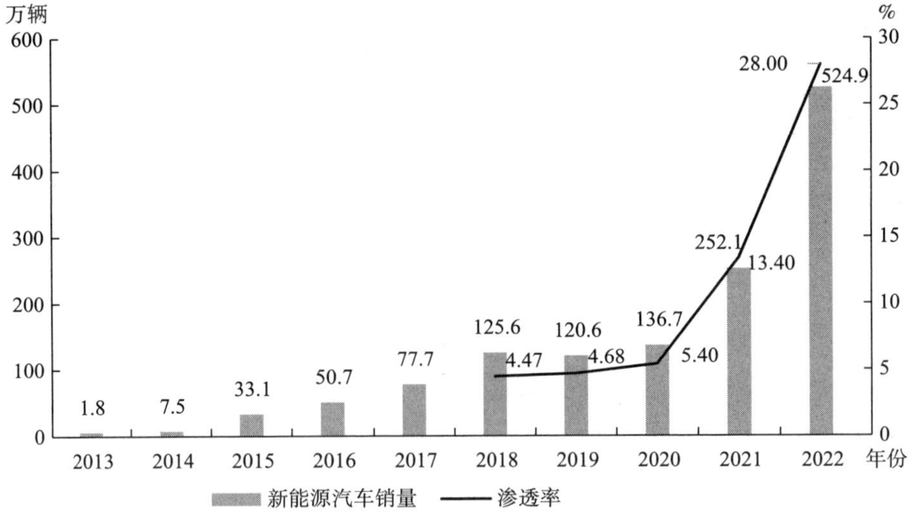

图 7-10　2013—2022 年我国新能源汽车销量及渗透率变化

规模逐渐扩大，循环再生产品生产水平逐步提高。目前，我国已出台多项相关政策措施推进经济社会发展的全面绿色转型。采用（回收的）聚对苯二甲酸乙二醇酯（recycled Polyethylene Terephthalate，rPET）是行之有效的废塑料循环利用路径之一，对废弃物管理体系的探索与完善过程可起到推动作用，对推进“双碳”目标的达成具有重要现实意义。2021 年，我国废旧纺织品利用量约 456.5 万吨（见图 7-11），旧衣物回收渠道包括回收箱、线上回收、上门回收、销售网点代收等，已覆盖全国大中城市。旧衣物回收企业也多管齐下，采取多种回收渠道并举的方式。2022 年，我国纸和纸板生产量达 12425 万吨，消费量达 12403 万吨，废纸回收量达到 6585 万吨。2021 年，我国 PET 饮料瓶回收量接近 400 万吨，PET 饮料瓶回收率达 94%，其中，超过 80%的 rPET 进入再生纤维行业，用来制作箱包、服饰、遮阳伞等日用品。若将 PET 饮料瓶重新制作成食品级 rPET，不仅可以减少原生 PET 的使用，降低石油等不可再生资源的消耗，还可以通过科学、严格的处理工艺，提高 rPET 的循环次数，其安全性早已在其他国家得到验证。我国废弃 PET 饮料瓶除进入回收利用体系外，主要流向餐厨垃圾处理厂、垃圾填埋场、垃圾焚烧发电厂、海滩等地。但填埋与焚烧会导致大气、土壤和地下水污染，若减少废弃物，或将更多废弃物回收再生，则可以降低环境负担和成本。再生而成的PET，相比以石油为原料制成的PET，可降低59%的二氧化碳排放，减少76%的能量消耗。我国是全世界最大的塑料回收处理地，国内不乏食品级rPET工厂，rPET塑料被广泛应用于高端化妆品、个护产品包装、汽车等领域，而食品级rPET均出口国外。《中国消费者再生塑料认知状况调查报告（2022）》显示，73.39%的消费者在日常生活中会主动将废弃饮料瓶回收或重复利用，62.84%的消费者对PET再生应用于食品中表达出积极意愿。对于rPET用于食品包装材料的安全性，超90%的消费者表示关注。将rPET用于食品包装，一方面，需要保障安全性评估和事前、事后监管；另一方面，需要建立全社会通力合作机制，共同推动rPET高值应用，对废弃物管理体系的探索与完善过程起到推动作用，对推进“双碳”目标的达成具有重要的现实意义。

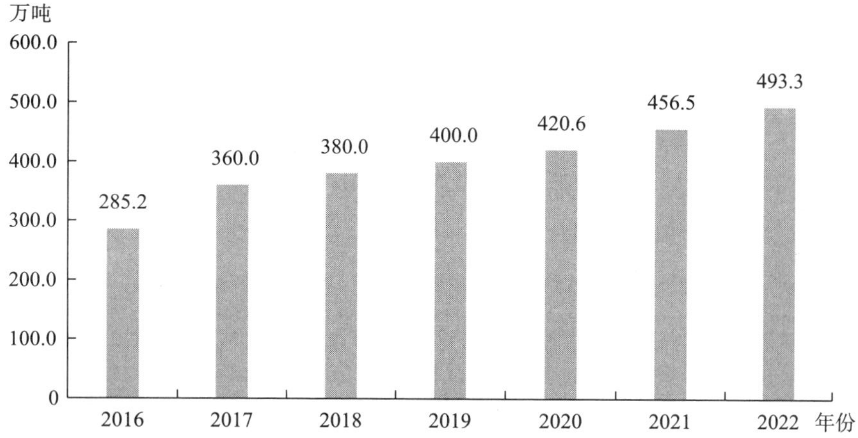

图7-11 2016—2022年中国废旧纺织品利用量

第二节 中国能源消费革命的若干问题探讨

经过长期发展，我国已成为世界上最大的能源生产国和消费国，形成了煤炭、电力、石油、天然气、新能源、可再生能源全面发展的能源供给体系，技术装备水平明显提高，生产生活用能条件显著改善。我国能源发展虽取得了巨大成绩，但也面临着能源需求压力巨大、能源生产和消费对生态环境损害严重、能源技术装备水平总体落后等严峻挑战。

一、能源安全问题日益严峻，能源消费结构仍需调整

我国能源消费总量和人均量都不算充足，落后于主要发达国家甚至世界平均水平，能源消费结构还不够均衡，油气进口压力日趋增大，能源安全问题日益严峻。“十二五”以来，我国将能源消费总量控制纳入国家战略愿景和国民经济社会发展规划，“减煤、稳油、增气”工作取得了显著成效，能源消费总量和能源强度均得到有效控制，能源强度不断下降，能源效率持续提高，“十二五”“十三五”期间能源消费总量控制目标均已完成。但由于我国处于工业化的中后期，终端能源服务需求规模的快速增加对钢铁、煤化工等高能耗产品需求迅速扩张，致使新增能源消费增长，2022 年，全国能源消费总量为 54.10 亿吨标准煤，相较于 2020 年的 45.57 亿吨标准煤，我国能源消费总量仍呈现增长态势。

地缘政治冲突威胁着我国的能源安全。一方面，我国石油国外依赖度较高，是全球第一进口大国和第二消费大国。中国石油进口量的 50%、天然气进口量的 20%主要来自沙特阿拉伯、伊拉克、阿拉伯联合酋长国等国家，天然气进口量的 28%来自澳大利亚，出现“阵营化、集团化”对抗苗头，“逆全球化”日渐抬头，包括能源、粮食在内的众多必需品被政治化、武器化，已悄然成为大国博弈中的重要利器。特别是俄乌冲突爆发后，无论是美国、欧盟等能源进口国/地区，还是俄罗斯等能源出口大国，均将能源作为制裁或反制裁的重要手段。长期以来，美国通过拉拢能源出口国、控制能源通道、推行石油美元体系等方式主导国际能源贸易，从而实现能源霸权，中国能源进口依赖国家与美国交往密切，可能会威胁中国海外能源供应。另一方面，贸易摩擦威胁“卡脖子”技术风险。随着中美贸易摩擦的持续升级，国际政治局势加快重塑，冷战思维迅速扩张，地缘政治博弈不断加强，美国、欧盟等西方国家试图构建与中国经济脱钩的阵营及联盟。以美国为首的西方国家妄图以技术封锁来限制中国发展，通过技术转移限制、实体清单、出口管制、

投资审查等方式限制中国能源技术发展。我国在能源开发领域的超深层高温高压井筒技术、深层非常规油气压裂改造技术、煤炭高效清洁开发利用技术，以及全产业的地热能、氢能、储能等关键核心技术，都依赖于国外先进技术和设备，在碳减排、碳零排、碳负排“三碳”技术发展方面也相对滞后，一些关键材料、核心部件、专业软件、工程装备仍依赖于国外，存在“卡脖子”风险。

煤炭消费仍占主导地位，我国能源消费结构仍需调整。2005—2022 年，我国煤炭消费量占能源消费总量的 56.2%，非化石能源在总能源消费中占比从 7.4%提高到 17.3%。在能源需求总量仍持续增长的同时，不断扩大清洁能源比例，意味着其必须保持远高于高碳能源的增速。EIA 预测，在基准情景下，2030 年，美国的石油、天然气、煤炭和非化石能源分别占一次能源消费的 35.5%、31.6%、13.3%和 19.6%。根据 IEA 预测，德国为了实现能源转型，到 2030 年将有 50%的电力供应来自可再生能源。相较于美国、德国的用能结构，中国能源结构调整需要一个相对漫长的过程，还存在不少艰巨的挑战。国内能源资源约束日益凸显，煤炭资源开采条件差，煤化工煤耗、水耗、二氧化碳排放量较高。传统煤化工产品主要是合成氨、甲醇、焦炭和电石，落后产能所占比重较大，存在技术落后、能耗高、污染大等问题。现代煤化工工艺（产品）、煤制油、煤制烯烃、煤制芳烃、煤制天然气、煤制乙二醇处于起步阶段，产能规模较小，对煤质适应能力较强，能较好地利用我国量大、面广、廉价的高硫煤和劣质煤以及石油焦等资源。同时，我国还面临着深度转化带来的原料煤耗、水耗和二氧化碳排放量较高的问题。煤化工关乎国家能源发展战略，是技术和资金密集型产业，且涉及生态、环保、安全等问题，针对新一轮的煤化工建设热潮，如何科学控制煤化工行业煤炭消费总量、避免大规模的盲目建设，是我国面临的一项重大课题。

二、重点用能行业高碳特征显著，深度节能降碳仍需推进

在能源资源约束趋紧、产能过剩的严峻形势下，如何开展节能减排、调整产业结构，推动能源消费革命，控制能源消费总量，节能降碳，成为我国重点用能行业需首先解决的难题。

（一）建筑行业

建材生产阶段和建筑运行阶段是能源消耗的主要阶段，建设能耗增长是我国总能耗增长的主要原因，对总能耗贡献率超过 80%。我国人均建筑能耗与发达国家建筑能耗差距依旧较大，远高于发达国家水平。建筑规模增长过快是建筑能耗增长的第一大驱动力，建筑运行能耗是建筑能耗增长的第二大驱动力。近些年，基础设施建设、新建建筑面积逐年增加，大量建筑投入施工是能源消费、二氧化碳排放的主要源头。影响人均建筑能耗的主要原因在于生产生活方式存在差距，若我国人均能源消耗与发达国家持平，建筑行业能源消耗总量将大幅提高，甚至超过国家能源消费上限，严重威胁着国家能源安全。

（二）交通运输行业

交通运输行业以液态化石燃料消费为主，柴油、汽油、燃料油和航空煤油是我国交通能源的主要能源形式，导致其二氧化碳排放量基数大、减排难的局面，快速增长的交通能源消费对我国能源安全也构成新的挑战；交通运输领域碳排放增速明显，高于世界交通领域碳排放增速，公路客运碳排放将保持继续增长的态势，千人汽车保有量低，仅是美国的 1/6、欧盟的 1/5，未来乘用车保有量增长空间仍较大；交通供给能力与交通需求不匹配，有限的交通供给能力不能满足快速增长的交通需求，货物运输结构也以高能耗和高排放的公路运输为主；经济发展带动道路交通运输能源消费总量快速增长，私人汽车能源消费比例迅速上升，公共交通分担率较低，城市交通拥堵全国蔓延，加剧了城市交通能源消耗；汽车结构仍以燃油车为主，尽管我国新能源汽车的发展领先于世界，但新能源汽车的渗透率不高，新增车辆仍将以燃油车为主；航空脱碳难度大，非化石燃料替代面临技术瓶颈，缺乏商业化量产的电动化技术，氢能替代绿色溢价攀高，目前尚未形成可行的脱碳路径。

（三）供热供暖行业

供热的能耗和碳排放占比较大，供热浪费现象的存在促使专业化供热节能改造以及智慧化升级运营的需求不断提高。当前，我国北方城镇冬季供暖情况持续完善，主要问题已经从过去的室温低、高投诉、热费上缴率低等民生问题转变为目前的室内过热、高能耗和降低污染物排放等面向节能改造、智能化升级发展的新诉求。供热系统调控面临新挑战，由于缺乏供热调控手段限制，居民甚至经常开窗“散热”，供热企业运行管理人员往往只能根据经验加大供热量以减少投诉率，从而导致系统整体过热而造成过量的供热损失，传统供热系统中仍然存在大量过量供热的现象。面对多个方面的热量损耗，供热企业纷纷对供热各个环节进行节能改造，专业化的供热节能改造以及智慧化升级运营需求不断提高；能耗“双控”下热力供需面临失衡，热力公司精细化管控动力需进一步增强。热力供应主要为热电站、锅炉房，高能耗、高排放、高污染、低效率项目已接近淘汰，热电站和锅炉房碳排放量较大，在能耗“双控”政策强力执行背景下，后续新增规模预计将持续收缩，这意味着供热公司的热力来源将边际减少，但随着供热面积的增量提升，若维持现状，热力将供不应求，供热公司精细化管控热力、动力需求需进一步增加，促使供热节能行业加快发展。

（四）资源循环利用领域

资源循环产业缺乏法律法规和相关标准，缺少社会认同和政策支持，行业管理薄弱，产业集中度低，回收体系建设较为滞后，利用率不足，回收企业规模化较低，回收利用技术规范程度、装备水平较低；全民参与环保回收意识薄弱，公众环保知识、环保教育、环保重视程度、环保参与度存在一定上升空间，未来需要政府、企业以及相关组织携手努力，加大教育，促进全民环保；PET 塑料瓶的回收利用率现已处于国际较高水平，但是 PET 塑料瓶公众环保教育工作尚未成熟，中国的塑料瓶等固体废物回收工作更多依靠的是“拾荒队”和“游商”来完成，而非社会公众的主动行为。

第三节 助推中国能源消费革命的若干建议

能源消费革命的根本目的在于彻底改变经济发展与能源消费方式的关系，在发展经济的同时实现能源消费方式的根本变革，在全社会能源消耗的全生命周期内形成一个低碳、低耗能的较为稳定的经济社会能源消费方式。实际上，能源消费革命要求对整个经济发展过程中能源消费的精细管理和控制，提高用能效率和效益，尽量避免不合理的能源消费，转变用能理念和管理方式，要求各行业、各地区在给定的总能耗约束条件下以创新驱动发展，即寻求以技术和管理的重大创新来换取经济增长和服务水平的提高。

一、建立健全能源消费总量和强度“双控”制度

建立健全能源消费总量和强度“双控”制度，加快推进“一挂双控”措施，将能源消费总量与经济增长相挂钩，倒逼发展方式转变。将总量指标分解到各个地方，推进地方产业结构调整。对各行业下达强度与能效指标，推动行业能效水平提高，促进产业升级；对高耗能产业和过剩产业实行总量与能效“双控”。对耗能大户进行能效和能耗指标的“双控制”；对小微企业施以能效控制，要求其不断提高能效水平；对于各地区新建耗能项目，充分发挥“能评”作用，使其新增产能符合国内先进能效标准。建立能源消费总量预测预警机制，对能源消费总量增长过快的地区进行及时的预警调控，鼓励能源密集型、吸纳就业能力不强的产业“走出去”，输出技术、管理甚至劳动力，推动建立海外能源密集型产品生产加工基地；同时扩大能源密集型产品进口，倒逼国内产业结构调整和产品升级。

严格控制煤炭消费总量，加快制定国家煤炭消费总量控制目标，实行目标责任管理，落实主要区域控煤目标责任。实施煤炭消费减量替代，严格控制煤炭消费总量。加快中东部地区燃煤技术改造和升级，有序推进工业锅炉和供热锅炉等重点用煤领域的“煤改气”工程，加强余热、余压利用，加快淘汰分散燃煤小锅炉。结合城中村、城乡接合部、棚户区改造，扩大城市无煤区范围，逐步由城市建成区扩散到近郊，大幅减少城市煤炭分散利用。有序扩大“西电东送”规模，严格控制东部地区新建除热电联产外的燃煤电站。合理控制西部煤炭基地多元化发展规模。对于坑口煤电，应着眼于全局和长远发展，科学研究确定“西电东送”规模，强化能源基地煤电建设与电网建设的一致性、协调性，促进电源与电网同步发展。对于煤化工产业，应着眼于精准定位有效的产品补给而不是大规模替代性产业，对其总体发展规模加以控制。在此基础上，综合考查各地煤炭资源、水资源、生态环境、技术成熟度等因素，强化水资源约束，统筹布局现代煤化工产业，促进煤化工产业

高端化、多元化、低碳化发展，防止各基地为多元化发展实行重复建设或雷同建设。

抑制石油消费过快增长，合理控制汽车消费，特别是大排量汽车产量的增长。逐步提高燃油经济性标准和环保标准，抑制豪华型高油耗汽车发展。完善燃油税政策，充分发挥税收杠杆作用，抑制石油消费过快增长。提高客车、货车、飞机、火车、轮船等交通运输工具的能源利用效率，进一步提高铁路电气化比重。积极推进清洁能源汽车和船舶产业化步伐，以城市出租车、公交车为重点，积极有序地发展天然气汽车，稳妥发展天然气私家车、长途客车、重型卡车和轮船。加大新能源汽车研发应用投入，积极发展纯电动汽车和插电式混合动力汽车，力争到2020年实现规模化产销，对石油消费形成有效替代。大力发展城市公共交通，加强城市步行和自行车交通系统建设，提高公共出行和非机动车出行比例。

二、以工业、建筑、交通等重点领域和居民生活用能等关键环节实现系统节能，建成能源节约型社会

（一）工业领域

提高工业能效标准，严格限制高耗能产业，加快淘汰过剩、落后产能，实施电机、内燃机、锅炉等重点用能设备能效提升计划，推进工业企业余热余压利用，大力强化废弃资源循环利用，提升终端用能产品能效和重点用能行业能效水平。大力调整产业结构，积极发展低能耗的先进制造业、高新技术产业和现代服务业，严格控制钢铁、建材、石化、有色金属、化工等重化工业能耗，实行总量控制和能效标准强约束，坚决淘汰落后产能。

（二）建筑领域

严格控制建筑面积总量和建设速度，改革建筑用能统计体系和能耗标准，实施建筑用能分类管理和技术变革，严格控制建设总规模和新增建设规模，尤其是城镇建筑的总体规模和新建规模。通过房产税和房屋拆除资源税等政策，抑制房屋的大量建设和大量拆除。将降低实际能耗作为建筑节能政策体系改革的方向，建立科学的建筑能耗统计系统，推行基于建筑能耗总量控制

的建筑能耗标准。实施建筑用能分类管理和技术变革，具体而言，北方采暖充分利用工业余热；公共建筑建立以能耗数据为导向的节能管理体系；城镇住宅的政策设计向降低实际能耗的方面倾斜，倡导绿色生活方式；充分利用可再生能源和被动节能，在北方发展“无煤村”，在南方发展“生态村”。

（三）交通领域

完善交通运输体系和能源系统规划，充分挖掘交通部门节能减排潜力，创新城市交通发展模式，制定交通用油总量控制的长期战略规划，完善相关政策。

1. 公共交通方面

深入推动“公转铁”“公转水”、多式联运等交通模式，推进铁路、水路运输覆盖范围进一步扩大。与公路运输相比，铁路、航运具有明显的成本及环保优势，通过促进“公转铁”“公转水”分流公路的货物，以铁路运输、水路运输替代公路运输，有效降低交通碳排放强度；完善“地铁+常规公交+慢行”一体化公共交通体系，通过提高轨道交通的普及率、完善电气化公共交通线路规划以及构建“15分钟生态圈”等举措，降低居民私家车出行比例；支持共享自行车、电动车等共享经济发展，规划建设绿色生态廊道、城市慢行通勤专用道、自行车存放点，为市民“绿色出行”提供保障。在水路交通方面，降低水运碳排放强度，提高水运船舶能效水平，推广LNG动力船舶，适时推进内河水运电气化。

2. 航空运输方面

降低航空运输碳排放强度，通过采用连续上升和连续下降的飞行过程优化、裁弯取直的航线优化等方式，提高运行效率，进而实现降碳。

3. 铁路和公路交通方面

在铁路运输方面，推进铁路100%电气化，确保新建铁路电气化，深化现有铁路电气化改造。在公路交通方面，不断提高汽车能效标准和汽车内燃机排放标准，有效降低能耗强度以及污染物排放；在能效标准升级的过程中，通过强制淘汰等举措，逐步降低高耗能、高排放燃油车比重，从而降低整体碳排放强度；实现能源零碳化，加大电动车推广力度，通过实施购置补贴、税收优惠、双积分制等政策，加大充电桩、换电站等基础设施建设，从需求侧、供给侧同时发力，逐步提高新能源乘用车、客车、中轻微卡等交通工具渗透率；大力推动“互联网+”、5G、车联网、AI等信息技术在城市交通领域的应用，支持自动驾驶、智能汽车产业发展，发挥智能系统在通行状况实时监测、诊断分析、趋势推断、预报预警方面的作用，通过大数据进行资源配置优化，有效规避交通拥堵，降低汽车出行的碳排放。

实施全民节能行动计划，坚决抑制不合理的能源消费。通过法规约束、政策激励、宣传引导、政府带头等办法，积极引导全社会转变传统用能理念，形成节约、绿色、低碳的生活方式和消费模式，支持节能新技术、新产品的应用，逐步完成节约用能从外部约束到自觉行动的转变。

三、抓住数智化重要机遇，加快建成基于“主干网”“广域网”和“局域网”的能源互联网

一是坚持创新驱动发展，加快突破能源互联网关键技术，加强智能互联网试点示范工作。围绕发展能源互联网的主要目标，加强基于能源互联网产业的网络、通信、新材料、电力电子器件等领域的关键技术研发，重点加强能源路由器等关键设备的研制，解决大规模分布式能源的接纳以及路由传输与大电网的协调性难题，取得重大技术突破，建设规模化的示范项目，带动相关产业发展。

二是加快能源互联网建设，全面提高能源利用效率，推进终端用能绿色高效。为实现生产、输配、存储、消费等行为的网络化、自动化和智能交互，加快推进新型信息能源融合的“广域网”，大力发展以大电网为核心的“主干网”和以微网、分布式能源等能量自治单元为基础的“局域网”，完善能源互联网基础建设、管理和运营体系。

三是坚持可再生能源优先，以化石能源为支撑、分布式和集中式因地因时制宜的能源供应方式，根据用户对能量品质和数量的不同需求，有序配置能源和能量，实现供需互动、节约高效的平衡用能。推动智能电网与热网、气网、交通能源网等互联互通，构建多种能源灵活转化、高效存储、智能协

同、绿色高效的能源网络基础设施。通过能源智能管理系统对分布式能源、微网和储能装置等进行协调控制，全面促进智能交通、智能建筑和智能生产的快速发展。

四是政府积极引导，推进能源互联网进程。加快电力体制改革，实现供需双方自由选择，提供创新服务，建立电力终端消费新模式，即在构建能源互联网的基础上，为发展能源互联网、实现开放对等式的广泛互联营造良好的市场竞争环境。加快“能源路由器”“智能微网”“智能电站”“智能虚拟电厂”等能源互联网关键概念的示范和推广应用，推动能源互联网加速成形。从战略高度把握能源互联网的重点发展方向，发挥好政府推动、市场主导和政策引导作用，建立完善的财税金融政策，储备智能制造高端人才，推动国际交流与合作，为能源互联网的健康发展营造良好环境。

第八章　中国能源技术革命的进展

第一节　煤油气能源技术概述

一、煤油气资源分类及特点

煤油气作为一种重要的能源资源，在我国能源体系中具有举足轻重的地位。随着我国经济的快速发展，对能源的需求逐年攀升，煤油气资源的开采和利用技术成为关注的焦点。本章将从煤油气资源的分类及特点入手，对我国煤油气能源技术革命的技术进展与实践进行分析。

（一）煤油气资源分类

煤油气资源主要包括煤炭、石油和天然气三类。其中，煤炭资源是我国最丰富的能源之一，全国煤炭储量约占世界煤炭储量的 13%，主要分布在华北、华东、华中和西北等地区；石油资源是我国第二大能源，主要分布在东北、华北、西南和海上等领域；天然气资源则主要集中在四川、新疆、青海等陆上地区和南海海域。

（二）煤油气资源特点

中国煤炭资源呈现分布不均、煤种多样和煤质复杂的特征。具体而言，中国煤炭资源在地域分布上呈现显著的不均衡性，主要集中在华北、华东、华中以及西北地区，这些区域拥有丰富的煤炭储量，而南方地区的煤炭资源则相对稀缺。从煤种构成来看，我国煤炭资源具有多样性的特点，涵盖烟煤、无烟煤、褐煤等多种类型，每种煤种因其内在煤质特性和化学成分差异而在工业利用上各有用途。然而，我国煤炭资源的一个重要特点是煤质复杂且伴生矿物质含量高，这一特性对煤炭产业提出了挑战，不仅加大了开采环节的技术难度与成本，而且对煤炭加工利用效率及环保要求产生影响，从而促使我国在能源技术革命进程中不断探索更高效、更清洁的煤炭开发与利用技术。

中国的石油资源表现出储量有限、分布集中和油品质量差异大的特点。首先，从储量来看，相较于丰富的煤炭资源，我国的石油储量相对有限，这一现状给石油开采和高效利用带来了显著压力，要求在能源结构转型和技术创新上寻求突破。其次，从地理分布格局来看，石油资源呈现明显的集中性特征，主要蕴藏于以松辽盆地为主的东北地区、以渤海湾盆地为主的华北地区、以四川盆地和塔里木盆地为主的西南地区及以东海陆架盆地为主的海上油气田，这些区域的石油产量构成了全国石油总产量的主体部分。最后，从油品质量多样性来看，我国既有大庆油田产出的高品质原油资源，也有塔河油田产出的低品质原油资源，这种油品质量上的差异对炼化技术和设备提出了不同的技术挑战与升级需求，从而推动了中国能源技术革命向深度和广度发展。

中国的天然气资源具有显著的储量优势和品质特征。作为世界上天然气储量较为丰富的国家之一，我国的天然气资源主要聚集在陆上的四川、新疆、青海等西部地区以及近海大陆架区域，形成“西多东少、北多南少”的分布格局。这种分布特点体现了资源在地域上的广泛性，尽管整体上呈现不均衡状态，但全国各地均有不同程度的天然气蕴藏。在资源品质方面，我国天然气以优良的组分结构著称，其中，甲烷含量普遍达到85%~95%，这不仅有利于高效开采，也十分适合于各类天然气利用技术和终端应用，从而推动天然气在我国能源结构转型和技术革新中扮演重要角色。随着天然气勘探技术的进步和开发策略的优化，中国天然气资源正逐步得到更充分、更科学的开发利用，有力支撑了国家能源技术革命的进程。

总之，我国煤油气资源丰富多样，但各地区分布不均，为了实现煤油气资源的合理开发和利用，必须加强技术创新和实践探索，不断提高煤油气能源技术水平。在此基础上，本书将重点分析我国煤油气能源技术革命的技术进展与实践，为我国能源事业发展提供参考。

二、煤油气产业发展历程

（一）煤油气产业起步阶段（20 世纪 50—70 年代）

我国煤油气产业起步于 20 世纪 50 年代，当时主要集中在煤层气的开发与利用上。由于技术水平较低，这一阶段的产业发展相对缓慢。直到 20 世纪 70 年代，我国才开始关注煤油气资源的开发。

（二）煤油气产业快速发展阶段（20 世纪 80 年代—21 世纪初）

20 世纪 80 年代以来，我国煤油气产业进入快速发展阶段。一方面，国家加大了对煤油气产业的政策支持力度；另一方面，国内外技术交流与合作不断加深，使煤油气开发技术得到迅速提升。此阶段，煤油气产业实现了从单一煤层气开发向煤层气、煤系天然气、煤系油等多品种开发的转变。

（三）煤油气产业优化调整阶段（21 世纪初至今）

进入 21 世纪，我国煤油气产业开始进入优化调整阶段。这一阶段，我国煤油气产业在继续扩大产能的同时，更加注重产业结构调整、技术创新和环境保护。政府出台了一系列政策，引导企业加大技术研发投入，提高煤油气开发效率，降低生产成本。同时，煤油气产业与新能源、节能减排等领域融合发展，为我国能源结构优化作出了积极贡献。

三、煤油气能源技术体系

作为一种清洁能源，煤油气能源正逐渐在我国能源结构中占据主导地位。近年来，我国煤油气能源技术取得了显著的突破和发展，为实现能源转型和减少碳排放作出了重要贡献。本书将从技术进展和实践两个方面，对我国煤油气能源技术体系进行详细阐述。

（一）煤油气能源技术进展

在我国能源技术革命的进程中，煤油气技术的发展与突破扮演了至关重要的角色。作为我国煤油气能源体系的核心研究方向，煤制油气技术的目标在于将煤炭资源通过先进的转化途径转变为更清洁、更高效的油气形式。近年来，我国在煤制油气技术领域取得了多项实质性突破，煤气化和煤液化技术日臻成熟，成功实现了煤炭资源的战略性转型，为优化能源结构和提升能源利用效率提供了有力支撑。

在煤层气开发技术方面，尽管我国拥有丰富的煤层气资源储备，但过去的开发利用水平相对滞后。随着国家对清洁能源需求的日益增长以及科研力量的不断投入，煤层气开发技术取得了显著进步。这一进步体现在煤层气勘探、开采等多个环节的技术革新上，由此带来的直接效应是煤层气产量逐年稳健提升，逐渐成为煤油气能源供应体系中的重要组成部分。

煤油气开采技术的创新是推动煤油气产业持续发展的重要引擎。我国在煤油气开采技术方面走在世界前列，比如，分段压裂技术和水平井开采技术的广泛应用，极大地提高了煤油气资源的采收率，并有效降低了开采成本，为实现煤油气资源的可持续开发奠定了坚实的科技基础。

在煤油气利用技术层面，我国展现出多元化和高效化的应用趋势。煤油气不仅被广泛应用于发电以满足电力需求，还进一步渗透到化工生产和居民取暖等领域，形成了多维度、全方位的煤油气应用格局。这些技术的推广与普及，不仅提高了整体能源利用效率，而且有助于减少碳排放，有力地促进了我国能源结构的深度优化，为构建绿色低碳的现代能源体系做出了积极贡献。

（二）煤油气能源实践

在我国能源技术革命的进程中，煤制油气产业化实践扮演了重要角色。政策层面的有力扶持、技术创新的不断推进以及产业间的协同合作共同促进了煤制油气技术的规模化应用与发展，这一领域的成熟不仅丰富了我国的能源供给结构，更为国家能源安全提供了新的增长点。

煤层气开发利用在我国已取得了显著的实际成效。随着相关技术的研发和实践水平的提升，煤层气资源得到更高效的利用，煤层气开发不仅提高了煤炭资源的整体利用率，还有效降低了煤矿中瓦斯聚集带来的安全隐患，为保障我国能源供应安全和提高环境质量作出了实质性贡献。

煤油气开采示范工程是我国能源技术突破的重要载体。这些工程展示了我国在煤油气开采方面的先进技术与成效，通过实地建设和运营，成功验证并推广了一系列关键技术，极大地推动了整个煤油气开发行业的技术进步和产业升级。

此外，煤油气综合利用示范项目还进一步拓展了煤油气能源的价值链。这些项目覆盖了煤油气发电、化工等多个领域，通过实施一系列示范项目，我国积累了宝贵的经验，摸索出了一条煤油气资源高效、综合使用的可持续发展路径，对于优化能源结构、提高能源利用效率及促进环境保护具有长远的战略意义。

总之，我国煤油气能源技术革命取得了丰硕的成果，为我国能源转型和可持续发展作出了重要贡献。未来，在继续加大技术创新力度的同时，还需完善政策体系，加强产业协同，推动煤油气能源产业高质量发展，为我国能源安全和环境保护作出更大贡献。

第二节 煤油气开采技术进展

一、煤层气开采技术

近年来，中国煤油气能源技术革命取得了显著成效，其中，煤层气开采技术的发展起着举足轻重的作用。

（一）煤层气开采技术成果

在能源技术革命的进程中，中国煤层气领域的技术创新和应用实践取得了显著成就。特别是在钻井技术方面，我国已经实现了从直井、水平井到丛式井等多种复杂钻井方式的重大突破，这些先进的钻井技术为充分挖掘煤层气资源潜力提供了坚实的技术支持。

与此同时，针对煤层气开采过程中遇到的地质条件和技术难题，我国科研团队自主研发了一系列具有自主知识产权的开采工艺技术。排水降压法、注气驱替技术以及水力压裂等关键工艺的成功研发与应用，极大地提高了煤层气开采效率，从根本上奠定了煤层气规模化高效开发的基础。

在装备层面，我国煤层气井下抽采设备的研发创新也取得了丰硕成果。

传统的泵站设施已逐步被高效、环保、节能的现代化抽采设备取代，这一转型升级不仅提高了煤层气抽采的经济效益，还大大减少了对环境的影响，符合绿色低碳的发展趋势。

此外，在煤层气的综合利用方面，我国同样展现出强大的技术研发实力和广阔的市场应用前景。煤层气发电、供暖及化工利用等多元化技术迅速发展，使煤层气作为清洁能源的价值得到充分利用，有效保障了煤层气资源在整个产业链上的优化配置和可持续利用。

（二）煤层气开采技术短板

在中国能源技术革命的进程中，煤层气开采面临的挑战与进展并存。我国地域辽阔，煤层地质条件呈现显著的多样性，既有煤层气资源丰富的地区，也存在大量煤层薄且渗透性低的复杂地质区域，这无疑加大了煤层气的勘探与开采难度。尽管如此，我国的科研工作者克服重重困难并取得了一定的技术突破，但不可忽视的是，与国际先进煤层气开采技术相比，我国仍存在一定差距，亟须进一步加大技术研发投入，提升关键技术的自主创新能力和应用水平。

与此同时，政策环境对煤层气产业发展的支持力度也是影响其发展速度和规模的关键因素。回顾过往，我国煤层气产业的发展政策支持不足，这在一定程度上制约了煤层气项目的投资力度以及产业链上下游的整合和完善。因此，有必要通过制定更加积极有力的产业政策，引导与支持资本和技术向煤层气领域聚集，促进整个行业健康发展。

此外，煤层气开采活动带来的环境问题同样不容忽视。在实际开采过程中产生的废水、废气等污染物若未经妥善处理，不仅会直接影响矿区周边的生态环境，也可能对大气质量和地下水安全构成威胁。因此，环保技术的研发与应用是煤层气产业发展中的重要一环，必须确保在推进煤层气资源开发利用的同时，严格遵循绿色低碳的原则，实现环境与能源的和谐共生。

综上所述，尽管我国煤层气开采技术在近年来取得了显著成效，但仍存在一定的技术短板。为实现煤层气产业的可持续发展，有必要继续加大技术研发投入，优化产业政策，强化环境监管，推动煤层气产业高质量发展。

二、致密气开采技术

中国煤油气能源技术革命在近年来取得了显著进展，其中，致密气开采技术的发展备受关注。作为中国能源结构调整的重要战略方向，煤油气开采技术在提高能源利用率、减少环境污染和推动能源转型等方面具有重要意义。

（一）中国致密气开采技术成果概述

在中国能源技术革命的进程中，煤油气开采领域的关键技术取得了显著进步与突破。面对复杂多样的地质条件和不断增大的钻井技术挑战，中国煤油气钻井技术展现出强大的创新力和适应性，通过攻克一系列技术难关，在复杂地层定向钻进、深部高温高压环境下的井筒稳定性控制等具体技术点上实现了突破，成功确保了煤油气井的安全高效钻探，为我国能源供应提供了坚实的保障。

在完井技术方面，中国科研团队针对煤油气藏的独特特性，自主研发了一系列具有自主知识产权的关键完井技术。这些技术创新涵盖了分段压裂优化设计、智能完井工具研发以及适用于特殊储层的完井液体系等多个领域，对于提高煤油气井产量和经济效益起到了决定性作用，有力地推动了我国煤油气资源的高效开发与利用。

随着我国煤油气田进入开发中后期，增产改造技术的重要性越发凸显。近年来，我国在煤油气井增产改造领域实现了快速的技术迭代与发展，在先进的压裂工艺升级、酸化改造技术的精细化应用以及二氧化碳驱替等新型采收技术上勇敢探索实践，不仅提升了单井产量，更为延长煤油气田服务年限、提高整体开发效益提供了强大的技术支持。

此外，在煤油气开采活动日益精细化的过程中，监测与控制技术的作用愈加关键。我国已取得了一系列重大突破，涵盖实时监测、智能预警及远程操控等核心技术环节，通过精准掌握井下工况、有效预防事故风险，确保煤油气井生产过程的安全与高效，从而为整个煤油气开采行业的持续稳定发展提供强有力的技术支撑。

（二）中国致密气开采技术短板分析

在中国能源技术革命的过程中，煤油气开采领域的技术研发与创新能力提升虽已取得显著成效，但对比国际先进水平仍存在一定的滞后，尤其是在核心技术和关键设备的研发方面，我国还需进一步加大投入、强化攻关，缩小与世界领先国家的技术差距，推动整个煤油气产业实现自主可控的高质量发展。

与此同时，我国煤油气资源开发利用呈现区域性的不平衡特征。一些地区凭借丰富的资源和先进的开采技术实现了较高的开发利用率；另一些地区由于技术条件限制、基础设施不足等，未能充分释放本地区的资源潜力，进而加剧地区能源供应紧张状况。要解决这一问题，就要优化地区内部资源配置，推进技术创新和地域间的协同发展。

环保议题在煤油气开采领域占据着至关重要的地位。随着开采规模的扩大和技术复杂性的提升，煤油气开采过程中产生的废弃物和污染物排放对环境产生了较大压力。如何在保障能源供给的同时，有效降低环境污染风险，提高废弃物处理与利用效率，成为行业可持续发展的紧迫课题。为此，必须加快绿色开采技术的研究与推广，构建资源节约型和环境友好型的煤油气开采模式。

此外，政策支持与煤油气产业发展之间存在的不协调性也是制约煤油气产业健康发展的重要因素。要确保煤油气产业能够在符合国家战略需求的基础上持续进步，需要政策制定者紧密跟进产业发展动态，适时调整和完善相关政策体系，加大对技术创新、环境保护、资源合理配置等方面的政策支持力度，从而促进煤油气产业在保障国家能源安全的同时，实现经济效益与社会效益的有机统一。

总之，尽管中国煤油气能源技术革命取得了显著成效，但仍然存在一定的技术短板。为进一步提高煤油气能源利用效率、减少环境污染和推动能源转型，有必要加大技术研发与创新力度，优化资源开发利用格局，强化环境保护措施，并加强政策支持与产业发展的协调。通过不断突破关键技术，推动煤油气产业高质量发展，为我国能源安全和绿色低碳发展贡献力量。

三、页岩气开采技术

中国煤油气能源技术革命是我国能源领域一场重要的变革。近年来，我国在煤油气能源技术方面取得了显著成果，其中，页岩气开采技术的发展备受关注。

（一）我国页岩气开采技术积累

在推进中国能源技术革命的过程中，页岩气开采领域的关键技术取得了重大突破和创新性进展。其中，水平井钻井技术作为开采页岩气的核心手段之一，通过持续优化钻井工艺流程和技术参数，实现了从“经验钻井”向“科学钻井”的转变。目前，我国的水平井钻井技术不仅在钻井作业的速度与效率方面实现了较大的突破，而且有效解决了复杂地质条件下页岩气资源难以高效开发的难题。

压裂技术作为页岩气开发的关键技术，在我国同样得到了长足发展。近年来，压裂技术研究团队积累了丰富的实践经验，不断革新和完善水力压裂、泡沫压裂等多种压裂方法，并对压裂液配方进行精细化调整，从而大幅提升了页岩气井的产能，有力推动了我国页岩气产业的发展。

与此同时，测井技术的进步对精准评价和高效开发页岩气藏起到了至关重要的作用。我国科研人员成功研发了一系列先进的测井工具和解释方法，这些成果不仅增强了对页岩气藏分布、储量及可采性的准确判断能力，更为后续的页岩气开采工作提供了强大的技术支持。

地球物理勘探技术在我国页岩气资源的探测与评价中扮演着不可或缺的角色。近年来，我国在地震成像、电磁法探测等方面取得了显著进步，极大地提高了对地下页岩气资源的识别精度和预测能力，为实现页岩气资源的科学合理开发利用奠定了坚实基础。

尤其值得一提的是，在追求页岩气产业发展的同时，我国始终秉持绿色低碳理念，注重将环保技术融入开采全过程中。废水处理技术和废气处理技术等清洁生产解决方案得以广泛应用，有效地减少了页岩气开采过程中的环境污染和碳排放量，实现了页岩气产业的可持续发展。

（二）我国页岩气开采技术短板

在推动中国能源技术革命的过程中，页岩气开采领域面临多重挑战与机遇。

1. 经济成本

从经济成本角度来看，页岩气井的钻井成本显著高于传统油气井。尽管我国在钻井技术和设备制造上取得了一定的进步，但与国际先进水平相比，在钻头材料性能、钻井工艺优化等方面仍存在差距，导致钻井投入居高不下。

2. 关键技术与工程管理水平

在决定页岩气产能释放的关键环节——压裂技术方面，我国虽然已积累了一定的技术基础和实践经验，但在高强度压裂剂的研发以及微纳米材料在压裂液中的应用等前沿技术领域仍存在较大的技术瓶颈，需要加大研发投入，进一步提升页岩气资源的采收率。

同时，我国页岩气藏工程管理水平有待整体提高。我国在气藏动态监测体系构建、气藏数值模拟精度提升等方面尚有不足，这些因素直接影响着页岩气田高效、有序、可持续开发能力的提高。

3. 环保政策的约束

环保政策层面的约束也是我国页岩气产业发展中不可忽视的因素。随着国家对环境保护的要求日趋严格，页岩气开采过程中产生的废水处理、废气排放控制等环保问题越发突出，实现绿色、低碳的页岩气开采已成为页岩气产业发展亟待解决的关键问题之一。

4. 人力资源配置

在人力资源配置方面，我国煤油气领域的研究人才分布并不均衡，尤其是在页岩气开采技术研发方面，部分高校和科研机构的人才储备与技术积累相对不足，创新能力有待加强。解决这一问题，需要深化产学研合作，强化人才培养机制，吸引和培养更多高素质的专业人才投身于页岩气技术创新与实践中。

总之，尽管我国页岩气开采技术在近年来取得了显著进步，但仍存在一定的技术短板，为实现我国煤油气能源技术革命，有必要进一步加强页岩气开采技术的研发与创新，提高我国在全球页岩气开采技术领域的竞争力。

四、煤油气共生开采技术

作为一种重要的能源开发方式，煤油气共生开采在我国能源领域占据举足轻重的地位。随着我国煤油气资源勘探开发的不断深入，煤油气共生开采技术取得了显著进步。然而，在面对资源枯竭、环境保护等诸多挑战的同时，我们也应意识到，煤油气共生开采技术仍存在一定的短板，亟待进一步研究和改进。

（一）煤油气共生开采技术积累

我国在煤层气开采技术领域取得了显著进步，丰富的煤层气资源正通过日趋成熟的开采技术得到更有效的开发和利用。地面钻井抽采技术的推广和优化，极大地提高了煤层气的抽采效率，降低了矿井瓦斯浓度，不仅保障了煤矿安全生产，还成功减少了煤层气这一温室气体的无序排放。与此同时，井下瓦斯抽采与煤层气及煤炭协调开采技术也逐渐步入成熟阶段，为实现煤炭与煤层气资源的协同高效开发提供了有力的技术支撑。

在石油与天然气共生开采方面，我国已构建起一套涵盖多种类型油气田的全面技术体系。常规油气田开发技术不断升级，确保了稳定产量；页岩气、致密油气等非常规油气田开发技术取得突破，有效提高了国内油气供应能力；海洋油气田共生开采技术的研究与应用也日益深入，增强了国家能源安全保障能力，并为油气产量的持续增长奠定了坚实基础。

此外，在煤油气共生开采综合利用技术方面，我国同样表现出了卓越的创新能力。煤油气发电技术、煤油气化工技术和煤油气清洁利用技术的发展日新月异，它们将煤油气资源与其他能源形式巧妙结合，大幅提高了能源利用效率，推动了产业结构调整和绿色低碳发展。这些先进技术的应用，在我国优化能源结构、促进能源革命进程以及应对气候变化等方面作出了积极而重要的贡献。

（二）煤油气共生开采技术短板

在中国能源技术革命的进程中，煤油气资源的开发利用面临着多重机遇与挑战。尽管我国拥有丰富的煤油气资源储备，但资源勘探开发的整体水平仍处于相对较低的状态。这一现状在一定程度上源于勘探开发技术的局限性、设备更新换代的速度过慢以及管理水平较低等因素，不仅限制了部分潜在资源的有效利用，也制约了我国能源供给结构的进一步优化。

与此同时，煤油气共生开采活动对环境造成的影响也不容忽视。地下水污染、地表沉降等环境问题凸显，开采过程中环保意识的增强尚需同步跟进，同时，相关技术水平亟待提高，监管机制有待强化，这些都是我国煤油气共生开采面临的现实需求。要解决这些问题，就要研发更环保的开采技术，建立更严格的环境保护标准及执行体系。

创新能力是推动煤油气共生开采技术进步的核心动力。相较于国际先进技术，我国在该领域的技术创新能力仍有提升空间。为适应日益增长的煤油气资源开发需求，有必要持续加大科研投入，培育创新人才，加速关键核心技术的研发与应用，从而缩小与国际领先水平之间的差距。

此外，煤油气共生开采产业链的协同发展水平也有待提升。从上游的资源勘探到中下游的加工利用，各环节间的技术交流与产业协作应进一步加强，以促进产业链的整体升级和完善。通过构建协同创新网络，整合各方优势资源，能够有力推进我国煤油气产业向更高层次、更宽领域和更高质量发展迈进。

因此，为实现煤油气资源的高效、环保、可持续发展，需要在以下几个方面持续发力：提高资源勘探开发程度，强化环保意识，增强创新能力，优化产业链协同发展。通过不断的技术积累和创新，推动我国煤油气共生开采技术迈向新水平。

第三节　煤油气转化技术实践

一、煤制油气技术

近年来，中国煤制油气技术革命取得了显著成效，为我国能源供应多样化作出了重要贡献。在这一过程中，各类技术积累不断丰富，但也暴露出一些技术短板。

（一）中国煤制油气主要技术积累

在中国能源技术革命的进程中，煤制油气技术研发扮演了至关重要的角色。国家高度重视并投入大量资源推动该领域的科技创新，成功突破了一系列具有自主知识产权的核心技术。以神华集团研发的“神宁炉”以及兖矿集团推出的“兖矿炉”为代表，这些先进的煤制油气技术不仅彰显了我国在煤炭清洁高效转化利用上的重大突破，也标志着我国在这一战略性新兴产业中已具备独立自主研发和规模化应用的能力。

煤气化是煤制油气工艺流程中的核心技术环节，我国科研团队已全面掌握包括固定床、流化床及气流床在内的多种煤气化技术，并逐步实现技术优化与升级。这一系列关键技术的成功掌握，为煤制油气产业提供了坚实的技术支撑，极大地提升了我国煤炭资源向清洁能源转化的整体技术水平。

在煤制油气过程中，合成气净化技术的重要性不言而喻。目前，我国积累了丰富的合成气净化技术经验和技术储备，特别是在脱硫、脱二氧化碳、脱水等关键步骤上取得了显著成果，有效保障了合成气质量，提高了后续工序的效率和产品纯度。

与此同时，我国在油气分离与提纯技术方面也实现了重要突破。通过持续的研发创新，我国已经实现了煤制油气产品的精细化分离和深度提纯，确保了最终产品的高品质，满足了市场需求，有力地促进了我国能源结构的优化调整和绿色低碳转型。

（二）中国煤制油气技术短板

在中国能源技术革命的推进过程中，煤气化效率提升是一项关键任务。我国在煤气化技术研发上已取得显著成就，但对比国际先进水平，仍存在煤气化效率不高的问题，意味着我国需要进一步加强基础研究和技术攻关，优化煤气化工艺流程，提升装备性能，研发新型高效煤气化技术，缩短与国际前沿技术水平的差距。

合成气净化是煤制油气产业链中的核心技术环节，其效能直接影响着后续产品的质量和整个产业的经济性。当前，我国在合成气净化技术方面虽已具备一定的研发能力，但在氮气和重烃等复杂组分的高效脱除技术上仍有待突破及完善。因此，加大对合成气净化关键技术的研发投入，攻克相关难题，是推动我国煤制油气产业升级的关键举措之一。

催化剂在煤制油气过程中的作用至关重要，它直接决定了煤炭资源转化效率及产品质量。目前，尽管我国在煤制油气催化剂研发领域取得了一定进展，但仍与国际先进国家存在一定的技术差距。要实现煤制油气产业的可持续发展，必须加大催化剂的研发力度，提高催化剂的选择性和稳定性，从而有效提高煤制油气产率，降低生产成本。

此外，在煤制油气产业发展道路上，环保与节能已成为决定其未来竞争力的核心要素。随着对环境友好型和资源节约型社会建设要求的不断提高，如何在确保经济效益的同时，解决好煤制油气生产过程中的废水、废气排放问题，并提高能效比，降低单位产值能耗，是当前我国煤制油气产业面临的重大挑战。只有将环保与节能理念贯穿煤制油气技术革新全过程，制定出切实可行的绿色发展战略，才能确保这一重要产业在能源革命大潮中行稳致远。

因此，为实现煤制油气产业的健康可持续发展，有必要进一步加强技术研发，提高煤气化效率，完善合成气净化技术，突破催化剂研发瓶颈，关注环保与节能问题。通过不断丰富技术积累，助力我国煤制油气产业迈向更高水平。

二、煤制烯烃技术

近年来，中国煤制烯烃技术取得了显著进步，为国家能源战略转型和经济发展作出了重要贡献。

（一）中国煤制烯烃技术的发展历程

中国煤制烯烃技术起源于20世纪80年代，经过40多年的发展，可分为以下几个阶段。

1. 试验研究阶段（20世纪80—90年代）

试验研究阶段以实验室研究和小型试验为主，探索煤制烯烃的工艺路线和关键技术。

2. 工业示范阶段（21世纪前10年—21世纪10年代初）

工业示范阶段以万吨级生产线为主，开展煤制烯烃的产业化实践，为后续大规模生产积累了宝贵经验。

3. 大规模产业化阶段（21世纪10年代至今）

大规模产业化阶段煤制烯烃产能迅速扩大，技术不断优化，产业竞争力逐渐增强。

（二）中国煤制烯烃技术的主要积累

在中国能源技术革命进程中，煤制烯烃领域取得了显著的进展与突破。特别是在催化剂技术研发方面，中国科学家和工程师们持续攻关，成功开发出拥有自主知识产权的世界领先水平催化剂，并已在工业化生产中实现了广泛应用。这些新型催化剂极大地提升了煤制烯烃过程的效率与经济性，为我国煤炭资源转化为高附加值化工产品提供了核心技术保障。

在工艺技术层面，我国煤制烯烃技术不断成熟和完善，通过一系列先进的转化流程，已经能够高效地将煤焦油、合成气等初级原料转化为各类烯烃产品。在这个过程中，不仅实现了较高的烯烃产品效率，而且提高了能源利用效率，体现了我国在煤炭清洁高效利用技术上的卓越成就。

设备制造能力的提升亦是我国煤制烯烃产业取得重要进步的标志之一。随着大型化、高效化以及环保型设备的研发和制造能力的不断提高，我国企业提供了一系列能够满足煤制烯烃项目需求的高端装备，有力支撑了整个产业链的稳定发展和产能扩张。

此外，在工程化技术领域，我国煤制烯烃产业也展现出强大的实力。从项目的规划设计到施工建设，再到调试运营，各个环节均积累了丰富的实践经验和技术成果，形成了完善的工程化技术体系。这意味着我国具备了从零开始设计并成功实施煤制烯烃全产业链项目的能力，为推进国家能源结构优化调整和产业升级奠定了坚实基础。

（三）中国煤制烯烃技术存在的短板

在中国能源技术革命的进程中，煤制烯烃产业的技术进步与挑战并存。其中，催化剂性能优化是提升整体生产效率和经济效益的关键因素之一。当前，由于煤制烯烃工艺过程中催化剂在高温高压条件下的稳定性存在问题，催化剂使用寿命相对较短，这一技术瓶颈直接影响了生产连续性和单位产出效益。因此，研发出耐高温高压、寿命周期长的新型催化剂成为该领域亟待突破的重要任务。

同时，设备腐蚀问题是制约煤制烯烃工业稳定运行和产品质量提升的另一重大难题。在复杂的化学反应条件下，生产设备容易受到腐蚀侵害，不仅导致维护成本升高，还可能导致生产中断，影响整个产业链的正常运作。为解决这一问题，我国科研团队正致力于研究更为耐蚀的材料及防腐措施，以提高设备运行的可靠性，并保障产品品质的一致性。

能耗问题是煤制烯烃产业可持续发展必须面对的另一个核心问题。目前，我国煤制烯烃工艺的整体能耗相对较高，能源利用效率尚有较大提升空间。为了实现更低的碳排放强度和更高的能源利用效率，业内正在积极探索先进的节能技术和热能集成方案，力求通过技术创新降低能耗，推动产业绿色转型。

此外，随着环保政策的日益严格，煤制烯烃产业面临的环保压力也日渐增大。生产过程中的废气处理、废水循环利用以及固体废物减量化处置等成为产业发展的重要课题。如何有效解决环境污染问题、实现清洁生产，是我国煤制烯烃行业在追求经济效益的同时必须承担的社会责任和环境使命。只有不断攻克这些技术难关，才能确保煤制烯烃产业在能源革命中得到持久且健康的发展。总之，中国煤制烯烃技术在不断积累与突破中，为实现煤油气能源技术革命奠定了基础，但同时仍需进一步破解关键技术难题，提升产业整体竞争力，以适应国家能源发展战略的需求。

三、煤制乙二醇技术

中国煤制乙二醇技术在过去几十年里取得了显著进步，为实现煤油气能源转型奠定了基础。

（一）煤制乙二醇技术进展

煤气化技术作为煤制乙二醇产业链的核心工艺环节，对产品质量和生产效率起着决定性作用。我国在煤气化技术研发上取得了显著成就，成功掌握了固定床、流化床以及气流床等多种煤气化技术。其中，气流床煤气化技术因其较高的气化效率和较低的碳排放特性等卓越的性能优势，已在我国煤制乙二醇产业中占据了主导地位，并成为推动该行业绿色低碳发展的关键技术力量。

合成气净化是煤制乙二醇工艺流程中的另一个关键节点，直接影响着最终产品的质量和经济效益。我国在合成气净化技术方面积累了丰富的实践经验与技术创新成果，涵盖脱硫、脱碳及气体分离等多个重要工艺步骤。特别是二氧化碳捕集与利用技术的研发和应用，为有效减少煤化工过程中的碳排放量提供了切实可行的技术解决方案，对于实现煤制乙二醇产业的可持续发展具有重要意义。

在乙二醇合成阶段，我国科研人员同样进行了深入研究和创新实践。通过采用低压合成工艺以及优化催化剂性能等措施，实现了乙二醇产率和纯度的显著提升。此外，针对不同煤种特性和工艺条件下的乙二醇合成规律进行系统研究，不仅丰富了我国煤制乙二醇领域的理论基础，也为实际工业化生产提供了科学指导和有力支撑。这一系列技术进步共同推动了中国煤制乙二醇产业向着更高能效、更低环境影响的方向迈进。

（二）煤制乙二醇技术短板

在中国能源技术革命的进程中，煤气化技术作为煤炭高效清洁利用的重要手段，已取得了一定的突破。然而，我国与国外先进煤气化技术相比，在设备运行稳定性、耐磨性和能耗等方面仍存在一定差距，意味着我们需要进一步加大科研力度，通过技术创新和优化设计，提高煤气化装置的可靠性和能效表现，以实现更高效的煤炭气化转化。

在煤化工领域，乙二醇合成催化剂的研发与应用对提升煤制乙二醇生产效率至关重要。尽管我国已在该领域展开了积极的研究探索，但目前尚处于起步阶段，与国际领先水平还存在较大差距。催化剂性能的不足成为制约我国煤制乙二醇产业发展的技术短板之一，因此，加强乙二醇合成催化剂的基础研究与创新开发，对于提升煤化工产业链技术水平和国际竞争力具有决定性意义。

在资源利用效率方面，我国煤制乙二醇产业面临双重挑战。一方面，在煤炭资源的开采与利用过程中，环境污染控制和资源有效利用率有待提升，需要在源头上强化绿色开采技术和节能减排措施的应用；另一方面，煤制乙二醇生产过程中的副产品综合利用程度较低，不仅限制了整体经济效益的提高，也影响了产业的可持续发展能力。要解决这一问题，关键在于构建和完善煤制乙二醇副产品回收及高附加值利用体系，推动煤制乙二醇产业向循环经济模式转变，确保其在保障能源安全的同时，实现环境友好和资源高效利用的目标。

总之，我国煤制乙二醇技术在过去几十年里虽然取得了显著成果，但仍存在一定短板。未来，通过技术创新、产业链延伸、绿色低碳发展和国际合作等措施，有望推动我国煤制乙二醇技术迈向新水平，为煤油气能源转型提供有力支持。

四、煤制氢技术

（一）我国煤制氢技术的主要积累

煤气化技术是我国能源技术革命的重要一环，近年来取得了显著的突破和进步。目前，我国已成功掌握固定床、流化床和气流床三种主流煤气化技术，并在各领域广泛应用。固定床煤气化技术因其成熟稳定的特点，被广泛应用于各类工业生产过程；而流化床煤气化技术则具有较高的操作灵活性，可根据原料特性和产品需求进行灵活调整；尽管气流床煤气化技术的投资与运行成本相对较高，但其高效的气体产率使得该技术在特定应用场景下具有显著优势。

在煤制氢催化剂的研发与应用上，我国已走在世界前列，主要包括以钼、钨、铬等为主要活性组分的金属催化剂和以分子筛、氧化铝等为载体的非金属催化剂两大类。其中，金属催化剂在提高煤制氢转化率和产出氢气纯度方面发挥了关键作用；而非金属催化剂则凭借其独特的催化性能，在煤制氢过程中展现了强大的潜力。

我国煤制氢工艺的优化工作同样硕果累累，通过不断改进煤气化装置结构和工艺参数，有效提升了气化效率。此外，对气体净化工艺的深入研究与改良，降低了煤气中二氧化碳和硫化物等有害杂质含量，进一步提高了煤制氢的质量水平。采用变压吸附（Pressure Swing Adsorption，PSA）技术后，我国在氢气提纯环节实现了重大突破，确保了高品质氢气的稳定供应。

氢能利用技术在我国的发展亦展现出蓬勃生机。氢燃料电池技术已经在国内交通、电力、通信等多个领域成功应用，为我国清洁能源体系构建奠定了坚实基础。与此同时，氢气储存技术取得重大突破，高压气瓶及液氢储存等关键技术均实现国产化，大大增强了我国在氢能产业链上的自主创新能力。而在基础设施层面，我国正逐步完善氢气站、氢气管道等氢能基础设施网络，有力支撑着氢能产业的长远发展。

（二）我国煤制氢技术存在的短板

在中国能源技术革命的进程中，煤气化技术作为煤炭清洁高效利用的重要手段，虽然已取得显著成就，但仍存在一些亟待解决的关键问题。煤气化设备在运行稳定性方面仍需提升，目前设备的耐磨损和抗腐蚀性能尚不理想，且对于煤气化过程中产生的焦油、酚类等有害物质处理工艺尚不成熟，在一定程度上制约了煤气化进程的整体效能与环保水平。

催化剂技术是煤制氢产业的核心竞争力之一。我国在此领域的研究虽已跻身世界领先行列，但与国际先进水平相比，仍存在一定的差距。例如，国内研发的催化剂在活性、稳定性和使用寿命等方面仍有待提高，特别是在非贵金属催化剂的研发及产业化应用方面，我国正处于起步探索阶段，需要进一步加强技术研发和市场转化能力。

煤制氢工艺的技术短板主要体现在气体净化与氢气提纯环节。当前，我国在气体净化技术上的瓶颈主要表现为对二氧化碳等杂质的去除效率相对较低，产出的氢气纯度难以满足高端应用需求。此外，在大型煤制氢装置中，采用 PSA 等先进技术的经验积累不足，这也成为限制煤制氢产业升级的一个重要因素。

氢能利用技术在我国的发展亦面临诸多挑战，在基础设施建设和氢燃料电池技术应用层面，技术短板尤为明显。例如，氢气储存和运输设施建设滞后，导致氢能供应链成本高昂，不利于氢能市场的规模化发展；同时，氢燃料电池在低温启动性能、工作寿命以及整体能效等方面距离国际先进标准还有一定差距，亟须通过技术创新和产业链协同来逐步缩小这一差距。

综上所述，我国煤制氢技术虽然在煤气化、催化剂、工艺和氢能利用等方面取得了一定的成就，但仍存在一定的技术短板。为进一步提高我国煤制氢技术水平，应加大研发投入，突破关键技术，优化工艺流程，推动氢能利用基础设施建设，加强国际合作与交流，助力我国煤油气能源技术革命。

五、煤油气直接液化技术

（一）我国煤油气直接液化技术的主要技术积累

在推进中国能源技术革命的过程中，煤油气直接液化技术研发领域取得了显著成果。催化剂是煤油气直接液化过程中的核心技术之一，我国科研团队在此方面实现了重大突破。通过不懈努力和持续创新，我国科研团队研发出具有更高活性和选择性的催化剂体系，有效地促进了煤油气的高效转化，提高了整个液化过程的反应效率。

工艺流程优化是确保煤油气直接液化技术工业化成功应用的关键环节。我国科学家及工程师对煤油气直接液化的各个步骤进行了深入研究与细致分析，成功优化了反应温度、压力、停留时间等工艺参数，极大地提升了整个液化工艺流程的稳定性和可靠性，为大规模商业化生产奠定了坚实基础。

随着技术创新的不断深入，我国煤油气直接液化产品的质量结构也得到了显著优化。通过提升技术水平和改进工艺流程，不仅增加了高附加值产品的产出比例，而且提高了资源利用效率，使煤油气资源能够得到更加充分高效的利用。

此外，在工程技术应用层面，我国煤油气直接液化技术已从实验室走向实际工程应用，并在多个大型煤油气液化项目中得到验证和推广。这些项目的成功实施，不仅积累了宝贵的工程实践经验，也为我国煤基清洁能源产业的发展提供了有力的技术支撑，进一步推动了能源产业结构升级和绿色低碳转型的步伐。

（二）我国煤油气直接液化技术的短板

在能源技术革命的进程中，我国煤油气直接液化技术虽然取得了显著的进步，但仍面临一些亟待解决的关键问题。

首先，在催化剂性能方面，尽管我国科研团队已成功研发出先进的煤油气直接液化催化剂，并取得了一系列重要的突破性成果，但现有催化剂的实际使用寿命相对较短，生产过程中频繁更换催化剂的需求增加，从而提高了整体的运营成本。为实现这一领域的持续进步与经济效益的提升，延长催化剂有效寿命成为技术研发的重要方向。

其次，从能耗角度来看，我国煤油气直接液化的工艺流程尚存在节能潜力。目前，该过程消耗的能量相较于理想状态仍有较大的优化空间。通过技术创新和设备升级，降低煤油气直接液化的单位能耗，对于提高整个工艺流程的经济性和环境友好性具有决定性意义。

再次，煤油气直接液化产品的产出结构也存在着改进空间。当前产品分布不够均衡，尤其是高附加值产品的比例仍有待提高，可以通过进一步优化生产工艺和技术配方，调整产品结构，使之更符合市场需求，从而增强产业竞争力和盈利能力。

最后，环保问题是煤油气直接液化技术发展中不容忽视的挑战。废水处理及废气排放等环节尚未完全达到无害化和资源化的目标，对环境造成了一定程度的污染。因此，强化环保技术研发、完善污染物治理设施以及探索绿色低碳的全过程解决方案，是我国煤油气直接液化行业可持续发展不可或缺的一环。只有妥善解决这些问题，才能确保我国能源技术革命在保障能源安全的同时，兼顾环境保护和社会效益的全面提升。

总之，我国煤油气直接液化技术在取得显著成果的同时，仍存在一定的技术短板。未来，我国应继续加大煤油气直接液化技术研发力度，努力提高煤油气直接液化技术水平，为我国煤油气能源技术革命贡献力量。

第四节 煤油气利用技术创新

一、煤油气发电技术

煤油气发电技术是将煤油气资源用于发电的一种清洁能源利用方式。与传统的煤炭发电相比，煤油气发电具有污染排放低、能源利用率高等优势。我国煤油气发电技术经历了从试验示范到商业化推广的过程，目前已取得了显著成效。

（一）煤油气发电技术成果

在中国能源技术革命的进程中，煤油气燃烧技术领域的突破尤其令人瞩目。我国科研团队在自主研发方面硕果累累，成功开发出一系列先进的煤油气燃烧器和配套的燃烧优化控制系统，这些关键技术不仅显著提升了煤油气资源的燃烧效率，还实现了低污染排放，为我国能源结构的优化与环保目标的实现提供了有力的技术支撑。

与此同时，我国煤油气发电机组制造业也在不断攀登新的高峰，制造水平持续提升。通过坚持不懈的研发与创新，国内已成功打造出一批具有国际先进水准的煤油气发电机组，这些机组以其高效的运行性能与稳定的输出能力，有效推动了煤油气资源向电能的高价值转化。

污染物控制技术的进步是我国煤油气发电产业绿色转型的重要标志。各大煤油气发电企业在国家政策引导和技术进步的双重驱动下，积极采用并不断完善脱硝、脱硫以及高效除尘等先进技术，使煤油气发电厂的大气污染物排放量大幅降低，环保性能得到根本性改善，为建设美丽中国贡献了实实在在的力量。

近年来，我国启动实施了一批具有代表性的煤油气发电示范项目，如神华集团旗下的煤油气发电项目以及新疆地区的煤油气发电工程等，这些项目的成功建设和稳定运行，不仅验证了我国煤油气发电技术的可靠性和经济性，更为全国范围内的煤油气发电技术推广积累了宝贵经验，为我国能源多元化战略的实施提供了有力的实践基础。

（二）煤油气发电技术短板

在中国能源技术革命的进程中，煤油气资源的勘探开发水平成为影响产业进步的重要因素。尽管我国拥有丰富的煤油气资源，但其开发利用的程度相对较低，在很大程度上限制了煤油气发电等下游产业的发展潜力。因此，煤油气资源的高效勘探和开发技术的提升对于煤油气发电产业的长远发展具有决定性意义，能够有效促进能源结构优化和产业升级。

设备制造作为煤油气发电产业链的核心环节，我国在该领域虽已取得较大进展，但与国际先进水平相比仍存在一定差距。为了确保煤油气发电机组的可靠性和效率，我国亟须加大研发投入力度，不断提升关键设备的设计、制造和维护技术，提高设备的整体质量和市场竞争力。

与此同时，产业链配套服务不足的问题同样制约着我国煤油气发电产业的发展。从煤油气资源的储运设施到发电设备的后期维修保养，整个产业链上的配套设施尚不够完善，这在一定程度上增加了行业运行成本，延缓了项目落地速度，阻碍了产业整体效能的发挥。

此外，在政策层面，相较于光伏、风电等清洁能源，煤油气发电产业得到的政策支持仍有待提高。政府应着眼长远，加大对煤油气发电产业的扶持力度，制定和完善相应的政策法规，采取税收优惠、补贴支持、技术研发鼓励等一系列措施，引导和推动煤油气发电产业健康、有序地向前发展，更好地服务于国家能源战略和经济社会可持续发展的目标。

总之，我国煤油气发电技术在取得显著成果的同时面临一系列技术短板。为实现煤油气能源技术革命，有必要继续加大研发投入，突破关键技术，推动煤油气发电产业健康可持续发展。

二、煤油气清洁利用技术

（一）煤油气清洁利用技术成果

在中国能源技术革命的进程中，煤层气开发利用领域的技术创新成果显著。一方面，我国在煤层气钻井、排采以及增产技术等方面实现了关键性突破，通过改进和完善钻井工艺、优化排采方案及提升井下作业效率等手段，在大幅提高煤层气开发效率的同时降低了开采成本，从而为国内煤层气产业的规模化、产业化发展提供了坚实的技术支撑。另一方面，煤制天然气技术在我国得到了广泛应用与快速发展，涵盖固定床气化、流化床气化以及浆态床气化等多种先进技术路线。这些煤制气技术的成功实施，不仅丰富了我国天然气供应来源，缓解了天然气市场供需矛盾，而且有效减轻了煤炭资源直接燃烧给环境带来的压力，促进了能源结构的优化调整。

与此同时，煤油气转化技术作为推动我国清洁能源转型的重要一环，在煤油气转化为清洁燃料方面发挥了积极作用。催化裂化和重整等关键技术的研发应用，成功提升了煤油气资源的附加值，使其能够作为高品质石化原料服务于石油化工产业链，有力推动了相关产业的技术升级与绿色发展。

此外，在煤油气开发利用过程中，环境保护与污染控制技术的研发和应用同样取得了长足进步。我国已成功研发了一系列针对煤油气开采产生的废水、废气等污染物的处理技术，这些技术的有效运用极大地减少了煤油气产业对生态环境的影响，确保了在追求能源供给安全的同时，兼顾可持续发展的绿色目标。

（二）煤油气清洁利用技术短板

尽管我国在煤油气清洁利用技术方面已经取得了显著成果，但要实现产业持续、高效和绿色发展，仍需正视并补齐一些关键的技术短板。

1. 煤层气开发技术创新方面

尽管我国在煤层气开发技术创新方面已取得了一系列阶段性突破，但与国际先进水平相比，仍存在一定的差距。特别是在高效排采技术和煤层气井增产技术等方面，尚需科研团队进一步集中攻关，提升整体技术水平，充分释放煤层气这一清洁能源的巨大潜力。

2. 煤制天然气技术方面

在煤制天然气技术方面，当前我国面临的主要挑战在于生产成本相对较高。如何降低成本、提高经济效益是煤制天然气产业实现可持续发展的核心问题。因此，有必要通过技术研发与创新，优化工艺流程，提高能效，降低原料消耗，以推动煤制天然气产业在全球能源格局中获得更强的竞争力。

3. 煤油气污染物处理技术方面

在煤油气污染物处理技术方面，虽然我国已取得了一些实质性的进展，但在污染物处理效果及运行稳定性上仍有改进空间。发展更为高效、低能耗且稳定的污染物处理技术至关重要，这不仅有助于满足日益严格的环保法规要求，也成为推动煤油气产业绿色转型、实现环境友好型发展战略的关键举措。

总之，我国煤油气清洁利用技术在取得成果的同时面临一些技术短板。未来，加强技术创新，不断优化和完善煤油气清洁利用技术体系，将有助于推动我国煤油气产业的可持续发展。

三、煤油气燃料电池技术

（一）煤油气燃料电池技术成果

煤油气燃料电池作为新型能源转换技术，凭借其高效、清洁及低噪声等特性，在能源领域占据重要地位。这种技术将化学能直接转化为电能，无须经过热力学循环过程，显著提高了能量转换效率。根据工作原理与所使用燃料的差异，煤油气燃料电池可以细分为多种类型，如磷酸燃料电池（PAFC）、固体氧化物燃料电池（SOFC）以及质子交换膜燃料电池（PEMFC）等，每种类型均具有特定的操作条件和适用场景。

在煤油气燃料电池的设计与制造过程中，关键材料的选择及其组件优化至关重要。其中，电解质材料是决定电池性能的核心部件之一，它负责离子传输以实现电荷分离；催化剂则在电化学反应中起着加速作用，降低活化能并提高能量转换速率；气体扩散层则确保燃料和氧化剂能够均匀地分布至催化层。此外，组件部分主要包括双极板、膜电极组装等结构单元，它们共同构建了燃料电池的基本架构，并对煤油气燃料电池整体性能产生直接影响。

煤油气燃料电池系统的集成与控制技术是保障其高效稳定运行的关键因素。系统集成不仅包括氢气与氧气的精确供应系统，还包括复杂的温度管理和压力控制机制，以维持适宜的反应环境，延长电池寿命。同时，先进的故障诊断与保护技术也是必不可少的组成部分，它们能够在异常情况下迅速响应，有效避免系统损害并保证系统安全可靠运行。

我国在煤油气燃料电池的应用方面取得了丰硕成果，特别是在交通领域大显身手，电动汽车、城市公交车等交通工具的成功搭载展现了该技术在移动电源领域的广阔前景。不仅如此，煤油气燃料电池还被广泛应用于通信基站、数据中心等需要持续稳定电力供应的重要场合，甚至逐步进入家庭用电市场，为实现分布式能源供应和绿色低碳生活提供了新的可能。随着技术研发与应用推广的深入，煤油气燃料电池将在更多领域展现其强大的能源转换潜力和社会价值。

（二）煤油气燃料电池技术短板

中国在煤油气燃料电池技术领域虽然取得了一定的科研成果，但在核心技术层面与国际先进水平仍存在一定的差距。

首先，在关键材料和组件的研发上，我国尚需加大自主创新力度，破解制约高性能、长寿命煤油气燃料电池发展的核心技术难题。关键材料和组件是决定电池效率、稳定性与使用寿命的关键因素，目前很大程度上依赖于国外进口，这不仅增加了成本，也限制了国内产业自主可控的能力。

其次，由于产业链不健全，规模化生产煤油气燃料电池面临着诸多挑战。从原材料获取到成品制造，各个环节的成本控制和技术整合都显得困难重重。高成本问题直接影响着产品的市场竞争力和商业化进程，因此，亟须通过构建完整的国产化供应链体系，实现关键技术与装备的本土化生产和优化升级，以降低生产成本，推动煤油气燃料电池产业走向大规模应用。

再次，氢气供应与储存问题是制约煤油气燃料电池广泛应用的重要瓶颈。尽管煤炭可以被用作制氢原料，但高效且低成本的氢气生成、存储和分配技术尚处于发展阶段，如何建立安全、可靠且经济可行的氢能源基础设施，对于推广煤基氢能及其在燃料电池领域的应用至关重要。

最后，环保要求也是煤油气燃料电池的发展必须面对的挑战。在燃料处理过程中产生的污染物，需要采取更先进的处理技术和严格的质量标准进行有效治理。只有确保整个生命周期内的环境友好性，才能使煤油气燃料电池技术在满足国家绿色低碳发展要求的同时，真正实现可持续的商业化应用与发展。

综上所述，我国煤油气燃料电池技术在取得成果的同时，仍存在一定的技术短板。未来，通过加大研发投入、突破关键核心技术、推动产业链完善等方面的工作，有望推动煤油气燃料电池技术迈向更高水平。

四、煤油气热电联产技术

煤油气热电联产技术充分利用煤油气资源，通过一体化开发和综合利用，实现能源的高效利用。在我国，该技术在新疆、内蒙古等煤油气资源丰富的地区得到了广泛应用。煤油气热电联产项目的建设既满足了当地的能源需求，又降低了煤油气资源的浪费。

（一）煤油气热电联产技术成果

煤气化技术是煤油气热电联产的核心组成部分，在我国能源技术创新中占据重要地位。近年来，我国在煤气化技术研发上成功实现了固定床、流化床和气流床等多种煤气化技术的国产化进程，这一突破不仅减少了对国外技术的依赖，也有力地推动了国内煤油气热电联产项目的自主建设与运行。通过不断优化和完善煤气化工艺，我国为实现煤炭资源的清洁高效利用奠定了坚实基础，有效支撑了煤油气热电联产业的发展。

燃气轮机技术是现代能源系统的关键技术之一，在煤油气热电联产项目中扮演着至关重要的角色。我国在引进并消化吸收国际先进技术的同时，注重自主创新研发，已经成功研制出拥有完全自主知识产权的燃气轮机设备。这些先进的燃气轮机不仅提高了发电效率，降低了能耗，而且进一步增强了我国在煤油气热电联产领域的核心竞争力，为相关项目的稳定、高效运行提供了可靠的动力保障。

在推进煤油气热电联产项目的过程中，我国始终将热电联产技术视为提高能源综合利用率的关键途径。从设计阶段开始，就强调热力系统的整体优化配置，并在建设和实际运行时，通过精细化管理提升热电比，确保热量和电力能够得到最大限度的综合利用。这种对热电联产技术的深入应用，不仅有助于降低煤油气资源消耗，减少环境污染，还极大地促进了能源结构的优化升级，符合我国绿色低碳、可持续发展的战略目标。

（二）煤油气热电联产技术短板

在能源技术革命的进程中，中国持续关注并推进煤气化技术的研发与应用。尽管我国已在煤气化领域取得了一系列突破，尤其是在常规条件下煤气化的技术研发和产业化应用取得了显著成就，但在面对高温高压条件下的煤气化技术挑战时，仍与国际先进水平之间存在差距。这一方面凸显了我国亟须破解的关键核心技术难题，另一方面预示着未来研发方向将更加注重极端工况下煤气化效率提升及设备国产化的迫切需求。

燃气轮机作为能源转换的核心装备，在我国的发展相对滞后于国际领先水平。目前，国内燃气轮机市场对国外先进技术的依赖度较高，特别是在高温、高压以及高效率等关键性能指标的燃气轮机技术研发上，我国尚未实现完全自主研发与生产。这不仅影响到我国能源装备制造产业链的安全性和稳定性，更限制了我国在能源高效利用及清洁能源转型上的自主可控能力。

同时，煤油气热电联产项目的环保问题是我国能源技术创新必须直面的重要议题。尽管此类项目具有较高的能源利用率，但在实际运行过程中，二氧化碳排放量大、废水处理难度高等环保难题依然突出。因此，如何加速研发并推广应用更为先进的环保技术，以有效减轻煤油气热电联产项目的环境压力，成为我国能源技术革命进程中一项无法逃避的任务。这意味着要在节能减排、循环利用、绿色低碳等方面开展深度技术研发，确保能源生产和消费全过程的可持续发展。

综上所述，我国煤油气热电联产技术在实践过程中虽取得了显著成果，但仍存在一些技术短板。未来，在继续加强煤气化、燃气轮机、环保等技术研发的同时，还需加大政策支持力度，推动煤油气热电联产技术的创新发展。通过不断优化煤油气热电联产技术，助力我国煤油气能源技术革命，为绿色低碳能源体系的建设作出贡献。

第五节　煤油气安全生产与环境保护

一、煤油气开采安全技术

（一）中国煤油气开采安全技术成果

在煤油气开发技术领域，中国已展现出卓越的技术创新能力与实践成就。其中，煤油气钻井技术的革新尤为突出，我国科研团队成功掌握了套管钻井、欠平衡钻井以及空气钻井等多种先进钻井工艺，并将其广泛应用于实际生产中。这些先进技术的应用不仅显著提高了煤油气井的钻井效率和速度，也有效控制了成本投入，为煤油气资源的高效开发奠定了坚实基础。

针对煤油气储层复杂的地质力学特性，我国科研工作者进行了深入的研究并取得了重大突破。他们研发出了一系列针对性强、效果显著的增产技术，如水力压裂技术、注气驱替技术和先进的煤层气抽采方法等。这些技术在确保煤油气产量持续增长的同时，极大地降低了开采过程中的安全风险，提高了整个行业的技术水平和安全生产标准。

在保障煤油气开采安全方面，我国在煤油气井下监测与控制技术上也取得了关键性进展。通过引入高精度实时监控系统和技术，能够对煤油气井下的生产过程进行严密监测与精准控制，从而及时发现并妥善处理潜在的安全隐患，有力地支撑了行业稳定、安全的发展态势。

环境保护是中国能源技术革命进程中不可忽视的重要一环。在煤油气开采活动中，我国积极倡导绿色发展理念，致力于技术研发与应用，特别是在废水处理、废气治理以及固体废物处理等方面取得了一系列重要的技术创新。这些环保技术的成功推广和实施，显著降低了煤油气开采作业对环境的影响，使我国煤油气产业在实现经济价值的同时，更加注重生态效益和社会责任，真正实现了可持续发展的目标。

（二）中国煤油气开采技术短板

尽管我国在煤油气开采技术领域取得了诸多成果，但与国际顶尖水平相比，技术创新能力的提高仍是一项紧迫任务。目前，存在的差距主要体现在技术研发投入不足、高端创新型人才储备有限以及国际合作交流深度不够等方面。为实现能源领域的自主可控和高质量发展，我国亟须加大研发投入力度，培育一支具有国际竞争力的科研队伍，并积极开展广泛的国际科技合作，引进并吸收全球先进的煤油气开采技术，不断提升国内相关产业的技术创新能力。

与此同时，煤油气开采过程中的安全隐患问题也不容忽视。从井下火灾到煤层瓦斯突出，再到地面塌陷等风险，都对开采活动的安全构成了重大威胁。因此，强化安全生产管理、提高开采作业安全标准是当前工作的重要组成部分，必须进一步完善安全生产规章制度，推广使用先进的安全监测预警系统，加强对从业人员的安全培训教育，确保煤油气开采过程的平稳有序进行，从而显著降低各类安全事故的发生率。

此外，在环保层面，我国煤油气行业的绿色转型之路仍面临一定挑战。部分企业的环保意识仍有待提高，同时，对于污染物排放控制、资源循环利用等关键环保技术的研发及应用水平也有较大提升空间。为了实现煤油气产业的可持续发展，政府、企业和科研机构应当共同发力，强化企业社会责任感，通过立法推动、政策引导和技术革新，促使煤油气企业全面加强环境保护措施，努力实现开采过程的清洁化、低碳化，最终达到经济效益、社会效益与环境效益的和谐统一。

总之，我国煤油气开采安全技术在取得成果的同时面临着一定的技术短板。为实现煤油气产业的健康发展，有必要继续加大技术研发与创新力度，提高开采安全水平，强化环保意识，为我国煤油气能源技术革命贡献力量。

二、煤油气输送与储存技术

（一）煤油气输送技术成果

在能源技术革命的进程中，中国煤油气输送技术的发展取得了举世瞩目的成就。管道输送作为关键一环，在我国已经达到了世界领先水平。目前，我国已成功攻克了高压力、高温度和长距离输送的技术难关，确保了煤油气资源能够安全、稳定地跨越广阔地域进行调配。这一成熟而先进的管道网络体系，不仅增强了国家能源运输的安全性与可靠性，还显著提升了能源配置效率，为我国经济持续发展提供了有力保障。

与此同时，煤油气罐车输送技术日臻完善，实现了安全性、高效性和环保性的全面提升。通过采用新型材料和智能化控制手段，煤油气罐车在运输过程中能够有效降低损耗率，提高装载量，同时严格遵守环保标准，减少对环境的影响，从而确保煤油气资源在陆路运输环节得到最大限度的利用与保护。

随着我国煤油气海运需求的增长，船运技术同样实现了快速而重大的突破。目前，我国已具备设计和建造大型煤油气运输船只的能力，这不仅标志着我国海洋能源运输实力的壮大，更为煤油气资源在全球范围内的流通打开了新的通道。凭借这些高质量的煤油气船运技术和装备，我国能够在国际能源贸易中占据更加主动的地位，同时为实现能源供应多元化和保障国家能源安全贡献力量。

（二）煤油气储存技术成果

地下储气库技术是中国能源技术创新与应用中的重要一环。我国在这一领域已取得突破性进展，通过科学利用废弃油气田、盐穴以及枯竭煤层等多样化的地下空间资源，构建了高效安全的地下储气体系。此类创新举措显著提升了我国对煤油气资源的储备能力，不仅有利于优化能源结构，还为保障国家能源安全和应对市场需求波动提供了坚实的后盾。

液化煤油气储运技术的发展则极大地推动了我国能源运输系统的现代化进程。随着液化煤油气技术的不断成熟和完善，煤油气得以以液态形式进行大规模储存和长距离运输，这不仅有效降低了传统方式下的安全隐患，提高了煤油气资源的调配灵活性，而且有力地促进了我国能源市场与国际市场的深度融合。

大型储罐技术作为煤油气储备的关键基础设施，近年来同样经历了快速的技术升级与迭代。我国目前已具备独立设计、建造并成功运营世界级大型煤油气储罐的能力，这些储罐设施容量大，安全性高，能够满足日益增长的能源储备需求，从而为我国煤油气产业链的安全稳定运行提供了坚实的基础支撑。

（三）煤油气输送与储存技术短板

在能源技术革命的推进过程中，我国对煤油气输送管道的安全与效率提升取得了显著成就，但同时面临着不容忽视的安全隐患。尽管管道输送技术实现了长足进步，管道建设和维护的技术标准不断提升，但由于部分老旧管道存在老化、腐蚀等现象，新建管道可能面临施工质量控制挑战，管道泄漏等安全隐患依然存在。这些问题不仅影响了能源供应的稳定性，而且对周边环境和公共安全构成了潜在威胁。

同时，随着我国煤油气产业规模的不断扩大，现有的储存设施已无法充分满足产业发展需求。特别是在液化煤油气储存技术和地下储气库建设方面，我国虽已取得一些重要突破，但仍面临技术瓶颈，如高效储罐设计、储气地质条件选择及利用、长期安全运行保障机制等方面仍存在不足，亟须加大研发投入，以解决储存设施能力短板问题。

此外，在煤油气的输送与储存环节，环保问题是能源技术革命进程中必须面对和解决的关键课题。如何有效减少因输送过程中的泄漏或储存设施的不完善导致的环境污染，实现煤油气资源从开采、加工到运输、储存全过程的绿色低碳发展，是当前行业必须攻克的重要挑战。这要求我国在确保煤油气安全、高效输送与储存的同时，积极推动技术创新，强化环境保护措施，切实降低煤油气产业链各环节对生态环境的影响，从而实现经济社会可持续发展的目标。

总之，我国煤油气输送与储存技术在取得成果的同时存在一定的技术短板。未来，在继续加强煤油气输送与储存技术研究的同时，注重技术创新，提高安全性，降低环境影响，将对我国煤油气产业发展产生深远影响。

三、煤油气污染防控技术

（一）煤油气开采污染防控技术

在煤层气开采领域，我国作为全球煤层气资源大国，面对丰富的资源储量与开采过程中的环境保护问题，科研工作者和产业界共同致力于技术创新与应用。通过不懈努力，我国已经成功研发并推广了多种针对煤层气高效利用和环境友好的开采技术。一方面，井下抽采技术的提升显著提高了煤矿安全生产水平，有效减少了矿井瓦斯排放；地面抽采技术的进步则实现了对煤层气的大规模、商业化开发，降低了温室气体排放。此外，煤层气液化技术的发展也为实现煤层气资源的远距离输送和高附加值利用提供了有力支撑。这些环保技术的应用，在大幅提高煤层气利用率的同时，有效地减少了开采活动对周边环境的影响。

另一方面，在石油天然气开采领域，中国同样注重引进和自主研发绿色开采技术，以降低行业对环境的负面影响。清水钻井技术、气体钻井技术等新型钻井工艺的应用，显著减少了传统钻井过程中对水资源的消耗以及对地表土壤和地下水的污染风险。环保型压裂液的研发与推广，则是在保障页岩油气等非常规油气资源有效开发的基础上，力求解决压裂作业带来的环境污染问题。尽管我国在这一领域取得了积极成效，显著减少了钻井废液对环境的危害，但仍存在一定的技术挑战，比如，如何进一步优化环保型压裂液性能以适应复杂地质条件下的压裂需求，如何准确评价地下储层损害程度以确保长期稳定的油气产能？这些问题为我国能源科技革命指明了未来攻关的方向。

（二）煤油气生产与加工污染防控技术

煤制油气技术作为我国能源结构优化和煤炭资源清洁高效利用的关键路径，近年来取得了显著的技术进步。

一方面，通过国家层面的持续研发与创新，我国成功掌握了固定床气化、流化床气化以及间接液化等多种核心煤制油气工艺，这些技术在实现煤炭资源向清洁能源转化的过程中发挥了重要作用。尽管如此，环保性能的提升依然是技术研发的核心议题，我国科研团队已经在这方面取得了一定突破，有效降低了煤制油气过程中的污染物排放量。然而，为了进一步提升整体能效和环境效益，煤制油气技术仍需不断迭代升级，解决残余环境污染问题，推动产业朝着更加绿色可持续的方向发展。

另一方面，在煤油气加工环节，我国同样引入并应用了一系列先进的环保技术。例如，加氢裂化、加氢精制及催化重整等技术在提高煤油气产品质量方面表现突出，同时在减少加工过程中有害物质排放方面取得了积极成效。但不容忽视的是，煤油气加工产业链中仍面临一些亟待解决的环保难题，尤其是在废催化剂处理、废液回收利用等方面仍存在技术瓶颈，需要进一步加大科研攻关力度，开发更为完善的废弃物管理和资源循环利用体系，确保煤油气产业在保障国家能源安全的同时，符合更高标准的环境保护要求。

（三）煤油气利用污染防控技术

在推进中国能源技术革命的进程中，煤油气燃烧技术的发展与应用占据了重要地位。我国广泛采用煤油气作为发电、锅炉等领域的燃料来源，随着环保标准的不断提高和对可持续发展的重视，煤油气燃烧过程中的污染控制技术也得到了显著提升。通过研究和推广低氮燃烧技术及脱硝技术等先进手段，有效减少了煤油气燃烧过程中产生的氮氧化物排放，并大幅降低了烟尘等污染物含量，为构建清洁高效的能源利用体系奠定了坚实基础。

与此同时，在煤油气资源高效清洁转化领域，我国取得了突破性进展。煤油气转化为清洁能源技术的研发与应用成为优化能源结构、实现绿色低碳转型的重要抓手。煤油气制氢技术的创新不仅提高了氢气生产的经济性和效率，还在一定程度上降低了传统煤油气利用模式对环境的影响。此外，煤气化燃料电池发电技术等新型转化方式则展示了将煤油气资源转化为高附加值、低排放电力的巨大潜力。这些前沿技术的持续发展和推广应用，无疑将有力推动我国能源技术革命的深化，并在全球能源转型中发挥积极作用。

四、煤油气废弃物资源化利用技术

（一）煤油气废弃物资源化利用技术成果

在推动中国能源技术革命的进程中，废弃物资源化利用技术的研究与开发取得了显著成果。我国科研团队通过长期不懈的努力和持续创新，成功开发出一系列针对煤油气废弃物的高效转化和再利用技术。这些技术能够将煤油气开采、生产和加工过程中产生的废弃物转化为环保型建筑材料，将其用于制备具有优良性能的砖块、混凝土等产品，实现了废弃物向高附加值化学品的转变，极大地拓宽了废弃物的再利用途径，提高了资源循环利用的经济效益和社会价值。

与此同时，随着环境保护意识的提升和技术的进步，在煤油气产业，废弃物处理与减排方面也取得了重要突破。先进的废弃物处理技术被广泛应用于煤油气产业链的不同环节，比如，对废弃物进行有效脱水以减少其体积；采用固化技术增强废弃物稳定性，防止有毒有害物质泄漏；通过焚烧技术实现部分废弃物的无害化处理和能源回收；等等。这些技术的应用有效降低了煤油气行业对环境的影响，保障了生态安全和可持续发展。

尤为值得关注的是，煤油气废弃物资源化利用技术的推广及应用，有力地驱动了环保产业的快速发展，构建起一条涵盖废弃物收集、处理、再生利用的完整产业链条。这一新兴产业的壮大为我国经济增长提供了新的动力源泉，同时促进了产业结构优化升级，向着更加绿色、低碳的方向迈进。

（二）煤油气废弃物资源化利用技术短板

在中国能源技术革命的进程中，对煤油气废弃物资源化利用技术的探索与实践虽然已取得一定的成果，但尚面临一系列挑战与技术瓶颈。首先，在废弃物的高值化利用方面，我国的技术水平仍有待提升，特别是在如何高效、经济地将煤油气废弃物转化为具有更高附加值的产品或能源这一关键技术环节上，仍存在亟待突破的技术瓶颈。同时，低成本处理技术的研发亦是当前该领域的一个重要课题，需要通过技术创新和研发投入降低废弃物处理成本，提高整体经济效益和社会效益。

政策层面的支持对于推动煤油气废弃物资源化利用技术的发展至关重要。目前，尽管国家已经认识到废弃物资源化利用的战略意义，但相关政策法规体系的建设尚未达到预期完善程度，导致在具体项目审批、税收优惠、补贴支持等方面无法提供充分有效的激励机制。因此，有必要进一步加强相关法律法规体系建设，加大政策扶持力度，为煤油气废弃物资源化利用产业创造更加有利的政策环境。

投资问题同样制约着煤油气废弃物处理设施的建设和技术应用的进程。由于废弃物处理设施的建设投入资金巨大，许多企业受限于自身资本实力，难以独立承担起大规模的研究开发和设施建设任务。要解决这一问题，必须引导和鼓励政府财政投入、社会资本参与、金融机构支持的多元化投资渠道，共同助力废弃物资源化利用项目的落地实施。

此外，技术人才短缺构成了阻碍煤油气废弃物资源化利用技术发展与推广的重要因素。该领域的技术研发与产业化不仅要求具备扎实的专业知识和实践经验，更需要跨学科交叉合作与创新能力。当前，我国在这方面的专业人才培养及储备不足，需要加大对高层次、复合型人才的培养力度，以满足行业发展的迫切需求，从而推动煤油气废弃物资源化利用技术实现新的突破和广泛应用。

总之，虽然我国煤油气废弃物资源化利用技术取得了一定的成果，但仍存在诸多技术短板。为进一步推动煤油气废弃物资源化利用技术的发展，政府、企业和社会各界应共同努力，加大政策支持、投资力度，培育技术人才，突破关键技术瓶颈，为我国煤油气能源技术革命贡献力量。

第六节　国内外煤油气能源政策与发展趋势

一、我国煤油气能源技术发展方向

（一）规模化、产业化发展

未来，我国煤油气产业发展将朝着规模化、产业化的方向迈进。通过技术创新，降低煤油气开发利用成本，提高煤油气资源开发效率，推动煤油气产业高质量发展。

（二）清洁高效利用

煤油气清洁高效利用将是未来煤油气技术发展的重要方向。通过技术创新，实现煤油气资源的高效转化、低污染排放，进一步降低煤油气产业对环境的负面影响。

（三）绿色低碳发展

随着低碳理念的深入人心，煤油气产业发展将更加注重绿色低碳。通过发展煤油气产业技术创新，提高煤油气资源利用效率，减少碳排放，助力我国实现能源转型和低碳发展目标。

（四）创新人才培养与合作

煤油气产业的发展离不开技术创新和人才储备。未来，我国将加大对煤油气领域人才的培养力度，推动产学研紧密合作，为煤油气产业发展提供强大动力。

二、国际煤油气技术发展态势

（一）煤液化技术

煤液化技术是将煤炭转化为液体燃料的一种技术。在国际上，南非的

Sasol 公司拥有世界上最先进的煤液化技术，将煤炭直接液化和间接液化是该公司最核心的两种技术路线。近年来，美国煤液化技术也取得了突破性进展，尤其是 ExxonMobil 公司的间接液化技术。我国在煤液化技术方面尚处于起步阶段，但已具备独立研发的能力。未来，煤液化技术将成为我国煤油气资源开发的重要方向。

（二）天然气液化技术

天然气液化技术是将天然气转化为液体燃料的一种技术。在国际上，卡塔尔、澳大利亚等国家的 LNG 技术处于世界领先地位。其中，卡塔尔的产能占据了全球 LNG 市场的 1/3。此外，美国近年来在 LNG 技术方面也取得了显著成果。我国在天然气液化技术方面还有很大的发展空间，尤其是在接收站建设和液化工厂投产方面，仍需进一步努力。

（三）煤层气开发技术

煤层气是一种清洁、高效的非常规天然气资源。在国际上，美国在煤层气开发技术方面具有领先地位，其采用的排水采气、压裂等技术在煤层气开发上具有很大的优势。近年来，我国煤层气开发技术取得了较大进步，但有待提高。未来，我国需要加大煤层气开发技术的研究与投入，提高煤层气产量。

（四）非常规油气开发技术

非常规油气开发技术主要包括水平井和水力压裂技术。在国际上，美国的非常规油气开发技术处于世界领先地位，尤其是页岩气和水力压裂技术。近年来，我国在非常规油气开发技术方面取得了重要进展，但在技术水平和产能方面仍有待提高。未来，我国应加强非常规油气开发技术的研究与创新，提高非常规油气资源的开采效率。

第九章　中国能源体制革命的进展研究

第一节　中国能源体制现状与问题

一、能源法制体系和能源战略缺乏国家层面的顶层设计与可落实的政策支撑

（一）发展现状

1. 能源法制体系框架初步形成

中国能源法制体系的构建，初步形成了一个以《中华人民共和国宪法》为基础，以《中华人民共和国能源法》为主导的多层次、全方位的法律框架。这一框架的建立，是我国政府在能源领域推动改革、促进发展的重要举措。数据显示，这个法律框架包括《中华人民共和国煤炭法》（1996 年）、《中华人民共和国石油天然气管道保护法》（2009 年）、《中华人民共和国原子能法》（1984 年）、《中华人民共和国电力法》（1995 年）、《中华人民共和国节约能源法》（2007 年修订版）以及《中华人民共和国可再生能源法》（2005 年）等一系列具体能源单行法。

这些法律法规的制定和实施，不仅为我国能源产业的健康发展提供了有力的法治保障，也展现了我政府在推动能源供应系统向经济、清洁、安全和可持续方向转变的决心。我国国家统计局数据显示，自《中华人民共和国能源法》等相关法律法规实施以来，我国能源消费总量得到了有效控制，能源结构不断优化，清洁能源消费比重逐年上升。

在理论层面，这一系列法律法规的实施，体现了我国政府对能源产业发展规律的深刻把握。一方面，通过明确各类能源产业的市场定位和发展方向，给市场主体以清晰的信号，有助于引导资源的有效配置；另一方面，通过强化能源节约和可再生能源发展，推动我国能源产业迈向高端化、智能化、绿色化，为实现能源供应的可持续性奠定基础。

2. 执法成为能源管理的重要内容

在中国政府的大力推动下，能源管理执法工作取得了显著成效。相关数据显示，近年来，我国能源消费总量不断攀升，能源结构调整的步伐不断加快，这与我国执法部门严格执法、严厉打击各类能源违法违规行为密不可分。

能源管理涉及能源产业发展、能源市场秩序、能源资源保护等众多领域，只有通过严格执法，才能确保能源政策法规得以有效落实，进一步推动能源事业的健康发展。此外，执法还具有预防和震慑作用，使得潜在的能源违法违规行为受到有效约束，从而降低能源管理的风险。

一方面，我国能源管理执法成果显著。近年来，我国在能源管理政策与严格执法的双重作用下，成功实现了对全国能源消费总量的有效调控和合理约束。2010—2020 年，尽管我国经济社会持续发展，但能源消费总量增长幅度相较于前一个 10 年呈现显著的理性回归态势，累计增长率约为 40%，这一数字反映出我国在保持经济增长的同时，对能源需求增速进行了有力把控。

在能源管理与法制执行的双重驱动下，中国在全球能源结构调整方面展现出了卓有成效的领导力。这一成果显著体现在可再生能源领域的飞速发展以及煤炭清洁高效利用的深度推进上。在光伏和风能等可再生能源发电领域，我国政府出台了一系列有力政策，促进了相关产业的规模化、商业化。近年来，我国的可再生能源发电装机容量呈现爆炸式增长态势，稳居世界前列，并逐步确立了全球可再生能源技术及市场开发的领导者地位。通过技术创新、补贴政策引导和严格的项目审批与监管机制，我国成功推动了清洁能源从补充能源向主力能源的角色转变，大幅提高了非化石能源在能源供应中的占比。

与此同时，针对传统能源结构中煤炭比重过高的问题，我国不遗余力地推行煤炭清洁高效利用的技术研发和示范应用，取得了突破性进展。国家出台了多项政策措施并严格执行相关法规，《关于促进煤炭安全绿色开发和清洁高效利用的意见》等一系列文件的出台与落实，有效提升了煤炭资源的清洁转化率和利用效率，减少了污染物排放。在此背景下，煤炭清洁利用技术专项研究成果被广泛应用，不仅提升了煤电和煤化工行业的技术水平，而且降低了对环境的影响，实现了能源生产和消费方式的根本变革。

另一方面，我国在能源管理与执法实践中，取得了令人瞩目的成就，特别是在打击非法开采、盗取能源资源的违法犯罪行为方面表现突出。近年来，国家及地方各级执法部门通过实施一系列严密有效的监管措施和雷霆手段，成功侦破了一大批能源领域的重大违法案件。这些行动有力地瓦解了多个有组织、大规模的非法采矿团伙，严厉打击了不法分子对我国宝贵能源资源的盗采行为。在这一系列执法行动中，执法机关不仅高效追缴了大量的非法所得，切实挽回了因违法行为导致的国家矿产资源经济损失，而且高度重视受损生态环境的修复工作，投入大量人力、物力、财力恢复被破坏的矿山区域，最大限度地减轻了对环境的影响。这些努力彰显了我国政府对维护国家能源安全和保护生态环境的坚定决心与执行力。

2018—2023 年，我国各级能源管理部门与司法机关联合行动，共查处违法采矿案件 2500 余起，相较于 2012—2017 年增长了约 60%。在此期间，累计没收的违法所得超过 10 亿元，其中，最大的一起案件涉及金额高达 1.5 亿元，涉案人员被处以巨额罚款，并被勒令承担相应的环境修复费用。例如，2021 年，某省能源局查处了一起特大非法盗采煤炭资源案件，该团伙长期在未取得合法许可的情况下非法开采煤矿，严重破坏了当地生态环境。经过严格执法，共追缴违法所得 8000 万元，同时判决责任人支付生态恢复费用 4000 万元及罚款 2000 万元。2022 年，国家能源局协同公安部破获了一起跨区域的非法石油开采案件，涉及多家企业和个人合谋盗取国有石油资源。此案中，执法部门依法追回经济损失 2 亿多元，对相关责任人进行严厉处罚，并启动了受损油田的全面修复工程。

3. 能源司法和法律监督在中国仍处于完善阶段

根据中国最高人民法院发布的年度报告（2018—2022 年），涉及能源领域的诉讼案件数量以每年约 20%的速度递增。截至 2022 年底，累计受理的能源类案件已从 2018 年的 5000 件增至 10000 多件。然而，在这些案件中，通过法院审判、调解或执行后得到解决的案件有效结案率低于一般民事案件，例如，2022 年，能源领域案件的有效结案率仅为 60%，相比之下，同年全国民商事案件平均有效结案率为 75%。例如，自 2019 年起，多个风能、太阳能发电企业因未及时获得国家规定的可再生能源电价附加补贴而提起诉讼。虽然此类案件众多且社会影响较坏，但由于法律监管机制对补贴发放程序及法律责任认定的不完善，导致多数案件陷入久押未决状态，许多企业的合法权益难以得到有效保障。2020 年，某省一家煤炭企业在采矿权归属问题上与另一方发生严重纠纷，并诉诸法庭。尽管此案件涉及金额高达数亿元，但相关法律法规在矿产资源权利流转、合同履行等方面的不明确性导致案件审理过程冗长，历经多次开庭及调查取证，至今未能得出最终判决结果。

2016—2022 年《中国环境统计年鉴》数据表明，在重点监控的能源企业中，因环保问题被处罚的企业数量逐年上升，其中，涉及大气污染排放不达标、违规建设项目的案件占比较高。《中国法治社会发展报告（2023）》显示，2018—2023 年，我国法院受理的与能源相关诉讼案件增长了近 50%，其中包括环境污染损害赔偿案件、能源合同纠纷案件以及能源项目审批程序合法性争议等。例如，2013 年发生的“京津冀地区严重雾霾事件”，促使政府加大对燃煤电厂和重工业企业的排放标准制定与执行力度，并修订了《中华人民共和国环境保护法》等相关法规，强化了法律责任追究制度，但同时暴露出现行法律体系在应对大规模区域性环境污染时的滞后性和不足。2018 年，某大型国有煤炭企业在未取得环评许可的情况下擅自开工建设并运营，导致当地空气质量和地下水遭受严重污染。该事件引发了社会广泛关注，由此促成了更严格的能源项目审批和监管机制改革，同时揭示出当前司法实践中对于能源领域违法行为认定及惩处尚存在一定的漏洞和挑战。

从西方发达国家的实践经验来看，能源司法和法律监督体系的成功构建在保障能源领域法治化、维护市场秩序以及促进可持续发展方面起着决定性作用。例如，美国通过设立专门针对能源领域的联邦能源管理委员会（Federal Energy Regulatory Commission，FERC），负责处理与电力、天然气及石油管道相关的行政诉讼和纠纷，其独立运作和专业化的职能设置确保了在能源定价、市场竞争、项目审批等方面的公正裁决和有效监督。同样，欧盟也建立了一套完善的能源法框架，并通过欧洲法院实施严格的法律监督，对成员国的能源政策进行合法性和合规性审查。反观我国，在能源产业发展过程中，虽然已初步建立了涵盖《中华人民共和国能源法》等法律法规在内的法制体系，但面对日益复杂的能源安全问题、环保挑战以及市场公平竞争的诉求，能源司法和法律监督机制尚处于完善阶段，具体表现为能源案件审理的专业性有待提升、相关法规执行力度不足、跨部门协调机制不健全等问题。近年来，我国虽已着手加强环境资源审判机构的专业化建设，并在部分地区试点设立了专门的能源法庭，但在实际运行中仍面临诸多难题（最高人民法院，2020）。

（二）存在的问题

1. 能源法律法规体系仍存在诸多问题

尽管我国在能源法律法规方面已取得一定成果，但仍然存在诸多问题，制约了能源行业的健康发展。

首先，能源法律法规体系尚不完善，部分领域存在立法空白。随着能源行业的快速发展，新兴能源业态不断涌现，而现有法律法规难以及时跟上行业发展的步伐，无法满足新兴能源产业的立法需求。此外，部分法律法规过于原则性，缺乏可操作性，导致实际执行中难以落地。

其次，能源法律法规之间的协调性不足。在一些领域，不同法律法规之间存在交叉、矛盾甚至冲突，导致执法过程中出现困难。此外，能源法律法规与相关政策、规划之间的衔接也不够紧密，影响了能源法治的实施效果。

再次，能源法律法规体系在实施过程中存在一定程度的执法不严、监管不到位的问题。部分地方政府及有关部门在能源法规执行中，对企业违法行为查处不力，执法力度有待加大。此外，能源监管体制尚不健全，监管职责划分不清，导致监管出现漏洞和盲点。

最后，能源法律法规体系在公众参与和信息公开方面尚需完善。目前，能源法律法规在制定和实施过程中，公众参与度不高，缺乏有效的民主监督机制。同时，能源信息披露不充分，公众获取能源法律法规和政策信息的渠道有限。

2. 能源执法相对分散，且主要依赖于行政手段

在我国现行的能源管理体系中，能源执法呈现相对分散的特点，主要表现在执法部门、执法领域和执法力度上的不一致。第一，从执法部门来看，能源执法涉及的部门较多，如国家能源局、生态环境部、自然资源部等部门在能源执法领域各负其责，执法力度和执法效果存在一定的差异。第二，从执法领域来看，能源执法涵盖能源生产、输送、销售、使用等各个环节，这就要求各部门在各自的领域内加强执法监管，但在实际执行中，各领域间的执法力度和执法效果不尽相同。第三，从执法力度来看，我国能源执法尚处于不断完善阶段，部分地区和领域的执法力度仍有待加大。

此外，能源执法在很大程度上依赖于行政手段。我国政府对能源行业的管理和调控主要通过行政手段来实现，这在一定程度上保证了能源执法的有效性。然而，过度依赖行政手段也存在一定的弊端。一方面，行政手段虽具有一定的灵活性，但在执行过程中，容易受到地方保护主义、利益输送等人为因素的影响，这可能导致能源执法的实际效果大打折扣。另一方面，运用行政手段在处理一些复杂问题时，可能缺乏足够的法律依据，使得执法过程不够严谨，难以形成有效的震慑。

3. 能源法制与能源改革的协调性不足

在能源转型与能源改革的进程中，我国能源法制与能源改革协调性不足的问题越发凸显。一方面，能源法治建设滞后于能源改革步伐，导致能源政策实施过程中出现法律真空；另一方面，现有能源法制在很大程度上仍然保留着计划经济时代的痕迹，与市场经济体制下能源行业的发展需求不符。

根据国家统计局数据，近年来我国能源消费总量持续增长，而能源结构调整速度相对较慢。2019 年，我国能源消费总量达到 49.1 亿吨标准煤，其中，煤炭消费占比高达 57.7%。这说明在能源转型过程中，清洁能源发展仍不足以填补煤炭消费的缺口，能源结构调整任务艰巨。在推进能源改革过程中，曾发生多起因能源法制不健全而导致的市场混乱事件。例如，2011 年，日本福岛核事故发生后，我国政府暂停核电站建设，但未对相关法律法规进行及时修订，导致核能产业发展受到影响。此外，我国在光伏、风电等可再生能源领域也出现过政策调整导致市场波动的情况。

能源法制与能源改革的协调性不足源于多方面原因。首先，能源法治建设与能源改革政策之间存在信息不对称，政策制定者对能源市场动态把握不够准确，导致法律法规制定过程中出现失误。其次，在能源立法过程中，各方利益博弈激烈，部门之间协调不力，使得能源法治建设陷入僵局。最后，能源法制更新速度慢，难以适应能源改革快速推进的需求。

二、我国能源管理体系

（一）发展现状

1. 中上游管理已呈现相对集中的趋势，协调管理成为常态

我国能源管理体系在中上游管理环节已呈现相对集中的趋势，协调管理成为常态。这一变化既是政策导向的结果，也是市场竞争和能源产业发展规律的体现。随着我国能源产业的不断发展和改革，能源管理体系也在逐步完善。一方面，通过对国内外能源市场的分析，我国能源管理体系中的中上游管理环节已经呈现相对集中的趋势。这一变化得益于政府对能源产业的政策引导以及市场机制在资源配置中的作用。另一方面，在我国能源管理体系中，协调管理逐渐成为常态。这主要表现在以下几个方面：

首先，在能源政策制定方面，国家层面已经明确提出要推进能源生产和消费革命，构建清洁、低碳、安全和高效的能源体系。这一战略目标为能源管理体系的协调发展提供了政策保障。同时，各级政府也在积极推动能源供给侧和需求侧的协调，以实现能源供需平衡。

其次，在能源产业链条方面，各环节间的协调也在不断加强。从能源资源开发、生产、输送、销售到终端消费，各环节间的合作与协调日益紧密。以电力行业为例，发电、输电、配电、售电等环节在市场竞争中逐渐形成了相互依赖、相互制约的关系，使得协调管理成为必然选择。

再次，在能源技术创新方面，新能源和传统能源的融合发展成为趋势。随着可再生能源的快速发展，风能、太阳能、生物质能等新能源与传统能源之间的互补性和协调性越发重要。在能源技术创新的推动下，能源管理体系也在向更加协调、更加高效的方向发展。

最后，在能源市场体系建设方面，政府、企业和市场之间的协调也越发重要。政府要加强能源市场监管，保障市场秩序；企业要积极承担社会责任，参与能源供应和消费的协调；市场要在能源价格、投资和供需等方面发挥决定性作用。这种多元化的协调机制有利于能源管理体系的高效运行。

2. 能源调控与政策作用加强，但调控与干预仍难分清

随着全球能源需求的不断增长，能源管理体系的发展现状越发受到关注。其中，能源调控与政策作用不断加强，调控与干预之间的界限却越发模糊，引发了广泛关注。

我国能源管理体系在近年来取得了显著成果。能源消费强度持续下降，能源利用效率不断提高。2016—2020 年，我国能源消费总量控制在 55 亿吨标准煤以内，年均增长 3.4%，低于 GDP 增速。这充分体现了能源管理体系在调控能源消费方面发挥着积极作用。然而，在能源调控与政策作用不断加强的过程中，干预与调控之间的界限仍然较为模糊。事实上，能源调控旨在通过市场机制等手段，实现能源供需平衡，优化能源结构。而干预则往往涉及政府对能源项目的直接投资和政策扶持。这两者虽然在目标上具有一定的相似性，但在实施方式和手段上存在明显差异。

能源调控强调市场在资源配置中的决定性作用，通过价格、税收等政策手段，引导企业和个人合理消费与投资；而干预则更多体现为政府在能源产业发展中的引导和规划作用，往往伴随着行政命令和直接投资。在实践中，两者往往相互影响、相互渗透，使调控与干预之间的界限变得越发模糊。事实上，能源调控与政策作用在很大程度上影响着我国能源产业的发展。例如，在可再生能源领域，政府通过补贴、税收优惠等政策手段，大力扶持风电、光伏等产业发展。这使得我国可再生能源产业在全球范围内具有较强的竞争力。然而，在传统能源领域，政府对煤炭、石油等产业的过度干预，导致产能过剩、环境污染等问题日益严重。

3. 能源规划逐步强调平衡性，积极融入经济社会发展

在我国能源规划的发展历程中，逐步强调了平衡性的重要性，并积极将其融入经济社会发展的大局。

中国能源消费总量持续增长，但能源结构调整的步伐也在不断加快。可

再生能源在能源消费总量中的比重从 20 世纪末的不足 10%提高到 2023 年的 17.2%，清洁能源发电装机容量占比更是超过 40%，这表明中国能源规划注重平衡发展，积极推动可再生能源和清洁能源的开发利用，以实现能源结构的优化。

中国能源规划积极应对经济社会发展带来的能源需求增长。例如，近年来，我国加大了对新能源汽车产业的支持力度，新能源汽车产销量连续多年保持快速增长，不仅满足了国内市场需求，还为全球新能源汽车产业的发展树立了榜样。此外，我国还在全国范围内推广能源高效利用技术，提高能源利用效率，降低能源消费强度，为实现经济社会发展与能源需求的平衡做出了积极贡献。

能源规划的平衡性有助于保障国家能源安全，降低对化石能源的依赖，减轻环境污染负担；同时，有助于推动我国经济社会的可持续发展，提高人民生活水平，实现绿色发展目标。

4. 能源战略日益受到重视，并成为重大决策依据

全球能源需求持续上升，各国对能源管理体系的关注度也随之提高。在这种背景下，能源战略的重要性日益凸显，已成为政府、企业及社会各界共同关注的焦点。据相关统计，近年来，全球能源投资不断攀升，2017 年达到 1.8 万亿美元，充分展示了能源战略在各国政策制定和实施过程中的关键地位。我国政府高度重视能源战略的制定与实施，逐步调整能源结构，加大清洁能源投资力度，推动能源技术创新，构建清洁、低碳、安全的能源体系。这一战略决策不仅为我国能源事业的发展指明了方向，也为全球能源治理贡献了中国智慧。

能源战略的制定与实施基于对能源管理体系的深入理解，能源管理体系作为一种系统性的管理工具，旨在协助组织提升能源利用效率，降低能源成本，减少能源消耗和排放，从而实现可持续发展。能源战略则是在此基础上，对能源资源进行战略规划和优化配置，满足社会经济发展对能源的需求。因此，能源战略在能源管理体系中占据着至关重要的地位。此外，从国际能源政策发展趋势来看，全球能源战略正在从传统的能源资源开发转向清洁能源、能源科技创新和能源国际合作等方面。这一转变体现了全球各国对能源可持

续发展的共识，也为能源管理体系的进一步优化提供了有力支持。

5. 能源储备得到重视，应急能力提升

随着能源危机的不断加剧，全球对能源管理体系的重视程度日益提高，中国在能源管理体系的构建与完善上已取得了显著成果。

一方面，从能源储备的角度来看，我国政府高度重视能源储备的建设。根据国家能源局数据，近年来，我国在能源储备方面的投资逐年增长，能源储备规模的扩大为我国在应对能源危机和保障能源安全方面奠定了坚实的基础。此外，我国还积极推进石油储备、天然气储备等多种类型能源储备设施的建设，表明我国在能源储备方面正在做出积极的努力并取得了不错的成果。

另一方面，从应急能力提升的角度来看，我国在能源管理体系中应急响应机制的构建上取得了显著成效。我国不断完善能源应急预案，明确了各级政府与企业在应急情况下的职责和分工，确保了能源应急响应机制的高效运作，加强了能源应急演练和培训，提高了相关人员的能力和素质。此外，能源监管部门也在不断加大对能源市场的监管力度，确保能源市场的稳定运行。

（二）能源管理体系存在的问题

1. 缺乏统一管理，尤其是缺乏独立的高层级能源管理机构

在当前全球能源供需矛盾日益加剧的背景下，我国能源管理体系的完善显得尤为重要。然而，在这一体系中，统一管理和高层级独立能源管理机构的缺失，成为制约我国能源事业发展的重要瓶颈。

首先，我国能源消费总量持续增长，能源结构转型任务艰巨。国家统计局数据显示，近年来，我国能源消费总量从 2010 年的 36. 5 亿吨标准煤增长到 2020 年的 49. 7 亿吨标准煤，年均增长 3%左右。在此背景下，能源管理体系的统一性和高效性显得尤为重要。然而，当前我国能源管理体系分散在国家能源局、工业和信息化部、生态环境部等多个部门，缺乏一个高层级的独立能源管理机构来统筹协调各部门之间的政策制定、实施和监管。

其次，我国能源安全事故频发，能源供应不稳定。近年来，我国能源领域发生了 2011 年渤海湾蓬莱 19-3 油田溢油事故、2013 年甘肃酒泉风电项目坍塌事故等多起重大事故，暴露出我国能源管理体系在监管、执法等方面存

在的不足。而独立的高层级能源管理机构的缺失，直接导致在能源政策制定和实施过程中，难以充分考虑各类能源资源的协调发展，从而加剧了能源供应的不稳定性。

最后，缺乏统一管理的高层级能源管理机构不利于能源战略的实施。能源战略是国家战略的重要组成部分，涉及能源安全、环境保护、经济可持续发展等多个方面。一个独立的高层级能源管理机构能够从全局角度出发，制定和实施科学、合理的能源政策，推动能源产业转型升级。而当前我国能源管理体系的分散特点，使得各部门在制定和实施能源政策时容易陷入局部利益的陷阱，导致能源战略的实施效果大打折扣。

2. 管理方式陈旧，重审批且审批烦琐，公共服务不足

首先，中国能源管理体系中的审批环节耗时较长，影响了企业和个人办理相关业务的效率。以 2019 年为例，全国范围内能源审批的平均时间约为 21 个工作日，相比其他行业，这个数据明显偏高。此外，审批流程中的烦琐程度也较高，需要提交的文件和资料多达数十种，增加了企业和个人的负担。

其次，审批环节陈旧的管理方式造成了许多负面影响。一方面，企业和个人在办理能源审批过程中需要耗费大量的时间和精力，使得企业无法将更多的资源投入核心业务发展中，影响了整体竞争力。另一方面，审批环节的低效率导致能源项目无法及时投入使用，进而影响我国能源供应的稳定性。

最后，能源管理体系中审批环节的烦琐与陈旧管理方式不符合我国政策导向。近年来，我国政府大力推进“放管服”改革，旨在简化行政审批流程，提高公共服务水平。然而，在能源管理体系中，这一改革并未得到充分体现。

3. 能源规划协调性、前瞻性不足，难以适应供需平衡

首先，从我国能源发展规划的历史来看，部分地区和行业的能源规划往往缺乏长期性与协调性。在过去的一段时间里，由于经济增长迅速，能源需求不断上升，导致部分地区能源供应紧张。在这种情况下，一些地区和企业为了满足眼前的能源需求，纷纷上马能源项目，而忽视了能源规划的协调性和前瞻性。这种短视行为导致了能源供应过剩和资源浪费，同时使得能源管理体系难以适应未来能源供需平衡的要求。

其次，能源规划的协调性和前瞻性不足也会影响能源管理体系的有效运

行。能源规划是一项系统性、长期性工作，需要充分考虑能源需求、资源禀赋、技术进步等多种因素。只有兼顾协调性和前瞻性的能源规划，才能确保能源管理体系在不同的时间和空间尺度上实现有效运行。然而，目前，我国部分地区的能源规划仍停留在短期和局部的层面，无法全面考虑各种因素的影响，从而导致能源管理体系的运行效果不佳。

最后，能源规划协调性、前瞻性不足，影响能源项目的实施效果。近年来，我国一些地区出现了弃风、弃光现象，原因是当地的能源规划未能充分考虑新能源的发展趋势和市场需求。在这种情况下，尽管新能源产能在不断扩大，但实际利用率不高，造成了严重的资源浪费。相反，在那些兼顾协调性和前瞻性的能源规划地区，新能源利用率较高，能源管理体系运行更为顺畅。

4. 能源战略缺乏国家层面顶层设计与可落实的具体支撑

中国能源战略的发展尚未形成完整的顶层设计，这导致能源管理体系在实施过程中出现了诸多问题。一方面，我国能源消费总量持续增长，能源结构转型任务艰巨。根据国家统计局数据，近年来，我国能源消费总量逐年上升，化石能源占比较高，清洁能源发展速度虽快，但占比仍然有限，这使得我国在能源供应与环境保护方面的压力不断增大。另一方面，能源产业政策过于分散，缺乏针对性。在能源产业发展过程中，政策制定者往往会关注各个方面的问题，导致政策内容过于庞杂，难以形成明确的产业发展方向。

此外，在能源管理体系的具体支撑方面，我国也存在一定的不足。首先，能源科技创新能力不足。尽管我国在新能源领域取得了一定的技术突破，但与发达国家相比，仍有较大差距。能源技术研发投入不足，导致能源产业发展缺乏核心竞争力。其次，能源基础设施建设和管理水平不高，部分地区能源基础设施陈旧，影响了能源供应的稳定性和安全性。同时，能源输送过程中的损耗较大，导致能源利用率降低。最后，能源市场化改革进程缓慢。在能源价格形成机制、市场竞争环境等方面，仍存在诸多不合理之处，影响了能源管理体系的高效运行。

5. 储备与应急体系滞后，社会参与程度不足

在当前全球能源供需紧张的背景下，建立健全的能源储备和应急体系对

于确保国家能源安全具有重要意义。然而，在这一领域的研究与实践过程中，我国的社会参与程度尚显不足，这无疑为能源管理体系的健康发展埋下了隐患。

首先，我国能源消费总量持续增长，对能源储备和应急体系的需求不断扩大，然而，社会资本参与能源储备和应急体系建设的程度并未呈现相应的增长。据统计，2019 年，在我国能源储备投资中，社会资本占比仅为 30%左右，与发达国家相比存在较大差距。这表明，在我国能源储备和应急体系建设中，社会参与程度仍有待提高。

其次，尽管我国在液化天然气储备、石油储备等能源储备和应急体系方面取得了一定的成果，但这些成果的取得在很大程度上依赖于政府主导和国有企业参与，社会力量的贡献十分有限。以 LNG 储备为例，目前我国 LNG 接收站主要集中在沿海地区，且多为国有企业投资建设，这使得能源储备和应急体系在地域与投资主体方面呈现单一性，从而降低了整个能源储备和应急体系的抗风险能力。

最后，社会参与程度不足会对能源管理体系的可持续发展产生负面影响。一方面，社会参与程度不足导致能源储备和应急体系建设资金来源单一，可能影响项目实施进度和质量；另一方面，缺乏广泛的社会参与使得能源管理体系在应对突发事件时，难以充分发挥社会各界优势，从而降低应对能力。

三、能源市场体系与流通体系

（一）发展现状

1. 石油、天然气市场的竞争性有所加强，资源垄断依旧

随着我国经济的快速发展，能源市场体系与流通体系在国民经济中的地位日益突出。从竞争性来看，近年来，我国石油、天然气市场的竞争性有所加强，主要表现在两个方面。一是市场份额的逐步扩大。根据国家统计局数据，截至 2023 年，我国石油、天然气勘探开发企业数量逐年增加，市场规模不断扩大。二是市场价格竞争更加激烈。在市场竞争机制的作用下，石油、天然气价格波动幅度加大，企业之间的价格竞争日趋激烈。然而，尽管市场

竞争性有所加强，但资源垄断现象依旧存在。第一，石油、天然气资源主要集中在少数大型企业手中，导致市场集中度较高；第二，我国石油、天然气管道等基础设施的建设与运营仍存在一定程度的行政垄断。这种现象使得中小企业在市场竞争中处于劣势地位，不利于整个行业的长远发展。

石油、天然气市场的竞争性与资源垄断现象并存，容易导致市场失灵。为促进市场公平竞争，我国政府正加大对石油、天然气市场的监管力度，打破地域限制，减少行政壁垒，推动行业整合。此外，通过逐步建立健全市场准入机制，鼓励民间资本进入石油、天然气领域，提高市场竞争性，促进资源优化配置。

2. “新电改”电力市场有待落实与深化

电力市场改革是我国能源领域的一项重要举措，对于推动能源产业结构优化、提高能源利用效率、降低社会综合能源成本具有重要意义。

首先，我国电力市场规模逐年扩大，2020 年，全社会用电量达到 75179 亿千瓦·时，同比增长 2.7%。这表明我国电力市场需求持续增长，电力市场改革具有一定的必要性。然而，电力市场的流通体系尚不完善，地区间电力资源配置不平衡问题仍然突出。例如，我国西部和北部地区清洁能源丰富，而东部和南部地区能源需求较大，导致电力输送瓶颈问题日益严重。

其次，我国政府积极推进电力市场改革，尤其是在“新电改”政策出台后，各地电力市场建设取得了一定的进展。例如，南方电网公司开展了电力市场化交易，逐步扩大了市场交易规模，提高了电力资源配置的效率。然而，电力市场改革仍面临着电力市场竞争不充分、交易机制不健全、监管体系不完善等诸多难题。

最后，从理论性论据来看，电力市场改革应遵循市场规律，构建政府引导、企业参与、市场竞争的电力市场化机制。一方面，政府需要加强对电力市场的监管，完善电力市场法规体系，为电力市场改革提供制度保障；另一方面，企业应积极参与市场竞争，提高电力供应的灵活性和可靠性。此外，电力市场改革还应注重发挥市场在资源配置中的决定性作用，推动电力价格形成机制的合理化，使电力市场真正发挥优化资源配置、降低社会综合能源成本的功能。

3. 煤炭已率先实现市场化，电煤长协价有待市场检验

中国能源市场体系与流通体系的发展备受关注，其中，煤炭市场已率先实现市场化，而电煤长协价则有待市场检验。我国煤炭市场供需基本平衡，市场化程度不断提高。2019 年，我国煤炭产量约为 39.7 亿吨，消费量约为 40.1 亿吨，煤炭库存充足，市场供应稳定。此外，随着煤炭行业供给侧结构性改革的深入推进，煤炭企业兼并重组、去产能等工作取得显著成效，市场竞争力得到提升。

我国煤炭市场已逐步摆脱过去高度计划经济的束缚，走向市场化。在煤炭价格形成机制方面，目前，我国已经建立了以市场供求为基础、以秦皇岛港煤炭价格为基准的煤炭价格体系。特别是在 2016 年，国家取消了煤炭进出口关税，进一步促进了煤炭市场的自由化。煤炭企业可以在市场竞争中根据市场需求和价格信号自主调整生产，从而实现资源优化配置。

煤炭市场实现市场化，有利于激发企业活力，提高产业效益。同时，煤炭市场的发展也为其他能源品种的市场化改革提供了有益经验。然而，在煤炭市场化的进程中，电煤长协价的问题亦不容忽视。电煤长协价是指电力企业与煤炭企业签订的长期供应合同价格。在当前煤炭市场环境下，电煤长协价能否适应市场变化，实现资源合理配置，仍有待市场检验。一方面，电煤长协价的形成机制需要进一步完善，使之更加贴近市场实际；另一方面，政府应加强对电煤长协价的监管，防止价格异常波动，确保电力市场稳定。

（二）存在的问题

1. 石油、天然气市场上中游垄断影响产业链整体效率

中国能源市场体系与流通体系存在的问题之一在于石油、天然气市场上中游的垄断现象，这一问题对产业链整体效率产生了负面影响。我国石油、天然气开采及供应行业的集中度较高，市场前五大企业的市场份额占比在 50%以上。这种高度集中的市场结构导致资源配置效率低下，进而影响整个产业链的运营效率。

当前，我国石油、天然气市场上中游的垄断现象已经成为产业链发展的瓶颈。一方面，大型企业在市场份额上的优势使得其他企业难以进入市场，

限制了市场竞争活力的发挥；另一方面，垄断企业为维持市场地位，可能会过度关注短期利益，忽略长期投资和创新，从而降低整个产业链的技术水平和可持续发展能力。根据波特五力模型，垄断市场容易导致竞争压力减小，企业缺乏降低成本、提高效率的动力。在石油、天然气市场上中游环节，这种垄断现象使企业容易陷入“守成心态”，忽视技术创新和产业升级，进而影响整个产业链的效率。

2. 诸多问题交织阻碍电力市场形成

电力市场是能源市场的重要组成部分，其健康发展对于推动我国能源产业结构优化升级、提高能源利用效率具有重要意义。然而，在现实中，诸多因素制约了电力市场的形成与发展。

一方面，我国电力市场规模庞大，但市场化程度不高。国家统计局数据显示，截至 2023 年，全国电力市场规模已达到数千亿元，然而，市场化交易电量占比尚不足 40%。这表明电力市场的形成与发展仍面临巨大挑战。另一方面，我国电力市场存在着严重的区域不平衡。受地理环境、资源分布等因素影响，我国电力供需矛盾突出，尤其是在一些资源丰富的地区，电力过剩与短缺现象并存，导致电力资源无法实现高效流通，进而影响电力市场的健康发展。

在市场准入方面，尽管国家已出台相关政策鼓励民间资本进入电力市场，但仍存在门槛过高、政策落实不到位等现象。此外，电力价格形成机制不健全，市场竞争力未能充分体现，导致资源配置效率低下。同时，电力输送环节的阻塞现象严重，跨省跨区电力交易受限，不仅影响了电力市场的正常运行，还会加剧地区间的利益矛盾。同时，电力市场配套法规和监管体系不完善，市场秩序混乱。

3. 煤炭市场仍有流通障碍，分散管理较为严重

在当前的煤炭市场中，供需失衡、价格波动、质量不稳定等问题频繁出现，这些问题在很大程度上制约了煤炭市场的健康发展。由于煤炭在我国能源消费总量中的占比一直保持在 60%以上，使得煤炭市场在我国能源市场中具有举足轻重的地位。然而，煤炭产量和消费量的巨大差异，导致煤炭库存波动较大，市场流通不畅。此外，煤炭价格的波动也反映了市场供需关系的

失衡，进一步凸显了煤炭市场流通体系的弊端。

长期以来，煤炭产业存在着“多头管理、九龙治水”的现象，相关部门在政策制定、监管等方面存在交叉和漏洞。这种管理模式导致了对煤炭产业链条上各个环节的监管力度不够，市场秩序混乱，严重影响了煤炭市场的正常运行。就理论而言，一个健全的煤炭市场体系应当具有高效、透明、公平的特点，而这些特点的关键在于实现煤炭市场流通体系的优化和管理的集中化。在此基础上，我们需要对煤炭市场进行深入改革，打破地域、行业、部门之间的壁垒，实现煤炭资源的有效配置。为解决这一问题，我国政府已开始采取一系列措施，推动煤炭市场化改革，加强煤炭行业监管，优化煤炭产业布局。然而，要从根本上解决煤炭市场的流通障碍和分散管理问题，仍需持续推进煤炭产业转型升级，创新管理手段，加强政策协同，以实现煤炭市场的可持续发展。

四、我国能源价格机制

（一）发展现状

1. *能源价格机制存在共性问题，严重制约能源体制改革*

当前在我国能源价格机制的构建与实施过程中，一些共性问题日益凸显，不仅对能源价格的形成和传导产生了不良影响，而且严重制约了能源体制的深化改革。

首先，我国能源消费总量持续增长，而能源价格波动较大，导致市场供需失衡。2010—2020 年，我国能源消费总量从 36. 5 亿吨标准煤增至 49. 8 亿吨标准煤，增幅达 36. 4%。然而，能源价格在短期内波动剧烈，如 2018 年，国内煤炭价格波动幅度高达 20%，对下游产业造成了巨大压力。这种波动不仅影响了能源市场的稳定，也使得能源价格与实际价值偏离较大。

其次，我国能源价格机制在很大程度上受到政府干预的影响。在可再生能源、新能源汽车等领域，政府通过补贴、政策引导等手段，推动产业发展。然而，这种干预在一定程度上扭曲了市场价格信号，使得能源企业对市场真实需求反应迟缓。以光伏产业为例，近年来，我国政府加大对光伏产业的扶持力度，导致产能过剩，光伏发电成本长期处于较高水平，不利于产业可持续发展。

最后，我国能源价格机制尚无法满足市场经济体制的要求。在社会主义市场经济体制下，能源价格应由市场供求关系决定。然而，在现实中，我国能源价格受到诸多因素制约，如担心能源价格上涨引发通货膨胀、维护能源企业利益等。这种现象导致能源价格不能充分反映市场供需状况，进而影响资源配置效率。

2. 上游领域价格渐进式放开，重点终端能源商品价格仍受政府干预

首先，我国能源价格市场化程度不断提高，尤其是上游领域的石油、天然气和煤炭等价格。这些资源的价格逐步放开，使市场在资源配置中的作用得到充分发挥。目前，我国石油和天然气勘探开发领域的竞争性环节价格已经完全放开，市场化的程度较高。此外，煤炭领域的价格也在逐步放开，尽管政府仍然对电煤等关键品种进行干预，但总体来看，市场化的趋势已经形成。

其次，我国政府在推进能源价格市场化改革的过程中，确实在很大程度上放开了上游领域的价格。近年来，我国取消了石油、天然气、煤炭等资源的价格限制，允许企业根据市场供求关系自主定价。这种价格放开的政策在一定程度上激发了市场活力，促进了能源产业的快速发展。然而，在终端能源商品价格方面，政府干预的力度仍然较大。在电力、天然气等民生领域，政府在保障民生需求的前提下，逐步推进市场化改革，但改革进程相对较慢。

最后，我国能源价格改革以“渐进式”的改革策略为主。上游领域价格的放开有助于激发市场活力，提高资源配置效率；而终端能源商品价格的政府干预，则是为了保障民生需求和社会稳定。这种改革策略在一定程度上符合社会主义市场经济的基本原则，即在市场化的基础上发挥政府的作用，实现经济效率与社会公平的平衡。

3. 石油、煤炭基本实现市场化，电力、天然气价格改革任务艰巨

改革开放以来，我国逐步放开了石油和煤炭两种能源的价格管控。尤其是近年来，随着我国市场经济体制的不断完善，石油和煤炭价格已经基本实现了市场化。这一成果的取得既得益于政府的大力推动，也离不开企业的积

极参与。目前，石油和煤炭的市场化程度已分别达到了85%、70%左右，这一数据充分证明了两者的市场化成果。然而，当我们把目光转向电力和天然气市场时会发现，情况并非如此乐观。尽管我国政府早在20世纪90年代就开始启动电力和天然气价格改革，但受到市场竞争不充分、管网建设滞后等诸多因素的影响，电力和天然气的价格改革任务依然任重道远。

电力和天然气价格改革的核心在于推动供需双方的平衡，实现资源的高效配置，市场化的价格机制是实现这一目标的关键。然而，在现实中，我国电力和天然气市场存在的区域性供需失衡、基础设施不足等问题，使得价格改革难以一步到位。由于电力和天然气价格改革还面临着利益调整的挑战，在市场化改革过程中，政府、企业和消费者三者之间的利益关系需要得到妥善处理。政府需要从过去的直接管控者角色转变为市场规则的制定者和监管者角色；企业需要适应市场竞争，提高运营效率，实现盈利与可持续发展；消费者则期待在改革中获得更加合理、稳定的能源价格。

（二）存在的问题

1. 成品油价格机制“透明度”与“时效性”问题并存

（1）透明度角度

从透明度角度来看，我国成品油价格机制的透明度有待提高。一方面，虽然我国政府已经加大了信息公开的力度，但成品油价格的形成过程仍然相对封闭，缺乏有效的信息披露机制。这使得市场参与者难以全面了解成品油价格波动的背后原因，从而影响市场预期的稳定。另一方面，我国成品油价格调整的频率和幅度往往受到国际市场的影响，但这种影响并不能及时地反映在国内市场。因此，提高我国成品油价格机制的透明度，有利于消除市场不确定性，增强市场信心。

（2）时效性角度

从时效性角度来看，我国成品油价格机制的调整速度相对较慢。事实上，我国成品油价格机制在应对国际市场变化方面表现出一定的滞后性。在国际原油价格波动较大的情况下，我国成品油价格的调整往往需要一段时间才能反映出来。这种滞后性不仅降低了价格机制的调节效果，还可能给市场带来一定的扭曲。此外，我国成品油价格机制在应对国内市场供需变化方面也存在一定的问题。当国内市场供需失衡时，成品油价格调整的时效性不足，可能导致市场价格波动加剧。

2. 天然气市场化定价机制缺失，气价难以反映商品属性

在当前的天然气定价机制中，政府干预程度较高，尚未完全实现市场化。这一问题在很大程度上影响了天然气价格的合理形成，进一步导致资源配置效率低下。

首先，随着天然气消费量的逐年上升，我国已成为全球最大的天然气进口国。然而，我国天然气价格与市场供需状况的关联度不高，价格波动幅度相对较小。这表明，当前的天然气定价机制未能充分体现市场规律，天然气价格对供需信号的反应不够敏感。

其次，作为一种清洁能源，天然气价格应当反映其稀缺性和环境价值。然而，在我国现行的天然气定价体系下，天然气价格未能充分体现这些因素，导致资源配置出现失衡。一方面，天然气价格偏低，使得消费者对清洁能源的需求难以有效扩大；另一方面，天然气生产商和进口商的利润空间受到限制，不利于产业的健康发展。

最后，天然气市场化定价机制的缺失不利于能源价格体系的完善。在市场经济条件下，能源价格应由市场供求关系决定，政府适度干预以确保能源安全和社会稳定。然而，过度干预可能导致市场信号失真，进而影响能源价格的合理形成。

3. 电价改革是能源价格改革的难点和电力体制改革的核心

电价改革不仅是能源价格改革的重点和难点，更是电力体制改革的核心所在。首先，电价改革的关键在于合理确定电价水平。我国电力消费年均增速超过7%，而电力价格水平在一定程度上影响了电力行业的投资效益。因此，如何根据电力市场供需状况、发电成本等因素，科学合理地制定电价，成为电价改革的重要任务。其次，电价改革需要面对诸多挑战。我国电力资源分布不均衡，导致部分地区出现电力过剩或紧缺的现象。在此背景下，如何推进区域间电力市场化交易，实现资源优化配置，成为电价改革必须面对的现实问题。此外，随着可再生能源的快速发展，如何合理制定可再生能源

电价，促进可再生能源消纳，也是电价改革面临的一大挑战。最后，电价改革应遵循市场规律。理论上，电力市场应是一个完全竞争的市场。然而在现实中，由于电力行业的自然垄断特性，完全竞争难以实现。因此，如何在保障电力安全稳定供应的前提下，推进电价市场化改革，成为电价改革的核心问题。

五、能源监管体系

（一）发展现状

1. 监管职能呈分散化、多层次，经济性监管层级较高

首先，从监管职能的分散化来看，我国的能源监管体系涵盖了从中央到地方、从政府到市场的各个层面。这种分散化的监管模式有利于充分调动各级政府和市场的积极性，从而实现能源产业的健康发展。以 2018 年为例，我国能源监管机构共审理了 2.1 万件能源监管事项，涉及电力、油气、新能源等多个领域。这些数据充分证明了我国能源监管职能分散化的实际效果。

其次，多层次的监管体系使得监管更加灵活适度。在我国，能源监管不仅包括政府层面的监管，还包括行业自律、社会监督等多种形式。这种多元化的监管方式有助于形成全方位、全过程的监管格局，确保能源产业的安全、稳定和可持续发展。在电力市场改革过程中，我国政府积极推动电力市场化交易，加强对电力市场的监管，确保市场秩序良性运行。然而，在经济性监管层级较高这一现象的背后，也存在一些不容忽视的问题。由于经济性监管容易导致政府过度干预市场，进而影响市场的公平竞争，如何在确保能源安全的前提下适度调整监管策略，成为我国能源监管体系发展面临的一大挑战。从理论层面来看，有效的能源监管应当平衡政府与市场的关系，既要充分发挥政府的引导作用，又要保障市场的竞争机制。在这个过程中，政府需要根据能源产业的发展状况，适时调整监管策略，以实现能源监管的动态平衡。

2. 监管内容以经济性监管为主，社会性监管由弱转强

首先，我国能源监管机构对能源企业的经济性监管力度逐年加大。2019 年，国家能源局派出检查组对全国范围内的能源企业进行了大规模的现场检查，

涉及电力、油气、煤炭等多个领域。检查的重点是企业是否存在违规操作、价格违规等问题。通过加强经济性监管，不仅促使企业规范经营行为，还降低了市场风险，保障了能源市场的稳定运行。

其次，随着我国能源监管体系的不断完善，社会性监管逐渐得到加强，并在保障能源安全、保护生态环境等方面发挥了积极作用。以电力行业为例，国家能源局要求电力企业严格遵守环保法规，加大污染治理投入，降低污染物排放。在监管力度加大的背景下，电力行业的环境友好型发展态势逐步显现。同时，在社会监督方面，国家能源局鼓励公众参与能源监管，通过举报、投诉等方式对企业的违规行为进行监督。这种监管方式有助于提高监管的透明度和有效性。

最后，监管体系的演变是政府、市场、社会等多方力量相互作用的结果。在我国能源监管体系中，经济性监管与社会性监管的有机结合有利于实现能源行业的可持续发展。从宏观角度来看，经济性监管有助于提高能源行业的运行效率，降低能源成本，从而促进经济增长。而社会性监管则关注生态环境、公共利益等方面，有助于实现能源产业与生态环境的和谐共生。二者相辅相成，共同推动我国能源监管体系向更加完善的方向发展。

3. 监管模式以“政监合一”为主，监管职能相对较弱

在我国现行的能源监管体系中，政府与监管机构的职能在一定程度上实现了整合，这种“政监合一”的模式在一定程度上提高了监管效率，但同时暴露出监管职能相对较弱的问题。

首先，自实施“政监合一”监管模式以来，我国能源监管机构的执法力度和处罚力度都有所加大。2019 年，我国能源监管机构共查处能源违规项目 500 余个，罚款金额超过 10 亿元，相较于过去几年有了显著提升。然而，与此同时，我国能源行业的违规行为仍然屡禁不止，这表明监管职能仍有待加强。

其次，我国能源行业发生的多起重大事故，如 2018 年的长春市燃气泄漏事故和 2020 年的山西省煤矿事故，都在一定程度上暴露出能源监管职能的不足。这些事故的发生，既说明了能源企业违规操作的严重性，也反映出监管机构在预防和查处违规行为方面的局限性。

最后，“政监合一”监管模式的实施，使得政府在能源监管中既要扮演监管者的角色，又要扮演政策制定者的角色。这种角色冲突可能会导致监管者在面对企业违规行为时，出于地方经济发展和政绩考核的考虑而对违规行为采取宽松的态度。此外，监管机构的人员配置、经费保障等方面的问题，也使其在面对能源行业的复杂形势时，难以充分发挥监管职能。

4. 监管法规体系初步形成，为依法监管提供保证

首先，我国已颁布实施了数百项能源法律法规，涵盖能源发展规划、能源生产与消费、能源市场准入、能源价格监管、能源安全生产等多个方面。这些法律法规的实施为我国能源监管工作提供了明确的法律法规依据，确保了能源监管工作的有序开展。

其次，我国基于能源监管实践，逐步完善监管法规体系。以电力、石油、天然气等行业为例，自 20 世纪末起，我国就开始加大对能源企业的监管力度，通过制定一系列具体政策措施，规范企业经营行为，保障能源市场秩序。在监管过程中，相关法规不断完善，为我国能源产业的健康发展奠定了坚实基础。

最后，监管法规体系的建立和完善，符合我国能源发展战略的要求。能源是国家战略性资源，关系国家安全、经济发展和社会稳定。建立健全能源监管法规体系，有助于实现能源资源的合理开发、高效利用，促进能源产业结构调整，降低能源供应风险，提高能源安全保障水平。

（二）存在的问题

1. 监管机构层级低、不独立，监管权责安排分散

中国能源监管体系在运行过程中存在着一系列的问题和挑战。其中，最为突出的问题是监管机构的层级较低、独立性不足，监管权责的安排过于分散。这不仅对能源市场的健康发展构成了严重的制约，也在一定程度上影响了国家能源战略的实施效果。

首先，从监管机构的层级来看，我国能源监管机构在行政体系中的地位相对较低。这导致能源监管机构在与其他部门协同工作时，往往难以发挥出有效的监管作用。例如，在处理一些跨区域、跨行业的能源问题时，由于层

级较低，监管机构在协调各方力量、整合资源方面存在明显的短板，从而影响了监管效果的实现。

其次，能源监管机构的独立性问题也尤为突出。在实际工作中，受制于各种因素，能源监管机构在开展监管工作时往往难以真正做到独立、公正。尤其是在面对地方保护、行业利益等复杂利益关系时，能源监管机构的独立性更是受到严重挑战。这不仅削弱了能源监管的权威性，也使得监管政策在执行过程中大打折扣，难以达到预期效果。

最后，监管权责的分散也是我国能源监管体系面临的一大问题。在现行体制下，能源监管涉及电力、油气、煤炭等多个部门和领域。然而，在这些领域中，监管权责并未得到明确的划分，导致监管漏洞和盲点频出。一方面，监管部门在履行职责时，可能因权责不清而出现相互推诿、敷衍了事的现象；另一方面，这给一些不法企业留下了可乘之机，加剧了能源市场的失序竞争。

2. 重点领域，尤其是中上游环节，缺乏统一和有效的监管

首先，我国能源投资虽然增速较快，但投资结构并不合理。在新能源领域，光伏、风电等能源的投资占比逐年上升；而在传统能源领域，尤其是中上游环节，投资增速相对滞后。这种投资失衡导致了能源产业链的不协调，进一步加剧了能源监管的困难程度。

其次，中国当前的能源监管体系在中上游环节存在明显的漏洞。以煤炭行业为例，煤矿安全事故频发，部分原因就在于监管部门职责不清，执法力度不够。此外，在电力、油气等领域也存在类似问题。这些事实充分说明，缺乏统一有效的监管，将严重影响我国能源行业的稳定发展。

由于能源监管体系的完善与优化是构建社会主义市场经济体制的必然要求，在市场经济中，政府需要充分发挥“有形之手”的作用，通过监管保障能源市场的公平竞争，维护国家能源安全。然而，当前我国能源监管体系在中上游环节的缺失，使得市场秩序混乱，资源配置效率低下，严重影响了能源产业链的健康发展。

3. 监管依据不完备，难以满足现代能源监管需求

在当前能源市场竞争日益激烈、科技创新不断涌现的背景下，监管依据的完备性对于确保能源市场秩序、促进产业健康发展具有重要意义。然而，

我国能源监管体系在这一方面显然尚存不足。

首先，我国能源产业规模不断扩大，新能源装机容量、能源消费总量等指标持续上升。然而，监管体系在法规、标准等方面的更新速度相对滞后，导致监管依据难以适应市场发展的实际需求。此外，在能源产业结构调整、能源价格改革等方面，监管依据的完善程度也显得不足。

其次，我国能源监管实践中出现的一系列问题也暴露出监管依据的不足。例如，在光伏、风电等新能源领域，部分地区出现了过度投资、产能过剩的现象，这在一定程度上反映了监管体系在引导和约束市场主体行为方面存在不足，缺乏针对性的监管依据。

最后，在能源安全生产、能源市场秩序等方面，监管依据的不完备也导致了一些问题的发生。总体来看，监管依据不完备的原因主要体现在以下几个方面：一是能源监管体制不健全，相关部门之间的协调配合不够，导致监管政策出台缓慢；二是能源法律法规体系不完善，难以应对日新月异的能源市场变革；三是监管政策执行力度不够，部分地区和企业的违法违规行为仍然屡禁不止。

4. 政府监管力量不足，监管人员不专业，社会监管缺失

由于政府在能源监管方面的投入并不充分，我国能源监管部门的人员数量相较于其他国家明显偏少，这直接导致监管力量的不足。此外，能源监管人员的专业素质也值得商榷。在实际工作中，部分监管人员缺乏必要的专业知识和技能，难以应对日益复杂的能源市场环境，在一定程度上削弱了政府监管的效力。同时，社会力量监管在我国能源领域的发展严重不足。民间监管组织数量稀少，且其影响力、公信力相对较弱，难以对能源市场形成有效监管。加上公众参与程度不高，缺乏必要的能源监管知识和途径，使得社会监管难以发挥实际作用。这种现象与我国能源监管体系的不完善密切相关，也在一定程度上加剧了政府监管力量不足的情况。

但从现实发展来看，政府与社会力量共同参与能源监管是构建现代化能源监管体系的必然要求。监管权力应当分散，以实现多元化、精细化的监管目标。政府与企业、社会组织、公众之间的协同监管，有助于形成监管合力，提高监管效率。然而，我国当前的能源监管格局尚未实现这种协同效应，监

管力量不足、社会力量缺失的问题亟待解决。

第二节　中国能源体制革命取得的成效

中国能源体制革命取得了一定的成效，能源机制体制改革深化，现代能源治理体系初具雏形，具体表现在以下几个方面。

一、能源市场垄断局面发生积极变化，有序竞争的市场体系逐步建立

（一）能源机制体制改革不断向深水区迈进，顶层设计和配套政策陆续出台

从理论层面来看，我国能源体制机制改革符合市场经济的基本规律。在市场经济中，资源配置应该由市场供求关系决定，而非单一的垄断企业。我国政府通过改革能源政策，鼓励民间资本进入能源领域，推动能源市场向竞争性市场转型，有利于优化资源配置，提高能源利用效率。我国能源体制机制改革不断向深水区推进，顶层设计和配套政策陆续出台。

具体来看，一方面，我国能源市场的竞争程度明显提高。新能源发电企业的数量从2015年的300多家增长到2020年的1000多家，市场规模不断扩大。此外，新能源发电量占比也从2015年的3%上升到2020年的11%，反映出市场竞争的激烈程度。同时，能源市场垄断局面逐渐被打破。以电力市场为例，过去我国电力市场存在严重的区域性垄断，而现在随着电力市场的逐步开放，民营资本和企业得以进入，市场竞争越发激烈。例如，2019年，国家能源投资集团收购了广东核电集团，使得核电市场竞争格局更加多元化。另一方面，我国政府出台了一系列配套政策，以促进能源市场有序竞争。例如，《能源发展战略行动计划（2014—2020年）》明确提出，要推进能源市场化改革，完善能源价格形成机制，激发市场活力。此外，政府还加大对新能源产业的支持力度，通过税收优惠、补贴等政策，引导企业加大投资力度，

推动产业发展。

（二）电力体制、油气体制改革有序推进，市场化程度得到提升

从理论层面来看，市场竞争能够提高资源配置效率，优化能源结构，降低能源价格，从而惠及广大消费者。随着我国能源市场改革的深化，市场在能源资源配置中的决定性作用日益凸显，能源价格逐渐趋于合理，使得消费者能够享受更低廉、更优质的能源服务。近年来，我国能源市场垄断局面发生了积极的变化，有序竞争的市场体系逐步建立。这一成果的取得得益于我国电力体制和油气体制改革的深入推进以及市场化程度的不断提升。

我国电力市场的竞争程度逐年提高。截至2023年，全国电力市场规模已达到数千亿元，全国电力用户数量超过2亿户，市场化交易电量逐年攀升。这些数据充分证明，我国电力市场已经逐步走向市场化。同时，我国电力体制和油气体制改革的推进为市场注入了活力。例如，国家电网公司、中国石化等大型企业通过改革逐步放宽了对市场的限制，允许民间资本进入，激发了市场竞争。此外，政府也鼓励企业进行跨界合作，如电动汽车充电设施的建设、天然气管道与液化石油气储运设施的互联互通等，这些都是市场竞争的具体表现。

二、能源商品属性开始回归，推动逐步建立由市场决定的价格机制

（一）能源价格市场化改革步伐加快，市场价格体系初步成形

近年来，为了迎合我国经济发展的大趋势，在全球能源转型背景下，我国积极调整能源结构、优化资源配置、促进绿色发展，我国能源价格市场化改革步伐加快，市场价格体系初步成形。

随着我国能源消费总量持续增长，能源结构不断优化。2019年，清洁能源消费占比达到23.4%，比2015年提高了5.4个百分点。其中，非化石能源消费占比达到15.3%，比2015年提高了2.3个百分点。这表明，我国在推进能源价格市场化的过程中，成功引导了能源消费向清洁、低碳方向转型。在能源价格市场化改革中，中国逐步放开了石油、天然气、电力等领域的价格

管制。例如，2019 年，国家管网公司成立，推动了天然气管道运输价格市场化；同时，电力市场化交易规模不断扩大，市场化程度不断提高。这些事实都证明，我国能源价格市场化改革取得了实质性的进展。

能源价格市场化改革有利于优化资源配置、提高能源效率。在市场经济体制下，能源价格能够反映供求关系，引导生产者和消费者调整行为，从而实现能源资源的优化配置。同时，市场化价格机制还能够激发市场竞争，推动能源企业提高生产效率和技术创新，为我国能源产业的可持续发展奠定基础。

（二）竞争性环节陆续放开，已初步形成由市场决定的能源价格机制

随着我国能源产业的不断深化改革，竞争性环节逐渐放开，已初步形成由市场决定的能源价格机制。这一变革不仅有助于优化资源配置，提高能源利用效率，还将对我国经济的可持续发展产生深远影响。

我国能源消费总量持续增长，而能源价格却在合理范围内波动。据统计，2010—2019 年，我国能源消费年均增速约 3.4%，而能源价格波动幅度控制在 2%以内。这充分说明市场决定的能源价格机制在很大程度上实现了资源的有效配置。我国能源价格的形成过程已逐步摆脱政府干预，更加贴近市场供求。在电力、天然气、石油等领域，电力市场的竞价上网、天然气的市场化定价、石油的期货交易等价格机制的改革举措纷纷出台，有力地推动了更加合理、透明的能源价格体系的形成，为市场参与者提供了公平竞争的环境。

在市场经济体制下，能源价格机制是资源配置的基础。通过市场竞争，价格能够反映能源的稀缺程度、环境成本和社会效益，进而引导投资和消费。与此同时，能源价格机制还能够激励企业提高能源利用效率，降低生产成本，从而实现绿色低碳发展。然而，市场决定的能源价格机制并非完美无缺。在实际运行过程中，仍需关注市场失灵、垄断行为等问题。因此，政府在放开能源价格竞争性环节的同时，还需加强监管，确保市场秩序的健康运行。

三、能源"放管服"工作取得积极进展，监管机制和法治建设稳步推进

（一）能源领域"放管服"改革工作整体有序推进，能源监管得到加强和完善

我国能源领域的"放管服"改革工作整体有序推进，能源监管得到加强和完善。在这一过程中，政府充分发挥了市场在资源配置中的决定性作用，激发了企业活力，提高了能源供应的效率和质量。

首先，我国能源投资逐年增长，2020 年达到 1.65 万亿元，同比增长 10.7%。这表明，在"放管服"改革政策推动下，能源产业投资环境不断优化，吸引了更多资本投入。同时，能源消费结构持续优化，清洁能源消费占比不断提高。2020 年，清洁能源消费占比达到 23.4%，同比增长 1.1 个百分点。这一成果凸显了我国在推动能源绿色转型方面取得的积极进展。

其次，我国在能源领域的监管体制得到了加强和完善。政府对能源企业的市场准入、项目审批、价格调控等方面实施更加精细化、便利化的管理，提高了能源行业的整体竞争力。以电力市场为例，近年来，我国加快推进电力市场化改革，推动电力交易机构、电力市场调度、输配电价改革等工作，降低了电力价格，提高了电力供应效率。2019 年，全国电力市场化交易规模达到 3.2 万亿千瓦·时，同比增长 16.5%。

最后，从效果来看，"放管服"改革符合市场经济规律，有助于优化资源配置、提高生产效率。通过简化行政审批、降低市场准入门槛，政府将更多的权力下放给市场和企业，使市场在能源资源配置中起决定性作用。同时，通过加强能源监管，政府能够更好地引导和规范市场行为，保障能源安全、稳定供应。

（二）能源法治建设稳步推进，依法行政能力得到提升

随着我国经济社会的快速发展，能源需求逐年攀升，能源安全保障问题日益凸显。在这一背景下，我国积极推进能源法治建设，旨在构建一套完善的能源法律体系，提高能源行业治理能力和水平。

首先，我国能源立法工作不断加快，形成了以《中华人民共和国能源法》为核心，包括煤炭、石油、天然气、电力、新能源等领域在内的法律法规体系。据统计，截至2023年底，我国能源领域相关法律法规共计100多部，为能源行业健康发展提供了有力的法治保障。其次，我国在能源行政监管方面取得了显著成效。相关部门严格执行能源法律法规，加大对违法违规行为的查处力度，确保能源政策目标的顺利实现。近年来，我国查处了一批重大能源违法违规案件，有力地震慑了违法行为。最后，我国积极探索能源法治建设新路径，推动能源市场化改革。在能源价格、投资、税收等方面，政府逐步放权，鼓励市场竞争，激发企业活力。同时，加强对能源企业的监管，规范市场秩序，保障能源安全。

第三节　中国能源体制革命面临的机遇和挑战

中国能源体制革命在推进的过程中，面临着深化电力和油气体制改革的机遇与挑战。具体而言，主要包括以下几个方面。

一、治理体系和治理能力现代化建设推动能源体制革命，为基本形成“管住中间，放开两头”能源格局带来机遇

（一）国家治理体系和治理能力现代化建设持续推进，全面推进能源体制革命的理论遵循更加丰富

1. 理论体系的丰富和完善成为改革指引

随着国家治理体系和治理能力现代化建设的深入推进，我国在能源领域的法治观念、制度设计以及政策制定等方面积累了丰富的理论成果。这些成果不仅指导了能源管理体制从传统集权式向现代市场化转变，也为我们全面理解和实施“管住中间，放开两头”的能源格局提供了有力的理论遵循。例如，电力市场化的理论研究及实践经验，使电网公平开放、电价市场化等改革举措得以有条不紊地推进。

2. 行政效能提升加速能源管理体制改革

现代化治理体系强调职能明确、监管有效，政府在能源领域的职能正逐步由直接管控转向依法监督和服务。通过简政放权，政府集中精力强化对能源产业链中间环节的安全保障和市场监管，同时充分释放上游资源开发和下游市场竞争活力。国家能源局等部门积极落实职能转变，优化审批流程，助力新能源项目快速落地。

3. 跨部门协同机制建设促进改革深化

治理体系现代化要求各相关部门形成合力，共同推动能源领域改革。当前，我国正在构建跨部门、跨区域的协同工作机制，以解决过去部门分割导致的资源配置不合理问题。例如，在电力交易市场建设中，国家发展改革委、国家能源局、工业和信息化部等多方联动，共同推进电力现货市场、电力辅助服务市场的建立健全，这正是国家治理体系现代化在能源领域的生动体现。

（二）能源体制革命内生需求逐步增长，现代化的能源治理调控体系有望建立

1. 市场化进程驱动内生改革需求

随着经济社会发展，能源供需矛盾日益凸显，市场主体对参与能源生产和消费市场的需求不断增长，这对深化电力和油气体制改革提出了内在要求。特别是随着可再生能源的技术进步和成本下降，分布式能源、微电网等新型业态蓬勃兴起，呼唤更加灵活高效的能源市场规则和管理体系，从而实现“管住中间，放开两头”战略目标的有效执行。

2. 科技创新引领下的能源结构转型

清洁能源技术的发展与应用是推动能源体制革命的关键动力。我国致力于降低煤炭消费比重，提高清洁能源占比，这需要建立适应新旧能源转换、兼具前瞻性和包容性的现代化能源治理体系。通过完善碳排放权交易市场机制，引导各类能源主体自觉减排，积极参与低碳转型。

3. 社会公众期待与绿色发展理念融合

随着公众环保意识的觉醒和可持续发展理念的深入人心，社会各界对清洁、高效、透明的能源供应体系有了更高期待，这给能源治理带来了新的挑

战和机遇。现代化的能源治理调控体系应关注并回应这种社会期待，通过加强信息公开、公众参与和社区共建等方式，确保能源改革方案科学合理，符合生态文明建设的要求，实现经济效益、环境效益和社会效益的多赢。

二、电网环节输配电体制改革相对落后，电力体制改革深水区步履维艰

（一）增量配电网改革阻力较大，竞争性售电政策难以有效落地

1. 增量配电网改革进程受阻

尽管国家鼓励社会资本参与增量配电网建设与运营，但在实际操作中，由于现行法规、制度及利益分配机制尚不完善，增量配电网改革面临着巨大的挑战。现有电力企业对新增市场准入的抵制以及地方保护主义的影响，使得民营资本和各类新兴市场主体在申请增量配电网项目时困难重重，限制了增量配电网市场的健康发展。

2. 竞争性售电模式推进缓慢

竞争性售电是电力体制改革的核心内容之一，旨在打破传统电网公司的垄断地位，引入更多市场主体，提升电力市场的活力和效率。然而，在我国当前的电力市场中，竞争性售电业务的开展并不顺畅，主要体现在市场准入门槛较高、电价形成机制不透明以及售电公司服务能力不足等方面，这些都阻碍了竞争性售电政策的有效落地实施。

3. 用户用电选择权未充分释放

理论上，竞争性售电环境应赋予终端用户更多选择权，优化资源配置并降低用电成本。但目前，由于售电市场竞争格局尚未完全形成，加之电力交易信息平台建设和用户教育普及工作滞后，大量用户对竞争性售电的认知度低，用户选择权未能得到有效发挥，进一步制约了竞争性售电市场的培育和发展。

（二）电力现货市场建设滞后，交易机构独立性明显不足

1. 电力现货市场构建进度缓慢

作为电力市场化改革的关键环节，电力现货市场对于实现资源实时优化

配置具有重要作用。然而，在我国，受技术复杂性、市场参与者认知局限以及配套政策体系不健全等因素影响，电力现货市场在从理论设计到实践运行的过程中进展相对滞后，直接影响了电力市场价格发现功能的充分发挥。

2. 交易规则和定价机制不完善

当前，我国电力现货市场相关交易规则尚处于探索阶段，市场内交易品种、交易时段划分、价格形成机制等核心要素仍需不断完善。这不仅造成了电力市场价格信号失真，不利于引导发电侧投资决策和消费侧需求响应，还可能加剧电力供需波动，给电网安全稳定运行带来潜在风险。

3. 交易机构独立性问题突出

电力交易机构作为连接电力市场各参与主体的纽带，其独立性和公正性至关重要。然而，现实中，我国部分电力交易机构与电网企业之间存在一定的关联关系，导致市场公平性和透明度受到质疑。交易机构独立性的缺失，不仅影响了市场公平竞争环境的塑造，而且阻碍了电力体制改革向纵深发展，因此，建立健全独立、公正、公开的电力交易机构，成为我国深化电力体制改革亟待探索的重要课题。

三、国家油气管网运行机制尚待建立，油气现代市场体系构建困难重重

（一）管网大规模高效建设难度增大，管道等基础设施统筹调度管理难题待解

1. 管网投资与建设面临挑战

随着我国能源需求的持续增长和多元化趋势的加强，国家油气管网的大规模建设和扩容升级任务艰巨。然而，在实际操作中，由于管网建设涉及土地、环保、资金和技术等多个复杂因素，尤其是在环境保护法规趋严、社会公众对项目选址高度敏感以及融资渠道有限的情况下，管网工程的高效推进仍面临较大困难。

2. 管道基础设施优化配置问题突出

目前，我国油气管道布局相对分散，资源调配能力受限，尤其是跨区域、

省际的长距离输送管道网络尚不完善，这在很大程度上制约了资源在全国范围内的有效配置。同时，如何实现现有管网设施的整合利用，避免重复建设，提高输配效率，成为当前亟待解决的管理难题。

3. 管网运营与维护制度有待健全

尽管国家已着手推动油气管网独立运行机制的建立，但管网运营管理中仍存在着产权关系不清、运营主体不明晰、安全监管力度不足等问题。要形成一套科学合理的管网运维体系，不仅需要明确各方权责、提升管网运营的专业化水平，还需要建立健全适应现代能源市场要求的安全保障与应急响应机制。

（二）中短期内建成公平开放市场体系难度很大，交易中心的作用有待有效发挥

1. 市场体系构建的复杂性和长期性

打造一个公平、公开、透明的油气现代市场体系是一项系统工程，涉及从上游勘探开发到下游销售服务全产业链的改革。在现行体制下，资源分配的计划性较强，市场准入门槛较高，打破垄断格局并引入多元竞争主体的过程将异常艰难。此外，市场规则制定、价格形成机制设计等关键环节的改革也需经历较长的时间周期和实践探索。

2. 交易中心功能发挥受阻

现有的油气交易中心在一定程度上促进了市场的活跃度，但其作用尚未得到充分释放。一方面，市场化定价机制还未完全确立，市场价格发现功能较弱；另一方面，交易品种单一，交易规模较小，难以满足多样化的市场需求。因此，加快完善交易中心的制度设计，强化其资源配置枢纽的地位，对于促进油气现代市场体系的构建至关重要。

3. 政策配套与监管体系滞后

构建公平开放的油气现代市场体系，还面临着政策配套及监管体系建设滞后的挑战。例如，相关法律法规的修订完善、监管机构职能的重新定位、行业标准体系的建立等都需要同步跟进。只有在强有力的法治框架和高效的监管环境下，才能真正保障各类市场主体在公平、公正的市场环境中开展有序竞争，从而推动整个油气行业健康可持续发展。

第四节 能源治理体系现代化问题

一、创建现代能源市场体系，加快全国电力、油气等现货和期货交易平台建设

（一）加快自然垄断业务和竞争性业务的分离，构建公平开放、有序竞争的能源市场体系

1. 明确业务边界，打破行业壁垒

推进能源体制革命的关键是清晰划分自然垄断环节与竞争性环节，确保在保障关键基础设施安全稳定运营的同时，激发市场竞争活力。例如，在电力行业中，应将输电等具有自然垄断性质的业务与发电、售电等可引入市场竞争的环节有效分离，通过立法和监管改革确保各主体在各自领域内公平地参与市场竞争。

2. 优化资源配置，强化市场导向

随着自然垄断业务与竞争性业务的分离，市场机制将在资源配置中发挥更大作用。通过进一步放宽市场准入限制，鼓励多元化投资主体参与能源供应和消费，形成多元竞争格局，促进能源资源更高效地在不同地区、产业间流动，实现经济效益和社会效益的最大化。

3. 完善法规制度，保障公平、公正

为构建公平开放、有序竞争的能源市场体系，需要制定和完善相关法律法规，建立健全透明、公开的市场监管规则，防止市场滥用和不正当竞争行为的发生；同时，加强反垄断执法，确保所有市场主体能在统一的市场规则下公平竞争，维护健康的市场秩序。

（二）健全能源流通市场，有序推进全国电力、石油、天然气、碳排放权等交易系统建设

1. 加速现货交易市场发展

构建现代能源市场体系的核心内容之一是建立并完善全国范围内的电

力、油气等现货交易平台。这就要从国家层面统筹规划，逐步放开各类能源产品的价格管制，建立反映供需关系和成本变动的价格形成机制，推动实时竞价、合约交易等多种交易模式的发展，增强市场对资源配置的基础性作用。

2. 推进期货市场创新实践

在现货市场的基础上，我国还应积极开发和建设能源期货市场，涵盖电力期货、原油期货、天然气期货以及碳排放权期货等品种。通过期货市场的风险管理功能，有助于降低市场主体的风险敞口，提高市场预期的稳定性，引导社会资本合理配置到能源生产和消费领域。

3. 建设跨区域、多品种联动的交易体系

在建设全国性的电力、油气及碳排放权等交易系统时，应注重跨区域、跨行业的互联互通，建立协调一致的市场规则和结算体系。同时，探索构建多种能源产品相互关联、协同发展的综合性能源交易平台，提升整体市场的效率和竞争力，从而有力推动能源治理体系向现代化迈进。

二、强化能源法治与监管体系建设，创建高效能源治理体系

（一）持续深化“放管服”改革，创建高效能源管理与监管体制

1. 简政放权，激发市场活力

在能源领域实施“放管服”改革，首要任务是简化行政审批程序，放宽市场准入条件，赋予各类市场主体更大的经营自主权。通过减少政府对微观经济活动的直接干预，可以有效释放市场潜能，吸引多元化投资进入能源产业，从而促进能源领域的技术创新和效率提升。

2. 强化事中、事后监管，保障公平竞争

在“放”的同时，更要注重“管”和“服”，建立健全科学有效的能源行业监管体系，加强对能源市场的全过程、全方位监管，确保企业在公平公正的环境下竞争。利用现代信息技术手段提高监管效能，加大对违规违法行为的查处力度，维护良好的市场竞争秩序。

3. 优化公共服务，提升服务质量

以服务为导向，进一步完善能源管理部门的服务职能，提供便捷高效的政务服务，帮助企业解决实际问题。推动政务公开透明，提供一站式服务平台，简化审批流程，并加强对企业的政策解读和指导，为企业创造良好的发展环境，助推能源产业转型升级。

（二）能源法治建设稳步前行，创建现代能源法制体系

1. 健全法律法规体系，奠定法治基础

围绕能源发展战略目标，制定与完善一系列能源法律法规和规章，构建覆盖能源开发、生产、输送、交易、使用等全链条的现代能源法制体系。《中华人民共和国能源法》及其配套法律法规的修订和出台，为我国能源治理体系现代化提供了坚实的法律支撑。

2. 强化依法行政，规范权力运行

在能源管理工作中，全面推行依法行政，严格遵守法律法规，确保所有决策和行为都在法治轨道上进行。加强执法队伍建设，提高执法人员的专业素质和业务能力，确保各项能源政策得到有效落实，有力保障国家能源安全和战略规划顺利实施。

3. 推进司法实践创新，保障合法权益

建立完善的能源纠纷解决机制，通过仲裁、调解和诉讼等多种途径解决纠纷，切实保护各市场主体的合法权益。适时推出相关判例，引导和规范能源行业的健康发展，通过司法实践不断丰富和完善能源法制体系，使之更好地适应新时代能源革命的需要。

三、完善能源市场价格机制，强化财税政策对能源高质量发展的引导作用

（一）全面放开竞争性环节市场价格，形成由市场决定的价格机制

1. 深化能源价格市场化改革

推进能源体制革命的核心内容之一是逐步全面放开电力、石油、天然气

等领域的竞争性环节市场价格，通过市场供需关系决定产品和服务的价格。这要求政府从过度干预转向有效监管，允许并鼓励各类市场主体在公平、公正的环境下自由竞争，实现资源的有效配置和高效利用。

2. 建立灵活合理的定价机制

构建适应现代能源体系的价格形成机制，需要引入实时竞价、长期合同等多种定价模式，确保电价、天然气价格能够及时反映生产成本、环境成本以及市场需求变化。同时，建立健全峰谷分时电价、可再生能源补贴退坡与市场竞争相结合的定价制度，引导能源生产和消费结构优化升级。

3. 提升价格信号传递效率

随着能源价格市场化的深入推进，价格信号将更加准确地反映资源稀缺程度和环境成本，有助于推动企业和消费者行为的调整，提高能源利用效率，减少浪费现象。同时，透明、公开的价格信息也有利于吸引社会资本投资清洁能源和节能技术的研发与应用，进一步促进能源产业高质量发展。

（二）充分发挥能源领域财税政策的引导和支持作用，建立和完善具有能源资源导向性、反映生态效益与环境效益的能源税制

1. 完善能源资源税制设计

为更好地体现能源资源的价值和环境保护的重要性，应适时调整和完善能源资源税制，对煤炭、石油等非可再生资源征收合理资源税，对新能源和可再生能源实行税收优惠政策，通过差异化税率引导产业结构向绿色低碳转型。

2. 实施碳排放权交易及碳税政策

结合我国“双碳”目标，加快碳排放权交易市场的建设，并适时考虑推出碳税政策，抑制高碳排放产业的发展，激励企业降低碳排放强度，加大对清洁技术和低碳产品的研发投入。

3. 优化财政补贴结构与方向

在保证能源供应安全的前提下，逐渐取消对化石能源的直接财政补贴，加大对新能源、能效提升、储能技术研发等方面的财政支持，形成既符合市场规律又有利于绿色发展导向的财税政策体系。通过科学合理的财税政策引导，为我国能源治理体系现代化提供强大动力，助力实现能源高质量发展的战略目标。

第十章　能源国际合作的现状

2014 年 6 月，习近平总书记在中央财经委员会第六次会议上发表讲话，提出“四个革命、一个合作”的能源安全战略思想，要求“全方位加强国际合作，实现开放条件下能源安全”。在 2024 年全国能源工作会议上，习近平总书记又明确提出“积极加强能源国际合作，以共建‘一带一路’为引领，充分利用国际国内两个市场、两种资源，保障开放条件下的能源安全，全面提升国际影响力话语权”。在高水平对外开放条件下，提高能源安全保障能力，提高能源国际合作水平，积极参与并推动全球能源治理体系变革是能源革命中能源国际合作的主旨。在国际合作方面，强化与“一带一路”共建国家的合作，深化全球能源治理合作，围绕全球能源转型加快推动以清洁低碳为导向的新一轮能源变革，共同促进全球能源可持续发展，大力推进多边和双边合作，构建多渠道、多元化能源供给格局。

第一节　中国能源国际合作历程

能源是国民经济的命脉，是人类生存和发展的物质基础。新中国成立以来，能源业为中国经济增长提供了原始的动力，成为经济发展的重要引擎，产业发展实现了从极端短缺到极大丰富的历史跨越。伴随经济社会发展进程，中国能源国际合作经历了从新中国成立初期的以农业为主、工业为辅，能源需求量低下，到改革开放后能源需求攀升，能源供给紧张必须开启能源对外合作大门，直至“一带一路”倡议提出，深度融入能源国际市场，坚持绿色低碳能源转型之路的主要阶段。

一、“引进来”融入国际能源市场（1980—1992年）

新中国成立之初，我国能源基础十分薄弱，生产能力严重不足，生产水平极其低下，能源消耗量极小，且消费种类以煤炭为主，始终坚持“自给自足”的能源供应体系。改革开放后，中国开始参与能源国际合作，与世界能源的联系不断加强，形成了相互交融的能源市场格局。

1980年，深圳经济特区的创办开启了中国城市改革；1992年，党的十四大提出“积极开拓国际市场，促进对外贸易多元化，发展外向型经济”，“更多地利用国外资源和引进先进技术”。在这个阶段，能源国际合作主要特征是“引进来”，合作形式以外资和技术引进为主，合作领域多为海上勘探，在合作过程中培养能源科技人才，与欧美发达国家建立了初步的合作关系。在此阶段，我国能源基本属于自给自足，与其他能源生产国、消费国的合作并不深入，属于“供给保障驱动下的引进”，具体表现为：一方面，在改革开放的背景下，中国石油消费量逐步攀升，现有的开采技术水平不能满足对生产的基本需求；另一方面，通过外资和技术引进开发，不仅提高了国内的生产技术以提升国内产能，保障经济迅速发展，也提高了东部海洋石油的开采量。此外，先进技术的引进促使产量提升，使石油对外贸易成为可能，1985年，我国石油出口额占全国出口额的26.9%，石油出口一度成为我国出口创汇的主要来源。

二、“走出去”充分利用国际市场资源（1993—2000年）

随着中国综合实力的攀升、能源需求的大幅提高以及能源企业前期在技术和设备等方面的积累，能源国际合作逐步由吸收、利用国外技术经验向“走出去”转变，参与世界能源市场的能力进一步提高，与IEA等国际能源机构开展对话，合作领域也由初期的石油能源向可再生能源进行探索。

本阶段，世界能源市场全球化进程加快，全球范围区域能源合作逐步增强，能源价格相对稳定。中国能源资源禀赋具有“多煤、少油、贫气”的自然特征，1993年，中国成为石油净进口国，石油对外依存度逐年升高，这是中国工业发展的必然结果，中国能源安全保障的思路也随之发生变化。

1996年，江泽民同志在河北省唐山市考察时首次明确提出“走出去”的战略思想。在“走出去”思想的指导下，经过前期外资、技术的引进积累，中国海外石油勘探业务快速拓展，石油开采合作方面积累迅速，不断获取开采作业权，合作内容也由开采扩散至国际投资。为了与此配套，国内对中国石油、中国石化、中国海油进行重组，积极推动能源企业“走出去”，不断提升企业国际化能力。“九五”计划提出，大力抓好能源节约，加强能源开发，为中国国际能源合作提供了新方向，《中美能源环境十年合作框架》等一系列合作文件陆续签署。“走出去”这一战略充分保障了中国的能源安全，利用全球范围的能源资源，实现资源配置的优化，海外石油份额不断增长，由1999年的300万吨增至2001年的831万吨，更是借此促使中国能源话语权实现了从无到有。

三、多元化合作发展，提升能源合作话语权（2001—2012年）

2001年，中国加入WTO，为深入能源国际合作提供了新机遇，能源供应来源多元化程度加深，中国能源国际合作进入了新阶段。加入WTO后，中国能源国际合作思路随世界环境变化做出了调整，合作理念由保障自身能源安全逐步过渡至全球可持续发展，合作内容由单纯的能源进出口扩展至资源、环境，提出了构建合理的全球能源治理机制。

本阶段，世界能源价格受到国际金融危机影响，波动幅度较大，全球对气候变化的关注进一步加强，页岩气革命带来了世界能源格局的深刻变化。国内能源需求进一步增加，能源需求与环境约束间的矛盾日益凸显。在能源国际合作方面，中国继续深入“走出去”战略，已从最初的石油、天然气逐步扩展至稀有金属、风能、光伏、生物质燃料等多个领域。中国企业由最初的合作开发进入独立开发阶段，非国有企业的不断加盟充实了合作主体。基于前期“走出去”战略的合作成果，中国能源装备、国际工程等业务不断输出，合作链条不断延伸。从生产供应环节来看，也从单一的上游勘探开发逐步拓宽到炼化、加工、储运、销售等上下游一体化合作，关联产业持续发展。2009年，中国先后与俄罗斯、巴西等国家签订了“贷款换石油”协议，“贷款换石油”的模式意味着能源与金融的进一步结合和丰富。

四、“一带一路”倡议深化能源合作，合作进入新阶段（2013年至今）

自2013年“一带一路”倡议提出以来，我国能源合作一直是共建“一带一路”的重点领域，能源合作不断走深走实，先后与90多个国家和地区建立政府间能源合作机制，与30多个能源类国际组织和多边机制建立合作关系，参与双（多）边能源合作机制近百项，签署了100多份能源合作文件，与10个国家和地区开展双边能源合作规划。全球能源格局的发展变化为中国能源国际合作发展带来了全新的机遇与挑战。能源合作从“引进来”向“引进来”“走出去”协同进行，再到“引进来、走出去高质量发展”，以能源贸易、项目合作的方式转向进一步参与全球能源治理，能源消费大国的国际地位进一步凸显。

本阶段，中国自2013年超过美国成为世界第一大石油进口国，美国由消费国转变为输出国，俄罗斯能源重心东移。2014年，习近平总书记在中央财经委员会会议中指出：“全方位加强国际合作，实现开放条件下的能源安全。在主要立足国内的前提条件下，在能源生产和消费革命所涉及的各个方面加强国际合作，有效利用国际资源。”同时，国内资源环境、经济转型升级带来的双重压力倒逼中国大力推动能源国际合作，进一步向可持续发展提供新动能。

“一带一路”共建国家既是传统能源资源丰富区域，也是可再生能源的重要开发区域。在能源国际合作方面，在原有基础上深入推进“一带一路”能源合作，从顶层设计到项目落地实施，在能源投融资、能源基础设施互联互通、能源贸易、能源科技创新等方面开展务实合作。2013—2022年，中国与“一带一路”共建国家非金融类直接投资额年均增长5.8%；与“一带一路”共建国家双向投资累计超过2700亿美元，能源领域累计投资额约占我国对“一带一路”共建国家总投资额的40%，其中，电力部分占能源投资的一半左右。2013—2022年，中国在“一带一路”共建国家承包工程新签合同额超过

1.2 万亿美元，完成营业额累计超过 8000 亿美元，占对外承包工程总额的比重突破 50%。在油气基础设施方面，中俄原油管道、中俄东线天然气管道、中哈原油管道、中国—中亚天然气管道、中缅原油管道等一批标志性重大项目相继投运，中亚—俄罗斯、中东、非洲、美洲和亚太五大油气合作区开发建设持续推进，东北、西北、西南和海上四大油气进口战略通道基本形成。在能源资源贸易方面，不仅传统能源资源贸易规模稳步扩大，光伏类、风电机组等产品出口地区、出口量均呈规模增长，中国成为稳定全球可再生能源产业链供应链的重要力量。能源科技创新持续凸显，近年来，中国持续加强政府间科技合作，签订各类科技合作协定 114 份。在全球气候变化挑战加剧的背景下，中国水电、风电、光伏发电装机规模连续多年稳居世界首位，一批可再生能源标志项目相继建成。中国已成为全球最大的可再生能源市场和装备制造国，目前已建成相对完善的可再生能源装备产业链供应链体系，为“一带一路”共建国家和地区的绿色转型提供了强大支撑和有效依托。

第二节　能源国际合作现状分析

中国能源国际合作是在“双循环”格局下，充分利用国际市场的能源满足国内经济社会发展对能源的需求，同时满足合作国在经济可持续发展、产业转型升级等方面的需求。在能源国际合作方面，与“一带一路”共建国家的合作是中国深入发展的重点方向，当前的能源国际合作呈现以下特点。

一、油气领域境外合作保持规模增长，积极完善全产业链合作

合作规模逐步扩大，投资额呈上升趋势，能源全产业链投资布局逐渐显现，同时，中国与“一带一路”共建国家贸易额呈增长态势。2022 年，中国对“一带一路”共建国家进出口总额达 13.8 万亿元，较 2021 年增长了 19.4%。其中，出口 7.9 万亿元，较 2021 年增长了 20.0%；进口 5.9 万亿元，较 2021 年增长了 18.7%。能源类产品贸易规模整体呈上升趋势，中国作为全球主要的能源消费国，在原油、天然气方面以进口为主，2022 年，原油对外

依存度达 71.2%，天然气对外依存度达 40.2%。根据《2022 年中国石油和化学工业经济运行报告》数据，2022 年，中国自全球进口原油 5.08 亿吨，较 2021 年下降 1%（见图 10-1）；进口天然气 1520.7 亿立方米，较 2021 年下降 10.4%（见图 10-2），这是近年来天然气进口量的首次下降。进口量下降的主要原因一方面来自国内生产量的提高；另一方面来自国际能源价格走高，进口成本上升。而《中华人民共和国 2021 年国民经济和社会发展统计公报》数据显示，中国对“一带一路”共建国家进出口总额 115979 亿元，比 2020 年增长 23.6%。其中，出口 65924 亿元，增长 21.5%；进口 50055 亿元，增长 26.4%。2022 年，中国自“一带一路”共建国家进口原油 1.9 万亿元，增长了 37%；进口天然气 3220 亿元，增长了 42.4%。

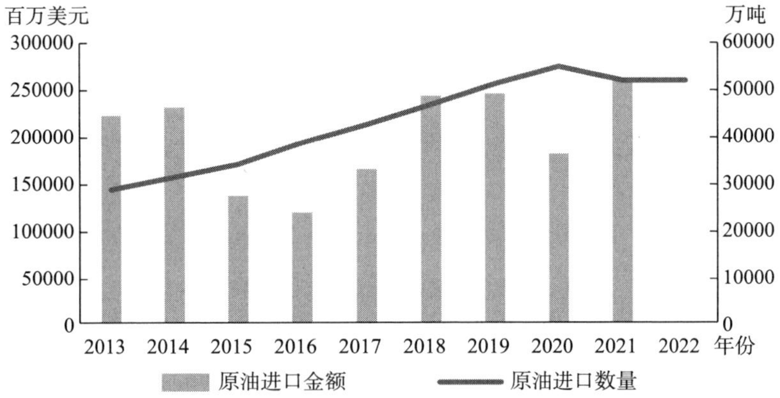

图 10-1　2013—2022 年中国原油进口额及进口数量

资料来源：国家统计局。

从国别区域分布来看，中国的原油进口“一带一路”共建国家主要为沙特阿拉伯、俄罗斯、伊拉克、阿曼、阿拉伯联合酋长国及科威特，占中国自全球进口原油的比例分别为 17.07%、15.53%、10.54%、8.74%、6.23%、5.88%，合计占比为 63.99%（见图 10-3）。LNG 则主要来自卡塔尔、马来西亚、印度尼西亚及俄罗斯，占中国自全球进口 LNG 的比例分别为 11.39%、10.45%、6.48%、5.73%，合计占比为 34.05%（见图 10-4）。天然气的主要进口国为土库曼斯坦、缅甸、哈萨克斯坦、俄罗斯及乌兹别克斯坦，占中国

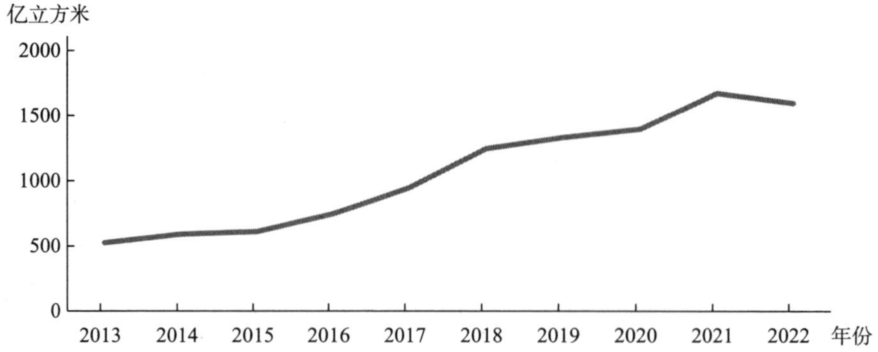

图 10-2　2013—2022 年中国天然气进口数量

资料来源：国家统计局。

自全球进口天然气的比例分别为 57.82%、17.69%、13.00%、9.54%、1.95%（见图 10-5）。

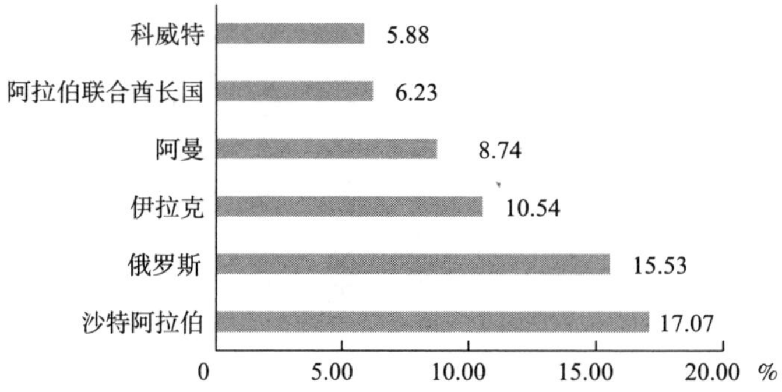

图 10-3　2021 年中国自“一带一路”共建国家进口原油比例

资料来源：UN comtrade database。

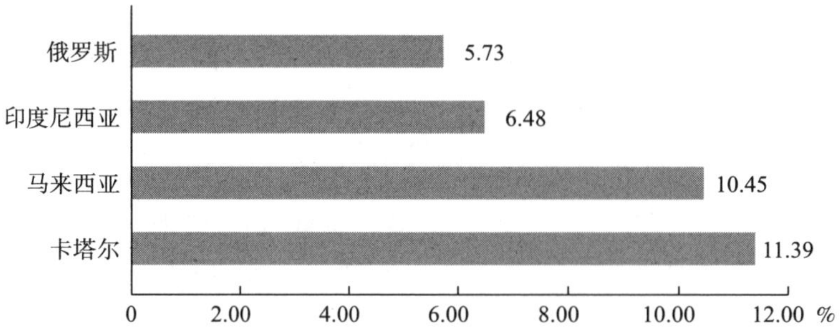

图 10-4　2021 年中国自“一带一路”共建国家进口 LNG 比例

资料来源：UN comtrade database。

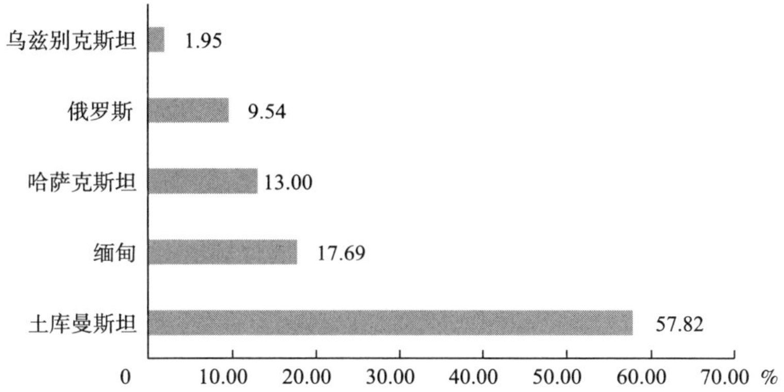

图 10-5 2021 年中国自“一带一路”共建国家进口天然气比例

资料来源：UN comtrade database。

商务部数据显示，2022 年，中国企业在“一带一路”共建国家非金融类直接投资达 1410.5 亿元人民币，较 2021 年增长 7.7%（若折合为美元，增长率为 3.3%），占同期总额的 17.9%，与 2021 年同期持平。在对外承包工程方面，我国企业在“一带一路”共建国家新签对外承包工程项目合同共 5514 份，新签合同额为 8718.4 亿元，增长率为 0.8%（相当于 1296.2 亿美元，增长了 3.3%），占同期我国对外承包工程新签合同额的 51.2%；完成营业额 5713.1 亿元人民币，下降了 1.3%（相当于 849.4 亿美元，下降了 5.3%），占同期总额的 54.8%（见图 10-6）。

2013—2021 年，中国对“一带一路”共建国家累计直接投资 1640 亿美元，2021 年，中国对“一带一路”共建国家投资流量为 241.5 亿美元，相较 2020 年增长了 7.14%（见图 10-7）。从国别构成来看，投资主要流向新加坡、印度尼西亚、越南、泰国、马来西亚、老挝、阿拉伯联合酋长国、哈萨克斯坦、巴基斯坦、沙特阿拉伯等国家，主要为能源资源富裕的国家。从行业分布来看，能源行业的投资实现了较快增长。中国对“一带一路”共建国家的直接投资主要流向制造业、批发和零售业以及建筑业。其中，采矿业作为能源业的上游产业，中国对外直接投资呈波段式增长，2017 年以后呈直线式增长。相关数据显示，2015 年以后，中国对“一带一路”共建国家的能源下游产业及其延伸链逐步呈现全布局状态，各类能源产品投资均有涉及。2016 年，中国对“一带一路”共建国家能源业产品投资仅有有色金属冶炼和压延加工业、化学原料和化学制品制造业、橡胶和塑料制品业以及黑色金属冶炼和压延加工业，投资以化学原料和化学制品制造业为主；2019 年，在原有基础上提高了对石油、煤炭及其他燃料加工业的投资份额；2021 年，化学纤维制造业的投资比例有所提高（见图 10-8）。在宏观产业链布局视角下，能源业上游的开采业、下游的能源加工业及其延伸均有涉及，且结构比例合理化程度有所提升。

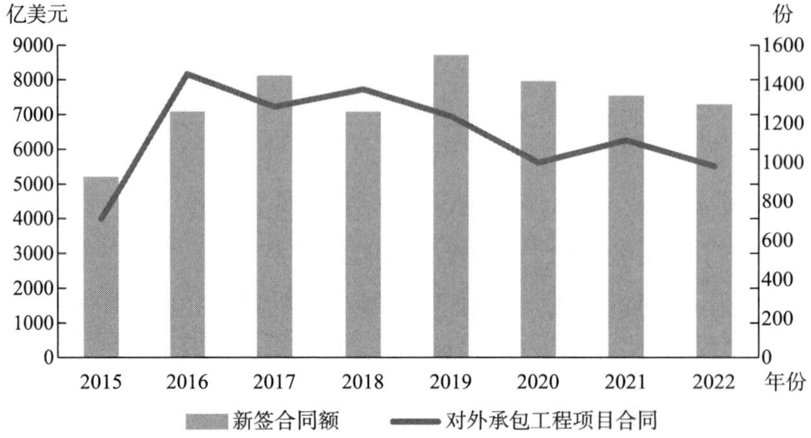

图 10-6　2015—2022 年中国与“一带一路”共建国家新签对外承包工程项目合同数、新签合同额

资料来源：根据商务部《中国对外直接投资统计公报》数据整理所得。

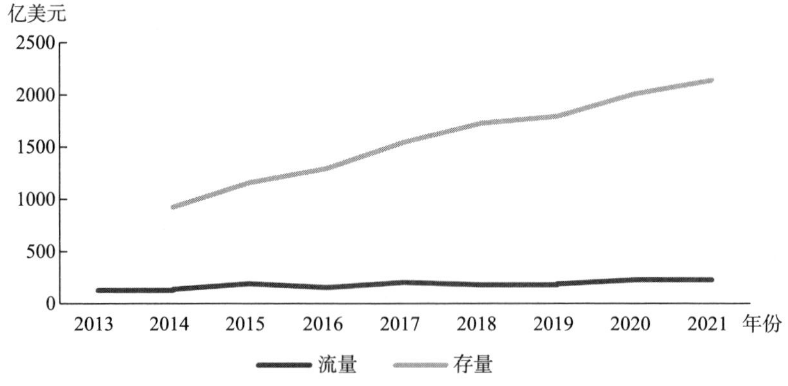

图 10-7　2013—2021 年中国对“一带一路”共建国家投资情况

资料来源：根据商务部《中国对外直接投资统计公报》数据整理所得。

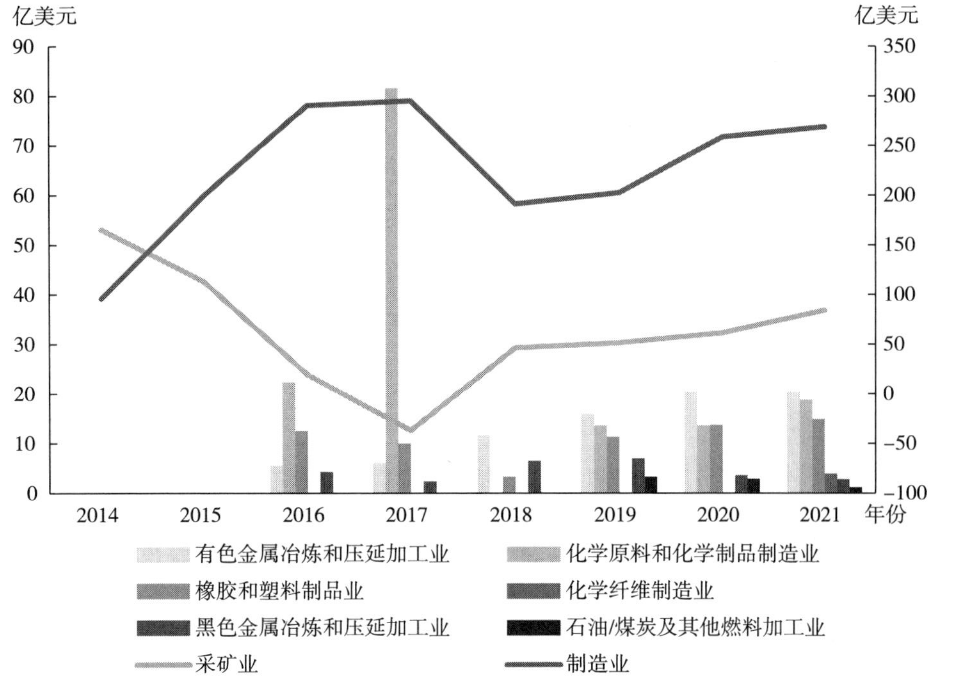

图 10-8　2014—2021 年中国对外投资能源制造业流向的主要二级类别及制造业、采矿业流量趋势

资料来源：根据商务部《中国对外直接投资统计公报》数据整理所得。

二、可再生能源合作潜力巨大，为“一带一路”共建国家注入新的发展动力

“一带一路”沿线拥有丰富的可再生能源。在风能资源方面，根据 100 米高度风速的数据测算，全球风能资源理论储存量为 2005 皮瓦①·时/年，“一带一路”共建国家资源量占比达 55%；全球适宜集中开发的风电规模为 131.2 皮瓦，“一带一路”共建国家占比高达 72%。在太阳能资源方面，全球光伏资源理论蕴藏量为 208325 皮瓦·时/年，“一带一路”共建国家占比为 66%；全球适宜集中开发的光伏电规模约为 2647 太瓦，“一带一路”资源量占比达到 76%。

① 皮瓦，即皮瓦特，符号为 pW，是功率单位，1 皮瓦 = 10^{-12} 瓦。

面对如此巨大的可再生能源潜力，绿色能源合作是“一带一路”能源合作中的应有之义，“绿色”是“一带一路”共建国家共同的发展底色，也是“一带一路”高质量发展的成色。2015 年 4 月，中国国家主席习近平对巴基斯坦进行国事访问，中巴双方签下了包括 720 兆瓦卡洛特水电项目、50 兆瓦达乌德风电项目等在内的 51 项合作协议和备忘录。中国企业正在进行产业技术输出，世界资源研究所发布的报告显示，2000—2021 年，中国在 81 个“一带一路”共建国家投资了 524 项能源基础设施。其中，投资非化石燃料电厂 364 座。作为全球最大的清洁能源市场和装备制造国，中国贡献了全球 70%以上的光伏产能和 60%的风电产能，有力地促进了全球可再生能源成本下降。老挝和泰国分别是水电、太阳能光伏获得投资项目最多的国家。

三、注重能源基础设施建设，扩大能源合作覆盖面

能源基础设施联通主要体现为油气、电力输送设施的跨国互联互通。中国—中亚天然气管道 A、B、C 线，中缅原油和天然气管道等跨境油气管道相继建成投产，中亚—俄罗斯、中东、非洲、美洲、亚太五大油气合作区建立形成，与俄罗斯、蒙古国等 7 个国家开展电力互联互通项目（见表 10-1、表 10-2）。与此同时，中国企业还积极“走出去”，投资建设了巴西美丽山±800 千伏特高压直流输电项目、希腊克里特岛联网项目等。截至 2023 年底，中国已成功投资运营菲律宾、葡萄牙、澳大利亚、意大利、阿曼等 8 个国家和地区骨干能源网，承建了埃塞俄比亚 GDHA500 千伏输变电工程、埃及 EETC500 千伏升级改造输电项目、巴基斯坦默蒂亚里-拉合尔±660 千伏直流输电项目等重大项目。中国技术、清洁电力成为推动各国经济发展的重要动力源。

表 10-1　可再生能源基础设施重大项目

地区	能源项目名称	能源项目情况
东南亚	老挝南欧江流域梯级水电站	我国企业在海外首个全流域整体规划、投资建设的项目
南亚	萨菲尔风电总承包项目	总装机规模超过 1090 兆瓦，占巴基斯坦风电市场份额超过 60%

续表

地区	能源项目名称	能源项目情况
中亚	江布尔州 100 兆瓦风电项目、纳沃伊 100 兆瓦光伏电站	乌兹别克斯坦境内首座大型光伏电站
中东欧	黑山莫祖拉风电项目	中东欧风电行业标杆和示范性项目
南美	高查瑞光伏电站	首个在阿根廷开花结果的项目，也是南美洲最大的光伏电站项目
非洲	安哥拉卡古路·卡巴萨水电站、埃塞俄比亚阿达玛风电场、阿尔及利亚 233 兆瓦光伏电站	分别是非洲最大的水电、风电、光伏项目

资料来源：笔者整理所得。

表 10-2　传统能源基础设施重大项目

方向	能源项目名称	主要时间点	能源项目情况
东北	中俄原油管道	2010 年 9 月竣工	每年向中国供应 1500 万吨原油，合同期为 20 年
	中俄东线天然气管道	2014 年 5 月开工，2019 年 12 月投产供气	为期 30 年的沿中俄东线天然气管道对华供气合同，年供应量为 380 亿立方米。2020 年后的 30 年内，俄罗斯将向中国市场供应 1 万亿立方米天然气
	中蒙俄天然气管道	预计将于 2024 年开工，2030 年运营	年设计输气能力达到 500 亿立方米
西北	中哈原油管道	2004 年 9 月动工	年输油能力为 2000 万吨，一期工程和二期工程分别于 2006 年、2009 年实现全线通油
	中国—中亚天然气管道 A、B、C 线	分别于 2009 年、2010 年、2014 年建成投产	每年可从土库曼斯坦等国引进 550 亿立方米天然气
	中亚天然气管道 D 线	2013 年 9 月签署政府间协定，2014 年签订企业间协议并开工建设	实现 300 亿立方米/年的输气能力
西南	中缅油气管道	2004 年首次提出，2013 年正式通气，2017 年 4 月中缅原油管道工程投运	建成后每年能向国内输送 120 亿立方米天然气、2200 万吨原油

资料来源：笔者整理所得。

四、合作机制化程度提升，合作队伍不断壮大

坚持不懈地开展能源对话与交流，截至2023年6月底，中国已与150多个国家、30多个国际组织签署了200多份共建“一带一路”合作文件，全球合作融入度不断提升。

就“一带一路”合作机制而言，截至2021年底，中国与17个国家建立了贸易畅通工作组，与46个国家和地区建立了投资合作工作组，与23个国家建立了双边电子商务合作机制，与14个国家建立了服务贸易合作机制，不断加强经贸政策沟通。在“一带一路”能源合作方面，机制化程度同步提升。2018年10月18日，首届“一带一路”能源部长会议召开，中国与17个国家共同发布《建立“一带一路”能源合作伙伴关系联合宣言》。2019年4月25日，“一带一路”能源合作伙伴关系正式成立，这是首个由中国政府发起的政府间能源类多边机制，为更高质量、更高水平、更可持续的能源领域务实合作提供了新平台。在成立仪式上，成员国共同发布《“一带一路”能源合作伙伴关系合作原则与务实行动》，伙伴关系也正式纳入《第二届“一带一路”国际合作高峰论坛圆桌峰会联合公报》。2021年10月，第二届“一带一路”能源部长会议成功举办，通过了《“一带一路”能源合作伙伴关系章程》。截至2022年4月，伙伴关系成员国数量达到33个，搭建了中国—阿盟、中国—非盟、中国—东盟、中国—中东欧、APEC可持续能源中心5个区域能源合作平台。

第三节　能源国际合作水平测度与分析

“一带一路”沿线是中国能源合作的重点区域，合作国涵盖世界范围主要板块。2013年，国家主席习近平提出“一带一路”倡议后，谱写了中国陆海内外联动、东西双向开放的新篇章，开辟了各国互利共赢、和平发展、构建人类命运共同体的前景。“一带一路”倡议提出10余年来，“一带一路”共建国家合作成果丰硕，对外直接投资、对外承包工程营业额稳步增长。

一、合作水平影响因素分析

能源合作主要体现在合作国之间“供需”上的匹配，在资源禀赋条件、油气市场具有一定的互补性，可以满足双方对经济发展、结构升级、油气市场的需求，经济发展具有利益趋同性。合作过程中，双方都有一定的经济基础，经济平稳性相对较好。合作意愿强烈，双边关系融洽，能够有效地进行双边经济往来互动，合作条件和基础主要体现在合作国具有较好的基础设施条件。能源合作是以能源资源的互补性为前提进行能源生产、消费的交互合作，合作的主体内容为产业投资合作。综合已有研究，要素禀赋的互补、共同利益的契合、国家战略的需要仍然是不同国家参与国际合作的主要动因，经济发展基础、资源禀赋条件、油气市场环境、基础设施条件以及政治环境是影响能源合作水平的主要因素。

二、能源国际合作水平的测度与评价

“一带一路”沿线集中了俄罗斯、中亚国家以及中东地区的重要油气资源国，中国能源安全保障能源国际合作的深度推进离不开“一带一路”政策的走深、走实，因此，有必要以“一带一路”共建国家为分析研究对象，对合作水平进行测度与评价，进而提出有针对性的政策建议。

（一）“一带一路”共建国家合作水平的评价指标选择

为科学、全面评价中国与“一带一路”共建国家合作水平，指标体系的设计选择以投入产出为依据，遵循系统性、指标有效性、数据可得性的原则，将数量指标与效率指标相结合，正、负向指标相结合。根据分工理论，结合政策意见内容以及已有研究，从经济发展基础、资源禀赋条件、油气市场环境、基础设施条件、政治环境 5 个维度选取了 32 项指标。在通过对各项指标进行具体分析比对之后，最终确定“一带一路”共建国家能源国际合作水平指标体系，由准则层、要素层、指标层 3 个层面共 26 项指标组成，具体如表 10-3 所示。

表 10-3 “一带一路”共建国家能源合作水平指标体系

准则层	要素层	指标层	数据来源	属性
经济发展基础	经济稳定	通货膨胀率	世界银行 WDI 数据库	负
	经济效率	GDP 增长率	世界银行 WDI 数据库	正
		人均 GDP	世界银行 WDI 数据库	正
	产业结构	工业增加值（占 GDP 的比重）	世界银行 WDI 数据库	正
	人力资本	劳动力/总人口	世界银行 WDI 数据库	正
		公共教育支出总数（占政府支出的比重）	世界银行 WDI 数据库	正
	对外开放	进出口总额/GDP	世界银行 WDI 数据库	正
		FDI/GDP	世界银行 WDI 数据库	正
		油气贸易额/总贸易额	世界银行 WDI 数据库	正
资源禀赋条件	石油资源	石油储产比	《BP 世界能源统计年鉴》	正
		石油储量	《BP 世界能源统计年鉴》	正
	天然气资源	天然气储产比	《BP 世界能源统计年鉴》	正
		天然气储量	《BP 世界能源统计年鉴》	正
油气市场环境	生产规模	炼厂产能	《BP 世界能源统计年鉴》	正
	消费规模	石油消费量	《BP 世界能源统计年鉴》	正
		天然气消费量	《BP 世界能源统计年鉴》	正
	消费潜力	石油消费增长率	《BP 世界能源统计年鉴》	正
		天然气消费增长率	《BP 世界能源统计年鉴》	正
基础设施条件	交通基础设施	铁路（总千米数）	世界银行 WDI 数据库	正
		货柜码头吞吐量（TEU：20 英尺当量单位）	世界银行 WDI 数据库	正
		航空运输量，注册承运人全球出港量	世界银行 WDI 数据库	正
	通信基础设施	安全互联网服务器（每百万人）	世界银行 WDI 数据库	正
	能源基础设施	电力供给（人均千瓦·时）	《BP 世界能源统计年鉴》	正
政治环境	双边关系	建交时间	中华人民共和国外交部网站	正
		高层互访	《中国外交统计年鉴》	正
	政府稳定	政治稳定与非暴力指数	世界银行 WDI 数据库	正

（二）“一带一路”共建国家能源国际合作水平指数构造与测算

1. 数据处理

本书基于地理划分角度将“一带一路”共建国家划分为东亚、东盟、西亚、南亚、中亚、独联体、中欧和东欧 8 个区域，具体的划分标准及相关说明如表 10-4 所示。

表 10-4 “一带一路”共建国家及其所在区域

所在区域	国家名称
东亚（2 个）	蒙古国、中国
东盟（10 个）	新加坡、马来西亚、印度尼西亚、缅甸、泰国、老挝、柬埔寨、越南、文莱、菲律宾
西亚（18 个）	伊朗、伊拉克、土耳其、叙利亚、约旦、黎巴嫩、以色列、巴勒斯坦、沙特阿拉伯、也门、阿曼、阿拉伯联合酋长国、卡塔尔、科威特、巴林、埃及、塞浦路斯、希腊
南亚（8 个）	印度、巴基斯坦、孟加拉国、阿富汗、斯里兰卡、马尔代夫、尼泊尔、不丹
中亚（5 个）	哈萨克斯坦、乌兹别克斯坦、土库曼斯坦、塔吉克斯坦、吉尔吉斯斯坦
独联体（7 个）	俄罗斯、乌克兰、白俄罗斯、格鲁吉亚、阿塞拜疆、亚美尼亚、摩尔多瓦
中欧（4 个）	捷克、斯洛伐克、匈牙利、波兰
东欧（12 个）	立陶宛、爱沙尼亚、拉脱维亚、斯洛文尼亚、克罗地亚、波黑、黑山、塞尔维亚、阿尔巴尼亚、罗马尼亚、保加利亚、马其顿

表 10-4 样本数据主要来源为国家统计局、商务部、外交部等部门公布的统计资料，包括《中国统计年鉴》《中国外交年鉴》《BP 世界能源统计年鉴》、中国对外投资统计公报、世界银行 WDI 数据库、WGI、联合国商品贸易数据库（UN trade）等公开统计数据库。以包含中国在内的 66 个“一带一路”共建国家为研究样本，计算分析 2009—2022 年“一带一路”共建国家能源合作水平。在剔除个别异常数据后，对缺失数据采用线性插值法进行插补。

2. 指数构造

为尽量全面涵盖指标信息，本书采用熵权-TOPSIS 法进行综合客观评价。熵权法是一种客观赋权法，可以有效地消除主观因素的影响，采用熵权法赋予各测度指标权重值。TOPSIS 法的核心思想是通过最优方案与最劣方案确定欧氏距离，然后计算各个方案与理想解的相对接近度，并进行优劣排序。熵权-TOPSIS 法将两种方法的优点相结合，具体计算步骤如下：

第一步：设 X_{ij}（$i=1, 2, \cdots, m$；$j=1, 2, \cdots, n$）是第 i 个评价对象第 j 项评价指标的情况。

第二步：X_{ij} 标准化处理。在产能合作环境指标评价体系中，由于各指标属性、量纲等存在较大差异，需要对负向指标进行正向化处理，再对所有指标数据进行无量纲化。常用的处理方法有极大值标准化、极差标准化、功效系数法三大类。因为本书设置的指标体系中只有正、负向指标，不涉及适度指标，所以，采取极差标准化的处理方法，可以同时实现逆向指标的正向化及指标的无量纲化，并将指标的取值范围控制在［0，1］，使得指标具有有界性。

正向指标经过标准化处理的标准化值为

$$Y_{ij}=\frac{X_{ij}-\min(X_{ij})}{\max(X_{ij})-\min(X_{ij})} \tag{10-1}$$

负向指标经过标准化处理的标准化值为

$$Y_{ij}=\frac{\max(X_{ij})-X_{ij}}{\max(X_{ij})-\min(X_{ij})} \tag{10-2}$$

其中，X_{ij}、Y_{ij} 分别为测量指标原始值与标准值，$\max(X_{ij})$ 与 $\min(X_{ij})$ 分别为测量指标的最大值与最小值，i 代表不同的省份，j 代表不同的测量指标。

第三步：计算评价体系要素指标层 j 的熵值（E_j）。

$$E_j=-\frac{1}{\ln n}\sum_{i=1}^{n}\left[\left(Y_{ij}/\sum_{i=1}^{n}Y_{ij}\right)\ln\left(Y_{ij}/\sum_{i=1}^{n}Y_{ij}\right)\right] \tag{10-3}$$

第四步：计算第 j 个指标的权重（W_j）。

$$W_j=(1-E_j)/\sum_{j=1}^{m}(1-E_j) \tag{10-4}$$

第五步：确定加权矩阵为

$$R_{ij}=(W_j\times Y_{ij})_{n\times m} \tag{10-5}$$

其中，W_j 为各个指标的权重，R_{ij} 为加权矩阵。

第六步：根据加权矩阵分别确定最优方案与最劣方案。

指标 j 的最优方案测算公式为

$$F_j^{+}=(\max R_{i1},\max R_{i2},\cdots,\max R_{im}) \tag{10-6}$$

指标 j 的最劣方案测算公式为

$$F_j^{-}=(\min R_{i1},\min R_{i2},\cdots,\max R_{im}) \tag{10-7}$$

第七步：计算出各个测量指标的最优与最劣方案之间的欧氏距离。

$$d_i^+ = \sqrt{\sum_{j=1}^{m}(F_j^+ - R_{ij})^2} \tag{10-8}$$

$$d_i^- = \sqrt{\sum_{j=1}^{m}(F_j^- - R_{ij})^2} \tag{10-9}$$

第八步：对产能合作环境水平进行测算。

以欧氏距离为基础，计算各测度方案与理想方案的相对接近度。考虑到高质量发展是各方面之间的协调发展，评价指标间也需要考虑协同性，并不是某些指标越大越好，故采用相乘的方式消除彼此间差距过大的问题。因此，对原计算公式进行改进，并将改进后的相对接近度记为 Q_i。

$$Q_i = \frac{d_i^-}{(d_i^+ + d_i^-)^{1/2}} \tag{10-10}$$

其中，Q_i 表示能源国际合作水平，其取值范围为［0，1］，取值越大，表明该能源国际合作水平越优。

（三）“一带一路”共建国家能源国际合作水平指数测算结果分析

2009—2022 年“一带一路”共建国家能源国际合作水平指数测算结果如表 10-5 所示。

表 10-5　2009—2022 年“一带一路”共建国家能源国际合作水平指数

区域	国家	2009 年	2010 年	2011 年	2012 年	2013 年	2014 年	2015 年	2016 年	2017 年	2018 年	2019 年	2020 年	2021 年	2022 年
东盟	新加坡	0.372	0.234	0.24	0.26	0.266	0.262	0.264	0.28	0.47	0.608	0.76	0.77	0.75	0.804
	文莱	0.332	0.36	0.368	0.362	0.354	0.312	0.262	0.26	0.268	0.272	0.334	0.28	0.364	0.338
	泰国	0.17	0.138	0.154	0.172	0.206	0.18	0.204	0.206	0.204	0.19	0.234	0.194	0.194	0.2
	印度	0.132	0.146	0.17	0.176	0.172	0.168	0.188	0.202	0.208	0.218	0.194	0.16	0.158	0.186
	越南	0.126	0.128	0.13	0.13	0.186	0.166	0.168	0.198	0.214	0.212	0.182	0.19	0.19	0.194
	柬埔寨	0.098	0.114	0.106	0.176	0.15	0.132	0.136	0.236	0.152	0.17	0.172	0.164	0.168	0.17
	马来西亚	0.116	0.12	0.132	0.134	0.156	0.152	0.158	0.158	0.162	0.162	0.172	0.152	0.154	0.17
	菲律宾	0.132	0.132	0.148	0.142	0.14	0.14	0.138	0.142	0.174	0.17	0.154	0.138	0.14	0.146
	老挝	0.094	0.104	0.106	0.116	0.136	0.128	0.118	0.182	0.128	0.16	0.142	0.142	0.146	0.148
	缅甸	0.094	0.108	0.108	0.094	0.114	0.152	0.106	0.132	0.16	0.124	0.136	0.122	0.124	0.128
	均值	0.166	0.158	0.166	0.176	0.188	0.18	0.174	0.2	0.214	0.228	0.248	0.232	0.238	0.248

续表

区域	国家	2009年	2010年	2011年	2012年	2013年	2014年	2015年	2016年	2017年	2018年	2019年	2020年	2021年	2022年
东欧	爱沙尼亚	0. 226	0. 116	0. 12	0. 122	0. 124	0. 124	0. 122	0. 144	0. 238	0. 354	0. 536	0. 542	0. 504	0. 548
	保加利亚	0. 174	0. 12	0. 122	0. 13	0. 13	0. 12	0. 116	0. 118	0. 254	0. 292	0. 308	0. 348	0. 342	0. 376
	斯洛文尼亚	0. 172	0. 128	0. 134	0. 128	0. 128	0. 13	0. 126	0. 134	0. 194	0. 268	0. 322	0. 36	0. 336	0. 366
	立陶宛	0. 172	0. 154	0. 154	0. 152	0. 144	0. 132	0. 118	0. 12	0. 154	0. 182	0. 254	0. 342	0. 274	0. 302
	罗马尼亚	0. 144	0. 13	0. 132	0. 132	0. 144	0. 152	0. 142	0. 15	0. 174	0. 196	0. 208	0. 218	0. 218	0. 23
	克罗地亚	0. 13	0. 112	0. 112	0. 108	0. 106	0. 1	0. 102	0. 096	0. 144	0. 174	0. 198	0. 188	0. 198	0. 214
	拉脱维亚	0. 106	0. 094	0. 098	0. 1	0. 1	0. 102	0. 098	0. 102	0. 134	0. 15	0. 178	0. 18	0. 184	0. 198
	塞尔维亚	0. 116	0. 114	0. 122	0. 108	0. 112	0. 114	0. 114	0. 116	0. 16	0. 134	0. 144	0. 14	0. 144	0. 152
	阿尔巴尼亚	0. 1	0. 102	0. 11	0. 122	0. 13	0. 102	0. 102	0. 12	0. 104	0. 106	0. 108	0. 108	0. 112	0. 116
	波黑	0. 092	0. 098	0. 102	0. 102	0. 102	0. 098	0. 092	0. 092	0. 094	0. 098	0. 096	0. 096	0. 1	0. 104
	北马其顿	0. 1	0. 104	0. 104	0. 094	0. 098	0. 092	0. 092	0. 092	0. 094	0. 098	0. 1	0. 094	0. 1	0. 106
	黑山	0. 092	0. 096	0. 096	0. 094	0. 09	0. 09	0. 09	0. 09	0. 088	0. 094	0. 094	0. 092	0. 094	0. 096
	均值	0. 136	0. 114	0. 116	0. 116	0. 118	0. 114	0. 11	0. 114	0. 152	0. 178	0. 212	0. 226	0. 218	0. 234
东亚	中国	0. 514	0. 572	0. 61	0. 658	0. 684	0. 722	0. 75	0. 782	0. 824	0. 858	0. 888	0. 832	0. 866	0. 922
	蒙古国	0. 116	0. 11	0. 12	0. 12	0. 14	0. 15	0. 148	0. 148	0. 164	0. 178	0. 188	0. 176	0. 18	0. 184
	均值	0. 314	0. 342	0. 366	0. 39	0. 412	0. 436	0. 45	0. 464	0. 494	0. 518	0. 538	0. 504	0. 522	0. 552
独联体	俄罗斯	0. 56	0. 568	0. 58	0. 596	0. 614	0. 62	0. 63	0. 66	0. 678	0. 692	0. 694	0. 666	0. 678	0. 664
	阿塞拜疆	0. 362	0. 444	0. 416	0. 388	0. 396	0. 404	0. 3	0. 408	0. 41	0. 408	0. 38	0. 332	0. 336	0. 312
	白俄罗斯	0. 174	0. 142	0. 154	0. 146	0. 158	0. 152	0. 156	0. 146	0. 156	0. 2	0. 176	0. 164	0. 15	0. 15
	乌克兰	0. 136	0. 146	0. 14	0. 14	0. 146	0. 134	0. 132	0. 136	0. 142	0. 146	0. 152	0. 156	0. 156	0. 158
	格鲁吉亚	0. 08	0. 082	0. 084	0. 086	0. 088	0. 092	0. 092	0. 094	0. 094	0. 098	0. 098	0. 098	0. 102	0. 106
	亚美尼亚	0. 084	0. 082	0. 084	0. 084	0. 09	0. 082	0. 086	0. 092	0. 084	0. 088	0. 098	0. 092	0. 096	0. 098
	摩尔多瓦	0. 084	0. 084	0. 088	0. 084	0. 084	0. 082	0. 082	0. 082	0. 088	0. 09	0. 092	0. 094	0. 096	0. 1
	均值	0. 212	0. 222	0. 222	0. 218	0. 226	0. 224	0. 212	0. 23	0. 236	0. 246	0. 242	0. 228	0. 23	0. 228
南亚	印度	0. 314	0. 326	0. 324	0. 352	0. 36	0. 35	0. 342	0. 37	0. 356	0. 39	0. 382	0. 336	0. 35	0. 382
	巴基斯坦	0. 104	0. 12	0. 128	0. 128	0. 114	0. 122	0. 122	0. 104	0. 146	0. 152	0. 142	0. 126	0. 13	0. 122
	不丹	0. 108	0. 11	0. 11	0. 11	0. 11	0. 112	0. 112	0. 114	0. 116	0. 118	0. 12	0. 118	0. 122	0. 126
	尼泊尔	0. 108	0. 094	0. 102	0. 096	0. 104	0. 112	0. 1	0. 116	0. 116	0. 112	0. 138	0. 112	0. 116	0. 116
	斯里兰卡	0. 1	0. 108	0. 1	0. 102	0. 114	0. 114	0. 098	0. 112	0. 156	0. 098	0. 102	0. 106	0. 108	0. 11
	阿富汗	0. 096	0. 102	0. 098	0. 104	0. 098	0. 112	0. 1	0. 1	0. 112	0. 124	0. 104	0. 108	0. 112	0. 114
	马尔代夫	0. 094	0. 11	0. 098	0. 098	0. 098	0. 106	0. 1	0. 102	0. 106	0. 106	0. 108	0. 106	0. 11	0. 114
	孟加拉国	0. 054	0. 068	0. 06	0. 058	0. 06	0. 07	0. 062	0. 07	0. 064	0. 064	0. 072	0. 064	0. 066	0. 068
	均值	0. 122	0. 13	0. 128	0. 131	0. 132	0. 137	0. 13	0. 136	0. 147	0. 146	0. 146	0. 135	0. 14	0. 144

续表

区域	国家	2009年	2010年	2011年	2012年	2013年	2014年	2015年	2016年	2017年	2018年	2019年	2020年	2021年	2022年
西亚	科威特	0.384	0.384	0.472	0.22	0.474	0.458	0.374	0.37	0.39	0.424	0.418	0.382	0.396	0.59
	沙特阿拉伯	0.446	0.472	0.498	0.492	0.484	0.454	0.37	0.378	0.25	0.252	0.252	0.246	0.386	0.266
	伊朗	0.238	0.354	0.442	0.27	0.392	0.354	0.312	0.378	0.398	0.398	0.304	0.296	0.298	0.302
	伊拉克	0.39	0.54	0.57	0.546	0.51	0.5	0.414	0.44	0.118	0.126	0.126	0.124	0.144	0.17
	卡塔尔	0.336	0.348	0.376	0.378	0.372	0.36	0.308	0.3	0.304	0.316	0.314	0.29	0.316	0.354
	阿曼	0.284	0.33	0.346	0.34	0.326	0.338	0.27	0.24	0.248	0.282	0.296	0.218	0.246	0.13
	也门	0.538	0.492	0.448	0.42	0.334	0.264	0.2	0.152	0.112	0.1	0.092	0.172	0.204	0.254
	阿拉伯	0.208	0.242	0.258	0.256	0.262	0.242	0.228	0.224	0.226	0.26	0.318	0.284	0.252	0.246
	巴林	0.26	0.254	0.268	0.206	0.294	0.376	0.22	0.22	0.232	0.248	0.248	0.218	0.206	0.212
	以色列	0.136	0.146	0.152	0.16	0.168	0.166	0.164	0.172	0.184	0.192	0.2	0.202	0.22	0.23
	希腊	0.152	0.172	0.17	0.196	0.194	0.184	0.154	0.156	0.172	0.178	0.192	0.162	0.172	0.178
	土耳其	0.122	0.144	0.134	0.146	0.158	0.164	0.174	0.184	0.192	0.194	0.188	0.164	0.178	0.196
	塞浦路斯	0.146	0.144	0.14	0.136	0.132	0.132	0.126	0.13	0.176	0.14	0.146	0.216	0.184	0.194
	埃及	0.108	0.096	0.104	0.12	0.106	0.124	0.108	0.116	0.118	0.126	0.142	0.118	0.126	0.118
	叙利亚	0.132	0.154	0.08	0.078	0.086	0.092	0.128	0.136	0.07	0.142	0.144	0.102	0.136	0.142
	约旦	0.128	0.122	0.128	0.128	0.124	0.118	0.106	0.104	0.116	0.106	0.104	0.102	0.106	0.108
	巴勒斯坦	0.104	0.112	0.108	0.106	0.114	0.108	0.11	0.118	0.118	0.118	0.116	0.114	0.118	0.122
	黎巴嫩	0.09	0.092	0.092	0.092	0.092	0.09	0.092	0.094	0.094	0.094	0.096	0.092	0.096	0.104
	均值	0.233	0.255	0.266	0.238	0.257	0.251	0.214	0.217	0.195	0.205	0.205	0.195	0.210	0.218
中欧	捷克	0.204	0.134	0.138	0.136	0.136	0.148	0.154	0.166	0.232	0.328	0.404	0.466	0.426	0.462
	匈牙利	0.154	0.136	0.152	0.144	0.15	0.156	0.16	0.18	0.218	0.23	0.266	0.296	0.276	0.294
	波兰	0.146	0.142	0.158	0.156	0.152	0.152	0.162	0.174	0.188	0.22	0.238	0.256	0.24	0.254
	斯洛伐克	0.136	0.126	0.13	0.128	0.134	0.128	0.128	0.13	0.14	0.162	0.196	0.226	0.204	0.218
	均值	0.160	0.135	0.145	0.141	0.143	0.146	0.151	0.163	0.195	0.235	0.276	0.311	0.287	0.307
中亚	哈萨克斯坦	0.35	0.37	0.41	0.386	0.392	0.39	0.33	0.324	0.33	0.374	0.346	0.294	0.31	0.34
	土库曼斯坦	0.094	0.128	0.126	0.14	0.126	0.126	0.126	0.126	0.122	0.122	0.124	0.13	0.136	0.138
	吉尔吉斯斯坦	0.094	0.09	0.096	0.104	0.116	0.116	0.11	0.112	0.118	0.116	0.144	0.126	0.13	0.132
	塔吉克斯坦	0.082	0.082	0.082	0.088	0.088	0.088	0.084	0.084	0.086	0.102	0.104	0.096	0.1	0.102
	乌兹别克斯坦	0.072	0.082	0.072	0.072	0.082	0.066	0.066	0.154	0.11	0.088	0.102	0.088	0.09	0.09
	均值	0.138	0.150	0.157	0.158	0.161	0.157	0.143	0.160	0.153	0.160	0.164	0.147	0.153	0.160
全区域	均值	0.182	0.186	0.192	0.187	0.196	0.194	0.181	0.192	0.199	0.214	0.226	0.219	0.224	0.233

从时间维度来看，“一带一路”共建国家能源国际合作水平指数整体呈上升趋势，自 2009 年的 0.182 上升至 2022 年的 0.233，增幅达 28.02%。样本期内，“一带一路”涉及的八大区域能源国际合作水平指数均呈上涨趋势，同时各年份东亚区域能源国际合作水平指数均值均远大于其他区域，充分说明东亚地区在“一带一路”区域中的排头兵地位得益于中国在“一带一路”能源国际合作网络中的核心地位。2022 年，“一带一路”区域共有 20 个国家能源国际合作水平指数超过全区域均值，6 个集中于西亚地区，4 个集中于东欧地区，3 个集中于中欧地区，独联体地区和东盟地区分别有 2 个国家，其余 3 个分别在东亚、南亚和中亚地区。一方面，65 个“一带一路”共建国家仅有 1/3 的国家能源国际合作水平超过平均值，说明整体合作水平还有较大提高空间。另一方面，在超过全区域均值的合作国家中，6 个集中于西亚地区，在一定程度上说明“一带一路”倡议中西亚区域的重要地位。

从区域板块看，首先，2022 年，东亚地区的能源国际合作水平指数均值遥遥领先，绝大部分来自中国的带动。其次，“一带一路”涉及的八大区域之间能源国际合作水平差异明显，部分国家之间有较大差距。2022 年，“一带一路”共建国家能源国际合作水平指数排序第一名的国家为中国，最后一名为孟加拉国，两个国家能源国际合作水平指数相差 13 倍多，说明国家之间的能源合作水平程度相差较大。在各区域包含的国家中，中国能源国际合作水平指数处于东亚地区的首位，新加坡能源国际合作水平指数处于东盟地区首位，俄罗斯能源国际合作水平指数处于独联体地区首位，爱沙尼亚能源国际合作水平指数处于东欧地区首位，捷克能源国际合作水平指数处于中欧地区首位，印度能源国际合作水平指数处于南亚地区首位，科威特能源国际合作水平指数处于西亚地区首位，哈萨克斯坦能源国际合作水平指数处于中亚地区首位。

2013 年、2019—2022 年“一带一路”共建国家能源国际合作水平位次如表 10-6 所示。

表 10-6　2013 年、2019—2022 年“一带一路”共建国家能源国际合作水平位次

国家	2013 年位次	2019 年位次	2020 年位次	2021 年位次	2022 年位次
中国	1	1	1	1	1
新加坡	15	2	2	2	2
俄罗斯	2	3	3	3	3
科威特	42	4	4	4	4
爱沙尼亚	33	6	5	5	5
捷克	10	7	10	9	6
印度	38	14	8	10	7
保加利亚	39	11	7	12	8
斯洛文尼亚	9	13	15	13	9
卡塔尔	8	9	14	14	10
哈萨克斯坦	11	10	17	8	11
文莱	6	8	11	11	12
阿塞拜疆	7	15	13	15	13
伊朗	30	18	9	17	14
立陶宛	26	17	12	16	15
匈牙利	4	19	19	7	16
沙特阿拉伯	12	64	31	24	17
也门	25	21	18	20	18
波兰	16	12	16	18	19
阿拉伯联合酋长国	29	23	23	22	20
罗马尼亚	21	24	25	21	21
以色列	35	26	20	25	22
斯洛伐克	50	25	28	26	23
克罗地亚	14	20	21	23	24
巴林	17	22	26	27	25
泰国	54	32	29	30	26
拉脱维亚	23	30	33	32	27
土耳其	19	31	27	28	28
越南	36	38	24	29	29
塞浦路斯	5	5	6	6	30
印度尼西亚	20	27	36	35	31

续表

国家	2013 年位次	2019 年位次	2020 年位次	2021 年位次	2022 年位次
蒙古国	32	29	30	31	32
希腊	18	28	35	33	33
马来西亚	24	35	38	37	34
柬埔寨	27	34	34	34	35
伊拉克	3	47	45	40	36
乌克兰	28	37	37	36	37
塞尔维亚	48	41	40	41	38
白俄罗斯	22	33	32	38	39
老挝	34	42	39	39	40
菲律宾	31	36	41	42	41
叙利亚	63	39	55	44	42
土库曼斯坦	40	48	42	43	43
吉尔吉斯斯坦	43	40	43	46	44
阿曼	13	16	22	19	45
缅甸	47	46	46	48	46
不丹	49	49	47	49	47
巴基斯坦	45	43	44	45	48
巴勒斯坦	46	50	49	50	49
埃及	51	44	48	47	50
尼泊尔	52	45	50	51	51
阿尔巴尼亚	37	52	52	53	52
阿富汗	55	55	51	52	53
马尔代夫	57	51	54	54	54
斯里兰卡	44	56	53	55	55
约旦	41	53	56	56	56
格鲁吉亚	62	59	57	57	57
北马其顿	56	58	60	59	58
波黑	53	61	58	58	59
黎巴嫩	58	62	62	62	60
塔吉克斯坦	61	54	59	60	61
摩尔多瓦	64	65	61	61	62

续表

国家	2013 年位次	2019 年位次	2020 年位次	2021 年位次	2022 年位次
亚美尼亚	59	60	63	63	63
黑山	60	63	64	64	64
乌兹别克斯坦	65	57	65	65	65
孟加拉国	66	66	66	66	66

从表 10-6“一带一路”共建国家能源国际合作水平位次变化来看，新加坡、俄罗斯、科威特合作水平位次保持相对稳定，伊拉克、沙特阿拉伯等传统能源生产国在合作水平指数的测算中自 2013 年之后有所下降，从侧面说明中国自“一带一路”倡议实施后，能源进口多元化成效较为显著，对传统能源生产大国的依赖度有所下降。

第四节 “一带一路”共建国家能源合作的空间关联特征分析

一、空间关联的分析方法

社会网络分析（SNA）最早是由社会学家在约 100 年前创立并发展的，近年来被广泛应用于经济学的分析中。社会网络具备两个基本要素，分别是“节点”与“联系”。“节点”即网络中的行动者，“联系”即行动者之间的连接关系。该分析方法具有全局性分析的特点，且主要分析的是结构关系，可以较为清楚地看出各国在整体区域中的空间作用，在一定程度上避免空间问题的分析局限于地理概念上的“相邻”或“相近”。

（一）空间相关性分析

在构建“一带一路”共建国家能源合作空间关联网络之前，首先要确定“一带一路”区域国家之间的空间关联性。依据“地理学第一定律”，地理空间在某一方面的属性值与相邻空间的同一属性值是相关的，且距离较近的地理空间观测值相关性远大于较远的地理空间观测值。空间相关性分析包含全局空间自相关与局域空间自相关。全局空间自相关注重研究样本在整体区域的空间特征，主要采用全局莫兰指数对空间相关性进行观测。根据全局莫兰指数，“一带一路”区域在样本期 2009 年和 2013 年具有较强的空间集聚性，区域之间具有正相关性；2022 年样本空间相关性较弱，可能原因在于全球疫情的滞后性（见表 10-7）。

表 10-7　部分样本年份全局莫兰指数

年份	I	$E(I)$	SD (I)	z	p
2009	0. 1216	−0. 0154	0. 00673	2. 1879	0. 03
2013	0. 1451	−0. 0154	−0. 03000	2. 3858	0. 04
2022	0. 0113	−0. 0154	0. 069500	0. 4514	0. 24

（二）“一带一路”共建国家能源国际合作发展空间网络构建

空间网络的构建重点是网络关系的确定，“一带一路”倡议的提出旨在发挥区域内各自比较优势，发挥空间关联效应互相带动发展。当空间效应中同时蕴含距离因素与其他因素时，用嵌套矩阵。能源国际合作发展空间嵌套矩阵如下：

$$W=\alpha W_d+\beta W_g \tag{10-11}$$

其中，W_d 为距离权重矩阵，$W_{i,j}=\begin{cases}1\ （若区域\ i、j\ 相邻）\\0\ （若区域\ i、j\ 不相邻）\end{cases}$。$W_g$ 为能源国际合作发展的权重矩阵，本书参考刘华军等（2015）对能源消费空间网络的分析，以能源国际合作水平指数平均值为限，超过均值标记为 1，表示区域间能源国际合作发展具有关联关系；反之标记为 0，表示区域间能源国际合作发展不存在关联关系。$0<\alpha<1$，$0<\beta<1$，表示各权重矩阵的比重。本书取 $\alpha=\beta=0.5$，表示两者同样重要。

（三）“一带一路”共建国家能源国际合作发展空间关联网络特征刻画

1. 网络整体特征描述

SNA 法对空间网络的整体描述通常采用网络密度、网络关联度等指标来进行，其中，网络密度是反映网络中各区域间关系疏密的指标，可以反映研究样本期“一带一路”共建国家能源国际合作发展空间关联网络的紧密程度，

是常用的网络关联性分析指标。网络密度越大，说明区域内能源国际合作发展水平的联系就越紧密。网络密度（D_n）可表示为

$$D_n = L/[N\times(N-1)] \tag{10-12}$$

其中，$0\leqslant D_n\leqslant 1$，$N$ 表示网络中的区域数量，L 表示网络中有实际关联的区域数量。

2. 网络节点特征描述

SNA 法中对网络节点的特征描述主要是中心性分析，即描述网络中各区域的地位和作用，可以采用点度中心度、中介中心度等指标进行刻画。点度中心度指网络中与某区域相对于其他区域产生直接关联的程度。点度中心度越大，说明该区域在“一带一路”区域能源国际合作关联网络中与其他区域联系越多，该区域也就处于网络中心位置程度。中介中心度是测量一个区域在关联空间中是否处于重要的“中介”或“桥梁”位置，会对其他区域产生一定的控制作用。中介中心度（Bc_i）计算公式为

$$Bc_i = 2\sum_{j}^{N}\sum_{k}^{N}\frac{g_{jk}(i)}{g_{jk}}/(N-1)(N-2) \tag{10-13}$$

其中，$j\neq k\neq i$，$j<k$。g_{jk} 为区域 j 和 k 之间存在的捷径数目，$g_{jk}(i)$ 为区域 j 和 k 之间存在的经过区域 i 的捷径数目。

二、“一带一路”共建国家空间关联网络关联性分析

（一）整体网络关联性

本书根据“一带一路”共建国家能源国际合作水平指数，以经济+地理嵌套权重矩阵构建“一带一路”共建国家能源国际合作发展空间关联矩阵。利用 UCINET 分析软件对“一带一路”共建国家能源国际合作发展空间进行关联性分析。

部分样本年网络密度核算结果如表 10-8 所示。

表 10-8　部分样本年网络密度核算结果

指标	2009 年	2013 年	2022 年
网络密度	0. 3245	0. 3254	0. 3531

从表 10-8 的网络密度核算结果可以看出，一方面，“一带一路”共建国家能源国际合作发展水平空间紧密性由 2009 年的 0.3245 提高到 2013 年的 0.3254，后又提高到 2022 年的 0.3531，说明 2013 年“一带一路”倡议提出后，相关政策实施效果具有一定显著性，产生了能源国际合作发展水平空间的联动效应。另一方面，虽然样本考察期内网络密度有略微上升趋势，但从数值上看，“一带一路”共建国家能源国际合作发展水平空间关联的紧密度并不高。因此，各国能源合作关联度仍有较大的提升空间。

（二）中心性分析

通过网络中心性分析，研究网络中各国在能源国际合作发展水平空间关联网络中的地位和作用。为较好地揭示“一带一路”倡议产生的能源合作联动效应，分别对 2009 年、2013 年、2022 年各国点度中心度进行测算，以便发现各国在区域中作用的变化，测度结果如表 10-9 所示。

表 10-9　2009 年、2013 年、2022 年“一带一路”共建国家能源国际合作发展水平空间关联的网络中心性分析

区域	国家	2022 年	2013 年	2009 年
东盟	新加坡	0.292	0.246	0.246
	文莱	0.285	0.238	0.238
	缅甸	0.185	0.185	0.185
	老挝	0.169	0.169	0.169
	越南	0.162	0.162	0.162
	泰国	0.154	0.285	0.154
	柬埔寨	0.131	0.131	0.131
	马来西亚	0.123	0.123	0.123
	菲律宾	0.115	0.115	0.115
	印度尼西亚	0.100	0.100	0.100
	均值	0.172	0.175	0.162
东欧	罗马尼亚	0.523	0.346	0.346
	保加利亚	0.508	0.331	0.331
	立陶宛	0.485	0.308	0.308
	爱沙尼亚	0.462	0.285	0.415
	克罗地亚	0.462	0.285	0.285

续表

区域	国家	2022 年	2013 年	2009 年
东欧	斯洛文尼亚	0. 462	0. 285	0. 285
	北马其顿	0. 331	0. 331	0. 331
	波黑	0. 308	0. 308	0. 308
	黑山	0. 308	0. 308	0. 308
	阿尔巴尼亚	0. 300	0. 300	0. 300
	拉脱维亚	0. 300	0. 300	0. 300
	塞尔维亚	0. 177	0. 177	0. 177
	均值	0. 386	0. 297	0. 308
东亚	中国	0. 308	0. 262	0. 262
	蒙古国	0. 131	0. 131	0. 131
	均值	0. 22	0. 197	0. 196
独联体	阿塞拜疆	0. 554	0. 508	0. 508
	俄罗斯	0. 515	0. 469	0. 469
	格鲁吉亚	0. 369	0. 369	0. 369
	亚美尼亚	0. 369	0. 369	0. 369
	摩尔多瓦	0. 354	0. 354	0. 354
	乌克兰	0. 346	0. 346	0. 346
	白俄罗斯	0. 323	0. 323	0. 323
	均值	0. 404	0. 391	0. 391
南亚	印度	0. 462	0. 415	0. 415
	阿富汗	0. 338	0. 338	0. 338
	巴基斯坦	0. 331	0. 331	0. 331
	尼泊尔	0. 262	0. 262	0. 262
	不丹	0. 231	0. 231	0. 231
	孟加拉国	0. 223	0. 223	0. 223
	斯里兰卡	0. 192	0. 192	0. 192
	马尔代夫	0. 185	0. 185	0. 185
	均值	0. 278	0. 272	0. 272
西亚地区	伊朗	0. 562	0. 515	0. 515
	巴林	0. 554	0. 508	0. 508
	卡塔尔	0. 554	0. 508	0. 508

续表

区域	国家	2022 年	2013 年	2009 年
西亚地区	沙特	0.546	0.500	0.500
	以色列	0.531	0.354	0.354
	阿联酋	0.515	0.469	0.469
	也门	0.446	0.400	0.400
	科威特	0.377	0.508	0.508
	伊拉克	0.369	0.500	0.500
	叙利亚	0.362	0.362	0.362
	黎巴嫩	0.362	0.362	0.362
	约旦	0.362	0.362	0.362
	巴勒斯坦	0.354	0.354	0.354
	塞浦路斯	0.354	0.354	0.354
	土耳其	0.354	0.354	0.354
	埃及	0.338	0.338	0.338
	希腊	0.331	0.462	0.331
	阿曼	0.315	0.446	0.446
	均值	0.421	0.425	0.418
中欧地区	匈牙利	0.485	0.308	0.308
	波兰	0.477	0.300	0.300
	斯洛伐克	0.469	0.292	0.292
	捷克	0.446	0.269	0.400
	均值	0.469	0.292	0.325
中亚地区	哈萨克斯坦	0.538	0.492	0.492
	土库曼斯坦	0.385	0.385	0.385
	塔吉克斯坦	0.377	0.377	0.377
	乌兹别克斯坦	0.377	0.377	0.377
	吉尔吉斯斯坦	0.338	0.338	0.336
	均值	0.403	0.394	0.393
全区域	均值	0.353	0.325	0.324

由表 10-9 可知，首先，从整体中心度趋势来看，“一带一路”区域 66 个国家的点度中心度均值 2022 年为 0.353，2013 年为 0.325，2009 年为 0.324，

基本上与整体网络密度的变化趋势是一致的，在一定程度上说明了“一带一路”倡议提出的有效性，“一带一路”共建国家能源国际合作关联网络中合作国之间联系增多。其次，从区域板块来看，自 2009 年起，“一带一路”区域涉及的独联体国家、西亚国家和中亚国家的点度中心度均值高于全区域均值，其中，2013 年西亚地区的点度中心度最高，2022 年中亚地区的点度中心度最高，说明这两个地区对整体“一带一路”共建国家能源国际合作水平具有较强的空间溢出效应，东欧国家、东亚国家、南亚国家次之，东盟国家相对落后。最后，从国家角度来看，2022 年，点度中心度高于年均值的国家共 34 个，由高到低分别为伊朗、阿塞拜疆、巴林、卡塔尔、沙特阿拉伯、哈萨克斯坦、以色列、罗马尼亚、俄罗斯、阿拉伯联合酋长国、保加利亚、立陶宛、匈牙利、波兰、斯洛伐克、爱沙尼亚、克罗地亚、斯洛文尼亚、印度、也门、土库曼斯坦、科威特、塔吉克斯坦、乌兹别克斯坦、格鲁吉亚、亚美尼亚、伊拉克、叙利亚、黎巴嫩、约旦、摩尔多瓦、巴勒斯坦、塞浦路斯、土耳其，这些国家在能源国际合作发展空间关联网络中与其他国家的关联较多。其中，伊朗的点度中心度最高，为 0. 562，说明伊朗能源国际合作发展水平与其他国家之间存在空间关联和空间溢出关系。也就是说，伊朗在“一带一路”共建国家能源国际合作发展空间关联网络中处于中心地位。根据表 10-9 的测度结果，马来西亚、菲律宾、印度尼西亚的点度中心度排在整体后三位，说明这些国家的能源国际合作发展水平与其他国家的关联较少，可能的原因在于这些国家经济规模较小，能源资源相对匮乏，且所处地理位置相对偏远或开放度不够。

第四篇

中国能源革命的未来取向

第十一章　中国能源革命的未来取向

第一节　促进化石能源的清洁高效利用

一、提升化石能源清洁高效开发利用技术

立足自主创新，准确把握世界能源技术演进趋势，以绿色低碳为主攻方向，选择重大科技领域，分类推进技术创新、商业模式创新和产业创新，将技术优势转化为经济优势，培育能源技术及关联产业升级的新增长点。

（一）提升化石能源清洁开发技术水平

1. 煤炭清洁开发利用技术

创新煤炭高效建井和智能矿山等关键技术，煤炭无人化和无害化等智能开采、充填开采、保水开采以及无煤柱自成巷开采技术，开展矿井低浓度瓦斯采集、提纯、利用技术攻关。创新超高效火电技术、超清洁污染控制技术、低能耗碳减排和硫捕集封存利用技术、整体煤气化联合循环发电技术等，掌握燃气轮机装备制造核心技术，做好节水环保高转化率煤化工技术示范。

2. 油气开发利用技术

积极研究应用油气高采收率技术和陆地深层油气勘查开发技术，探索致密气、页岩气压裂新技术、油页岩原位开采技术，研发推广适合不同煤阶的煤层气抽采技术。推动深海油气勘查开发、海上溢油等事故应急响应和快速处理技术及装备研发，加快重劣质油组合加工技术等关键技术研发，积极推动油品质量升级关键技术研发及推广，突破分布式能源微燃机制造技术，推

广单燃料天然气车船应用技术。

（二）普及先进高效节能利用技术

以系统节能为基础，以高效用能为方向，将高效节能技术广泛应用于工业、建筑、交通运输等各个领域。

1. 工业节能技术

发展工业高效用能技术，加强生产工艺和机械设备节能技术研发，重点推动工业锅（窑）炉、电机系统、变压器等通用设备节能技术的研发应用。深入推进流程工业系统的节能改造，完善和推广工业循环利用、系统利用和梯级利用技术。广泛应用原料优化及工业余热、余压、余气回收利用和电厂烟气余热回收利用技术。推行产品绿色节能设计，推广轻量化、低功耗、易回收等技术工艺。

2. 建筑节能技术

推广超低能耗建筑技术以及绿色家居、家电等生活节能技术，发展新型保温材料、反射涂料、高效节能门窗和玻璃、绿色照明、智能家电等技术，鼓励发展近零能耗建筑技术和既有建筑能效提升技术，积极推广太阳能、地热能、空气热能等可再生能源建筑的规模化应用技术。

3. 交通运输节能技术

突破新能源汽车核心技术，发展节能汽车技术，完善高铁、新型轨道交通节能关键技术，积极开发大型飞机、船舶材料及燃料加工技术。研发和推广交通与互联网融合技术，利用交通大数据，发展城市智能交通管理技术、车联网等交通控制网技术。

（三）全面建设“互联网+”智慧能源

促进能源与现代信息技术深度融合，推动能源生产管理和营销模式变革，重塑产业链、供应链、价值链，增强发展新动力。

1. 大力发展能源互联网技术

集中攻关能源互联网核心装备技术、系统支撑技术，重点推进面向多能流的能源交换路由器技术、能气交换技术、能量信息化与信息物理融合技术、能源大数据技术及能源交易平台与金融服务技术等。

2. 推进能源生产智能化

推进化石能源开采、加工及利用全过程的智能化改造，加快开发先进储能系统。加强电力系统的智能化建设，有效对接油气管网、热力管网和其他能源网络，促进多种类型能流网络互联互通和多种能源形态协同转化，建设源网荷储协调发展、集成互补的能源互联网。

3. 发展基于能源互联网的新业态

推动多种能源的智能定制，合理引导电力需求，鼓励用户参与调峰，培育智慧用能新模式。依托电子商务交易平台，实现能源自由交易和灵活补贴结算，推进虚拟能源货币等新型商业模式。构建基于大数据、云计算、物联网等技术的能源监测、管理、调度信息平台、服务体系和产业体系。打造能源企业“大众创业，万众创新”平台，全面推进能源领域众创、众包、众扶、众筹。

二、优化能源生产布局，以基地化推动化石能源清洁高效利用

综合考虑能源资源禀赋、水资源条件、生态环境承载力，以及能源消费总量和强度“双控”等因素，科学确定能源重点开发基地，统筹能源生产与输送。

（一）合理布局能源生产供应，打造国家综合能源供应基地

面对新时代能源供应的新要求，基于西部地区、东北地区的化石能源资源优势，稳固国家综合能源供应基地的定位，进一步提升能源供应的多元化和清洁化水平。在煤炭方面，推进保水采煤、填充采煤等绿色开采技术的大规模推广应用，稳固全国优质煤炭供应基地的地位。在油气方面，完善油气管网建设与布局，提升天然气开采、处理与外输能力，强化天然气液化能力和辐射区域，扩大煤基制燃料及天然气并网输送规模。在电力外送方面，推进特高压电力输送通道建设，建设千万千瓦级电力外送基地、千万千瓦级风光火储多能互补基地，探索大规模、高比例可再生能源与煤电基地的协同互补技术与机制，提升外送电力的绿色度和稳定性。在能源化工方面，推进现代煤化工产业的终端化、精细化、高端化和高值化发展。在资源利用方面，

谋划好生产过程的中间产物、副产物、废弃物的再利用和资源化利用体系，打造具备区域产业特色的循环经济体系。

（二）打造国家煤制油气战略储备基地，提升国家油气安全保障能力

基于西北地区的煤炭资源规模及“富油”煤质优势，建立国家煤制油气战略储备基地，探索“藏油于煤，藏油于技”的多元技术路径。依托重大示范工程，培育形成重大装备设计、制造和成套生产能力，形成可复制、可推广的工艺设计和工程制造体系，建立国家煤制油气战略储备基地，打造能替代亿吨级油气当量的技术和产业体系。依托区域内大型现代煤化工企业，建成国家级煤制油、煤制甲醇燃料、煤制乙醇燃料等煤基燃料的产能集聚地，形成能支撑极端条件下液体燃料供应的国家级产能储备。依靠区域内多种能源化工产业集聚，探索煤制燃料产品灵活调节的生产技术和路径，提升产业市场竞争力。

第二节　规模化发展可再生能源产业

2021年，国家发展改革委、国家能源局、财政部等九部门联合印发的《“十四五”可再生能源发展规划》明确提出，从四个方面推动新能源发展：以区域布局优化发展、以重大基地支撑发展、以示范工程引领发展、以行动计划落实发展。中国大力推进生态文明建设，构建供给侧清洁主导、以消费侧电力为中心的能源供需新格局，倒逼传统能源企业强化节能减排降碳。

一、规模化提升可再生能源发电量

（一）加快发展风电、太阳能发电

1. 集中式发电

全面推进风电和太阳能发电的大规模开发与高质量发展，在风能和太阳能资源禀赋较好、建设条件优越、具备持续整装开发条件、符合区域生态环境保护要求的地区，有序推进风电和光伏发电集中式开发，加快推进以沙漠、戈壁、荒漠地区为重点的大型风电光伏基地项目建设，积极推进黄河上游、

新疆、冀北等多能互补清洁能源基地建设。

2. 分布式发电

一方面，积极推动风电分布式就近开发。在工业园区、经济开发区、油气矿区及周边地区，积极推进风电分布式开发。重点推广应用低风速风电技术，合理利用荒山丘陵、沿海滩涂等土地资源，在符合区域生态环境保护要求的前提下，因地制宜地推进中、东、南部地区风电就地就近开发。创新风电投资建设模式和土地利用机制，实施“千乡万村驭风行动”，大力推进乡村风电开发。积极推进资源优势地区老旧风电机组升级改造，提高风能利用效率。

另一方面，大力推动光伏发电多场景融合开发。全面推进分布式光伏开发，重点推进工业园区、经济开发区、公共建筑等屋顶光伏的开发利用，在新建厂房和公共建筑积极推进光伏建筑一体化开发，实施“千家万户沐光行动”，规范有序推进整县（区）屋顶分布式光伏开发，建设光伏新村。积极推进“光伏+”综合利用行动，鼓励农（牧）光互补、渔光互补等复合开发模式，推动光伏发电与5G基站、大数据中心等信息产业融合发展，推动光伏在新能源汽车充电桩、铁路沿线设施、高速公路服务区及沿线等交通领域的应用，因地制宜地开展光伏廊道示范。推进光伏电站开发建设，优先利用采煤沉陷区、矿山排土场等工矿废弃土地及油气矿区建设光伏电站。积极推动老旧光伏电站技改升级行动，提高发电效益。

3. 有序推进海上风电基地建设

开展省级海上风电规划制修订，同步开展规划环评，优化近海海上风电布局，鼓励地方政府出台支持政策，积极推动近海海上风电规模化发展。开展深远海海上风电规划，完善深远海海上风电开发建设管理，推动深远海海上风电技术创新和示范应用，探索集中送出和集中运维模式，积极推进深远海海上风电降本增效，开展深远海海上风电平价示范。推进具有海上能源资源供给转换枢纽特征的海上能源岛建设示范，建设海洋能、储能、制氢、海水淡化等多种能源资源转换利用的一体化设施，加快推动海上风电集群化开发。

（二）因地制宜开发水电

1. 科学有序推进大型水电基地建设

推进前期工作，实施雅鲁藏布江下游水电开发。做好金沙江中上游等主要河流战略性工程和控制性水库的勘测设计工作，按照“生态优先、统筹考虑、适度开发、确保底线”的原则，进一步优化工程建设方案。积极推动金沙江岗托、奔子栏、龙盘、雅砻江牙根二级、大渡河丹巴等水电站前期工作。推动工程建设，实现金沙江乌东德、白鹤滩，雅砻江两河口等水电站按期投产；推进金沙江拉哇、大渡河双江口等水电站建设；重点开工建设金沙江旭龙、雅砻江孟底沟、黄河羊曲等水电站。落实网源衔接，推进白鹤滩送电江苏、浙江输电通道建成投产，推进金沙江上游送电湖北等水电基地外送输电通道开工建设。加强四川等地的电网网架结构，提升丰水期通道输电能力，保障水电丰水期送出。

2. 积极推进大型水电站优化升级，发挥水电调节潜力

充分发挥水电既有调峰潜力，在保护生态的前提下，进一步提升水电灵活调节能力，支撑风电和光伏发电大规模开发。中东部及西部地区适合进行新能源的大规模开发，对已建、在建水电机组进行增容改造。科学推进金沙江、雅砻江、大渡河、乌江、红水河、黄河上游等主要水电基地扩机。

（三）积极安全有序发展核电

在确保安全的前提下，积极有序推动沿海核电项目建设，保持平稳建设节奏，合理布局新增沿海核电项目。开展核能综合利用示范，积极推动高温气冷堆、快堆、模块化小型堆、海上浮动堆等先进堆型示范工程，推动核能在清洁供暖、工业供热、海水淡化等领域的综合利用，切实做好核电厂址资源保护。

（四）因地制宜发展其他可再生能源

1. 稳步发展生物质发电

优化生物质发电开发布局，稳步发展城镇生活垃圾焚烧发电，有序发展农林生物质发电和沼气发电，探索生物质发电与 CCUS 相结合的发展潜力和示范研究。有序发展生物质热电联产，因地制宜地加快生物质发电向热电联

产转型升级，为具备资源条件的县城、人口集中的乡村提供民用供暖，为中小工业园区集中供热。开展生物质发电市场化示范，完善区域垃圾焚烧处理收费制度，还原生物质发电环境价值。

2. 积极发展生物质能清洁供暖

合理发展以农林生物质、生物质成型燃料等为主的生物质锅炉供暖，鼓励采用大中型锅炉，在城镇等人口聚集区进行集中供暖，开展农林生物质供暖供热示范。在大气污染防治非重点地区，按照就地取材原则，因地制宜地推广户用成型燃料炉具供暖。

3. 加快发展生物天然气

在粮食主产区、林业三剩物富集区、畜禽养殖集中区等种植养殖大县，以县域为单元建立产业体系，积极开展生物天然气示范。统筹规划建设年产千万立方米级的生物天然气工程，形成并入城市燃气管网以及车辆用气、锅炉燃料、发电等多元应用模式。

4. 大力发展非粮生物质液体燃料

积极发展纤维素等非粮燃料乙醇，鼓励开展醇、电、气、肥等多联产示范，支持生物柴油、生物航空煤油等领域先进技术装备的研发和推广使用。

二、促进存储消纳，高比例利用可再生能源

（一）提升可再生能源存储能力

1. 加快推进抽水蓄能电站建设

开展各省（区、市）抽水蓄能电站需求论证，积极开展省级抽水蓄能资源调查行动，明确抽水蓄能电站的建设规模和布局。在新能源快速发展地区，因地制宜地开展灵活分散的中小型抽水蓄能电站示范，扩大抽水蓄能发展规模。

2. 推进黄河上游梯级电站大型储能试点项目建设

开展黄河上游梯级电站大型储能试点项目研究，解决工程技术问题，提升开发建设的经济性。探索新能源发电抽水与梯级储能电站、流域梯级水电站的联合运行，创新运行机制。充分利用黄河上游已建成梯级水电站调节库

容，推进龙羊峡—拉西瓦河段百万千瓦级梯级电站大型储能试点项目建设，支撑青海省新能源消纳和外送，加快新型储能技术的规模化应用。

3. 有序推进长时储热型太阳能热发电发展

推进关键核心技术攻关，推动太阳能热发电成本明显下降。在青海、甘肃、新疆、内蒙古、吉林等资源优势区域，充分发挥太阳能热发电储能调节能力和系统支撑能力，建设长时储热型太阳能热发电项目，推动太阳能热发电与风电、光伏发电基地一体化建设运行，提高新能源发电的稳定性、可靠性。

4. 大力推进电源侧储能发展

大力推进电源侧储能发展，合理配置储能规模，改善新能源场站的出力特性，支持分布式新能源合理配置储能系统。优化布局电网侧储能，发挥储能消纳新能源、削峰填谷、增强电网稳定性和应急供电等多重作用。积极支持用户侧储能多元化发展，提高用户供电可靠性，鼓励电动汽车、不间断电源等用户侧储能参与系统调峰调频。拓宽储能应用场景，推动电化学储能、梯级电站储能、压缩空气储能、飞轮储能等技术多元化应用，探索储能聚合利用、共享利用等新模式新业态。

5. 推动其他新型储能规模化应用

明确新型储能独立市场主体地位，完善储能参与各类电力市场的交易机制和技术标准，发挥储能调峰调频、应急备用、容量支撑等多元功能，促进储能在电源侧、电网侧和用户侧多场景应用。创新储能发展商业模式，明确储能价格形成机制，鼓励储能为可再生能源发电和电力用户提供各类调节服务。创新协同运行模式，有序推动储能与可再生能源协同发展，提高可再生能源消纳利用水平。

（二）加强可再生能源多元直接利用

1. 推动可再生能源发电在终端直接应用

在工业园区、大型生产企业和大数据中心等周边地区，因地制宜地开展新能源电力专线供电，建设新能源自备电站，推动绿色电力直接供应和对燃煤自备电厂的替代，建设一批绿色直供电示范工厂和示范园区，开展发供用高比例新能源示范。结合增量配电网试点，积极发展以可再生能源为主的微电网、直流配电网，扩大分布式可再生能源终端直接应用的规模。在边远地区，结合新型储能，构建基于高比例可再生能源的独立供电系统，推动可再生能源的直接应用。

2. 扩大可再生能源非电直接利用规模

做好区域可再生能源供暖与国土空间规划、城市规划等的衔接，在北方清洁供暖中，因地制宜地优先利用可再生能源供暖，在具备条件的地区开展规模化可再生能源供暖行动。在城镇新区，推动可再生能源供暖与天然气、电力等其他清洁供暖方式的耦合集成，示范建设以可再生能源供暖为主的多能互补供暖体系。持续推进燃料乙醇、生物柴油等清洁液体燃料的商业化应用，在科学研究动力和安全性能的基础上，扩大在重型道路交通、航空和航运中对汽油、柴油的规模化替代。提高燃气、热力管网等基础设施对可再生能源应用的兼容性，加快完善相关标准，探索推动地热能集中供暖纳入城镇供热管网、生物天然气并入城乡燃气管网。

三、构建新型电力系统以提高新能源发电远程消纳能力

加大能源就近开发利用力度，积极发展分布式能源，鼓励风电和太阳能发电优先本地消纳。优化能源输送格局，减少能源流向交叉和迂回，提高输送通道利用率。

（一）推动电力系统向适应大规模高比例新能源方向演进

统筹高比例新能源的发展和电力的安全稳定运行，加快电力系统的数字化升级和新型电力系统建设的迭代发展，全面推动新型电力技术的应用和运行模式的创新，深化电力体制改革。以电网为基础平台，增强电力系统的资源优化配置能力，提升电网智能化水平，推动电网主动适应大规模集中式新能源和量大面广的分布式能源发展。加大力度规划建设以大型风光电基地为基础、以其周边清洁高效先进节能的煤电为支撑、以稳定安全可靠的特高压输变电线路为载体的新能源供给消纳体系。建设智能高效的调度运行体系，探索电力、热力、天然气等多种能源联合调度机制，促进协调运行。以用户

为中心，加强供需双向互动，积极推动源网荷储一体化发展。

（二）创新电网结构形态和运行模式

加快配电网改造升级，推动智能配电网、主动配电网建设，提高配电网接纳新能源和多元化负荷的承载力与灵活性，促进新能源优先就地就近开发利用。积极发展以消纳新能源为主的智能微电网，实现与大电网兼容互补。完善区域电网主网架结构，推动电网之间柔性可控互联，构建规模合理、分层分区、安全可靠的电力系统，提升电网适应新能源的动态稳定水平。科学推进新能源电力跨省跨区输送，稳步推广柔性直流输电，优化输电曲线和价格机制，加强送受端电网协同调峰运行，提高全网消纳新能源能力。

四、培育可再生能源发展新模式新业态

（一）推动可再生能源智慧化发展

推动可再生能源与人工智能、物联网、区块链等新兴技术深度融合，发展智能化、联网化、共享化的可再生能源生产和消费新模式。推广新能源云平台应用，汇聚能源全产业链信息，推动能源领域数字经济发展。

（二）大力发展综合能源服务

依托智能配电网、城镇燃气网、热力管网等能源网络，综合可再生能源、储能、柔性网络等先进能源技术和互联通信技术，推动分布式可再生能源的高效灵活接入与生产消费一体化，建设冷热水电气一体供应的区域综合能源系统。发展与大规模分布式可再生能源相适应的专业化、网格化运行维护服务体系，通过移动用户终端等方式实现分布式能源设备运行状态监测、故障检修的快速响应，培养一批高专业化水平的新能源“店小二”。

（三）推动可再生能源与电动汽车融合发展

利用大数据和智能控制等新技术，将波动性可再生能源与电动汽车充放电互动匹配，实现车电互联。采用现代信息技术与智能管理技术，整合分散的电动汽车充电设施，通过电力市场交易等促进可再生能源与电动汽车互动发展。

（四）创新推动光伏治沙规模化发展

开展光伏治沙示范应用，因地制宜、科学选择治理模式、种植作物等，探索形成不同条件下合理的光伏治沙建设方案。重点在内蒙古西部库布其、乌兰布和、巴丹吉林、腾格里沙漠地区，新疆南部塔里木盆地，青海西部柴达木盆地，甘肃河西走廊北部，陕西北部等地区，统筹资源条件和消纳能力，建设一批光伏治沙新能源发电基地。带动沙漠治理、耐旱作物种植、观光旅游等相关产业发展，形成沙漠治理、生态修复、生态经济、沙漠产业多位一体、治用并行、平衡发展的体系。

第三节 提升能源产业链现代化水平

加快能源领域关键核心技术和装备攻关，推动绿色低碳技术重大突破，加快能源全产业链数字化、智能化升级，统筹推进补短板和锻长板，加快构筑支撑能源转型变革的先发优势。

一、增强能源科技创新能力

（一）锻造能源创新优势长板

巩固非化石能源领域技术装备优势，持续提升风电、太阳能发电、生物质能、地热能、海洋能等开发利用的技术水平和经济性，开展三代核电技术优化研究，加强高比例可再生能源系统的技术创新和应用。立足绿色低碳技术发展基础和优势，加快推动新型电力系统、新一代先进核能等方面技术突破。提高化石能源清洁高效利用技术水平，加强煤炭智能绿色开采、灵活高效燃煤发电、现代煤化工和生态环境保护技术研究，实施陆上常规油气高效勘探开发和炼化技术攻关。

（二）强化储能、氢能等前沿科技攻关

开展新型储能关键技术集中攻关，加快实现储能核心技术自主化，推动储能成本的持续下降和规模化应用，完善储能技术标准和管理体系，提升安

全运行水平。适度超前部署一批氢能项目，着力攻克可再生能源制氢和氢能储运、应用及燃料电池等核心技术，力争氢能全产业链关键技术取得突破，推动氢能技术发展和示范应用。加强前沿技术研究，加快推广应用减污降碳技术。

（三）实施科技创新示范工程

依托我国能源市场空间大、工程实践机会多等优势，加大资金和政策扶持力度，重点在先进可再生能源发电和综合利用、小堆及核能综合利用、陆上常规和非常规及海洋油气高效勘探开发、燃气轮机、煤炭清洁高效开发利用等核心技术领域建设一批创新示范工程。瞄准新型电力系统、安全高效储能、氢能、新一代核能体系、二氧化碳捕集利用与封存、天然气水合物等前沿领域，实施一批具有前瞻性、战略性的国家重大科技示范项目。

二、加快能源产业数字化、智能化升级

（一）推动能源基础设施数字化

加快信息技术和能源产业融合发展，推动能源产业数字化升级，加强新一代信息技术、人工智能、云计算、区块链、物联网、大数据等新技术在能源领域的推广应用。积极开展电厂、电网、油气田、油气管网、油气储备库、煤矿、终端用能等领域设备设施、工艺流程的智能化升级，提高能源系统灵活感知和高效生产运行能力。适应数字化、自动化、网络化能源基础设施发展要求，建设智能调度体系，实现源网荷储互动、多能协同互补及用能需求智能调控。

（二）建设智慧能源平台和数据中心

面向能源供需衔接、生产服务等业务，支持各类市场主体发展企业级平台，因地制宜地推进园区级、城市级、行业级平台建设，强化共性技术平台化服务及商业模式创新，促进各级各类平台的融合发展。鼓励建设各级各类能源数据中心，制定数据资源确权、开放、流通、交易相关制度，完善数据产权保护制度，加强能源数据资源开放共享，发挥能源大数据在行业管理和社会治理中的服务支撑作用。

（三）实施智慧能源示范工程

以多能互补的清洁能源基地、源网荷储一体化项目、综合能源服务、智能微网、虚拟电厂等新模式新业态为依托，开展智能调度、能效管理、负荷智能调控等智慧能源系统技术示范。推广电力设备状态检修、厂站智能运行、作业机器人替代、大数据辅助决策等技术应用，加快“智能风机”“智能光伏”等产业创新升级和行业特色应用，推进“智慧风电”“智慧光伏”建设及电站数字化与无人化管理，开展新一代调度自动化系统示范。实施煤矿系统优化工程，因地制宜地开展煤矿智能化示范工程建设，建设一批少人、无人智能化示范煤矿。加强油气智能完井工艺攻关，加快智能地震解释、智能地质建模与油藏模拟等关键场景核心技术开发与应用示范，建设能源大数据、数字化管理示范平台。

三、完善能源科技和产业创新体系

（一）整合优化科技资源配置

以国家战略性需求为导向，推进创新体系优化组合，加强能源技术创新平台建设，加快建设能源领域国家实验室，重组国家重点实验室，优化国家能源研发创新平台建设管理。推进科研院所、高等院校和企业科研力量的优化配置和资源共享，深化军民科技协同创新。充分发挥社会主义市场经济条件下的新型举国体制优势，深入落实攻关任务“揭榜挂帅”等机制。提升能源关键核心技术产品的产业化能力，完善技术要素市场，加强创新链和产业链对接，完善重大自主可控核心技术成果的推广应用机制，推动首台（套）重大技术装备示范和推广，促进能源新技术的产业化、规模化应用。

（二）激发企业和人才创新活力

完善能源技术创新市场导向机制，强化企业创新主体地位，发挥大企业引领支撑作用，构建以企业为主体、以市场为导向、产学研用深度融合的技术创新体系。健全知识产权保护运用体制，实施严格的知识产权保护制度。健全能源领域的科技人才评价体系，完善充分体现创新要素价值的收益分配机制，全方位为科研人员“松绑”，优化能源创新创业生态，激发能源行业创新活力。

第四节　促进能源治理体系现代化

还原能源商品属性，加快形成统一开放、竞争有序的市场体系，充分发挥市场配置资源的决定性作用，更好地发挥政府作用。以节约、多元、高效为目标，创新能源宏观调控机制，健全科学监管体系，完善能源法律法规，构建激励创新的体制机制，打通能源发展快车道。

一、激发能源市场主体活力

（一）放宽能源市场准入

全面推进能源行政审批制度改革，完善负面清单，鼓励和引导各类市场主体依法平等参与负面清单以外的能源领域投资运营。落实外商投资法律法规和市场准入负面清单制度，修订能源领域相关法规文件。支持各类市场主体依法平等进入负面清单以外的能源领域。推进油气勘探开发领域市场化，实行勘查区块竞争出让制度和更加严格的区块退出机制，加快油田服务市场建设。积极稳妥地深化能源领域国有企业混合所有制改革，进一步吸引社会投资进入能源领域。建立完善的油气、煤炭、电力以及用能权等能源交易市场，确立公平、开放、透明、统一的市场规则。打破地区封锁、行业垄断，加强市场价格监管和反垄断执法，严厉查处实施垄断协议、滥用市场支配地位和滥用行政权力等垄断行为。

（二）优化能源产业组织结构

建设具有创造创新活力的能源企业。进一步深化电网企业主辅分离、厂网分离改革，推进抽水蓄能电站投资主体多元化，推进油气领域装备制造、工程建设、技术研发、信息服务等竞争性业务市场化改革。深化油气管网运营机制改革，引导地方管网以市场化方式融入国家管网公司，支持各类社会资本投资油气管网等基础设施，制定完善的管网运行调度规则，促进形成全国“一张网”。推进油气管网设施向第三方市场主体公平开放，提高油气集约输送和公平服务能力，压实各方保供责任。

（三）支持新模式新业态发展

健全分布式电源发展新机制，推动电网公平接入。培育壮大综合能源服务商、电储能企业、负荷集成商等新兴市场主体，破除能源新模式新业态在市场准入、投资运营、参与市场交易等方面存在的体制机制壁垒，创新电力源网荷储一体化和多能互补项目规划建设管理机制，推动项目规划、建设实施、运行调节和管理一体化，培育发展二氧化碳捕集、利用与封存新模式。

二、建设现代能源市场体系

（一）优化能源资源市场化配置

深化电力体制改革，加快构建和完善中长期市场、现货市场和辅助服务市场有机衔接的电力市场体系。按照支持省域、鼓励区域、推动全国统一市场体系和电力市场建设，深化配售电改革，进一步向社会资本放开售电和增量配电业务，激发存量供电企业的活力。创新有利于非化石能源发电消纳的电力调度和交易机制，推动非化石能源发电有序参与电力市场交易，通过市场化方式拓展消纳空间，试点开展绿色电力交易。引导支持储能设施、需求侧资源参与电力市场交易，促进提升系统灵活性。加快完善天然气市场顶层设计，构建有序竞争、高效保供的天然气市场体系，完善天然气交易平台。完善原油期货市场，适时推动成品油、天然气等期货交易。推动全国性和区域性煤炭交易中心协调发展，加快建设统一开放、层次分明、功能齐全、竞争有序的现代煤炭市场体系。

（二）深化价格形成机制市场化改革

进一步完善省级电网、区域电网、跨省跨区专项工程和增量配电网价格形成机制，加快理顺输配电价结构。持续深化燃煤发电、燃气发电、水电、核电等上网电价市场化改革，完善风电、光伏发电、抽水蓄能价格形成机制，建立新型储能价格机制。建立健全电网企业代理购电机制，有序推动工商业用户直接参与电力市场，完善居民阶梯电价制度。研究完善成品油价格形成机制。稳步推进天然气价格市场化改革，减少配气层级。落实清洁取暖电价、气价、热价等政策。

三、加强能源治理制度建设

（一）依法推进能源治理

健全能源法律法规体系，建立以能源法为统领，以煤炭、电力、石油、天然气、可再生能源等领域单项法律法规为支撑，以相关配套规章为补充的能源法律法规体系。加强能源新型标准体系建设，制修订支撑引领能源低碳转型的重点领域标准和技术规范，提升能源标准国际化水平，组织开展能源资源计量及其碳排放核算服务示范。深化能源行业执法体制改革，进一步整合执法队伍，创新执法方式，规范自由裁量权，提高执法效能和水平。

（二）创新能源科学管理模式

加快政府职能转变，持续推进简政放权、放管结合、优化服务改革，建立健全战略谋划、规划实施、政策配套、监管到位的能源科学管理模式。加强战略规划引领、能源重大问题战略谋划、顶层设计，不断提高能源宏观管理的全局性、前瞻性、针对性。做好能源规划、年度计划及各类专项规划之间的有机衔接，建立规划实施、监督检查、评估考核机制，保障规划有效落实，进一步提高规划的科学性、权威性和约束力。创新和完善能源宏观调控，按照总量调节和定向施策并举、短期和中长期结合、国内和国际统筹、改革和发展协调的要求，推动实现能源总量和强度控制，优化能源结构，防控风险，保护环境。

（三）创新宏观政策配套机制

完善鼓励清洁能源加快发展的产业政策和投融资机制。加强用能权与用水权、排污权、碳排放权初始分配制度和土地有偿使用管理制度的衔接，统筹推进能源资源的合理高效利用。完善矿产资源权益金及配套制度，维护资源所有者和投资者权益，健全政府依法有序投放、企业公开公平竞争的能源矿业资源管理机制。建立健全支撑能源绿色发展的财税、金融服务体系。健全能源统计制度，完善计量体系和能源消费总量、环境质量、节能减排的目标考核体系，推进能源管理体系认证。加强能源信息收集整理，及时跟踪研究国内外能源发展情况及动态。

（四）强化政策协同保障

立足推动能源绿色低碳发展、安全保障、科技创新等重点任务的实施，健全政策制定和实施机制，完善和落实财税、金融等支持政策。落实相关税收优惠政策，加大对可再生能源和节能降碳、创新技术研发应用、低品位难动用油气储量、致密油气田、页岩油、尾矿勘探开发利用的支持力度。落实重大技术装备的进口免税政策。构建绿色金融体系，加大对节能环保、新能源、二氧化碳捕集利用与封存等的金融支持力度，完善绿色金融激励机制。加强能源生态环境保护政策引领，依法开展能源基地开发建设规划、重点项目等环境影响评价，完善用地用海政策，严格落实区域生态保护红线、环境质量底线、资源利用上线和环境准入负面清单“三线一单”生态环境分区管控要求。建立可再生能源消纳责任权重引导机制，实行消纳责任考核，研究制定可再生能源消纳增量激励政策，推广绿色电力证书交易，加强可再生能源电力消纳保障。

（五）重塑能源监管体系

统筹能源管理体制改革，明确中央与地方的能源监管职责。推进能源领域信用体系建设，保障政府科学决策、市场有序发展。完善监管协调机制，建立健全权责清晰、规则统一、方式得当、执法有力的现代能源监管框架。持续提升监管效能。完善能源市场准入制度，统一准入“门槛”，强化资源、环境、安全等技术标准。运用市场、信用、法治等手段，加强对能源市场主体行为的持续性动态监管，防范安全风险，维护市场秩序，保障社会公共利益和投资者、经营者、消费者合法权益。加强监管能力建设，创新监管方法和手段，提高监管的针对性、及时性、有效性。

优化能源市场监管，加大行政执法力度，维护市场主体合法权益，促进市场竞争公平、交易规范和信息公开，持续优化营商环境。强化能源行业监管，保障国家能源规划、政策、标准和项目有效落地。健全电力安全监管执法体系，推进理顺监管体制，构建监管长效机制，加强项目建设施工和运行安全监管。健全能源行业自然垄断环节监管体制机制，加强公平开放、运行调度、服务价格、社会责任等方面的监管。创新监管方式，构建统一规范、信息共享、协同联动的监管体系，全面实施“双随机、一公开”监管模式，推动构建以信用为基础的新型监管机制。

第五节 深化能源国际合作

2022 年 2 月 24 日，俄乌冲突发生后，美国、欧盟国家以及一些中立国家对俄罗斯实施了包括冻结资产、限制融资、出口管制、将俄银行剔除出环球同业银行金融电讯协会（SWIFT）、取消最惠国待遇等一系列制裁措施。甚至在俄罗斯自认为无人敢对其动手的能源领域，也遭到了前所未有的打击。俄乌冲突成为改变国际能源战略格局的一个历史性事件。在冷战最激烈时都未曾中断的俄欧能源关系加速断裂，俄罗斯将在很大程度上被排挤出欧美能源供应体系之外，其在全球能源体系中的地位也大大下降。这导致世界油气市场的既有供求平衡被打破，全球能源产业链将加速重构，并在一个时间段内引发市场混乱，世界能源体系陷入了混沌、激荡的湍流，未来世界能源市场和国际能源地缘政治将阴晴不定，不确定风险抬升。这不仅给世界能源格局和经济增长带来持续压力，让全球能源转型的道路崎岖不平，也给中国的能源国际合作和能源安全带来了全新而复杂的挑战。未来，中国将以共建“一带一路”为引领，积极参与全球能源治理，坚持绿色低碳转型发展，加强应对气候变化国际合作，实施更大范围、更宽领域、更深层次能源开放合作，实现开放条件下的能源安全。

一、拓展能源国际合作新局面

（一）化石能源“引进来”

中国需要进一步持续加强巩固好传统能源的国际合作，完善海外主要油气产区合作，优化资源配置，持续巩固推动与重点油气资源国的合作，围绕能源贸易，加强石油、天然气“引进来”，尤其是结合中国绿色低碳发展进程加强天然气的合作。

一方面，以石油的多元化渠道、稳定性和持续性供应为抓手，巩固、深化以及提高已有合作。其中，要巩固已有合作，就要与共建“一带一路”、具有石油资源优势的国家加强政治互信及石油贸易联系。要深化已有合作，就要在已有石油合作的基础上，结合石油能源产业链体系的分工特征，重点加强石油勘探、炼油以及石油衍生品的产业合作。结合中国经验，在有条件的地区建设石油加工境外产业区，加大对重点地区石油产业的投资力度。要深化已有合作，就要对已有合作过程和合作项目运营特别是在跨境能源管道、购销协议、协议的执行与约束方面的规范化和标准化建设。不断完善双边与多边投融资协定，规范和加强石油能源合作中的投融资风险评估和项目评估工作，重点建立以就业机会和带动社会发展为首要考虑的评估体系。

另一方面，结合中国碳达峰、碳中和进程，以天然气贸易为抓手，稳步提升天然气贸易量。在已有合作的基础上，与相关国家进一步拓展天然气贸易协议。根据天然气的不同形式，一是同俄罗斯，中亚地区土库曼斯坦、乌兹别克斯坦、哈萨克斯坦等国以及外高加索地区的阿塞拜疆进一步扩大管道天然气合作规模，加快中国—中亚天然气 D 线建设进度，加大中俄天然气西线工程论证谈判等。在已有管道线路的基础上，依托中国—中亚天然气管道 A/B/C 线、中缅管道等，适当就扩容、延长供给时限展开协议谈判。二是同澳大利亚、东南亚国家、中东地区国家积极拓展 LNG 合作范围，保证进口 LNC 的多元性和稳定性。

（二）新能源“走出去”

中国要利用发展新型能源规模、产业、技术以及经验方面的优势，在全球气候治理以及“一带一路”共建国家能源转型和绿色低碳发展的背景下，推动中国新型能源发展理念、产业、技术以及企业“走出去”。建设绿色丝绸之路，深化与发展中国家绿色产能合作，积极推动风电、太阳能发电、储能、智慧电网等领域合作。积极探索与发达国家、东道国和跨国公司开展三方、多方合作的有效途径，建成一批积极效益好、示范效应强的绿色能源最佳实践项目。

一是推动绿色低碳发展理念共享，即理念“走出去”。尤其是在绿色“一带一路”建设上结合中国碳达峰、碳中和目的的理念与政策导向，就低碳减碳议题进行广泛的宣传和交流。一方面，在能源合作框架中推动多边涉碳问题讨论，在绿色、环保的基础上突出低碳议题和治理讨论；另一方面，加强相关国家在低碳减碳行动上的政策交流和对接，与已经采取低碳行动的国家加强政策、项目、产业、技术等方面的对接。

二是以理念共享和政策交流对接为基础，有序推动新型能源产业、技术方面的合作，即要素“走出去”。一方面，加强重点项目合作。新能源项目凝结了产业、技术、经验、金融等各种要素，重点项目的合作是这些要素“走出去”的直接承担者。中国围绕发展中国家能源贫困问题和快速发展中的用能需求，结合中国在新能源集中电站项目建设上的经验，在适宜地区、适宜国家推动太阳能集中电站、风能集中电站合作建设，加快新能源要素的“走出去”步伐，包括共同的技术研发、技术交流、人才培养，最后升级到共同勘探、共同开采、共同研发现代化设备等。另一方面，加强新能源产业合作。从目前中国在新能源产业链上的价值位置来看，中国新能源核心技术和关键设备来自国外，新能源装备制造附加值有待提升。中国要在全球新能源发展竞争中处于领先地位，就要抓住新能源技术和新能源推广应用模式，扩大新能源产业项目合作。除能够满足国内需求的产能外，还可以适当将新能源装备制造加工的部分产能转移至国外发展中国家。因此，新能源产业境外产业合作园区建设将成为中国推动新能源产业合作的重要抓手。

三是利用中国在水电、核电方面的技术、项目、资本及模式上的优势，推动国内具有实力和较好形象的企业“走出去”。尤其是鼓励民营企业通过市场化竞投标形式集群型、抱团式“走出去”，帮助东道国开发利用太阳能、风能、水能、核能资源，助力相关产业发展。

（三）深化国际产能和装备制造合作

一方面，引技、引智并举，拓宽合作领域，加大国际能源技术合作力度，推动能源产业对外深度融合，提升我国能源国际竞争力。引进先进适用技术。通过相互投资、市场开放等手段，引进消化吸收和再创新清洁煤、乏燃料处理、智能电网等关键、适用能源技术，鼓励掌握先进技术的国外企业参与国内非常规油气勘查开发、清洁低碳能源开发利用等。

另一方面，提升科技全球协同创新能力。积极参与前瞻性能源技术国际研发应用合作平台和机制建设，密切跟踪掌握关键重点领域前沿动态。加强政府间、企业间、研究机构间合作与交流，创新能源领域人才合作培养机制。积极参与制定先进能源技术标准，推动国内技术标准国际化，融入全球能源产业链。发挥比较优势，培育一批跨国企业，增强国际竞争力，推动能源生产和高效节能装备、技术、服务“走出去”。联合技术先进国家共同开拓第三方国际市场，深度融入全球能源产业链、价值链、物流链。

二、加强能源基础设施互联互通建设

（一）推动全球能源互联网区域性互联建设

从当前全球能源互联网建设的进展来看，一方面，全球能源互联网的中国倡议已经得到大多数“一带一路”共建国家的认同；另一方面，全球能源互联网建设取得了显著进展。经过一些项目的实施，中国已同部分周边国家实现了电力互联。同时，中国在国内能源互联建设方面取得了重要的成就和丰富的经验，其中，特高压输电技术在全球处于领跑地位。在此基础上，着眼于未来能源电力开发潜力和电力跨区域配置需要，首先，积极主动谋划全球能源互联网区域性互联建设，例如，中国与中亚、东盟能源电力的区际互联。其次，加强与“一带一路”重要节点国家，尤其是中亚国家、巴基斯坦、缅甸、柬埔寨等国电力电网改造项目的合作。最后，要精准实施一批具备条件、具有示范效应的电网互联互通项目。

（二）推动可再生能源基础设施投资建设

一是围绕不同国家的用电需求和发展需求，加强在水电方面的合作。从区域层面来看，东南亚地区、非洲一些地区虽水电资源丰富但水电开发利用率较低，其核心限制是水电基础设施投资不足，因此，应按照“重点围绕周边，部分延伸沿线”的策略，与部分“一带一路”共建国家进行水电开发合作。

二是在“一带一路”沿线选择一批国内政治稳定、有经济社会条件支撑的国家，加强在核电方面的合作。中东欧国家具备这样的基本条件，因此，要同这些国家加大沟通协商力度，力争一批核电项目合作。同时，围绕数字化、信息化和智能化，开展能源领域新基建合作。其一，要在“一带一路”共建国家推动智慧能源基础设施建设；其二，要在条件允许的国家合作建设充电桩、换电站；其三，要在一些电力基础设施较好的国家，加大智能电网建设的合作力度。

三是围绕新能源电力生产和运输的特性，加强调频储能方面合作。其一，要在目前一些双边储能设施建设的基础上，积极布局中亚、南亚和东南亚储能市场。其二，要在新能源材料、新能源材料技术攻关上加大合作力度。其三，要加强新能源应用场景拓展方面的合作，以新能源汽车产业合作为支撑，加强新能源产业供应链、产业链的构建。

（三）推动新型能源产业园区建设

《国务院关于推进国际产能和装备制造合作的指导意见》提出，中国要同周边国家探索投资合作新模式，鼓励合作建设境外经贸合作区、跨境经济合作区等各类产业园区，促进产业集群发展。建设功能齐备的能源特色产业园也是当今世界开展国际能源合作的高效手段，一个勘探、开采、加工、贸易、物流、配套各个环节紧密联系的国际能源产业园区可以提高产业发展水平，提升技术研发效率，增加贸易额度。产业园区的辐射效应不仅体现在产业带动作用上，还体现在区域影响方面，对拉动一个地区的经济发展水平具有非常重要的影响作用。因此，根据中国与东道国资源禀赋的不同和国情的差异，可以在石化加工、能源运输、节能环保等领域设立能源产业园区，以顶层设计的思路，合理有序地进行布局，通过园区建设，既能引导部分基础设施建设投资，又能带动上下游关联产业发展。

1. 构建新型油气循环经济产业园区

传统的油气开采和石化加工是污染性非常强的产业，生产过程中排放的废水、废气、废渣（简称“三废”）会造成生产不经济性，也会对当地生态环境造成严重破坏。在能源开发中，首要问题是保护东道国的生态环境，油气循环经济产业园可以以产业集群的带动作用、辐射功能、扩散效应，推动能源合作迅速崛起。油气循环产业经济园是产业链完整的闭环园区，要建立油气“开采—加工—石化—再加工”的油气能源全产业体系。降低产业链上各企业经营成本，从原油、天然气的开采、提炼和深加工到最终形成各种石化产品，完整覆盖整个油气加工产业。按照产业链延伸规律，油气开发的配套装备、存储设施、附属设施等众多项目都要围绕油气循环经济产业园区开展。

2. 高标准建立能源物流园区

能源产业合作的重要环节是油气资源的物流运输，开采出的油气资源成品、半成品需要经过特殊通道向外输出。现代物流不仅具有运输功能，还要承载仓储、存储、加工、维修、补给等多种功能，现代化的能源物流园区是实现能源运输便捷化的重要平台。

3. 新能源产业园区

一方面，可以在东道国建设一批以新能源材料和机械装备为核心内容的产业园区，围绕新能源材料、新能源装备制造促进国内企业“走出去”，在全球范围吸引科技型产业入驻。另一方面，要在已有产业园区合作的基础上，布局建设一批具有示范效应的新能源产业专题园区，积极鼓励中国企业以组团的方式参加园区建设。此外，还可以围绕新能源消费趋势，通过合资企业或者产能合作的形式，加强与东道国在新能源电动汽车、新能源电动车领域的合作。

三、加强能源金融合作

由于发展新能源与能源金融联系的密切性，在拓展传统能源产业链和发展新能源的合作过程中，越发需要能源金融为相关产业链构建和延伸提供支撑。

（一）对接国际金融组织力量，为中国能源国际合作融通资金

一方面，吸引多边开发机构、发达国家金融机构参与，充分利用发达国家在资金、人才、技术方面的优势，改善资源配置，提高资源运用效率，健全能源国际合作多元化投融资体系。具体而言，围绕应对气候变化、生态环境以及减贫合作，与国际多边开发性机构开展联合融资。加强与发达经济体的商业金融机构、金融项目合作，联合开展能源金融方面的投融资，满足合作国家双方绿色发展的诉求。

另一方面，对接亚洲多边金融合作组织，为低碳绿色发展和国家合作争取发展资金。其一，要在一些项目建设上积极获取亚洲开发银行贷款和亚洲发展基金（ADF）的支持。其二，要利用好亚洲基础设施投资银行为成员实现低碳转型、走向可持续发展道路提供的金融支持。其三，要加强亚洲基础设施投资银行、亚洲开发银行、拉美开发银行、欧洲复兴开发银行、欧洲投资银行、泛美开发银行、国际农业发展基金、世界银行集团等金融机构在绿色低碳能源合作项目上的投融资联系。

（二）丰富绿色金融的实现形式，多措并举为绿色低碳发展争取资金

一方面，要创新绿色能源金融形式，充分利用绿色信贷、绿色债券、绿色基金、绿色保险等创新金融工具；另一方面，通过金融工具的创新，吸引各国主权基金、商业性股权投资基金和社会资金共同参与能源项目建设。

（三）做好中国定向援助资金规划，为事关民心的民生工程提供兜底保障

1. 加大资金援助力度

要对接国际发展援助资金，围绕发展低碳清洁能源，积极参加联合国等多边机构的发展援助项目。同时，加大与其他国家发展援助工作的对接力度，争取资金合作建设一些绿色能源项目。

2. 加大项目建设援助力度

要在已有基础上发挥中国在沼气、小水电等清洁能源发展援助上的优势，一方面，对“一带一路”共建国家已有沼气项目、小水电项目建设以及运营项目进行提升改造，并对一些成熟的经验进行总结凝练；另一方面，借助援助资金在发展中国家围绕小水电、光伏电站、风电电站以发展援助的形式建设一批民心工程。

3. 利用好国家金融机构相关政策性贷款的支持

利用好国家开发银行、中国进出口银行等金融机构相关政策性贷款的支持，围绕东道国居民用能需求、生态保护、环境治理以及低碳项目示范中心或基地的建设，加大金融合作力度。

四、积极参与全球能源治理体系改革和建设

（一）推动完善全球能源治理体系

一方面，深度参与全球能源治理，运营好“一带一路”能源合作伙伴关系合作平台，办好国际能源变革论坛。在中国—阿盟、中国—非盟、中国—中东欧、中国—东盟等相关能源合作平台和 APEC 可持续能源中心的指导下，加强联合研究，拓展培训交流。另一方面，注重实质性参与，扩大中国影响力，加强与 IEA、IRENA、OPEC、国际能源论坛、清洁能源部长会议等国际组织和机制合作，积极参与并引导在联合国、G20、APEC、金砖国家、上海合作组织等多边框架下的能源合作。

（二）加强能源领域应对气候变化国际合作

要着重突出中国在绿色低碳能源行动方面的引领力，一方面，坚持共同但有区别的责任原则，推动中美清洁能源合作，深化中欧能源技术创新合作，形成能源领域应对气候变化和推动绿色发展合力，推动落实《公约》及《巴黎协定》；另一方面，积极开展能源领域气候变化南南合作，进一步加强与其他发展中国家能源绿色发展合作，支持发展中国家落实联合国 2030 年可持续发展议程，提升能源领域应对气候变化的能力，彰显中国积极参与全球气候治理的大国担当。

后　记

本书是中国（西安）丝绸之路研究院2024年科学研究项目研究中心专项课题“中国能源革命：内在逻辑、实践进展与未来取向”（2024ZD01）的直接研究成果。该项目启动于2023年7月，至今已历时1年。在项目研究过程中，首先由胡健拟定了项目的研究工作计划，项目组成员进行了认真的理论研讨和广泛的实地调研。在此基础上，首先由胡健起草了本书的写作大纲，并撰写了前言和导论；然后，分别由印玺（第一章）、焦兵（第二章）、刘杰（第三章）、张文彬（第四章、第五章和第十一章）、胡留所（第六章）、郝佳馨（第七章）、宋振东（第八章和第九章）、杜欢（第十章）完成了全书各章的撰写。初稿完成后，经项目组集体讨论，各位执笔人根据集体讨论意见对各自负责的章节内容进行了修改，最后由胡健对全部文稿修改并定稿。

本项目的研究工作得到了西安财经大学科研处、中国（西安）丝绸之路研究院、西安财经大学陕西省哲学社会科学重点研究地点——西部能源经济与区域发展协同创新研究中心和的大力支持，在此一并致谢。

胡　健

2024年6月

参考文献

［1］安海彦．节能减排约束下西部地区环境效率研究［J］．区域经济评论，2018（5）：89-96.

［2］白雪洁，宋培，王宝璐．碳排放交易制度的节能减排路径：效率提升还是结构转型：来自中国省级数据的准自然实验［J］．商业经济与管理，2021（8）：70-85.

［3］毕神浩，钟晓红，来宇敏，等．基于PVAR模型的能源消费结构与能源效率的关系研究［J］．工业技术经济，2021，40（7）：65-71.

［4］仓定帮，魏晓平，曹明，等．基于能源替代与环境污染治理的两阶段经济增长路径研究［J］．中国管理科学，2020，28（9）：146-153.

［5］仓定帮，魏晓平，曹明．我国化石能源消费多因素分析：基于新能源替代与能源技术进步视角［J］．数理统计与管理，2020，39（1）：1-11.

［6］陈长．数字化赋能新时代金融供给侧结构性改革：逻辑、特征与路径［J］．西安财经大学学报，2022，35（2）：50-61.

［7］丛建辉，刘学敏，赵雪如．城市碳排放核算的边界界定及其测度方法［J］．中国人口·资源与环境，2014，24（4）：19-26.

［8］陈占明，吴施美，马文博，等．中国地级以上城市二氧化碳排放的影响因素分析：基于扩展的STIRPAT模型［J］．中国人口·资源与环境，2018，28（10）：45-54.

［9］董春诗．偏向技术进步有利于可再生能源转型吗：基于要素替代弹性的证据［J］．科技进步与对策，2021，38（15）：28-36.

［10］邓铭江，明波，李研，等．“双碳”目标下新疆能源系统绿色转型路径［J］．自然资源学报，2022，37（5）：1107-1122.

［11］方恺，黄伊佳，何坚坚，等．基于生态效率的城市绿色高质量发展评价研究［J］．西安交通大学学报（社会科学版），2021，41（3）：35-42.

［12］方黎明，陆楠．能源替代的健康效应：生活能源替代对中老年农村居民健康的影响［J］．中国人口·资源与环境，2019，29（6）：40-49.

［13］方国昌，田立新，傅敏，等．新能源发展对能源强度和经济增长的影响［J］．系统工程理论与实践，2013，33（11）：2795-2803.

［14］范英，衣博文．能源转型的规律、驱动机制与中国路径［J］．管理世界，2021，37（8）：95-105.

［15］韩建国．能源结构调整“软着陆”的路径探析：发展煤炭清洁利用、破解能源困局、践行能源革命［J］．管理世界，2016（2）：3-7.

［16］韩松，张宝生，唐旭，等．中国能源强度变化的驱动因素分析：基于对数平均迪氏指数方法［J］．当代经济科学，2016，38（5）：89-98，127.

［17］何建坤．我国碳减排目标的经济学分析与效果评价［J］．科学学研究，2011，29（1）：9-17.

［18］胡德胜．德、法、英能源供给结构变革与制度演进及其对中国的启示［J］．西安交通大学学报（社会科学版），2022，42（4）：61-73.

［19］黄健柏，孙芳，宋益．清洁能源技术关键金属供应风险评估［J］．资源科学，2020，42（8）：1477-1488.

［20］贾宏杰，穆云飞，余晓丹．对我国综合能源系统发展的思考［J］．电力建设，2015，36（1）：16-25.

［21］贾林娟．低碳经济发展影响因素及路径设计［J］．科技进步与对策，2014，31（3）：26-29.

［22］金培振，张亚斌，彭星．技术进步在二氧化碳减排中的双刃效应：基于中国工业35个行业的经验证据［J］．科学学研究，2014，32（5）：706-716.

［23］徐粪，金泽润，朱晟君，等．生命周期，知识多样性与区域技术创新：以中国可再生能源技术为例［J］．地理研究，2023，42（8）：2070-2088.

［24］李宏岳，陈然．低碳经济与产业结构调整［J］．经济问题探索，2011（1）：66-71.

［25］李晋，蔡闻佳，王灿，等．碳中和愿景下中国电力部门的生物质能源技术部署战略研究［J］．中国环境管理，2021，13（1）：59-64.

［26］李萌，李雨珊，潘家华，等．可再生能源、能源地缘政治风险与国家能源安全［J］．中国人口·资源与环境，2022，32（11）：1-8.

［27］李萌，娄伟．节能减排、能替减排与去能减排的环境效益对比研究［J］．城市与环境研究，2019（2）：28-38.

［28］李凡，李娜，许昕．基于政策工具的可再生能源技术创新能力影响因素研究［J］．科学学与科学技术管理，2016，37（10）：3-13.

［29］赖明东，雍熙，史文静．全球变暖的解释模式：温室效应理论与气候的自然波动假说［J］．自然辩证法研究，2022，38（5）：69-74，95.

［30］李凡，朱缤绮，孙颖．环境政策、制度质量和可再生能源技术创新：基于32个国家的实证分析［J］．资源科学，2021，43（12）：2514-2525.

［31］李世峰，朱国云．“双碳”愿景下的能源转型路径探析［J］．南京社会科学，2021（12）：48-56.

［32］李杨．政府政策和市场竞争对欧盟国家可再生能源技术创新的影响［J］．资源科学，2019，41（7）：1306-1316.

［33］林伯强．能源革命促进中国清洁低碳发展的“攻关期”和“窗口期”［J］．中国工业经济，2018（6）：15-23.

［34］林伯强，刘希颖．中国城市化阶段的碳排放：影响因素和减排策略［J］．经济研究，2010，45（8）：66-78.

［35］栾春娟，林原．中美能源技术领域机构合作网络比较研究［J］．科技管理研究，2016，36（14）：262-266.

［36］刘娟，马涟蕊，冯婉怡．可再生能源技术创新与行业碳减排：基于中国省级面板数据的实证检验［J］．科技进步与对策，2023，40（15）：83-93.

［37］刘平阔，王志伟．中国“能源转型”是否合理：能源替代—互补关系的实证研究［J］．中国软科学，2019（8）：14-30.

［38］刘小聪，单葆国，王成洁，等．高比例清洁能源替代潜力评估模型及关键影响因素分析［J］．电网技术，2017，41（9）：2755-2761.

［39］刘华军，石印，郭立祥，等．新时代的中国能源革命：历程、成就

与展望［J］. 管理世界，2022，38（7）：6-24.

［40］林伯强，徐斌．研发投入、碳强度与区域二氧化碳排放［J］. 厦门大学学报（哲学社会科学版），2020（4）：70-84.

［41］刘志雄．能源消费是否引起环境污染：基于我国 1991—2011 年数据的实证研究［J］. 生态经济，2015，31（3）：19-24.

［42］马光明，郭东方．制造业对外直接投资的母国就业效应研究［J］. 宏观经济研究，2020（3）：41-56，131.

［43］马丽梅，司璐．低碳城市与可再生能源技术创新［J］. 中国人口·资源与环境，2022，32（7）：81-90.

［44］马海良，王若梅，丁元卿，等．城镇化对工业能源消费的门槛效应研究：以长江经济带省份为例［J］. 中国人口·资源与环境，2017，27（3）：56-62.

［45］马丽梅，王俊杰．能源转型与可再生能源创新：基于跨国数据的实证研究［J］. 浙江社会科学，2021（4）：21-30，156.

［46］牛晓耕，牛建高．基于能源消费结构演进的区域节能减排对策探讨［J］. 工业技术经济，2015，34（1）：155-160.

［47］宁立标，杨晓迪．能源正义视角下我国能源转型的法律规制路径［J］. 山东大学学报（哲学社会科学版），2022（2）：175-184.

［48］潘文卿，李子奈，刘强．中国产业间的技术溢出效应：基于 35 个工业部门的经验研究［J］. 经济研究，2011，46（7）：18-29.

［49］庞昌伟．中国能源革命的路径与前景［J］. 人民论坛，2022（18）：84-87.

［50］曲越，秦晓钰，汪惠青，等．中国“碳中和”的城市协同路径研究：基于“碳达峰”异质性的门限模型［J］. 中国地质大学学报（社会科学版），2022，22（4）：50-63.

［51］齐绍洲，李杨．能源转型下可再生能源消费对经济增长的门槛效应［J］. 中国人口·资源与环境，2018，28（2）：19-27.

［52］齐绍洲，张振源．欧盟碳排放权交易、配额分配与可再生能源技术创新［J］. 世界经济研究，2019（9）：119-133，136.

［53］齐绍洲，张振源．碳金融对可再生能源技术创新的异质性影响：基于欧盟碳市场的实证研究［J］．国际金融研究，2019（5）：13-23.

［54］乔婷，赵海东．政府注意力能否引起环境库兹涅茨曲线的改变：基于内蒙古自治区的分析［J］．干旱区资源与环境，2023，37（5）：15-23.

［55］任海军，赵景碧．技术创新、结构调整对能源消费的影响：基于碳排放分组的 PVAR 实证分析［J］．软科学，2018，32（7）：30-34.

［56］生态文明建设与能源生产消费革命课题组．生态文明建设与能源生产消费革命［J］．中国工程科学，2015，17（9）：91-97.

［57］王宁．德国能源转型的经济分析及启示［D］．长春：吉林大学，2019.

［58］王俊娟．低碳经济下能源产业结构优化研究［J］．当代经济，2017（32）：16-17.

［59］王巧，尹晓波．技术创新、产业结构升级对能源消费的影响研究：以长三角地区为例［J］．工业技术经济，2022，41（2）：107-112.

［60］王火根，饶盼．农户应用能源技术扶持政策需求优先序分析［J］．资源科学，2016，38（3）：428-438.

［61］王超，孙福全，许晔．碳中和背景下全球关键清洁能源技术发展现状［J］．科学学研究，2023，41（9）：1604-1614.

［62］史丹，王蕾．能源革命及其对经济发展的作用［J］．产业经济研究，2015（1）：1-8.

［63］宋慧玲，王昶，左绿水．碳中和背景下清洁能源技术关键伴生金属可供性约束研究回顾与展望［J］．中国人口·资源与环境，2022，32（3）：38-48.

［64］孙倩，汪鹏，钟少芬，等．我国实现能源技术转型的困境与出路：基于能源消费总量控制约束的探究［J］．科技管理研究，2019，39（5）：222-227.

［65］王宪恩，王泳璇，段海燕．区域能源消费碳排放峰值预测及可控性研究［J］．中国人口·资源与环境，2014，24（8）：9-16.

［66］王中庆．山西能源革命与碳达峰碳中和有效衔接研究［J］．经济问题，2022（9）：115-122.

［67］王卓宇．世界能源转型的漫长进程及其启示［J］．现代国际关系，2019（7）：28，51-59.

［68］卫平，周亚细．城市化、能源消费与碳排放：基于 STIRPAT 模型的跨国面板数据实证研究［J］．生态经济，2014，30（9）：14-18.

［69］魏文栋．能源革命：实现碳达峰和碳中和的必由之路［J］．探索与争鸣，2021（9）：23-25.

［70］吴磊．新能源发展对能源转型及地缘政治的影响［J］．太平洋学报，2021，29（1）：62-70.

［71］吴鸣然，赵敏．能源消费、环境污染与经济增长的动态关系：基于中国 1990—2014 年时间序列数据［J］．技术经济与管理研究，2016（12）：25-29.

［72］武勇杰，赵公民．能源革命突破口的系统构成、内在机理与优先序评价研究［J］．经济问题，2022（1）：31-38，113.

［73］肖振红，谭睿，安芮，等．市场激励型环境规制与区域绿色创新效率：基于产业结构优化的中介作用和财政分权的调节作用［J］．系统管理学报，2024，33（1）：124-136.

［74］谢志明，晏奎，周乐明，等．经济增长、能源转型与碳排放的长期均衡：基于省级面板数据的实证分析［J］．财经理论与实践，2017，38（6）：113-118.

［75］徐枫，唐镭．节能减排背景下广东能源结构优化及对策研究［J］．科技管理研究，2015，35（15）：233-239.

［76］杨宏林，王一金．能源替代、环境污染与经济增长［J］．系统工程，2016，34（3）：74-79.

［77］夏晨霞，王子龙．基于 BP 结构突变的中国能源强度及因素分解研究［J］．中国人口·资源与环境，2018，28（2）：28-35.

［78］徐晓亮，许学芬．能源补贴改革对资源效率和环境污染治理影响研究：基于动态 CGE 模型的分析［J］．中国管理科学，2020，28（5）：221-230.

［79］严良，熊伟伟，王小林，等．供需错配下能源替代路径优化［J］．资源科学，2019，41（9）：1655-1664.

［80］徐乐，赵领娣．重点产业政策的新能源技术创新效应研究［J］．资

源科学，2019，41（1）：113-131.

［81］杨慧慧．环境管制方式对能源效率影响的差异性：基于内生视角下的 PVAR 方法的分析［J］．商业研究，2019（7）：67-76.

［82］杨小科，郭朝先．中国与共建“一带一路”国家产能合作高质量发展研究［J］．中国社会科学院大学学报，2023，43（4）：129-143，168.

［83］杨秀汪，李江龙，郭小叶．中国碳交易试点政策的碳减排效应如何：基于合成控制法的实证研究［J］．西安交通大学学报（社会科学版），2021，41（3）：93-104，122.

［84］姚露．山西省物流业与能源业共生关系研究［D］．太原：中北大学，2021.

［85］余晓丹，徐宪东，陈硕翼，等．综合能源系统与能源互联网简述［J］．电工技术学报，2016，31（1）：1-13.

［86］中华人民共和国自然资源部．2022 矿产资源储量报告［R］．北京：自然资源部，2023：1-48.

［87］占华．收入差距扩大是否加剧了中国的环境污染：基于省际碳排放的证据［J］．南开经济研究，2016（6）：126-139.

［88］赵斌．人类命运共同体理念与全球气候治理创新［J］．西安交通大学学报（社会科学版），2021，41（2）：103-110.

［89］赵明轩，吕连宏，张保留，等．中国能源消费、经济增长与碳排放之间的动态关系［J］．环境科学研究，2021，34（6）：1509-1522.

［90］张佰静．“碳中和”背景下地区能源错配的影响因素及效应研究［D］．石家庄：河北地质大学，2022.

［91］张海龙．中国新能源发展研究［D］．长春：吉林大学，2014.

［92］张锐．非洲能源转型的内涵、进展与挑战［J］．西亚非洲，2022（1）：51-72，157-158.

［93］张意翔，成金华，徐卓程，等．中国区域生态建设协调度评价及提升：基于能源技术专利数据［J］．中国人口·资源与环境，2019，29（6）：58-64.

［94］张文彬，胡健，马艺鸣．能源化工产业高级化与经济增长：兼论能

源化工产业最优匹配［J］. 统计研究，2019，36（4）：17-28.

［95］张希良，黄晓丹，张达，等. 碳中和目标下的能源经济转型路径与政策研究［J］. 管理世界，2022，38（1）：35-66.

［96］张小燕，李晓娣. 我国区域创新生态系统共生性分类评价［J］. 科技进步与对策，2020，37（12）：126-135.

［97］周德群，丁浩，周鹏，等. 基于过程划分的可再生能源技术扩散模型［J］. 中国管理科学，2022，30（2）：217-225.

［98］钟海，胡燕子. 中国的可再生能源消费对经济增长的非线性影响［J］. 中央财经大学学报，2021（4）：77-92.

［99］朱汉雄，王一，茹加，等. "双碳"目标下推动能源技术区域综合示范的路径思考［J］. 中国科学院院刊，2022，37（4）：559-566.

［100］朱彤，王蕾. 国家能源转型：德、美实践与中国选择：对能源转型的战略性思考［J］. 国际石油经济，2016，24（5）：115.

［101］朱欢，郑洁，赵秋运，等. 经济增长、能源结构转型与二氧化碳排放：基于面板数据的经验分析［J］. 经济与管理研究，2020，41（11）：19-34.

［102］邹才能，何东博，贾成业，等. 世界能源转型内涵、路径及其对碳中和的意义［J］. 石油学报，2021，42（2）：233-247.

［103］曾倩，曾先峰，岳婧霞. 产业结构、环境规制与环境质量：基于中国省际视角的理论与实证分析［J］. 管理评论，2020，32（5）：65-75.

［104］邹才能，赵群，张国生，等. 能源革命：从化石能源到新能源［J］. 天然气工业，2016，36（1）：1-10.

［105］AGHION P, HOWITT P, BRANT COLLETT M, et al. Endogenous-Growth Theory［M］. Cambridge, MA: MIT Press, 1998.

［106］BAUMERT N, KANDER A, JIBORN M, et al. Global outsourcing of carbon emissions 1995-2009: A reassessment［J］. Environmental Science & Policy, 2019（92）: 228-236.

［107］CAPROS P, TASIOS N, DE VITA A, et al. Transformations of the energy system in the context of the decarbonisation of the EU economy in the time horizon to 2050 [J]. Energy Strategy Reviews, 2012, 1 (2): 85-96.

[108] DIETZ T, ROSA E A. Rethinking the environmental impacts of population, affluence and technology [J]. Human Ecology Review, 1994, 1 (2): 277-300.

[109] EHRLICH P R, HOLDREN J P. Impact of population growth [J]. Science, 1971, 171 (3977): 1212-1217.

[110] FRONDEL M. Modelling energy and non-energy substitution: A brief survey of el-asticities [J]. Energy Policy, 2011, 39 (8): 4601-4604.

[111] FULL J, MIEHE R, KIEMEL S, et al. The biological transformation of energy supply and storage - technologies and scenarios for biointelligent value creation [J]. Procedia Manufacturing, 2019, 39 (C): 1204-1214.

[112] GEELS F W, SCHWANEN T, SORRELL S, et al. Reducing energy demand through low carbon innovation: A sociotechnical transitions perspective and thirteen research debates [J]. Energy Research & Social Science, 2018 (40): 23-35.

[113] GEELS F W. The multi-level perspective on sustainability transitions: Responses to seven criticisms [J]. Environmental Innovation and Societal Transitions, 2011 (1): 24-40.

[114] HENRIQUES S T, BOROWIECKI K J. The drivers of long-run CO_2 emissions in Europe, North America and Japan since 1800 [J]. Energy Policy, 2017, 101: 537-549.

[115] HESS D J. Industrial fields and countervailing power: The transformation of distributed solar energy in the United States [J]. Global Environmental Change, 2013, 23 (5): 847-855.

[116] HOU J, WANG M, LIU P. Can sharing economy mode advance the tran-sition of China' s energy sector effectively: A case of PV technology transition? [J]. Energy Reports, 2021 (7): 502-514.

[117] JOHNSTONE N, HASCIC I, POPP D. Renewable energy policies and technological innovation: Evidence based on patent counts [J]. Environmental & Resource Economics, 2010, 45 (1): 133-155.

［118］ KARA S E, IBRAHIM M D, DANESHVAR S. Dual efficiency and pro-ductivity analysis of renewable energy alternatives of OECD Countries [J]. Sustainability, 2021, 13 (13): 7401.

［119］ KOZIOŁ J, MENDECKA B. Evaluation of economic, energy-environmental and societal effects of non-renewable energy substitution with renewable energy sou-rces [J]. Journal of Sustainable Development of Energy, Water and Environment Systems, 2015, 3 (4): 333-343.

［120］ KULIONIS V, WOOD R. Explaining decoupling in high income countries: A structural decomposition analysis of the change in energy footprint from 1970 to 2009 [J]. Energy, 2020 (194): 116909.

［121］ LAES E, GORISSEN L. A comparison of energy transition governance in Germany, The Netherlands and the United Kingdom [J]. Sustainability, 2014, 6 (3): 1129-1152.

［122］ LIN B, LIU K. Energy substitution effect on China' s heavy industry: Perspectives of a translog production function and ridge regression [J]. Sustainability, 2017, 9 (11): 1892.

［123］ MICHAELIDES E E, MICHAELIDES D N. Impact of nuclear energy on fossil fuel substitution [J]. Nuclear Engineering and Design, 2020 (366): 110742.

［124］ NEWELLl R E, VERSTRAETE M, HASTENRATH S. The third industrial revolution: How lateral power transforming energy, the economy, and the world [J]. Rae Revista De Administraã § ã£o De Empresas, 2012, 104 (441): 809-812.

［125］ PANTELIS CAPROS, NIKOLAOS TASIOS, ALESSIA De VITA, et al. Transformations of the energy system in the context of the decarbonisation of the EU economy in the time horizon to 2050 [J]. Energy Strategy Reviews, 2012, 1 (2): 85-96.

［126］ PRESLEY K WESSEH, BOQIANG LIN. Energy substitution and technology costs in a transitional economy [J]. Energy, 2020, 203 (7): 117828.

[127] RAVEN R, VERBONG G. Multi-regime interactions in the Dutch energy sector: The case of combined heat and power technologies in the Netherlands 1970-2000 [J]. Technology Analysis & Strategic Management, 2007, 19 (4): 491-507.

[128] SARASWAT S K, DIGALWAR A K. Evaluation of energy alternatives for sustainable development of energy sector in India: An integrated Shannon's entropy fuzzy multi - criteria decision approach [J]. Renewable Energy, 2021 (171): 58-74.

[129] SAWULSKI J, GAŁCZYŃSKI M, ZAJDLER R. Technological innovation system analysis in a follower country-The case of offshore wind in Poland [J]. Environmental Innovation and Societal Transitions, 2019, 33 (2): 249-267.

[130] TURNHEIM B, GEELS F W. The destabilisation of existing regimes: Confronting a multi-dimensional framework with a case study of the British coal industry (1913-1967) [J]. Research Policy, 2013, 42 (10): 1749-1767.

[131] YAH N F, OUME A N, IDRIS M S. Small scale hydro-power as a source of renewable energy in Malaysia: A review [J]. Renewable and Sustainable Energy Reviews, 2017 (72): 228-239.

[132] ZhA D, DING N. Elasticities of substitution between energy and non-energy inputs in China power sector [J]. Economic Modelling, 2014 (38): 564-571.